식인문화의 풍속사

CANNIBALISM AND THE COLONIAL WORLD
Edited by Francis Barker, Peter Hulme, Margaret Iversen
Copyright ⓒ 1998, the Press of the University of Cambridge
Original English edition was published by the Press of the University of Cambridge

Korean translation ⓒ 2005, Erum Publishing
Korean edition was published by arrangement with the Press of the University of Cambridge
through Best Literary & Rights Agency, Korea.
All rights reserved.

이 책의 한국어판 저작권은 베스트 에이전시를 통한
the Press of the University of Cambridge 와의
독점계약으로 도서출판 이룸이 소유합니다.
신저작권법에 의하여 한국 내에서 보호를 받는 저작물이므로
무단전재와 무단복제를 금합니다.

식인문화의 풍속사

초판 1쇄 인쇄일 | 2005년 4월 13일
초판 1쇄 발행일 | 2005년 4월 15일

엮은이 | 프랜시스 바커, 피터 흄, 마가렛 아이버슨
지은이 | 피터 흄, 윌리엄 아렌스 외
옮긴이 | 이정린
펴낸이 | 김현주
펴낸곳 | 이룸

편 집 | 서동환
디자인 | 김경미

출판등록 | 1997년 10월 30일 제10-1502호
주소 | 121-210 서울시 마포구 서교동 395-173 상록빌딩 2층
전화 | 편집부 (02)324-2347, 영업부 (02)2648-7224
팩스 | 편집부 (02)324-2348, 영업부 (02)6737-7696
e-mail | erum9@hanmail.net

ISBN 89-5707-146-6 (03380)

값 25,000원
잘못된 책은 교환해드립니다.

식인문화의 풍속사

프랜시스 바커·피터 흄·마가렛 아이버슨 엮음 | 이정린 옮김

이룸

| 서문 |

　　1972년 앙드레 그린은 《Nouvelle Revue de Psychanalyse》의 《Destins du cannibalisme》란 이름이 붙은 획기적인 과월호에 실린 긴 논문의 서장을 그 자신이 '카니발리즘의 역설'이라고 명명한 것에 주목하면서 시작하고 있다. 식인풍습이 관습적으로 내려오던 문화 가운데서 사라지는 반면 이 현상에 대한 우리 문화의 관심은 지속적으로 커지고 있다는 것이다(Green 1972, 27). 20년 이상 지난 뒤 이 역설은 더욱 심해진 듯하다. '카니발리즘'은 지속적으로 사라졌다. 이것은 식인종 바비큐라는 그린의 의미에서 심지어 세계의 가장 멀리 떨어진 지역에조차 차츰 맥도널드 프랜차이즈에 의해 대체되었을 뿐 아니라, 인류학자들과 문화비평가들이—대체로—이전 시대와 다른 지역에서 수행된 사회적 관습으로서의 카니발리즘의 실존에 대해 더욱 회의적으로 생각하게 되었기 때문이기도 하다. 반면 이 현상에 대한 사람들의 관심은 사그라들지 않은 듯하다. 대중적인 영화와 책, 다양한 학문적 연구에서 그 점을 확인할 수 있다. 이 서문 역시 그 중 하나가 될 것이다.

　　카니발리즘은 힘 빠지게 하면서도 매혹적인 주제다. 냉장고에 신체 부분들을 넣어둔 식인 연쇄살인범보다 더 무시무시한 주제는 없으며, 카니발리즘의 생존자보다 더 호기심을 돋우는 주제는 없다. 여지껏 카니발리즘은 끝없는 즐거움과 블랙 유머의 원천이었고, 간헐적이긴 하지만 장기간에 걸친 논쟁을 야기해왔다. 발터 벤야민의 "위험한 순간에 섬광처럼 스치는 기억을 붙잡"(1992, 247)으라는 권고는—1992년의 토론에서—우리의 의식을 사로잡아, 대중문화와 경제 언어에, 그리고 인류학 및 탈식민주의 논의에 현존하는 식인종 형상이 에섹스 심포지엄에서 집중적인 상호학문적, 역사적 관심을 기울일 만한 가치가 있다는 결론에 도달했다.

'문학, 정치학, 이론'이라는 제목으로 1989년부터 정기적으로 개최된 에섹스 심포지엄은 에섹스 대학 문학사회학 컨퍼런스의 뒤를 잇고 있다. 이 컨퍼런스는 1970년대와 80년대 영국의 좌파 문학 및 문화 이론에 관심이 있는 사람들을 위해 중요한 토론 공간을 마련해주었다. 심포지엄은 공표된 주제에 대해 원고를 준비한 10명의 초청 발표자들을 둘러싼 질의응답으로 진행된다. 심포지엄에서는 미리 배포된 원고들이 세세하게 논의된다. 그런 다음 원고는 논의된 내용을 토대로 수정되므로, 반드시 내부적 동의를 거쳐야 되는 건 아니더라도 청탁된 원고를 모은 책보다는 더욱 통일성을 기할 수 있다. 이 책에 실린 논문의 조고가 논의된 심포지엄은 '타자의 소비 : 1990년대의 카니발리즘'이란 제목으로 1995년 7월 에섹스 대학에서 개최되었다. 재정적인 도움을 준 에섹스 대학 연구지원재단과 문학부 및 예술사와 이론학부에 감사드린다. 간사를 맡아준 엘리자베스 윌 양에게도 감사드린다.

이 책 이전의 에섹스 심포지엄 자료집은 《역사의 사용 : 마르크스주의, 포스트 모더니즘과 르네상스, 포스트모더니즘과 현대성의 재독서, 식민주의 담론과 탈식민주의 이론》으로, 그리고 잡지 《Studies in Travel Writting》 No. 1 (1997)의 제1권으로 출판되었다.

CONTENTS

서문　4

엮은이 및 지은이 소개　9

1. 개론 : 식인 장면 - 피터 흄　13

2. 카니발리즘을 재고하며 - 윌리엄 아렌스　69

3. *19*세기 피지 제도의 식인 축제　100
_선원들의 무용담과 민족지리학적 상상 - 거내너스 오비스커

4. 브라질 카니발리즘의 부활 - 세르지오 루이즈 프라도 벨레이　134

5. 옆길로 샌 미적 가치관　165
_'식인-열대주의' 영화와 브라질 저개발 미학 - 루이스 마두레이라

6. 유령 이야기, 유골피리 그리고 식인의 대응기억　187
- 그레이엄 휴건

7. 〈크로노스〉와 뱀피리즘의 정치경제학 209
_ 하나의 역사적 성좌에 대한 주해 - 존 크래니어스커스

8. 피.피.포.펌 : 이야기의 사설(辭說)에 빠진 아이 - 마리나 워너 231

9. 자본주의로서 카니발리즘 264
_마르크스, 콘래드, 셰익스피어, 말로의 책에 나타난 축적의 은유들 - 제리 필립스

10. 소비만능주의 혹은 후기 카니발리즘의 문화 논리 293
― 크리스털 바톨로비치

11. 우리 시대의 카니발리즘의 기능 - 매기 킬고어 339

삽화 출처 371
주석 372
참고문헌 403

| 엮은이 및 지은이 소개 |

윌리엄 아렌스는 스토니 브룩 SUNY 대학의 인류학 교수로 《식인 신화》(1979)의 저자이다.

프랜시스 바커는 에섹스 대학 문학 교수이다. 피터 흄과 마가렛 아이버슨과 함께 《문학, 정치학, 그리고 이론 Literature, Politics and Theory》(1986), 《식민주의 담론과 탈식민지 이론 Colonial Discourse/Postcolonial Theaory》(1994)을 편찬했다. 《떨리는 개인의 몸 The Tremulous Private Body》(1984)과 《폭력의 문화 The Culture of Violence》의 저자이기도 하다.

크리스털 바톨로비치는 시라큐스 대학의 영어 및 텍스트 연구 조교수이다. 서서도 《Boundary Disputes : Land-Surveying Discourse and the Culture of Capital in Early Modern England》 등이 있다. 마르크스주의와 문화 연구, 초기 근대문화에 대한 논문들을 발표했다.

세르지오 루이즈 프라도 벨레이는 브라질 Federal de Snta Catarina 대학의 앵글로 아메리카 문학 및 문학이론 교수이다. 《O Cristal em Chamas》(1986)와 《Nacionalidade e Literatura》(1992)의 저자이며, 《Monstros, Indios e Canibais : Ensaios de de Critica Literaria e Cultural》이란 책을 마무리하고 있다.

그레이엄 휴건은 뮌헨 대학의 영문과 교수이다. 카리브 제도 문학과 탈식민주의 이론에 관한 논문을 발표했고, 라틴 아메리카의 맥락에서 카니발리즘에 관한 책을 펴냈다.

피터 흄은 에섹스 대학 문학 교수이다. 《식민주의적 조우―유럽과 카리브 제도의 원주민 Colonial Encounters : Europe and the Native Caribbean, 1492-1897》(1986)의 저자이며, 《난폭한 폐하―콜럼버스로부터 현재에 이르는 카리브인들과의 조우 Wild Majesty : Encounters with Caribs from Columbus to the Present Day》(1992)와 《Visiting the Caribs : Travellers to Dominica, 1877-1992》를 편찬했다.

마가렛 아이버슨은 에섹스 대학의 예술사와 이론 강사로 《알로이스 리글 - 예술사와 이론 Alois Riegl : Art History and Theory》(1993)를 썼으며, 예술 이론, 특히 정신분석적 이론과 현대 예술에 관한 문제를 집중적으로 연구했다. 《Objects of Anxiety : Art and the Unconscious Spectator》로 제목을 붙인 책을 집필했다.

매기 킬고어는 맥길 대학의 영문학 교수이다. 《From Cummunion to Cannibalism: An Anatomy of Metaphors of Incorporation》(1990)과 《The Rise of the Gothic Novel》(1995)의 저자이고, 물에 관해 글을 쓰기도 했다.

존 크래니어스커스는 런던 대학 버크벡 칼리지의 라틴 아메리카 문화사 강사이다. 《The Journal of Latin American Cultural Studies (Travesia)》의 공동 편찬자이고, 《Mexican Approaches : Latin-Americanist Perspectives on Cultural Studies》를 집필했다.

루이스 마두레이라는 위스콘신-메디슨 대학의 비교문학 교수이다. 《The Aesthetics of Post-Colonial Emancipation》이란 책을 집필했다.

거내너스 오비스커는 프린스턴 대학의 인류학 교수이다. 여러 저서를 출판했는데, 주요한 것으로는 《The Work of Culture: Symbolic Transformation in Psychoanalysis and Anthropology》(1990)와 《The Apotheosis of Captain Cook : European Myth-Making in the Pacific》(1992)가 있다.

제리 필립스는 코네티컷 대학에서 미국 문학을 강의한다. 캠브리지 트리니티 칼리지의 특별연구원인 그는 허먼 멜빌에 대한 탐구를 주제로 책을 집필했다.

마리나 워너는 소설과 비평, 역사를 쓰는 작가이다. 여성 신화 및 상징에 대한 연구로 《Alone of All Her Sex : The Myth and the Cult of the Virgin Mary》(1976)와 《Monuments & Maidens : The Allegory of the Female Form》(1986)과 같은 책이 있다. 또한 《From the Beast to the Blonde : On Fairy Tales and their Tellers》와, 두려움에 대한 연구서인 《No Go the Bogeyman》이 있다.

1.
개론 : 식인 장면

피터 흄(Peter Hulme)

벽에는 무기가 걸려 있었다—긴 창들과 기묘하게 생긴 여러 자루의 칼, 폭이 좁은 방패였다. 방 한가운데에는 솥단지가, 한쪽 구석에는 건초 더미 위에 풀이나 대나무로 엮은 매트가 있었다. 주인이 침대로 사용하는 것이 틀림없었다. 마룻바닥엔 사람의 두개골 몇 개가 놓여 있었다.

(Burroughs 1990, 84)

《원숭이 인간 타잔 Tarzan of the Apes》 이야기는 1888년으로 거슬러 올라간다. 타잔은 그레이스톡 경과 그의 젊은 아내 사이에서 태어나 고아가 된 후로 원숭이들 사이에서 자랐고, 자신이 본 최초의 인간, 아프리카인 쿨롱가를 죽인다. 타잔의 "엄마" 원숭이 칼라를 죽인 것에 대한 복수였다. 그를 죽인 뒤 타잔은 날카로운 이와 이마의 문신에 감탄하면서 쿨롱가의 몸을 조심스럽게 살펴본다. 타잔은 깃털을 꽂은 머리 장식을 조사하고 손에 넣는다. "그런 다음 본격적으로 잡아먹을 준비를 했다." 배가 고팠던 데다가 에드거 라이스 버로가 말한 '정글 윤리' 상 사냥감을 먹는 것은 당연했기 때문이었다. 타잔에게 쿨롱가는 "허기를 채우기 위해 서로를 잡아먹는 수많은 정글의 야생동물" 중 하나였던 것이다. 하지만 "갑작스럽고, 낯선 의혹이 [타잔에게]

밀려왔다." 죽은 양친의 모자에 남아 있던 어린이 책에서 타잔은 자신이 인간이라는 걸 배웠고, 쿨롱가 역시 사람이라는 걸 인식했던 것이다. 여기에서 그는 딜레마에 빠진다. 사람이 사람을 먹는가? 타잔은 답을 알지 못했지만 의혹은 그의 내부에서 커져갔고, "불쾌한 메스꺼움" 때문에 쿨롱가의 살을 먹지 못한다. "나이가 들면서 타잔에게는 유전적인 본능이 그의 텅 빈 정신적인 기능을 대신하게 되었고, 보편적인 법이라는 것이 있는지조차 모르는 그였지만 그것을 넘어서는 짓을 하지 않게 되었던 것이다."(79-80)

이상의 서술에서 타잔은 동물이 아니라 한 인간으로서 식인을 금하는 법에 따르는 걸 본능적인 수준에서 '인식'하고 있는 것처럼 보이긴 하지만 버로가 '유전적인 본능'이란 말을 정확히 어떤 의미로 쓰고 있는지는 분명하지 않다. 다음 장에서 타잔은 쿨롱가의 시신을 발견하고 소동이 일어 텅 비어 있는 아프리카 마을로 들어가 나지막한 초가집 안으로 잠입한다. 거기에서 타잔은 도입부에 묘사된 장면을 목격하게 된다.

이 장면은 여러 가지 면에서 원형(原型)적인 장면이며, 이것의 변형된 모습들이 이 개론의 실마리를 제공하고 있다. 버로의 장면은 이 장면의 최초의 선구자 격인 챈카(Diego Alvarez Chanca) 박사가 1493년에 쓴 과들롭의 카리브 제도 마을에 대한 묘사 및 다른 많은 유사한 묘사와 마찬가지로 실제의 식인행위를 담고 있지 않다. 서구인들이 '증언하는' 처음의 '식인' 장면들은 실제로 식인행위라기보다는 식인 후의 잔상(殘像)을 기록한 것이다. 그 장면의 중앙에는 식인 이야기라면 필수적으로 등장하는 커다란 솥단지가 있다. 그리고 그 주변에 식인의 '증거', 즉 버려진 인간의 뼈가 있다.

이 장면은 또 타잔의 '낯선 의혹'의 정체가 무엇인지 답을 제시한다. 아프리카인들은 비록 "타잔과 같은 인간"(89)이긴 하지만, 분명히 어떤 유전적인 본능 때문에 그들의 식인 성향이 억제되는 것은 아니다. 타잔이 그들과 다른 것은 한편으로는 종족적인 것이고―그는 백인이다―또 한편으로는 양육(養育)이다. 이것은 나중에 그가 제인을 처음 제압한 뒤 완력으로 그녀를 다루길 주저할 때 분명해진다. 그렇게 하는 것이 그가 알고 있는 정글의 질서이긴 하지만, 인간 세계에는 부적절한 것이 아닐까 어렴풋이 생각했기 때문이다. 그래서 타잔은 제인에게 양친의 사진이 들어 있는 목걸이를 주는데, 제인이 거기에 입을 맞추자 그녀의 입술 흔적이 남아 있는 곳에 자신의 입술을 가져다 댄다.

> 그것은 명백히 자아를 의식하지 못한 채 우아하고 당당하게 행해진 품위 있고 정중한 경의의 표현이었다. 그것은 그가 귀족적 혈통을 가지고 있다는 증거였고, 여러 세대에 걸친 훌륭한 양육, 평생의 거칠고 야만적인 교육과 환경조차도 제거할 수 없었던 유전적 본능의 자연스런 표출이었다.(189)

반복되는 '유전적 본능'이란 말은 타잔이 어떻게 해서든 피하게 되는 야만적인 탐식의 양 측면인 식인과 약탈이라는 말과 대조된다. 그러니까 타잔이 그걸 피할 수 있었던 것은 그가 인간이어서가 아니라 신사였기 때문이다. 여기에서 식인은 '차이'와 '구별'에 대한 고려로부터 분리될 수 없다는 사실이 극명하게 드러난다. 왜냐하면 그런 차이란 타고난 것이지 결코 후천적으로 이해될 수 있는 것이 아니라는 점을 분명히 하고 있기 때문이다.

타잔이 보여준 것말고도 이 서론에 등장할 다른 식인 장면들 역시 그 자체로 하나의 원형적인 장면이 될 것이다. 장르를 불문하고 식인에 대해 쓴 글에서 목격자가 우연히 마주치게 된 식인 축제의 흔적이야말로 가장 전형적인 장면이다. 재현된 이 장면은 식인이 어디에서 발견되든 식인이라는 사실을 확인하는 데서부터 분석이 필요한 뿌리 깊은 문화적 강박증의 증거로 보는 경우에 이르기까지 다양한 방식으로 읽혀질 수 있다. 더 나아가 타잔의 장면은 이 책이 카니발리즘을 둘러싼 논의를 분석함으로써 다루게 될 많은 주제들, 즉 종족, 계급, 인종학, 종(種), 성(gender) 그리고 제국주의 같은 주제들을 구체화시키고 있다.

1

오랜 세월 동안 카니발리즘에 관한 역사와 분석은 스스로 완전히 문명화되었다고 생각하는 유럽인 혹은 서구인의 전통에서 씌어졌다. 이런 전통 때문에 카니발리즘은 콜럼버스 이전의 아메리카와 태평양, 그리고 아프리카 같은 세계의 여러 비유럽 지역의 생활 특징으로 여겨졌다. 이 지역에 관한 보고문에서 카니발리즘은 간과할 수 없을 만큼 너무나 분명한 하나의 풍습으로 두드러지게 나타나 있다. 이것은 그 자체로 우리의 관심을 불러일으켰고, 우리는 단지 우리의 공포를 기록하고, 그들을 문명화시키는 사명에 더욱 매달렸다. 이런 역사에 따르면 카니발리즘은 유럽인들이 알고 있는 범위를 벗어난 세계의 특징이며, 20세기 후반에 이르러서는 뉴기니와 아마존 같은 지역의 고립된 공동 사회에서만 발견되었다. 그 밖의 다른 지역에서는 문명의 영향이 감퇴되는 기색을 보일 때는 다시 등장할 준비를 갖춘 채 표면 아래 머물러 있는 것처럼 보이지만 말이다.

하지만 최근의 카니발리즘 담론은 많은 제국주의의 이형(異形)들과 마찬가지로 조심스럽게 변하고 있다. 때로 완전히 반대되는 이야기가 제안된다. 카니발리즘은 단지 유럽인들의 상상력의 산물에 지나지 않는다는 것이다. 이에 따르면 카니발리즘은 어떤 곳에서도 실제로 일어난 적이 없었고, 유럽의 식민주의자들이 자신들의 불법행위를 정당화하기 위해 꾸며낸 황당한 이야기일 뿐이다. 또 카니발리즘의 기원은 혼란에 빠진 유럽인들의 정신 속에서 잉태되었으며, 대영제국 식민 지배의 수단이었다. 다른 많은 대응설화(counter-narrative)의 경우에 그렇듯이 이런 견해 역시 그것이 뒤엎고자 하는 주류 담론만큼이나 지나친 단순화의 위험에 빠져 있다. 하지만 실제로 이런 주장은 특히 카니발리즘에 관한 초기담론을 옹호하면서 나타나는 지나친 단순화의 부정적인 면을 폭로하려는 사람들에 의해 시도되고 있다. 사실상 이 경우에 있을 수 있는 단순화의 위험성은 다른 대항설화들과 마찬가지로 일반적으로 추정하는 것보다 훨씬 덜하다.

이 책에 기고한 저자들은 하나의 사회적 관습으로서 카니발리즘의 실재(實在)라는 난처한 문제에 관한 다양한 스펙트럼 중 그 실재에 회의적인 시각을 가지고 있는 관점으로 분류될 수도 있다. 또 그렇기 때문에 서구 유럽 전통에 따른 초기담론보다는 대항담론에 좀 더 가깝다고 볼 수도 있다. 하지만 다음의 두 가지 사항은 간과해서는 안 된다. 우선, 회의주의자들에게조차도 카니발리즘은 실재한다. 추측하건대 식민지 담론에서 그것은 몇몇 야만인들에 의해 수행된 인체의 잔인한 탐식을 기술하는 하나의 용어로서 실재한다. '카니발리즘'이라는 이 용어가 증명된 사회적 관습이나 잔존하는 사회적 관습을 말하든 그렇지 않든 상관없이 이 풍습의 실존, 담론 내에서의 실재는 역사적인 것이다. 두 번째, 이 책의 의도와 기고자들의 관심이 보여주는 특징은 카니발리즘에 관한 실질적인 흥밋거리는 회의주의의 진술을 통해 끝나는 것이 아니라 오히려—물론 수정된 상대로—시작된다는 인식이다. 먼저 질문해야 할 것은 왜 유럽인들이 그토록 열렬하게 카니발리즘에 관한 자신들의 의심을 확인하려고 하는가, 그리고 왜 카니발리즘이 서로 다른 형식의 글에서 우리 시대의 비유로서 지속적으로 다루어지고 있는가 하는 것이다. 이 책에 들어 있는 각 장의 기고문들은 이런 문제에 대한 다양한 접근방법을 제시한다.

그래서 카니발리즘에 관한 우리의 논의에 있어 카니발리즘의 '실재' 혹은 그 반대는 대부분 직접적으로 다루어지기보다는 오히려 간접적으로 논의되고 있다.

결국 이 책은 카니발리즘에 대한 제국주의적 서술은 그것이 세계적으로 실행되고 있는 것으로—혹은 실행되어왔던 것으로—가정하고 있는 카니발리즘의 양은 줄어드는 것과는 달리 이 문제에 대한 우리의 관심이 증가하는 이유를 전혀 설명해주지 못한다는 데서부터 출발하고 있다. 이제는 심지어 식인 제의를 가장 열정적으로 믿는 사람조차도 카니발리즘이 일차적으로 하나의 언어학적 현상, 즉 예외적 힘에 대한 비유라는 사실을 인정해야 할 것이다. 그래서 이 책이 보여주는 학문적 배경의 다양성에도 불구하고 우리는 우선적으로 인류학자, 역사가, 혹은 문헌평론가보다는 문화비평가로서 카니발리즘에 접근하고 있다. 이 책에서는 생존을 위한 카니발리즘(survival cannibalism)과 제의적 카니발리즘(ritual cannibalism), 매장 카니발리즘(mortuary cannibalism)을 세밀하게 구분하지 않는다. 혹자는 인류학적 카니발리즘(anthropophagy)이라 하여 그 자체로 인류학적 카니발리즘에 대한 강박증을 둘러싸고 형성된 이데올로기를 지칭하기 위해 '카니발리즘'이 일반적인 용어로 남아야만 한다고 주장한다. 하지만 이 용어는 너무 순결주의적이기도 하고, 이런 고도로 복잡한 구분은 대부분 개념이 불확실하기 때문에 피하고 있다. 이 책에서 주안점을 둔 것은 '카니발리즘'이란 용어와 그것이 설명하고자 하는 현상을 통합하는 것이었다. 카니발리즘은 여러 방면에서 시사적인 용어가 되었다. 그 증거는 식욕(appetite), 소비(consume), 국체(body politic), 동종업(kinship), 합병(incorporation), 성찬식(communion)같이 이 용어가 파생시킨 수많은 은유적인 후배지(後背地)에서 찾아볼 수 있다.

그러므로 이 책의 행로는 다른 곳에서 시작해 이곳으로, 즉 바다 건너, 그리고 언덕 저편에서 실행된 카니발리즘의 의미에서부터 시작해, 왜 식인 장면이 우리에게 그처럼 많은 의미를 갖는지를 이해하기 위해 관찰할 필요가 있는 시사점으로 돌아온다. 그런 관찰 범위 안에는 심리 분석적인 시선에서부터 우리의 문화적 관습 내에서 '카니발리즘'이란 어휘에 대한 관심에 이르기까지, 대중문화와 영화에서의 식인과 흡혈(뱀피리즘)의 분석에서부터 그 자체로 하나의 카니발리즘의 형태로서 제국주의에 대한 자기반성적인 분석에 이르기까지 여러 형태들이 있을 수 있다.

이 행로는 카니발리즘이 행해지는 전통적인 태평양 지역의 두 곳, 뉴기니와 피지에서부터 마찬가지로 전통적인 아메리카 지역인 브라질과 카리브해를 거쳐, 궁극적으로 이 책의 기고자 다수에게 '고향'인 곳, 즉 유럽과 북아메리카의 문화적 '중심지'로 되돌아오는 지리학적 상호 연관성을 가지고 있다. 고향에 도착하는 것은 매리너 워너의 기고문이 보여주듯이 식인이 오랫동안 우리들과 함께 하고 있었다는 사실, 즉 신화와 동화의 결정적인 인물들을 인식하는 것이며, 상상의 식인이 15세기 말 이래, 콜럼버스가 확립한 노예 매매의 일부로서 유럽에 되돌아왔다는 사실을 상기하는 것이다 (Sued Badillo 1992). 하지만 만일 이 책의 여러 글에서 주장하는 바와 같이 카니발리즘이 유럽과 비유럽 지역 간의 대화에서, 그래서 식민지 세계의 맥락 내에서 하나의 주제로서 이해될 필요가 있다면, 우리의 상징적인 출발점은 1562년 루엥에 상륙한 투피남바(Tupinamba)족의 역사적인 출현에 놓여 있음에 틀림없다. 그들은 거기에서 젊은 프랑스 왕 샤를 9세, 그리고 미셸 드 몽테뉴와 대화를 나누었다. 몽테뉴와 투피남바족의 대화, 그리고 그의 에세이 〈식인에 대하여 Des Cannibals〉에 들어 있는 성찰은 그 이후 식인에 대한 모든 문화적 논쟁에 반영되고 있으며, 이 책에서 자주 언급되는 참조 사항이다.[1]

몽테뉴의 유명한 에세이는 아메리카를 유럽에 되돌려놓았다. 이것은 유럽 식민주의의 발전 때문이 아니라 자본주의 근대 자체의 발전 때문에 최근에 결정적인 것으로 인정하게 된 하나의 결합이다. (이것은 애덤 스미스와 칼 마르크스에게 하나의 상식이었기 때문에 새롭게 나타났다기보다는 오히려 재발견되었다고 봐야 할 하나의 관점이다.) 자본주의적 근대가 기반으로 하고 있는 근대의 데카르트적 주체는 독립적인 전체로서의 자의식을 경계를 파괴하는 분명하게 차별화된 '다른 것', 로빈슨 크루소를 위협하는 식인종들 속에서 그처럼 강력하게 형상화된 종류의 '다른 것'에 대한 상상에 의존하고 있다. 근대는 식인의 그림자를 달고서 세계의 무대에 등장한 것이다. 이 책의 기고자 중 한 사람은 스탤리브래스와 화이트의 다음과 같은 표현을 인용하고 있다.

> 부르주아 주체는 '저열한 것'—더럽고 혐오스럽고, 시끄럽고 전염성이 있는 것으로 낙인찍은 것을 배제함으로써 지속적으로 스스로를 규정하고 재규정했다. 하지만 바로 이 배제의 행위는 부르주아의 정체성을 구성하고 있었다. 저열한 것은 부정과 혐오의 표시 아래 내면화된다… 하지만 혐오는 언제나 욕망의 흔적을 담고 있다.(이 책 320쪽)

혐오한다는 것은 동시에 원하는 것이기도 하며, 싫어한다는 것은 동시에 매혹되는 것이기도 하다. 몽테뉴의 식인 장면은 나쁘게 해석될 난점을 수반하고 있긴 하지만 하나의 대화, 그 자체로 이 책의 여러 기고문에 하나의 모델이 되는 대화이다.[2] 대화의 의미에 집중하기 위해서는 카니발리즘에 관한 논의에서 두 가지 사항이 강조되어야 한다. 즉 확인하기 힘들지만 있었을 것으로 추정될 필요가 있는, 식인종으로 묘사된 사람들의 행위, 그리고 서술자와 피서술자의 관계, 즉 유럽과 비유럽 지역 간의 관계가 강조되어야 한다. 식인종의 형상은 다름의 의미를 단순한 차이가 아니라 일차적으로 유사성 혹은 친족성(kinship)의 부정을 근거로 이해하는 사고방식을 설명해주는 전형적인 사례다. 최소한 마르터(Peter Martyr) 이후에 식인종들은 그들을 묘사하는 사람과 비교되어왔다. 이런 비교는 겉으로 드러난 모습만을 보고 판단하는 주장을 토대로 하고 있으며, 그 때문에 차이의 엄격한 의미를 훼손하는 경향이 있었다. 브라질 카니발리즘은 곧바로 16세기 유럽의 종교적 논쟁들,

즉 둘 중에 훨씬 더 나쁜 관습으로 비난받은 교황절대주의자들의 신을 먹는 풍습(Theophagy)과 비교되었다(Lestringant 1982를 볼 것). 몽테뉴에 관한 가장 중요한 자료통이자 투피남바족 카니발리즘에 관한 핵심적인 유럽인 증인의 한 사람인 장 드 레리 역시 모든 사람, 특히 과부와 고아 그리고 다른 가난한 사람들을 산 채로 먹는 유럽의 고리대금업자들을 두고 똑같은 비교를 하고 있다(Léry 1990, 132). 이것을 두고 볼 때 《어둠의 심장》에서 등장인물 말로(Marlow)가 느낀 전율은 자신이 콩고의 식인종과—멀긴 하지만—근친성을 갖고 있다는 생각에서 나온 것이라 할 수 있다(Conrad 1967, 244).

2

이 책의 궤도는 서장과 마지막 장을 쓴 두 저자, 윌리엄 아렌스와 매기 킬고어의 저작을 언급함으로써 또렷해진다. 우리는 우선 아렌스의 1979년의 영향력 있는 도전, 카니발리즘에 관한 동시대 논쟁의 단초가 되는 《식인 신화 The Man-Eating Myth》의 역사적 회의주의로부터, 카니발리즘을 하나의 은유로 취급하고, 그것이 주는 연상과 합체(合體), 성찬식과 연관해서 읽고 있는 킬고어의 《성찬식에서 카니발리즘으로 From Communion to Cannibalism》(1990)가 보여주는 광범위한 문학적, 문화적 관심을 접하게 된다.

특히 그것이 홀로코스트 부인과 연관됨으로써 아렌스의 주장의 본래 의미가 너무 자주 와전되고 있기 때문에 여기서 다시 한 번 그의 근본적인 과제를 언급해도 좋을 것 같다. 그의 과제는 "우선 카니발리즘의 사례와 기록을 비판적으로 접근하고, 둘째로 이 자료를 검토하고 이론적으로 설명함으로써 지난 세기를 넘어 카니발리즘의 기능과 본성에 대한 좀 더 폭넓은 이해에 도달하는 것이다." 사람들이 서로를 잡아먹었느냐, 그렇지 않느냐 하는 실제적인 문제는 "흥미롭기는 하지만 논의의 여지가 있는" 것으로 간주되고 있다. 그보다는 그들이 그렇게 한다는 생각이 적절한 기록도 없이 상식적으로 받아들여진다는 사실이 더 흥미 있는 문제다(1979b, 9). 아렌스는 잘 알려진 몇 가지 역사적 사례를 고찰하고, 목격자를 철저히 조사하는 자신의 노력을 보고한다. 또 뉴기니 포레족 사이에 쿠루병을 전염시킨 것으로 추정되는 가장 유명한 동시대 카니발리즘의 사례를 자세히 관찰한다. 이 책의 첫 장에서 아렌스는 다시 한 번 이 문제를 다루고 있다(Arens 1990을 참조할 것). 아렌스가 내린 결론은 실제로 카니발리즘의 증거보다는—그는 이것이 관습적으로 실행됐다는 데 회의적이다—오히려 카니발리즘과 인류학 간의 상관관계에 향하고 있다. 아렌스는 ("편하고 도움을 주는"〔1976b, 162〕) 이런 관계가 가지는 패턴에 극히 의심스러운 시선을 던진다.

> 미개한 원주민들이 저지른 과거의 도덕적 일탈을 적절히 변명했던 현장 인류학자는 이제… 곧 바로 우리 문화가 그처럼 매혹과 공포를 지닌 채 바라보는 이 관습이 서구 문명과의 접촉을 통해 소멸되기에 이르렀다고… 보고할 수 있게 된다. 하지만 이것이 원주민들이 그렇게 쉽게 포기해버린 유일한 문화적 특성이라는 사실은 다행스럽긴 하지만 이상한 일이다. 서구의 도덕성을 집행하는 자들로서는 진가를 인정할 수 없지만 실제로 맞닥뜨려온 다른 관습들은 그것을 밟아 뭉개려는 단호한 시도에도 불구하고 어떻게든 문화의 중요한 부분으로 남아 있으니 말이다.(168)

아렌스가 보기에 카니발리즘과 서구 제국주의의 관련성은 무시할 수 없다. 카니발리즘은 필경 문명의 빛이 아직 비치지 않은 세계의 일부를 특징짓던 문화적 특성이었다. 계몽가들이 그런 암흑지대를 주목하지 않았다는 사실이 그 지역에서 번성했던 관습에 대한 제국주의자들의 자신만만한 묘사를 약화시키지는 않았다. 하지만 이 암흑지대에 문명의 빛이 비치자 곧바로 이 관습은 시들어버렸다. 바로 이런 패턴을 보고 이 의심 많은 문화분석가는 카니발리즘이 어떻게 "그것을 주장하는 사람들에게 중요한 문화적 메시지" (Arens, 1979b, 182)를 간직하게 만들고, 지속적으로 전하게 되는지를 조명하게 된 것이다.[3]

아렌스가 자신의 연구에서 선량한 유머와 부드러운 톤을 보여주었던 반면 그의 책에 대해 격분한 반대자들은 '위험한', '호전적인', '해로운'이라는 제멋대로의 형용사들을 구사하면서 아렌스의 책을 인류학에 대한 '비방'과 '스캔들'이라고 폭력적으로 대응하는 대조적인 모습을 보여주었다. 《식인 신화》는 분명히 인류학의 아픈 데를 건드렸고, 대부분 핵심을 벗어난 '논박'을 불러일으켰다.[4] 이 책에 기고한 〈카니발리즘을 재고하며〉라는 글에서 아렌스는 처음으로 이런 비판에 대한 답변을 하고 있고, 거의 20년 가까이 계속되고 있는 논쟁의 성격을 재평가하며 쿠루병과 카니발리즘 간의 논쟁적인 연관관계에 관한 이야기—최근에 화제가 된 크루츠펠트 야콥병이 쿠루병의 변이형이라는 이야기—를 현재로 옮기고 있다. 또 아렌스는 포레족 카니발리즘의 인상이 어떻게 자기 인용과 추론을 통해 인용과 사진 속에 나타나게 되었는지를 보여준다.

길고어의 책은 비록 논쟁적인 면은 덜하지만 아렌스의 책만큼 중요한 영향력을 가지고 있었다. 이 책은 카니발리즘의 비유를 통해서 서구의 문학적 전통을 거의 완전히 다시 읽는 것과 같은 효과를 가져다주었는데, 호메로스와 오비드, 오거스틴과 단테, 라블레와 존슨, 밀턴과 콜리지 그리고 멜빌 같은 주요 작가들을 견실하게 살피고 있다.[5] 이 책에는 15세기 혹은 19세기에 재론된 헤시오드와 오비드의 이야기, 1950년대 가이아나 소설에 반영되고 있는 셰익스피어의 〈대소동 The Tempest〉에서의 프로스페로와 칼리번의 관계 등에서 보는 것처럼—비록 보충적이거나 배후에서 투영되는 방식이긴 하지만—이런 규범적인 문학 전통이 등장한다. 콘래드의 《어둠의 심장》은 핵심적인 중요한 참고서다. 하지만 이 책의 두드러진 부분은 다른, 어쩌면 잘 알려지지 않은 장르들이다. 픽션과 여행기 사이에서 곡예를 하고 있는 19세기의 인종학적 모험담, 때로 자칭 베스트셀러로 각색되기도 하고, 때로는 멜빌과 콘래드의 문학적 양식에 명백한 모델 역할을 하고 있는 선원들의 지어낸 무용담, 〈요리사, 도둑, 그의 아내와 그녀의 정부〉와 〈크로노스〉의 블랙 유머로부터 〈사자(死者)들의 새벽〉의 볼품없는 이미지에 이르기까지 다양한 영화의 사례들, 카리브 해의 후기식민지시대(late colonial) 및 탈식민지시대의(postcolonial) 허구적 이야기들이 보여주는 환각적인 세계, 브라질 모데르니스모(Modernismo) 작가들의 도발적이고 기지에 찬 텍스트들, 심리학적 공포를 담고 있는 동화들, 토머스 해리스와 제프리 다머의 허구적 혹은 실제의 음산한 아메리카 미개인들 이야기가 바로 그것이다. 이 모든 이야기에서 난폭하고, 순진하고, 위협적이고, 장난기 많고, 라블레적이고, 홉스적이고, 포스트모던하고, 탈식민지시대적이고, 정신분열적이고, 이성적인 식인종 형상들이 등장한다. 1990년대의 한니발 렉터는 이처럼 규정하기 힘든 형상들의 요약판이라 할 것이다. 그 때문에 이 책의 마지막 장을 《양들의 침묵》의 한복판에서 시도하는 매기 킬고어의 섬세하고 꼼꼼한 현대의 식인종 분석으로 장식하는 것은 적절할 것이다.

킬고어의 글에서 프로이트는 지속적으로 식인 문제를 해명하는 주석자의 역할을 하며, 정신분석가로 등장하는 한니발 렉터처럼 식인 장면에 없어서는 안 될 핵심적인 인물이다. 탈식민주의적 대응설화는 식인종 형상은 유럽인들의 환상의 투사(projection), 즉 식민지 폭력을 위한 하나의 눈가리개라고 주장하기 위해 심리분석의 언어에 기대고 있다(Bucher 1979를 볼 것). 하지만 심리분석이 제공하는 그 근거는— 최소한 고전적인 프로이트 모델에서는—이런 시각에는 단지 불분명한 도움일 뿐이다. 결국 프로이트는 그 자신의 식인 설화, 완전히 개발된, 그리고 제국주의적인 설화들만을 가지고 있었다. 그리고 그런 식인에 관한 설화들은 정신 발달의 보편적인 스토리의 일부인 것이지 식민지배자와 피지배자 사이의 구분에 관심이 있는 설화는 아니다. 또 프로이트의 이 설화는 모든 인류 문화의 개벽의 계기로서 마음속에 생생하게 떠오르는 그 자신의 식인 장면을 가지고 있다.

> 어느 날 쫓겨난 형제가 함께 와서 아버지를 죽이고 먹어치웠고, 그렇게 해서 가부장적 유목민 떼의 종말을 가져왔다. 두 형제는 한 패가 되었기에 그렇게 할 용기를 낼 수 있었고, 혼자서는 불가능했을지도 모르는 일을 하는 데 성공했던 것이다…. 그들같이 식인을 하는 미개인들은 희생자를 죽일 뿐 아니라 먹기까지 하면서도 그렇게 한다고 말하지 않는다. 이전의 폭압적인 아버지가 한 패가 된 형제들 각자가 두려워하고 부러워하는 모델이었다는 것은 의심의 여지가 없다. 그리고 아버지를 먹는 행위에서 이들은 아버지와 자신을 동일시할 수 있었고, 각각 아버지의 힘의 일부를 획득했다. 어쩌면 인류의 가장 초기의 축제였을 토템 식사(totem meal)는 따라서 이런 기념비적이고 범죄적인 행위의 반복이자 기념일지도 모른다. 이것이 그처럼 수많은 것들, 사회 조직과 도덕적 구속, 그리고 종교의 시작이었다.(Freud 1983, 141-2. Kilgour, 이 책의 348~349)

좀 더 정확히 말하면 프로이트의 설화는 킬고어가 (이 책에서) 개인이 종의 발달기를 반복하는 성적 발달 단계에 관한 탐구소설이라고 부르는 '자아의 발달'을 촘촘하게 약호화한 것(encoding)이라 할 수 있다. 이런 발달 단계를 거치는 동안 유아가 세계로부터 자신이 분리되어 있다는 의식을 갖지 못하는 구강(口腔) 혹은 식인 '단계'는 배후에 머물지만 결코 완전히 폐기되지는 않는다. 왜냐하면 프로이트가 자아의 '최종구조(final structure)'라고 부르는 것은 종종 "이전 시기에 병적으로 집착한 흔적들"(이 책의 349쪽에서 재인용)을 간직하고 있기 때문이다. 퇴행은 병적인 것으로 두려움의 대상이다. 하지만 성적인 욕망은 시인들이 종종 사랑에 빠진 이들의 행위를 묘사하기 위해 식인 풍습적인 이미지를 사용한 모습에서 보듯이 자아와 대상 간의 경계가 허물어지지 않을까 우려스러울 정도로 '스스로를 잡아먹는 열정'이다. 그 때문에 카니발리즘이 사회적 총체성의 복원을 제공하는 향수의 형식을 띨 수 있는 것이다. 킬고어가 시사하고 있는 것은 이것을 통해 어쩌면 근세 초기, 즉 가장 악명 높았던 몽테뉴 시대 동안에 나타난 이 현상에 대한 몇몇 상대적으로 후한 평가들을 설명할 수 있고, 또 이 문제에 대해 우리가 현재 보여주는 열정을 설명해줄 수 있다는 것이다. 현재의 카니발리즘에 대한 열정은 그것이 "외부 세계에서 사라지고 있는 바로 그 시대에 자연인, 야수 같은 사람들, 미개인에 대한 생각이 자유롭게 활보하는 걸 원하지 않는 우리 자신의 문화적 거부감의 표시"(이 책 353쪽)인 것이다. 따라서 이런 열정은 식인종의 이상화가 아니라 오히려 우리 자신의 탐욕스러운 자아에 대한 공격이다. 식인 신화는 단지 우리 자신에 대한 이야기로서만 아직도 우리와 함께 하고 있는 것이다.

3

카니발리즘이 왜 20세기 말에 들어 우리를 매혹시키는지 답하기는 어렵나. 이 문제에 대해서는 이 책의 논문 중 일부에서 이데올로기와 정신분석언어에 의지한 문화분석의 범주에서 다루고 있다. 반면 왜 문화 과정을 연구하는 학자들이 카니발리즘에 관심을 가지는가 하는 문제에 답하는 것은 좀 더 수월하다. 이 책의 일부 주제는 다수의 핵심적인 문화적 이슈, 특히 최근의 '문화전쟁(culture wars)'에서 상당한 부분을 담당했던 상대주의와 회의주의의 문제를 둘러싼 문화적 이슈에 아주 효과적으로 집중하고 있다. 여러 가지 점에서 카니발리즘은 크게 관심을 끌 만한 주제로 보이지 않을 수도 있다. 결국 이 주제의 정치적 여운이 작고, 잠재적 응용 범위는 명백히 제한되어 있기 때문에 그렇다. 그럼에도 불구하고 두 개의 상호 연관된 이슈, 즉 식인 이야기에 회의적인 사람들과 홀로코스트의 존재를 거부하는 사람들을 같은 선상에 두고 비교한 논쟁과 비서구 문화에 대한 서구의 이해와 태도에 관한 총체적 질문 때문에 이 주제가 당대 논쟁의 전면에 서게 되었다. 첫 번째 문제는 소개와 함께 대강의 윤곽을 그려볼 수 있겠지만 두 번째 문제는 소개에 그칠 뿐이다.

전통적인 식인 이야기를 옹호하는 사람들은 아렌스의 수정주의(revisionism)를 홀로코스트 부인(否認)과 연결시킴으로써 전선을 분명히 했다. 애초의 연결고리는 심지어 《식인 신화》가 발간되기도 전, 그러니까 아렌스가 한편으로 마샬 샐린스와 다른 한편에서 마빈 해리스(1977)와 마이클 하너(1977) 간의 논쟁에 개입했을 때인 《뉴욕 서적 리뷰》에서의 논쟁으로 거슬러 올라간다. 해리스와 하너는 식인의 동기를 단백질 결핍으로 설명하려는 카니발리즘의 소위 '유물론적' 이론을 지지하는 학자들이었다. 반면 샐린스(1978)는 카니발리즘을 고도의 상징적인 제의(祭儀)로 보았다. 아렌스는 해리스, 하너 그리고 샐린스가 공유하고 있는 가설, 즉 카니발리즘이 '원시적' 문화의 공통적인 특징이라는 가설을 공박하면서 《뉴욕 서적 리뷰》에 그가 준비하고 있는 책의 논지를 요약한 글을 써 보냈다. 아즈텍의 사례에 집중해서 아렌스는 그가 '반(反)지적 과정(anti-intellectuell process)'으로 분석했던 것이 우리 문화의 인류학자들과 역사가들의 절실한 필요성, 즉 "우리의 시간과 공간 영역에서 인육을 먹는 사람들을 생성시킴으로써 미개인을 가장 잔혹한 형태로 창조하고 재배치할" 필요성에 의해 설명될 수 있음을 시사하는 결론을 내렸다(Arens 1979a). 아렌스의 편지에 대해 샐린스는 자신의 논지를 전개하고 스스로 목격담이라고 간주한 것을 제시한다. 그 다음 자신의 논지를 일반화하여 해리스와 그 자신을 겨냥한 아렌스의 '반지 적과정 공모(共謀)'라는 비방을 "모험적인 사회과학 저널리즘이라는 친숙한 미국식 패턴"이라고 아래와 같이 논박하고 있다.

> X교수는 나치가 실제로 유대인을 살해하지 않았다든지, 인류의 문명은 다른 유성에서 왔다든지, 혹은 카니발리즘과 같은 것은 없다든지 하는 다소 자극적인 이론을 제시한다. 사실이 그의 이론과는 명백히 어긋나기 때문에 X교수의 주요 논거는 자신의 이론과 사실 사이의 모순을 입증하는 데 사용될 수 있는 모든 이용 가능한 증거를—고도의 도덕적인 톤 속에서—무시하는 것이다. 그 대신 그는 보다 고차적인 분석적 단계로 나아가 일차 자료와 그 자료들을 믿기에 충분할 만큼 신빙성 있는 자료를 쓴 저자들에 대한 인신공격을 감행한다. 그것을 통해 Y와 Z로 하여금 이 글과 유사한 반박을 하도록 유도한다. X교수는 이제 '논쟁적인 X교수'가 되고, 《타임스》나 《뉴스위크》, 《뉴요커》 같은 비전문적인 잡지에 그의 책에 대해 존경에 찬 서평이 실리게 된다. 라디오와 TV, 일간지의 칼럼들이 그 뒤를 잇는다.[6]

샐린스는 무서운 논객이긴 하지만 그의 논거는 대인 입증(立證) 이상도, 유추에 의한 유죄 판단 이상(혹은 이하)도 아니다. '나는 학자고 너는 저널리스트다'라고 하는 것은 해당 문제를 정확히 제기하는 것이 아니다. '공모'라는 말은 샐린스가 사용한 말이지 아렌스가 사용한 말이 아니다. 그리고 '카니발리즘 같은 건 없다'는 것은 샐린스가 이미 읽은 아렌스의 글 혹은 책의 테제가 아니라는 것은 너무나 명백하다. 명백히 준비되지 않고 납득하기 힘든 샐린스 글의 성격에도 불구하고 프랑스 역사가 피에르 비달 나케(Pierre Vidal-Naquet)는 1980년 9월 《에스프리》지에 발표된 에세이 〈Un Eichmann de papier〉에서 즉각적으로 아렌스의 논거가 홀로코스트의 존재를 부인하는 것과 연결된다는 주장을 제기했다.[7] 비달 나케가 목표로 삼은 것은 로베르 포리슨과 홀로코스트를 부인하는 그의 책이었다. 카니발리즘은 미사일 발사대 역할을 했을 뿐이다. 비달 나케는 아렌스의 논거를 먀샬 샐린스에게서 빌려왔는데, 두 개의 다른 인용, 즉 하나는 샐린스의 글에서, 그리고 다른 하나는 해리스와 하너의 저작에 관한 초기의 서평 일부와 함께 위에 언급한 부분을 인용하면서 그 견해에 동조했다. 비달 나케가 아렌스의 책을 읽었다는 표시는 없다. 분명히 아렌스의 책에서 인용한 것도 없고, 그 책의 페이지에 대한 참조 표시도 없다. 그리고 그가 제시한 짧은 요약은 로드니 니담(Rodney Needam)의 《Times Literary Supplement》지(1980)의 서평에서 거의 글자 그대로 끌어온 것이다. 그가 이 책의 논거에 대해 유일하게 특징짓고 있는 두 문장—"식인종은 존재하지 않는다"(1987, 17)와 "식인종은 거기에 결코 없었다"(18)—은 명백히 부정확한 것이다. 그가 이 문장들을 활용한 의도는 "식인종에 대한 헛소리의 극단적인 형태와 부정하는 형태, 즉 환원주의자 해리스의 헛소리와 반항자 아렌스의 헛소리"(20)를 기정사실로 만들려는 것이었다. 이것을 통해 비달 나케는 〈아우슈비츠 혹은 거대한 알리바이〉가 보여준 극좌주의자들이 펼친 논거의 '유물론적' 환원주의와 포리슨의 완전한 부정 시이에서 얻어낸 것과 유사한 구분을 가능하게 할 수 있었다. 이런 위조된 비교는 비달 나케가 아렌스의 책을 폐기하길 원하는 속도만큼이나 빠른 속도로 폐기될 것이다. 하지만 샐린스와 비달 나케가 얻고 있는 모두가 인정하는 학자로서의 명성을 고려할 때 이런 비교는 다른 어디에서보다 더 진지하게 이루어져야 할 것이다.[8]

관계 확인을 넘어서 홀로코스트 부인과 카니발리즘 부인이라는 문제를 좀 더 넓게 보면 세 가지 사항을 생각해볼 수 있을 듯하다. 홀로코스트를 부인하는 사람들의 간접적인 전략은 도덕적 등가성(equivalence)을 확언하는 것이다. 이들의 주장에 의하면 예를 들어 (비록 600만은 아니라 해도) 약간의 유대인 살해가 있었을지도 모른다. 하지만 연합군의 드레스덴 폭격은 똑같이 나쁜 것이었다. 마찬가지로 레리에서 멜빌과 그 이후의 식인종 문제에 대한 논자들은 인육을 먹는 것이—비록 일어났다손 치더라도—고리대금업에서부터 거위 강제 사육에 이르기까지 유럽에서 행해지고 인정되는 몇몇 관행들보다 더 나쁜 것이냐고 물었다. 하지만 도덕적 등가성에 관한 그런 문제들은 그 후 도덕성에 관한 가장 현대에 벌어진 논쟁의 주제가 되었다. 당연히 이런 논쟁에서 식인 관행에 회의적인 사람들을 낙태를 살인과 동일시하는 걸 부인하는 사람들과 연결시키는 것이 필요하다고 보는 사람은 없다.

이보다 더 설득력이 있어 보이는 것은 양자의 주장이 스탠리 피시(Stanley Fish), 리처드 로티(Richard Rorty), 자크 데리다(Jacques Derrida) 같은 이름과 연결된 학문적 상대주의를 기반으로 한 회의주의와 불확정성이라는 작금의 학문적 기류를 타고 번성할 수 있다는 점이다. 이것은 데보라 립스태트(Deborah Lipstadt)가 최근에 홀로코스트 부인을 '계승' 하기 위해 《홀로코스트를 부인하며 Denying the Holocaust》에서 제시하고 있는 설명들 중 하나다. 하지만 이 현상에 대한 뛰어난 역사서술 중 가장 취약한 한 부분에서 그녀는 홀로코스트 부인을 올리버 스톤의 케네디 암살에 관한 이론과 레오나르드 제프리스(Leonard Jeffries)의 아프리카 중심주의(Affrocentrism)와 연결하면서 끝맺고 있다(1993, 18-19). 심지어 이런 예들도 보여주듯이 경신(輕信), 즉 쉽게 믿는 것은 회의주의와 마찬가지로 유효한 것이 아니며, 우리의 지식 세계의 문제에 관해서는 훨씬 더 많은 논의의 여지를 남긴다. 결국 홀로코스트를 부인하는 사람들은 명백한 증거를 회의하는 그들의 태도 때문에 잘못된 것이 아니라, 그들이 부인하고자 하는 증거의 무게와 실체 때문에 잘못된 것이다. 반면 홀로코스트 부인은 약간은 인정을 받기도 했는데, 그 이유는 우선 반유대주의(anti-semitism)의 지속 때문이었고, 둘째로 할리우드에서 모형으로 제작됐다는 달 착륙 날조 주장에서부터 외계 우주선에 의한 유괴라는 유행병에 이르기까지 거의 모든 허무맹랑한 주장들을 쉽게 믿어버리는 대중들의 태도 때문이었다. 만일 학문적인 상대주의가 이 모든 것과 어떤 연관을 갖고 있다면 장 보들리야르가 주장한 악명 높은 실제 걸프전의 부인도 학문적 상대주의의 산물이라고 가정할 수 있을 것이다. 하지만 그의 주장은—심지어 보들리야르의 주장에 공감하지 않는 사람들조차 동의할 만큼—홀로코스트 부인과는 완전히 동떨어진 하나의 철학적인 추상의 수준에서 시도되고 있다(Norris 1992). 아렌스와 보들리야르, 데리다 그리고 홀로코스트의 존재를 부정하는 학자들이 공유하고 있는 철저한 회의주의(radical scepticism)는 아주 다른 방식이기는 하지만 UFO에 대한 증거를 바라보는 과학자들도 공유하고 있다. 하지만 그러한 '유사성'은 실제로 논쟁되고 있는 현상들에 관한 우리의 관심에 대해서는 전혀 도움이 되지 않는다.[9] 우리가 내릴 수 있는 유일한 결론은 지적인 문제에서 전통적인 견해를 거부할 때 발생하는 위험의 심각성은 그럴듯한 이야기로부터 허무맹랑한 이야기를 걸러내야 하는 데서 생기는 그 어떤 불편함보다 더 크다는 사실이다.

마지막으로 비교해볼 수 있는 사항으로는 식인 풍습에 대한 회의주의자들과 홀로코스트의 존재를 부정하는 사람들이 엄격한 문헌 비평(textual scholarship)의 영역으로 들어가 때로 부분적인 텍스트의 '진본성(眞本性, authenticity)'을 문제 삼는다는 점이다. 안네 프랑크의 일기가 가장 알려진 예가 될 것이다. 립스태트가 지적할 수 있었던 것처럼 여기에서 홀로코스트 부인자들은 단지 정통 문헌 비평의 방법론을 흉내 내는 데 그치고 있다(1993, 229-35). 식인종 이야기 중 몇몇은 엄격한 문헌 비평에 시달려왔다. 하지만 그 문제에 있어서는 셰익스피어 희곡에 대한 몇몇 과거의 '확실성'도 마찬가지였다. 사실 《리어왕》 한 작품의 정통성에 대해 의문을 제기하는 것이 홀로코스트를 부인하는 것과 똑같다고는 누구도 생각하지 않는다(Holderness 1995). 홀로코스트 부인자들이 내세우는 문헌에 대한 '엄격한 학문주의'는 위조와 약탈, 그리고 자의적인 오독(誤讀)을 통해 이득을 얻을 수 있을 뿐이다. 카니발리즘을 둘러싼 공박이 혹독하긴 했지만 연루된 학자들을 비난한 것은 아니었다. 그들 코앞에 있는 것을 볼 수 없는 무능력 혹은 단순한 문장의 한 구절을 읽지 못하는 무능력은 대개 주장되는 사항이 심각하면 할수록 그만큼 심각한 것이다.[10] 사실상 엄격한 텍스트 비평과 증거 사용의 난점들이 갖는 문제점들은 회의주의자들이 제기하고 있다. 그리고 아렌스의 기고문은 그 점을 실증하고 있다.

립스태트의 책을 읽으면 식인 회의주의와 홀로코스트 부인 사이에 놓여 있는 근본적인 차이를 명확히 알 수 있다. 립스태트 자신이 홀로코스트의 존재를 부정하는 이론을 다른 역사적 수정주의 형식들로부터 구분하고 있다. 비달 나케는 '수정주의'라는 용어를 사용하지만, 립스태트는 모든 역사가는 어느 정도는 수정주의자라는 사실을 정확히 지적한다. 그리고 하나의 용어로서 '부인(denial)'이라는 말은 그녀가 "합리적인 연구라는 환상"(28)을 주는 데 불과한 "순전히 이데올로기적인 모험"(26)이라고 칭하는 것과 적절한 학문적 엄격성을 구분해주는 장점을 가지고 있다. 홀로코스트 부인은 하나의 동기(반유대주의)에 의해 추진되며, 분명하게 설명되기 힘든, 그 때문에 이 이론의 옹호자들이 숨길 수밖에 없는 정치적 프로그램(파시즘)과 연결되어 있다. 그래서 이 이론의 의제는 늘 불분명하게 남아 있는 것이다. 심지어 이것이 학문적인 형식을 가장하는 곳에서조차 인용과 정보들이 위조된다. 말하자면 이들 홀로코스트 부정 이론가들은 비달 나케의 적절한 어구를 빌자면 '기억의 자객(an assassin of memory)'인 것이다. 이들의 논거 중 어느 것도 아렌스 혹은 아렌스의 주장을 지지하는 사람들의 논거에 해당되지 않는다. 사실상 카니발리즘이 유행하는 상황에 대한 회의적인 접근은 분명히 수정주의이지만 어떤 것도 '부인'하지는 않는다.

립스태트는 부인(거부)을 정신분석적 용어로서 강조하지 않지만 이것이 식인 장면에 해당될 경우—회의주의자들에 따르면—식민지에 가한 폭력의 부인을 근거로 정신분석적 용어로서 강조한다. 이것이 이런 폭력의 희생자들에게 카니발리즘을 투사하게 된 하나의 근거다. 말하자면 부인은 최소한 노예제도나 인종근절 캠페인을 위해 법적인 혹은 도덕적인 정당화를 모색하던 초기 형태의 국면에 식인 이야기를 규정하는 한 측면인 것이다. 아래의 두 개의 문학적 이미지 역시 이런 연결을 보여주고 있다. 로빈슨 크루소가 처음에 도착한 섬의 해변에서 식인 장면으로 간주한 것에 맞닥뜨렸을 때, 자신의 안전을 도모한 후 그가 보인 두 번째 반응은 "오직 이 괴물 몇을 어떻게 죽일까"를 생각하는 것이다(Defoe 1975, 132). 여기서 카니발리즘과 대량 학살이―물론 자신들의 파괴적인 환상을 추측에 지나지 않은 식인종들에게 돌리는 유럽인들의 마음속에서―연결되는 것이다.[11]

그 후 2세기 가까이 지난 후 말로가 본 《어둠의 심장》에 나오는 커츠란 인물은 유럽인들의 식인 환상이 물리적 차원에서 어떻게 나타나는지 잘 보여주고 있다. "나는 그의 입이 쩍 벌어져 있는 걸 보았다. 그 때문에 그는 끔찍스러울 만큼 탐욕스런 모습으로 보였다. 마치 공기 전부를, 땅 전체를, 그리고 그 앞에 있는 인간 모두를 삼켜버리고 싶어 하는 듯했다."(이 책 273쪽에서 재인용) 아프리가 식인종들의 '실제 모습'은 '커츠 자신의' 영토에 대한 관계를 암시하는 은유인 완전한 결합이라는 환상에 의해 은폐된다. 이제 거기에서 "인간 내부의 모든 야수성을 근절하는 것"으로 가는 것은 시간문제다. 제리 필립스가 말한 것처럼 "어떤 측면에서 인종근절은 유아기 이기주의의 총체화에 따른 논리적 귀결이다."(이 책 274쪽) 커츠의 한 동료가 말로에게 한 말―"그는 극우파의 당당한 지도자가 되고 싶었을 겁니다."―에서 우리는 커츠와 유럽의 파시즘을 연결해볼 수 있다. (그리고 필립스는 기고문에서 카니발리즘 담론과 반유대주의를 오버랩하도록 만들고 있다[이 책 289~290쪽].)

장 드 레리는 브라질 식인종을 상대주의적으로 옹호하면서 공포에 사로잡힌 독자들에게 매일 여기에서 우리들 사이에 일어나는 일들을 상기할 것을 요청하는데, 그 첫 번째 예로서 유대인 고리대금업자에 대한 상투적인 생각을 예로 들고 있다.

> 첫 번째로 만일 여러분이 솔직하게 피와 골수를 빨아먹고, 과부와 고아들, 그리고 굶주림 속에 연명하느니 차라리 스스로 목숨을 끊는 게 더 나을지도 모르는 다른 가난한 사람들 모두를 산 채로 먹어치우는 우리의 고리대금업자들이 하는 짓을 생각한다면, 이들이 심지어는 내가 말한 야만인들보다 훨씬 더 잔인하다고 말할 것이다. 그런 사람들이 하나님의 백성들의 피부를 벗겨내고, 살을 먹고, 뼈를 부러뜨리고, 냄비에 들어갈 크기로 잘게 썰 것이라고 선지자들이 예언한 건 바로 이 때문이다.(Léry 1990, 132)

그러므로 레스트린전트의 말을 빌자면 레리가 "마녀 사냥의 열렬한 지지자"였고, 브라질 여성들과 유럽의 마녀들은 "악령에 조종당하고 있다"(1994, 127-8)는 취지에서 장 보댕(Jean Bodin)의 《빙의(憑依) 정신병 Démonomanie》을 인용하고 있다는 사실을 알게 된다고 해서 특별히 놀랄 일은 아닌 것이다. 사실 홀로코스트보다는 그처럼 오랫동안 유럽 역사의 '진실'의 일부였던 마법이 카니발리즘과 훨씬 더 명백한 비교대상이 된다. 하지만 이런 연결을 통해 식인종은 마녀, 그리고 노먼 콘(Norman Cohn)이 (1975) 유럽의 "내부 악마들"이라고 언급한 유대인과 연결되고, 카니발리즘은 방탕한 고대의 주신제(酒神祭)와 타이에스트족(Tyestean) 축제를 포함한 일련의 이미지들을 공유하게 됨으로써 담론의 용어들이 원래의 맥락과 다르게 변해버리는 것이다. 달리 표현하자면 만약 카니발리즘과 홀로코스트를 부인하는 사람들의 내적 동기인 반유대주의가 연결되면, 카니발리즘이 유대인과 결부된 반유대주의 실천의 한 양상이 돼버리는 것이다.

토끼처럼 빠른 시간 동안 그럴듯하게 비교해볼 수는 있지만 엄격한 학문성은 거북이같이 느린 속도로 확인되기 때문에 시간을 들여 신중하게 의심해볼 필요가 있다. 홀로코스트는 부인된다. 하지만 카니발리즘에 관한 보고들은 원문의 증거들을 조심스럽게 읽어감으로써 문제시된다. 카니발리즘에 관한 회의주의는 오직 진지하게, 최소한 이 주제와 관련해 아렌스의 관심을 불러일으킨 행동양식의 출현에 관한 사례들이 충분해질 때까지 진행될 수 있는 하나의 과정이다. 식인의 실재를 옹호하는 사람들에게 결코 명예가 될 수 없는 연결을 궁극적으로 거부하기 위해, 그리고 식인 회의주의는 비합리적인 부인을 통해서가 아니라 의심의 해석학(a hermeneutics of suspicion)에 따라 수행된다는 사실을 분명하게 보여주기 위해 내 자신의 관심 영역에서 가져온 사례를 단 하나만 들어보겠다.

이 책의 주제가 카니발리즘 자체라기보다는 오히려 카니발리즘에 관한 담론이기 때문에 또 다른 시작의 순간은 1493년 11월 4일 콜럼버스와 함께 카리브 해로 향한 두 번째 항해에 동행한 챈카 박사가 수 주 후에 재구성한 시간으로 거슬러갈 수 있다. 그것은 종종 카니발리즘에 관한 근대적 설명으로 가장 초기의 것으로 간주되는 챈카 박사의 말로서, 명백히 아메리카 대륙의 카니발리즘에 관한 최초의 설명이다.

우리가 가까이 갔을 때 장군은 해변을 따라 정박할 곳을 찾을 수 있도록 가벼운 돛단배를 내리라고 명령했다. 돛단배가 전진해 육지에 닿자 몇 안 되는 집들이 보였다. 선장은 보트를 타고 해변으로 가서 그 집에 닿았고, 그 안에 거주하는 사람들을 발견했다. 그들은 그들(상륙 선원들)을 보자 도망쳤다. 선장은 그 집에 들어가 그들이 갖고 있는 것을 발견했다. 그들은 아무것도 가지고 가지 못했던 것이다. 거기에서 선장은 앵무새 두 마리를 발견했다. 전에 본 어떤 것과도 다르고 무척 큰 앵무새였다. 다량의 잣은 양모와 자을 준비가 된 양모, 음식물도 발견했고, 선장은 모든 걸 조금씩 가지고 나왔다. 특히 사람의 팔과 다리뼈를 네댓 개 가지고 나왔다. 이것을 보고 우리는 이 섬들이 인육을 먹는 사람들이 살고 있는 카리브 해의 섬이라고 추측했다. 전에 발견되었던 섬에 살던 인디언들이 그 전 항해 때 장군에게 알려준 섬들의 위치에 맞추어 장군은 항해 코스를 그 섬들을 발견하는 것에 맞추고 있었다. 그 이유는 이 섬들이 스페인에 더 가까웠고, 또 장군이 이전에 사람들을 남겨두었던 에스파뇰라로 가는 직항로가 거기에 있었기 때문이었다. 하나님의 가호와 장군의 훌륭한 판단력에 의해 우리는 마치 잘 알려지고 제대로 만들어진 항로를 따라 항해한 것처럼 똑바로 이 섬들에 오게 되었던 것이다.(흄과 화이트헤드의 1992년 번역 32쪽, 질과 바렐라의 스페인어 책 1984, 158쪽)

이것은 유럽인 목격자가 관찰하고 보고한 초기 아메리카, 특히 토착 미개인에 대한 최초의 장면들 중 하나다. 챈카는 의사 신분이었고, 그렇기 때문에 그가 객관적인 역사가가 적절한 선구자로 삼을 만한 지식과 접근법을 갖추고 있었다고 추측해볼 수도 있다. 하지만 좀 더 면밀히 조사해보면 챈카가 보고한 '공포'는 콜럼버스의 장교들 중 한 사람이 약간의 양모와 음식물, 그리고 두 마리의 큰 앵무새와 함께 섬의 버려진 오두막집에서 수집한—즉 훔친—네댓 개의 사람 뼈였다는 사실이 드러난다.

여기서 때로 주장되는 것과는 달리 '사실 matter of fact' 기술과는 거리가 먼 챈카 박사의 증거는 콜럼버스의 두 번째 항해를 지배했던 가설에 철저하게 의존하고 있는 매우 간접적인 글이라는 점이 강조되어야 할 것이다. 우선 챈카가 전한 것은 결코 서술(묘사)이 아니다. 그는 상륙 팀의 멤버가 아니었고, 따라서 어떤 것도 목격하지 않았다. 추측컨대 그는 들은 것, 즉 상륙 보트의 선장이 말해준 것을 간접적으로 전하고 있다. 챈카는 첫 번째 항해에 동행하지 않았고, 그렇게 때문에 그 자신이 아무런 예상도 하지 않고 지식에만 의존하고 있다. "우리는… 추측했다"는 말은 원칙적으로 권위의 원천이자 첫 번째 항해와 두 번째 항해 사이에 발생한 정보와 의견을 수렴했던 콜럼버스 스스로가 퍼뜨린 집합적인 견해를 보여주는 것에 지나지 않는다. 챈카 자신은 이 문장을 쓰면서 일인칭 복수형을 사용함으로써 콜럼버스가 확립한 '공식 버전' 속에 스스로를 문법적으로 편입시킨다. 챈카 자신은 결코 그가 본 '바로 그것'을 전하는 독립적인 혹은 최초의 증인으로 간주될 수 없다. 공식적으로 활용되는 가설은 두 번째 탐험이 식인종들이 살고 있는 섬에 도착했다는 것이다. 따라서 네댓 개의 사람 뼈는 '이 섬들이 인육을 먹는 사람들이 살고 있는 카리브 해의 섬들일 것이다'는 추측을 확인하기에 충분하다는 것이다. 하지만 그런 단견은 목격 증거라고 하기엔 어렵고, 이런 뼈들이 토착 카리브 해 주민들의 매장 의식의 관습에서 나온 것이었을 수도 있다. 말하자면 이 한 가지 예에서도 알 수 있듯이 근본적인 아렌스의 논거, 즉 일부 역사가들은 부적절한 증거와 부주의한 독서를 근거로 비약적인 결론을 내린다는 논거의 정당성이 입증된다고 할 수 있을 것이다.[12]

챈키기 들은 식인 장면은 흥미 있는 역사를 가지고 있는데, 이것은 종종 인종학적 기술(記述)이 하나의 맥락에서 또 다른 맥락으로 점차 변천해가는 과정의 본보기가 되고 있다. 챈카의 식인 장면은 안둘루치아는 몰라도 카리브 제도에는 가까이 간 적이 없었던 영향력 있는 인류학자 마르터가 입수한 필사 그림을 거쳐 유럽인의 상상력 안으로 들어왔다. 그는 챈카가 전한 오두막집 안에 있는 한 줌의 뼛조각에 더해 장소를 여러 개 더 만들고, 집 안에는 부엌과 쇠꼬챙이에 꿰어 막 굽기 직전의 인육 조각을 첨가했고, 덤으로 아직 피에 전 채 서까래에 매달려 있는 어린 소년의 머리를 그려 넣었다.[13] 이 카리브 해 바비큐는 마르터 자신의 복사본과 몬탈보도(Montalboddo)가 수집한 《Mondo Novo e Paesi novamente retrovati da Alberico Vespuzio》(1507)

라는 이름의 널리 알려진 컬렉션을 통해서 유포되었다. 이 컬렉션은 이 장면에 더해 탁월한 플로렌스 항해가가 쓴 〈바톨로치에게 보내는 편지〉 원본에 가짜 아메리고 베스푸치가 삽입했던 열광적인 상상의 식인 장면들을 추가로 싣고 있다.[14] 이런 개입이 가져온 독특한 결과는 유럽인의 언어생활에서 '식인종'이라는 용어가 확대되어 이제는 남아메리카까지도 식인종이 사는 지역으로 당연하게 되어버린 것이다.

챈카가 기술한 그 장면은 콜롬비아 400주년제 기념 서적의 하나인《콜롬비아와 콜럼버스. 그림으로 보는 인간과 민족의 역사》(Blaine 1892)에서 더욱 더 정교하게 다듬어진다. 흩어져 있는 팔 다리와 요리 냄비라는 필수적인 이미지를 포함하고 있는 한 삽화에 이것이 가지고 있는 함축적 의미를 끌어내는 다음과 같은 설명문이 덧붙여져 있다.

> 그들이 카니발리즘의 황폐한 자취와 잔해를 처음으로 발견한 곳이 과달롭의 이 마을이었다. 소량의 유골이 집 주변에 흩어져 있었다. 부엌에는 항아리나 단지로 쓰는 두개골이 발견되었다. 몇몇 집에서는 식인의 명백한 증거들이 더욱 더 생생하고 무시무시하게 남아 있었다. 스페인 사람들은 인간 푸줏간으로 믿어지는 집에 들어섰다. 남녀의 머리와 팔 다리가 벽에 걸려 있거나 서까래에 매달려 있었다. 그중 몇몇에서는 피가 떨어지고 있었고, 가능한 한 이 장면의 공포를 더해주듯이 죽은 앵무새와 거위, 개와 이구아나가 사람의 몸 조각들과 하나도 다를 바 없이 달려 있었다. 어떤 냄비에는 사람의 팔 다리 몇 개가 끓고 있었고, 결과적으로 이 몇 가지 증거들을 통해 카니발리즘이 우연한 사실이 아니라 이 섬사람들의 삶에서 인정되고 제대로 자리 잡은 하나의 관행이라는 사실이 명백해졌다.(172)

어쩌면 카니발리즘과는 아무런 관계도 없을지 모르는 얼마 안 되는 뼛조각이 이제 진기한 식인 만찬을 위한 일종의 대량 생산 라인이라고 할 만한 '인간 푸줏간'으로 탈바꿈되었다. 마르터 자신이 첨가한 서까래에 매달린 어린아이의 머리는 여러 개로 늘어났다. 팔 다리가 끓고 있는 솥단지가 필수적으로 등장한다. 두 번의 어렵지 않은 단계를 거치면서 소량의 인간 뼈에 대한 간접적 보고는 카니발리즘이 '하나의 관행'임을 '입증'하는 '몇 가지 증거'가 된다. 챈카의 보고는 카리브 제도의 카니발리즘에 대한 증거를 제공하지 않는다. 하지만 이 보고가 전달되고 다듬어지고 윤색되어가는 역사는 무언가에 홀린 사례의 증거로서 쉽지 않은 분석을 요한다.

비서구 문화를 어떻게 이해할 것인가 하는 문제는 분명 인류학의 근본적인 문제다. 1990년대의 치밀하게 계획된 논쟁은 마샬 샐린스와 거내너스 오비스커(Gananath Obeyesekere) 사이에 벌어진 특정한 비서구 문화에 반드시 부합되어야 할 '차이'의 정도에 대한 것, 즉 1779년 캡틴 쿡을 죽인 하와이 원주민들의 '차이'의 정도에 관한 것이었다. 간단히 말하자면 오비스커(1992a)는 샐린스가 하와이 원주민들에게서 합리적 행동 능력을 부정하는 문화석 차이를 날조한나고 주장한다. 그에 만해 샐린스(1995)는 오비스거가 하와이 원주민에게서 어쩌면 그가 본 것과는 달리 합리적인 것과는 상관없을 수도 있는 원주민들 고유의 행동 규준을 빼앗는다고 반박한다. 1970년대 클로드 레비스트로(1992 [1995])와 자크 데리다(1976) 간에 마찬가지로 치밀하게 전개된 논쟁에서 반영되고 있는 데서 보듯이, 자민족중심주의(ethnocentrism)나 반(反)반자민족중심주의(Anti-anti-ethnocentrism)의 책임이 똑같이 크다 해도, 이 논쟁은 논쟁 당사자 각자의 역사적 위치와 배경 때문에 정도 이상으로 단호해진 경향이 있다. 이런 논쟁들은 사실상 흙탕물이다. 식인 문제가 이 논쟁에 어떻게 연루되어 있는지를 알아보기 위해 그 속으로 약간만 들어가 보겠다.

손발이 잘리고, 그중 일부는 누군가가 먹어치웠을 가능성이 있는 캡틴 쿡의 몸은 진부한 예술 작품 중앙에 위치한 그래픽 이미지라고 할 수 있다. 샐린스는 이미 아렌스의 저작에 대한 초기의 비판자로 나서 있었고, 오비스커는 남태평양의 자료들을 읽으면서 어쩔 수 없이 식인 문제를 건드리게 되었다. 이 책에 기고한 글에서 오비스커는 샐린스가 아렌스를 반박하면서 인용했던 여러 사례 가운데 하나를 언급하고 있다. 오비스커/샐린스 논쟁은 특히 잡지《비판적 연구 Critical Inquity》에 수록된 최근 논쟁에 나오는 식인 기록에 주력하고 있다. 그 논쟁에서 젤렌(Myra Jehlen)은 카리브 해 원주민들의 카니발리즘에 대한 보고에 상당히 회의적인 내 책《식민지적 조우》의 논거에 대해 샐린스가 제기한 그런 종류의 질문들을 던지고 있다. 나의 회의적 접근의 근거는 이미 앞부분에서 밝힌 바 있다. 카니발리즘은 그것이 실제 행위든 아니면 비난으로 해석되든 상관없이, 다만 우리가 생각할 수 있는 가장 큰 '문화적 차이의 표시'에 지나지 않으며, 그렇기 때문에 우리의 이해 범주에 대한 최대의 도전인 것이다.

　이런 정교하게 계획된 논쟁의 위험성은 그것을 통해 상대적으로 (중요하긴 하지만) 작은 차이들이 주요 지적 소용돌이로 악화되는 경향을 갖는다는 점이다. 젤렌과 내 자신은 샐린스와 오비스커와 마찬가지로 그런 이견이 암시하는 것보다는 일반적인 지석 접근에 필요한 부분을 훨씬 더 많이 공유하고 있다. 그리고 사실《비판적 연구》(1992b)에 실린 오비스커의 카니발리즘에 관한 최근의 저작은 그처럼 쉽게 식인 장면을 받아들이는 모순들을 한 발 앞선, 실로 중요한 방향을 제시하고 있다. 여기에서 그 대강을 소개하고자 하는 것은 그것이 이 책《식인문화의 풍속사》에 연쇄적인 자극을 주었고, 어떻게 우리가 식인종 논쟁이 갖고 있는 기존의 한계를 넘어설 수 있는가 하는 문제에 보기를 제시하고 있기 때문이다.

4

 탈식민지적 작업에서 의미 있는 새로운 강조점 중 하나는 문화적 접촉(cultural contact) 부분이었다. 너무나 오랫동안 확장과 부정이라는 함축적 의미를 담고 있는 개념인 '변경(frontier, 개척지와 미개척지와의 경계 지역)'이라는 말을 대신해 이제 하나의 '접촉 구역(contact zone)'이 사용되게 되었다. 이 말은 메리 루이즈 프랫(Mary Louise Pratt)이 그녀의 책 《제국주의적 시선들 Imperial Eyes》에서 식민지적 만남의 공간, 즉 사람들이 지리학적으로나 역사적으로 상이하게 각각 만나게 되고, 어떤 식이든 진행 관계를—비록 이런 관계들이 종종 억압, 근본적인 불평등, 그리고 풀기 힘든 갈등을 띠고 있다 해도—확립하는 공간을 지시하기 위해 사용했다. '접촉(contact)'은 프랫이 언어학에서 가져온 용어로, 언어학에서 접촉 언어(contact language)는 서로 간에 의사소통을 필요로 하는 서로 다른 토착 언어 사용자들 간에 개발되는 의사소통의 잠정적인 형식들을 말한다. 이 언어들은 고유의 원어민을 가질 때 '크레올 언어(creole)'*가 된다.[15]

 접촉 구역을 강조하는 것은 식인종의 역할을 명료하게 하는 데 도움이 된다. 식인 문제가 문화적 접촉에서 야기되었다는 것은 뻔한 사실처럼 보일지 모른다. 하지만 '변경'으로부터 '구역'으로의 위치 변화는 우리에게 두 개의 (혹은 그 이상의) 문화가 그들 사이에 피할 수 없는 즉각적인 대화의 결과로서 어쩔 수 없이, 그리고 즉각적으로 받아들이기 시작한 만남을—이것이 물론 평등의 조건 위에서 일어난 것은 아니겠지만—의식하도록 만든다. 수많은 식민지 담론을 규정하는 관찰과 기술이라는 짐짓 객관적인 언어에 반대하는 이런 시각은 카니발리즘에 관한 보고들을 둘러싼 문화적 교류의 환

---

* 원래는 '루이지아나 말투의 프랑스 말'을 의미하지만 글의 맥락상 '혼성어'로 이해할 수 있다(이하 *표시는 역주임).

경에 대해 조심스럽게 주의하게 만든다.

카니발리즘 사상을 유럽인들이 도입했다고 하지만 실은 반드시 그런 것은 아니다. 예를 들어 남아메리카의 맥락에서 닐 화이트헤드의 중요한 저작은 "가톨릭의 성체변화(transubstaniation)*와 아메리카 인디언들의 만신전(pantheon)에 대한 경건한 갈망이라는 양자의 교의상(敎義上)의 집착에 반영되어 있는 것처럼, 유럽인들과 아메리카 인디언들은 카니발리즘 사상에 열정적인 관심을 공유하고 있었다"(1997, 80)는 점을 강조했다. 여기서 이런 공유된 관심이 유럽인과 아메리카 인디언이 서로 교류하는 데 필요한 하나의 소통 행위로서 카니발리즘에 대한 비유의 발달과 ("for it was the Spanish who had come to eat out the native inhabitants") 실제 카니발리즘 행위의 토대를 제공한다. 오비스커에서 보듯이 이런 식의 접근에서 카니발리즘은 더 이상 확정된 사회적 관습으로 간주되는 것이 아니라 문화적 접촉의 한 요소, 즉 커다란 반향을 일으킨 니콜라스 토머스(Nicholas Thomas)의 책 제목에 들어 있는 것처럼 "뒤얽힌 것(entangled object)"(1991)이 된다.

《영국 식인종들—탐험가 제임스 쿡의 죽음과 부활에서 일어난 한 가지 소동에 대한 자세한 고찰》(1992b)에서 오비스커는 쿡이 남태평양으로 두 번째 항해를 하고 있던 1773년 11월, 배를 수리하기 위해 뉴질랜드 해안 외곽에 정박하자는 결정이 내려졌을 때 일어난 한 특이한 '장면'을 자세히 다루고 있다. 항해가 지연되어 지루해진 몇몇 간부들이 "원주민들 사이에서 즐기기 위해"(쿡의 말) 해변으로 갔다. 거기서 그들은 마오리족과의 소규모 전투에서 살해된 것이 확실해 보이는 한 젊은이의 머리와 내장, 그리고 심장을 보았다. 간부 중 한 사람인 리처드 피커스질이 술 두 병을 주고 머리를 사서 배로 가져왔다. 거기서 "살덩어리가 다 구워진 후 원주민들 중 하나가 대부

---

* 빵과 포도주를 예수의 피와 살로 변화시키는 것.

분의 간부들이 있는 데서 그것을 먹었다"(Cook 1961, 293)라고 쿡은 적고 있다. 하지만 보는 것과 달리 이것은 목격자의 설명이 아니다. 쿡은 그 "우연한 사건"이 있은 후 배로 돌아왔다고 분명하게 밝히고 있다. 하지만 쿡의 이 말 배경에는 원래 비글홀(J. C. Beaglehole)이 쿡의 항해일지 기념판 제작 때 협력했던 찰스 클러크라는 사람이 쓴 항해일지에서 옮긴, 사실상 목격자 이상의 역할을 한 목격자의 보고가 있었다. 클러크의 항해일지는 비글홀이 "상황적 세부사항"이라고 부른 것을 우리에게 전하고 있다.

> 나는 그에게 한 덩어리를 거기서 직접 먹겠느냐고 물었고, 그 물음에 그는 무척 좋아하면서 동의했다. 그리고 난 가져온 것 중 한 덩어리를 잘라서 그가 바라는 대로 불로 가져가 석쇠에 놓고 약간 익힌 다음 그에게 주었다. 그는 그것을 먹는 걸 넘어서 너무나 탐욕스럽게 음미했고, 그런 다음 열광하면서 여섯 번이나 자신의 손가락을 빨았다.(293, n.2)

이 '장면'에는 생각해볼 몇 가지 측면이 있다. 분명 이 장면은 목격자 보고이며, 그렇게 다루어질 필요가 있다. 반면, 이 장면은 카니발리즘 괴행의 존재를 인정하는 사람에게든 부인하는 사람에게든 카니발리즘의 여러 논의에 있어 핵심적인 사안인 '목격'의 지위에 관해 의문을 갖게 한다. '목격'이란 말은 무척 특별한 담론에 속한다. 부분적으로는 과학적이며 부분적으로는 적법하다는 말로, 일어난 일에 연루되지 않은 채 일어난 일을 보았기 때문에 인정될 수 있는 증언을 한 누군가가 존재한다는 것을 암시하고 있다. 목격은 과학적 실험의 기록이자 적법한 증거가 있다는 걸 가정하고 있다. 우리가 입수한 자료가 쿡의 항해일지가 전부라면, 그가 전한 간부들은 이 장면에서 목격자로 남을 수도 있을 것이다. 모든 것이 그들이 있는 데서 (이것은 그 일에 참여하지 않았다는 걸 함축하고 있다) "구워진 후 원주민들 중 한 사람이 먹은" 고기와 함께 일어났다. 따라서 클러크의 일지 기재 사항이 이 구절을 따라서 읽혀질 때만 쿡의 표현의 모호성이 분명해진다. 이 구절의 함축적인 의미는 원주민 중 한 사람이 살을 구워서 먹었다는 것이다. 하지만 이 구절은 또한―지시된 행위자가 없이― '누군가에 의해 구워졌고', 그 다음에 '원주민이 먹었다'고 읽혀질 수도 있다. '내 자신의 간부들 중 한 사람에 의해 구워'졌다면 이 이야기는 분명 복잡해질 것이다.

일어났던 일을 처음에 언급할 때 쿡은 카니발리즘의 흔적을 마주친 로빈슨 크루소와 다른 그 전 사람들이 취했던 바로 그대로 반응했다. "목격한 머리와 막 언급한 주변 사항 때문에 난 공포와 충격을 느꼈고, 마음속엔 이 식인종들에 대한 분노가 가득 찼다." 하지만 쿡은 그 후 자신의 반응을 강조함으로써 개척자로서의 자신의 명성을 실천한다.

> 하지만 아무리 분노해도 별 소용없으리라는 생각이 들었고, 많은 사람들이 의심하는 사실에 대한 목격자가 되고 싶은 욕심에 나는 분노를 숨기고 살덩어리를 구워서 후갑판으로 가져오라고 명령했다. 거기에서 이들 식인종들 중 하나가 그 고깃덩어리를 선원들 모두가 보는 앞에서 드러나게 아주 맛있게 먹었다.(293)

'원주민'이 '식인종'이 되는 위의 사례를 주목해보라. 인육을 먹는 것은 늘 어떤 다른 가능한 인종적 혹은 민족적 신분의 차이에 대한 확인을 소멸해 버린다. 1776년 4월 주교관에서 쿡이 정찬을 들며 전해준 이야기를 접한 제임스 보스웰(James Boswell)의 반응은 하나의 진실이 어떻게 확인되는가를 보여준다. "쿡은 내게 그와 배에 있던 많은 사람들이 보는 앞에서 인육을 먹는 뉴질랜드 원주민에 대해 너무나 분명하게 전해주어 그들이 식인종이라는 사실이 이제는 확실하게 알려지게 되었다."(Boswell 1963, 341)[16]

하지만 장면 전체에 해당되는 것은 아무리 후하게 친다 해도 영국인 선원들과 마오리족 간의 전적인 상호 관계를 포함하는 정도에 지나지 않는다. 이 장면에서 우리는 과들롭의 오두막에서 우연히 뼈를 보게 된 콜럼버스 선장이나, 해안에서 식인 피크닉의 잔재를 발견한 로빈슨 크루소, 또는 솥단지와 인간의 두개골을 목격한 타잔과는 아주 다르다는 것을 알 수가 있다. 서구의 '관찰자'는 전통적으로 일이 일어난 후 나중에 온다. 하지만 클라크와 쿡은 둘 다 식인 장면에 적극적으로 연루되어 있었다. 그들이 그렇게 한탄한 행위의 최고 책임자들이었던 것이다. 그것은 그들이 명백히 카니발리즘에 매료되어 있다는 것을 보여준다. 그 때문에 오비스커는 다음과 같이 결론 내리고 있다.

> 이 시기에 카니발리즘이라고 불리는 것은 식인의 실제 행위에 관한 것이라기보다는 카니발리즘에 대한 영국의 담론이다. 이 담론은 영국의 인종학적 연구에서 발단해, 그걸 읽은 대중들의 요구에 의해 상호적으로 자극되었다. 카니발리즘에 관한 담론은 마오리족의 카니발리즘에 대해서보다는 영국인이 카니발리즘에 대해 갖는 선입견에 대해서 더 많은 것을 말해준다.(1992b, 641)

오비스커의 논의에 의해 제기된 가장 중요한 이슈는 어쩌면 마오리족이 자신들이 행하고 있다고 생각하는 것이 무엇이냐 하는 점일 것이다. 식인 장면들을 논하면서 누가 그 행위를 했느냐는 문제를 제기하는 것은 여전히 수많은 인류학적 작업관행과 쿡의 사고와 글쓰기를 지배하는 '관찰자적 분위기'에 반하는 것이다. 쿡은 하나의 실험을 수행했다. 그 실험에서 한 원주민이 인육을 먹음으로써, 스스로가 식인종임을 증명한 것이다. 즉 원주민이 인육을 먹었던 것은 그것이 식인종들이 하는 것이기 때문이라는 것을 그가 확인한 것이다. 그러니까 바로 이런 그의 확인은 원주민의 식인행위의 동기에 대해서는 아무런 문제를 제기하지 않거나, 아니면 최소한 기술된 식인 사건에 적합한 동기가 전혀 없는 어떤 특성, 말하자면 사건 속의 마오리족을 영국인 '관찰자들'과의 대화에 참여시킴으로써 사회적 상황 속에 위치시키고자 하는 동기가 전혀 없는 특성에 의지하고 있는 것이다.

오비스커의 주장은 낱낱이 살펴보기에는 너무 세부적이며 복잡하다. 하지만 그가 말하고자 하는 것은 대략적으로 보아 영국인들의 카니발리즘에 대한 담론이 마오리족의 카니발리즘 관행을 '생산'한다는 것이다. 즉 영국인들의 카니발리즘에 대한 두려움과 그것에 대한 집착이 마오리족에 의해 감지되었고, 그들은 때로 유럽인들과의 대화의 일부를 대신한 놀이 속에서, 때로는 불평등한 경쟁에서 그들이 가지고 있는 얼마 안 되는 무기의 하나인 테러의 무기로서 그들 자신의 카니발리즘을 인정하고 과장함으로써 거기에 응답했다는 것이다. 만일 마오리족들이 백인 선원들을 먹었다면—여기에 대해 오비스커는 "합리적인 증거"를 인정할 준비가 되어 있다—그것은 새로운 행위, 유럽인의 현존에 대한 반응이었다. 여기서 결정적인 문제는 카니발리즘을 단순하게 하나의 인종학적 범주로서 표현하기 힘들다는 사실이다. 오비스커의 논문은 카니발리즘을 단지 이미 확립된 무서운 미개인들의 특징을 확인시켜주는 변형 담론(the discourse of alterity)의 일부로서만 이해해서는 안 되며, 또한 —그리고 더욱 중요하게 다루어져야 할 사실은— 그것이 원주민들과 유럽인 대화 참여자들 간의 광범위한 교류(a discursive exchange)에 속하는 것으로 이해해야 한다는 걸 깨닫게 한다.

영국인들이 카니발리즘에 그처럼 사로잡혀 있었던 이유에 대해서 오비스커의 짧은 대답이 주목하는 것은,

> 그 시기 유럽인들의 사회화의 결과이고, 좀 더 좁게 본다면 카니발리즘을

실행하는 전통을 가진 선원들의 하위문화(subculture), 즉 최초의 환상 속에 갇힌 채 이 주제에 대한 뱃사람들 이야기와 발라드 문학을 차례로 획득하고, 그런 다음 그것을 누가(累加)적으로 생산하는 선원들의 하위문화의 결과인 카니발리즘에 대한 광범위하게 왜곡된 환상들을 가능케 한 조건이다.(641)

여기서 처음부터 유럽 식민지 개척자들은 아메리카 원주민들로부터 음식을 거부당했으며(이것은 원주민들의 가장 효과적인 무기였다), 그 때문에 서로를 먹을 수밖에 없는 일이 드물지 않았고(Sued Badillo 1984), 또 선상(船上)에서의 카니발리즘 및 여타의 생존을 위한 카니발리즘이라는 서구인의 오랜 전통도 있었다(Simpson 1986, Savigny/Correard 1986)는 점을 주목할 수 있을 것이다. 카니발리즘은 유럽인들의 경험과 신화의 일부로서 제국주의의 모험, 그리고 식민지 개척의 모험과 밀접하게 연결되어 있었다. 초기의 버지니아 스캔들에는 자기 아내를 먹은 영국인의 사례가 들어 있었고, 그 시기 몇몇 연극에서는 다수의 '식인 이야기'를 크게 다루었다. 이런 이야기들 전부에 서로를 잡아먹는 유럽인들이 연루되어 있었던 것이다.[17]

유럽인의 식인종 푸줏간에 대한 상상은 인육을 먹는 것이 범속화(凡俗化)되었다는 것을 보여주고 있기는 하지만, 보통 카니발리즘은 약간 역설적인 축전(祝典)의 의미를 허용한다. 그래서 카니발리즘은 '식인 축제'의 형식을 띠고 있다. 여기서 우리는 희생자가 소비된다는 걸 알 수 있으며, 이는 또 (인류학자들에 의해) 진지한 '제의적 카니발리즘', 또는 영아 살해로부터 수간(獸姦)에 이르는 다른 종류의 극단적인 행위가 수반되는 사지를 찢는 폭력적인 광란으로도 해석되고 있다. 타이에스트족(Thyestian)의 축제는—로마인들이 기독교인에게, 기독교인들이 유대인에게, 그리고 유럽인들이 미개인들에게 덧붙인—식인 비유 중에서 두드러진 비유인데, 19세기 동안에는 특히 유럽의 상층 부르주아들의 과장된 식탁 예절에 대한 반의어로서 강한 흡인력을 가졌던 것으로 보인다. 이에 관해서 베른(Jules Verne)이 남태평양의 좋은 사례를 보여주고 있다.

> 의식이 끝나자 원주민 전체, 추장과 전사, 늙은이와 여자, 그리고 아이들이 남녀노소를 불문하고 야수처럼 광포함에 사로잡혀 죽어 있는 희생자에게 몸을 던졌다. 말할 틈도 없이 연기가 피어오르고 있는 몸뚱어리들이 조각조각 찢겨지고, 나누어지고, 파헤쳐지고, 덩어리로, 부스러기로 잘려나갔다. 이 의식에 참여한 200여 명의 마오리족은 각자 인육의 일부를 먹었다. 그들은 작은 고깃덩어리를 놓고서 말다툼을 하고 싸웠다. 그리고 끔찍한 그들에게 뜨거운 핏방울이 튀겼다. 그건 일시적인 정신착란이었고, 먹이를 두고 화가 난 호랑이의 분노였다.(Verne 1964, 131-2)[18]

이 책에 실린 오비스커의 기고문은 비록 그가 여기서는 최소한 와이탕기 조약(Treaty of Waitangi 1814)* 이후에 마오리족 문제를 '결정'했던 19세기의 식인 섬, 피지에 초점을 맞추고 있긴 하지만, 확고하게 뿌리박고 있는 선원들의 전통의 하나로서 선상(船上)에서의 카니발리즘과 유럽인들의 '애초의 환상', 이 두 가지 사실에 대해서 더 많은 것을 말해주고 있다. 앞에서 챈카와 쿡의 사례를 통해 얼핏 살펴보았던 것처럼 그가 피지의 카니발리즘의 구성에 토대가 되는 텍스트 중 몇몇에 대한 "이의 제기"라고 부르는 작업을 할 때 보여주는 오비스커의 접근은 '회의적인 독서의 해석학(a hermeneutic of suspicious reading)'에 기반을 두고 있다. 간단히 말해 오비스커는 진짜 여행객들에게 (예를 들어 퍼거스 클러니 Pergus Clunie 1977) 신뢰할 만한 텍스트로 읽혀졌던 것이 무엇인가를 묻는다. 오비스커는 아직도 문학비평가와 역사가, 인류학자들이 넘어서려고 고군분투하고 있는 여행기라는 까다로운 영역으로 이 질문을 가져간다(이 분야와 연관된 예에 관해서는 Rennie 1996, Edmond 1997를 볼 것). 그는 샐린스(1997)가 아렌스의 주장을 반박할 때 사용한 《식인종 잭》(Jackson 1967)으로 알려진 존 잭슨의 이야기와 1845년에 처음으로 출판된 식인 축제 삽화와 자세한 설명을 담은 윌리엄 엔디콧(William Endicott)의 《목격자가 쓴 피지 섬에서의 식인 축제》를 세밀하게 분석한다. 오비스커는 엔디콧이 이 특별한 축제행사에—저자 자신의 증명을 토대로—참석하지 않았다는 사실을 밝힌다. 《식인 축제》의 토대가 된 엔디콧의 항해일지에는 카니발리즘에 대한 언급이 없기 때문에, 오비스커는 엔디콧이 미개인 카니발리즘 이야기에 대한 유럽인들의 커져가는 요구에 부응하기 위해—그보다 약간 뒤에 헨리 스탠리가 했던 방식으로(Rigby 1992를 볼 것, Young 1994, 151-81 참조)—13년 후에 이야기를 지어냈다는 사실을 시사한다. 여기에서 오비스커는 같은 텍스트에서 둘 다 중요한 역할을 하고 있는 선박 항해일지의 관례와 선원들의 이야기의 관례를 구분하려고 시도하고 있다.

오비스커는 존 잭슨의 이야기를 잭슨이 70세에 쓴 겉보기에 자서전같이 보이는 《식인종 잭 Cannibal Jack》과 비교한다. 같은 사건에 대한 두 이야기 간에 드러난 중요한 차이는 인종학적 진실성을 전적으로 의심하게 만들고 있으며, 결론적으로 오비스커는 《식인종 잭》을 데포우 식으로 소설 같은 이야기를 상대적으로 교묘하게 조작한, 단지 "그럴듯해 보이는 분위기"(이 책

---

* 뉴질랜드를 처음으로 찾은 유럽인은 1642년 남섬 서해안에 도착한 네덜란드의 A. 타스만이었다. 그는 이곳을 고향 젤란트의 이름을 따서 노바젤란디아라고 명명하였으며, 뉴질랜드는 바로 이 말의 영역(英譯)이다. 그러나 타스만은 상륙하지 않고 떠났으며, 그 후 1769~1777년 J. 쿡이 여러 차례 두 섬을 답사하였다. 이어 1814년 런던에서 선교사가 와서 그리스도교 교회를 시작하였다. 그 무렵 이곳은 뉴사우스웨일스(오스트레일리아)의 식민지였으며, 고래와 바다표범 잡이의 기지로 이용되고 있었다. 1840년 W. 홉슨 경(卿)과 마오리족 사이에 와이탕기 조약이 체결되었으며, 마오리족은 보호를 받는 대가로 영국 국왕의 주권을 인정하였다.

124쪽)를 풍기는 데 지나지 않는 모험담으로 간주한다.

5

《식인문화의 풍속사》는 앞서 적절히 살펴본 역사적, 인종학적 질문들로 시작하며, 그 질문들은 이어지는 모든 기고문에 유령처럼 계속 살아 있다. 하지만 주목할 만한 두 가지 초점 이동이 있다. 그 중 하나는 근대의 식인종 서술의 첫 물결의 중심지였던 지리학적 지역, 즉 쿠바 남부의 섬들로부터 남아메리카의 대서양 연해를 따라 내려가 리우데자네이루 지역을 관통하는 확장된 카리브 해에 초점을 맞추지만, 식인 장면에 대한 문학적, 문화적 전유(專有)*를 고찰하기 위하여 20세기로 이동해온다.

이 확장된 카리브 해 지역의 남쪽에서부터 20세기의 가장 독창적인 문화적 운동인 브라질 모데르니스모(modernismo) 운동*이 발원한다. 이 운동은 식인 개념을 하나의 문화적 규범('식인 풍습 antropofagia')으로 긍정적으로 재평가하는 것을 주요 과제로 설정했다. 모데르니스모는 잘 알려진 네그리튀드 운동(Négritude movement)**과 유사성을 갖고 있지만, 그것이 갖는 복합성에 의해 구별된다. 물론 브라질 민족 문화를 구성하려는 시도로서 논쟁의 여지가 많은 토착성(indigeneity) 개념을 보면 양자는 거의 차이가 없다.

---

* 어떤 형태의 문화자본을 수용한 뒤 그 문화자본의 원소유자에게 적대적이게 만드는 행동을 가리키는 문화비평 용어. 이 말의 사전적 의미는 '독차지함' 또는 '독점'으로, 일반적 어법에서는 자기 혼자만 사용하기 위해 흔히 허가 없이 어떤 것을 차지하는 행위를 가리킨다. 문화연구(cultural studies)에서 활용되는 '전유' 용법 역시 이와 상당히 유사하다. 즉, 문화연구에서 이 용어는 어떤 형태의 문화자본(cultural capital)을 수용한 뒤 그 문화자본의 원래 소유자에게 적대적이도록 만드는 행동을 가리킨다. 실례로서, 현대의 포스트식민주의 문학에서 사용되는 영어를 들 수 있다. 영국이라는 제국주의 국가로부터 전수된 영어는 영국의 옛 식민지 출신 작가들에 의해 전유되어 옛 식민지 지배자들과 토착민들의 삶에 영향을 미친 식민주의 문화를 비판하는 데 사용되는 경우가 흔하다. 포스트식민주의 문학을 분석해 보면 '식민지 본국 영어'와 탈식민지화한 국가에서 새롭게 태동한 '탈식민지화한 영어'에는 엄연한 차이가 있음을 알 수 있다. 즉, 탈식민지화한 세계에서 하나의 언어(영어)는 각기 상이한 언어공동체에 의해 얼마든지 다양한 방식으로 전용될 수 있음을 알 수 있다.

식인 풍습은 20세기 브라질에서 하나의 문화적 상수(常數)였지만, 최근에는 가능한 한 탈식민주의 문화전략에 새로운 차원을 더하는 것으로서 더욱 더 광범위한 관심을 끌어모았다. 모데르니스모 운동을 현재에 계승하는 것은 브라질 내에서 종종 "보수적 현대화의 담론 속으로 통합되어가는 것"(Schwarz 1992, 109)과 관련 있다고 비판받고 있긴 하지만, 그건 모방하려는 하나의 모델에 대한 현명한 자기반성적 반응으로 볼 수 있다. 벨레이(Sérgio Luiz Prado Bellei)와 마두레이라(Luis Madureira)의 기고문은 카니발리즘을 좀 더 광범위한 영역과 연관시켜 그 추이를 분석하고, 몇 가지 주의를 환기시키는 주석을 덧붙이고 있다.

전통적으로 브라질 모데르니스모 운동은 1922년 2월 상파울루 시에서 열린 현대 예술 주간(Modern Art Week)을 기점으로 할 때 유럽 모더니즘 운동과 시작을 같이 했지만 최소한 영향력 있는 브라질 문화역사가 로버트 모스(Robert Morse)에 따르면 유럽의 모더니즘과는 다른 의제를 채택했다. "상파울루에서 열린 이 주간의 목적은 유럽인들이 소유한 최근의 오락거리들

---

* 제1차 세계대전 이후 브라질에서 일어난 미학운동. 예술에서 새롭고도 참된 브라질 고유의 표현방식을 창조함으로써 국민의 삶과 의식을 현대사회의 보조에 맞추려 했다. 당시 브라질 예술을 지배하고 있던 전통주의와 유럽의 영향에 반발하여, 모데르니스모의 작가들은 포르투갈 문학에 의존하는 문학적 전통에 반기를 들었다. 그들은 작품 속에서 '정확한' 포르투갈어보다는 브라질어의 구어체를 쓰고자 했으며, 주로 토착민속과 전설에 바탕을 둔 브라질 고유의 주제를 다루었다. 또한 자유시와 비전통적 구문을 사용하는 등 문학 형식과 언어에 관해 많은 실험을 했는데, 그들의 문학개혁이란 그 자체가 목적이 아니라 사회개혁을 위한 수단이었다. 이 운동은 처음에 '현대 예술 주간(Semana de Arte Moderna)'이라는 행사로 널리 알려졌다. 이 행사는 1922년 상파울루에서 열려 모데르니스모의 목표와 마리오 데 안드라데 같은 모더니즘 계열에 속한 시인의 작품들에 대한 강연과 더불어 논쟁을 벌였다. 그러나 이 운동은 곧 방향을 달리하는 몇 개의 모임으로 나누어졌다. 오스왈드 데 안드라데 등은 운동의 목적을 민족적인 것에 두고 급진적 사회개혁을 부르짖었던 반면, 가장 뛰어난 모데르니스모 시인으로 알려진 마누엘 반데이라 등은 미학적 원리에 대해서는 여전히 공감했으나 정치적 행동주의에 대해서는 관심을 잃었다. 1930년에 들어와 모데르니스모 어법을 사용한 작품활동은 계속되었으나 운동으로서의 생명력은 끝이 났다. 모데르니스모는 문체의 혁신과 민족적이고 토속적인 주제에 대한 강조를 통해 현대 브라질 문학 발전에 깊은 영향을 주었다.

을 가지고 편협한 부르주아를 신비화하는 것이 아니라, 그 오락거리들을 계급에 기반을 둔 문학생산 시스템의 기초를 탈신비화하는 폭발물로 사용하고, 민족적 시각을 가진 예술적 표현을 성취하는 것이었다."(Morse 1995, 17 또 Johnson 1987을 참조할 것)

이 운동의 가장 중요한 두 가지 기록은 '식인풍습파(antropofagista)'의 리더인 오스왈드 데 안드라데(1890~1954)가 작성한 '브라질 나무 선언(Brasilwood Manifesto 1924)'과 '식인 풍습 선언(Antropophagic Manifesto 1928)'이었지만, 때로 이 기록들은 단지 유럽의 유사한 모델들을 모방한 것으로 치부되기도 했다. 로버트 모스는 그런 주장을 재반박했고, 거기에 데 캄포스(de Campos) 형제와 베네디토 누네스(Benedito Nunes)의 영향력 있는 주장들이 합류했다.

1920년 피카비아(Francis Picabia)가 파리에서 '식인종 다다 선언(Manifeste Cannibale Dada)'을 출간했고, 차라(Tristan Tzara)와 함께 리뷰 《식인종 Cannibal》을 공동 창간했다. 하지만 오스왈드의 '식인 풍습'은

** 개화 흑인 시인들이 일으킨 문화운동의 사상적・예술적인 기반(基盤). 세네갈 출신의 L. S. 상고르, 마르티니크 섬 출신의 시인 A. 세제르 등 파리에 거주하는 아프리카 지식인과 아프리카계(系) 지식인들이 1930년대 이래 주장한 '아프리카의 문화적 주체성'의 개념이다. 프랑스 식민지 통치하의 아프리카와 프랑스령(領) 앤틸리스 제도에서 파리에 유학 온 흑인 노예의 자손인 유학생이 1934~1940년에 발행한 잡지 《흑인 학생》의 슬로건으로 내건 말이지만, 세제르가 1939년에 발행한 시집 《귀향수첩》에서 처음으로 만들어낸 조어(造語)이다. 상고르는 네그리튀드를 정의하여 '아프리카 흑인문명의 문화적 유산・가치관, 특히 정신'이라고 하였다. 그러나 프랑스 식민지 정책의 지도 원리의 하나인 동화주의(同化主義)에 대한 반작용으로 생겨난 것으로서, 프랑스 문화 또는 유럽 문화의 본질적 우체성(優位性)을 부정하고, 동시에 아프리카 문화의 전통적 풍요를 주장한다. 또 문화적 배타주의(排他主義)를 거부하고 더 풍부한 보편적 문명의 창조와 발전을 위해 모든 문화・문명이 변증법적(辨證法的)으로 종합되는 방향을 지향하는 것이기도 하다. 제2차 세계대전 후 파리에서 창설된 아프리카인 문화단체 '프레장스 아프리케느'는 같은 이름의 기관지를 통하여 네그리튀드 운동을 전개하여 네그리튀드를 프랑스어권 아프리카의 주체적 이데올로기의 중심 개념으로까지 발전시켰다. 이런 과정에서 네그리튀드 개념은 문화적 차원뿐 아니라 정치적・경제적 차원에서도 중시되었다. 세네갈 대통령이 된 상고르가 네그리튀드 개념을 그 특유의 '아프리카 사회주의'의 이데올로기적 기초로 한 것은 그 좋은 예이다.

모방과는 거리가 멀었다. 브라질 사람들에게 식인종들은 역사적 실재였지 여흥은 아니었다. 즉, 일단 누군가가 투피족*을 원래 브라질 사람으로 인정하면, 그의 카니발리즘은 더 이상 미개하고 이국적인 혹은 인류학적 호기심은 아니다. 이제 그것은 적들, 그리고 궁극적으로 유럽의 침입자들의 강함과 힘을 섭취하는 인디언 의식이 된다…. 그들은 이제 유럽 문화와 '토착' 문화 사이의 서투른 이항(移項)을 거부할 수 있다. 카니발리즘은 유럽 문화의 자양분 풍부한 자산과 전유(專有)의 변형과정 양자를 다 허용했다.(Morse 1995, 18-19. Andrade 1991b)

원시주의(Primitivism)**는 많은 부분 유럽 모더니즘의 한 국면이었지만, 가상의 미개인은 분명히 다른 어떤 곳—콩고, 태평양, 멕시코—과 연결되어 있었다. 하지만 오스왈드 데 안드라데에게 식인종의 형상은 있을 수 있는 민족의 과거의 일부였다. 그것은 분명한 민족적 전통, 즉 반식민주의적 비판과 공산사회식 유토피아의 가능성을 제공한 실제 브라질인의 형상의 일부였던 것이다. 로베르토 슈와르츠는 이렇게 적고 있다.

청교도주의와 경제적 계략이라고는 전혀 알지 못했던 브라질 초기 부르주아는 현명하고 시적인 태도 속에서 진보의 장점들을 소화해내, 억압되지 않고 형제애가 있는 후기 부르주아 휴머니티를 예시한다. 뿐만 아니라 그것은 동시

---

* 투피어군에 속하는 언어를 사용하는 남아메리카 인디언.
** 자연이나 자연적인 것을 인간적 가치의 기준으로 보는 입장. 원시주의는 역사를 최선의 원초상태에서의 하강(下降)으로 보는 연대적 원시주의와, 단순소박한 생활에의 복귀 속에서 구원을 발견하는 문화적 원시주의로 구별할 수 있다. 이 밖에도 자연을 어떻게 이해하는가에 따라서 더욱 여러 가지 형태가 가능하지만, 주로 전자는 사적 발전(史的發展)과 인위적인 것이 대립되고 후자는 법이나 이성적 정신활동에 대립되는 것으로서 자연을 본다. 현대에 와서는 사회과학 분야에서 문화인류학이나 S. 프로이트의 정신분석학에서 원시주의를 찾을 수 있으며, 20세기의 문학·회화·음악에서도 그 영향이 적지 않다.

대 사회를 공격하는 긍정적인 기반을 제공한다.(1992, 111. 이 책 158쪽)

벨레이와 마두레이라의 논문이 입증하는 것처럼 평범한 역설들이 적용된다. 오스왈드의 문학 형식들―단순한 요소들과 비정통적인 결합, 그리고 도전적인 선언들―은 유럽 아방가르드에서 취한 것이며, 순진한 식인종은 몽테뉴에서부터 온 것이다. 하지만 이 역설들은 심지어 영향 관계에서조차 착각을 일으키게 만든다. 그래서 결국 몽테뉴와 그의 주요 소스인 레리는 그들의 생각을 부분적으로는 브라질 투피족 자료에서 취했고, 카니발리즘의 사례는 16세기 초에 기독교 교의의 몇몇 장점을 조명하는 데 도움을 주었던 것이다. 모방과 차용은 일방적으로 일어나기 힘든데도 식인종 은유로 인해 엉뚱하게 그런 기묘한 일이 벌어진 것이다. 그러니까 식민주의 시각에서는 모방 혹은 변이형으로 보이는 것이 식인종의 소화액의 승리로 찬양받게 되고, 그 재료들을 새롭게, 즉 재생적(再生的) 카니발리즘을 만들게 된다. 우리에게 새로운 것은 이런 종속적 미학이 주류로 옮겨갔고, 문화적 과정에 대한 이런 엉뚱한 생각이 이제는 규범이 되었으며, 뒤늦게 문화적 '순수성'과 '영향'이라는 어쩔 수 없이 낡아빠진 생각처럼 보이는 것이 뒤따르게 됐다는 사실이다. 현대 브라질 비평가 데 캄포스(Haroldo de Campos)가 쓴 것처럼, "유럽에서와 마찬가지로 라틴 아메리카에서도 글쓰기는 점점 더 고쳐 쓰기, 소화하기, 되새김질하기를 의미한다."(이 책 152쪽).

오스왈드 데 안드라데의 두 개의 가장 유명한 카니발리즘 캐치프레이즈는 이 운동의 문화적 복합성을 보여주며, 동시대의 관심에 대한 이유를 어느 정도 알게 해준다. 현대 예술 주간 동안 열린 한 유명한 연회에서 누군가 말했을 것으로 추측되는 "투피족이냐 투피족이 아니냐, 그것이 문제다"라는 말은 영국인에게―한 영국 작가의 유명한 인용구를 패러디한 형식으로―브라질 민족주의에 대한 난처한 문제를 제기하고, 주요 토착 집단들 중 한 집단으로 하여금 궁극적으로 브라질의 포르투갈 식민지가 된 아메리카 대륙 일부를 점령할 것을 호소하고 있다. 이 유머는 제기될 수 있는 거의 모든 비판적 분석을 무장해제시키고 있다. 마찬가지로 잘 알려진—이번에는 프로이트의 용어를 사용한—안드라데의 언급, "금기가 토템으로 변형된다"는 말은 벨레이의 독법에 따르면 "원시의 아버지 살해(여기서 아버지는 유럽의 식민지 개척자이다)의 터부를 태고의 아버지를 상징적으로 대체하는 토템 동물을 (식민지 사람들이) 먹는 것으로 변형시킴으로써, 식인 풍습을 정당화한다"는 의미를 함축하고 있다.(이 책 142쪽)

대체로 벨레이는 식인 풍습에 제기된 요청들에 대해 회의적이며, 식인 풍습에 대한 동시대의 재평가는 브라질 민족의 문화적 정서가 갖는 보다 광범위한 역사적 맥락을 희생하는 결과를 가져올 것이라고 본다. 그의 기고문은 이런 정서가 폐지된 변경의 꿈임을 확인하고, 분석하는 데 관심을 가진다. 벨레이는 이 운동의 극단적, 혁명적 측면을 강조하는 데 캄포스와 누네스에 반대해 안토니오 칸디도(Antonio Candido)와 로베르토 슈와르츠의 주장을 내세운다. 벨레이의 주장에서 결정적인 것은 동시대의 식인 풍습 기획을 다시 옹호히는 이면에는—안드라데이 필생의 기획을 비추어봤을 때—전적으로 사회적, 정치적 프로그램이었던 것을 미학적 프로그램으로 환원시킨 것도 중요하다는 사실이다. 벨레이가 지적한 것처럼 하롤도 데 캄포스의 먹는 자와 먹히는 자 간에 차이를 두지 않는 "개방적이고 다언어적인 이종혼합, 즉 야만인들의 축제와 같은 변환백과사전"(이 책의 155쪽에서 인용)이라는 말 속에서 명백하게 볼 수 있는 포스트모더니즘의 언어는 이 책의 관심사를 두고 보았을 때 좀 맞지 않는 면이 있다.

마두레이라는 특히 모데르니스모 운동의 중심 텍스트인, 마리오 데 안드라데가 1928년에 쓴 비상한 소설 《마쿠나이마 Macunaima》 및 이 소설과 식인풍습파의 관계를 자세하게 고찰한다. 주인공이 하늘에 떠 있는 별자리로 전환되는 것과 투피족 구전 설화의 정해진 결말에 대한 이 책의 해석이 좀 더 확장돼 니체와 비교되면서 자세하게 그리고 해체적으로 분석된다. 하지만 마두레이라가 집중하는 초점은 실제로 1960년대 말과 1970년대 초의 짧은 시기에 맞추어져 있다. 그 시기는 페드로 데 안드라데가 감독한 소설《마쿠나이마》의 결정적인 식인풍습파 경향의 영화와 브라질 초기 거주민들의 고전적인 텍스트들, 특히 한스 스테이든의 식인 고전《그가 사로잡혔을 때의 실화 The True History of His Capitivity 》(1577)를 고쳐 만들어 대중적인 성공을 거둔 영화 〈내 작은 프랑스인이 얼마나 맛있었던지 How Tasty Was My Little Frenchman〉가 나타난 시기다. 마두레이라는 이런 식민지 시대의 기록에 대한 참신한 식인행위와 반대로 토착 주민들의 존재하지 않는 현존, 즉 "은막 위에 유령같이" 출현하는 "식인종"에서 마침내 드러나는 그들의 "문화적 죽음"에 관해 주목하고 있다(이 책의 186쪽).

제국주의 역사의 발전은 브라질과 가이아나 사이의 유일한 연결이 성격상 토착적이라는 사실을 확인해주고 있다. 그럼에도 불구하고 그레이엄 휴건(Graham Huggan)의 기고문이 다루고 있는 가이아나의 '식인의 대응기억(coutermemory)'은 비록 다른 톤으로 말하고 있지만 브라질의 '식인의 대응기억'과는 다르다. 비록 오스왈드의《식인풍습파》가 유머와 인정을 호소하고 있긴 하지만 거기서 묘사되는 식인종의 형상은 궁극적으로 엷어지고 은유적인 형식을 취하고 있는 폭력에 대한 예기치 않은 멋진 경험과 구별되지 않는다. 휴건이 에드거 미텔홀처와 윌슨 해리스의 작품에 대해 언급하면서 사용한 "섬뜩한 식인종들"이란 말은 브라질의 경우에서 꺼림칙하게 그리고 단지 간헐적으로만 나타나는 식인종 형상의 의미를 복원해준다. 여기에서 식인종은 이들 카리브 제도 작가들이 그들의 유럽인 문학 선조들을 다시 생각할 수 있도록 하는 텍스트의 중재인으로서 (유령과 함께 나타나는) 역할을 하고, 휴건이 (푸코를 따라) 카리브 제도 역사의 지배적인 유럽인들의 기록에 대한 대응기억이라고 칭하는 것을 제기한다. 불안과 정신적 상처(trauma)는 과정(process)과 전환(conversion)에서 분리시킬 수 없다. 그래서 휴건의 사례들에는 따로 따로 찢어져 있는 것을 하나로 모으는 것, 즉 다시 기억하는 것이 들어 있다. 결국 대응기억은 "착취의 역사를 심지어 그 정반대로 생각될 만큼 멀어지게 만들고, 개인적인 상처를 전체 공동체의 유대를 가져오는 고무적인 회상으로 변형시키는 양식을 확립하는"(이 책 192쪽) 과정의 역할을 하는 것이다.

식민지 시기 동안 카니발리즘 담론의 인종적 차원은 외관(外觀)과 밀접하게 관련이 있었다. 식인행위는 주로 검은 피부와 연결되는 경향을 띠었다. 그래서 카리브 제도 원주민과 멜라네시아 원주민은 아라와크족이나 폴리네시아족들보다 식인행위를 한다는 의심을 훨씬 쉽게 받았다. 미텔홀처의 《나의 유골 나의 피리 My Bones and My Flute》는 강한 인종적 차원을 내포하며, 가장 강력한 식인종 이야기들 중의 하나인 에드거 앨런 포의 《아서 고든 핌 이야기 The Narrative of Arthur Gordon Pym》의 토대를 이루는 병리현상과 표면상 유사하다. 하지만 휴건은 미텔홀처의 책에서 기이아나 대농장 주인들이 인종적 환상을 가지고 있으면서 동시에 그 지역의 복잡한 문화적 역사를 존중하고 있음을, 그리고 마침내 그들이 한때 부인했던 과거를 인정하게 된다는 것을 보여준다.

유골과 피리는 둘 다 유럽인, 즉 소설 주인공으로 유럽 양피지 일기를 쓴 살해당한 네덜란드 농장 재배인의 것이다. 휴건은 미텔홀처의 책을 독창적으로 재평가해, 카리브 지역의 윌슨 해리스가 쓴 《공작새의 궁전 Palace of the Peacock》의 발생사 기록에서 강하게 보여준 유골피리의 상호 텍스트적 효과를 통해 조명하고 있다.

카리브 제도의 유골피리는 전쟁 때 적의 유골을 가져다 속을 파서 만들어졌다. 고기는 뜯어먹었고, 이 과정에서 비법이 터득되었다. 유령들이 그 피리에서 깨어나거나, 그 안에 머물렀다…. 이 피리, 즉 승리에 대한 원시적인 탐욕에 아주 가까운 적대적 편견으로 가득한 자각 기관이 적과 타자간의 영혼의 집, 혹은 흥미롭게도 공동의 요새가 되었다는 점에서, 여기에서는 뚜렷한 폭력성과 함께 공포와 유사하지만 그와는 또 다른 미묘한 힘이 나오는 것 같다.(Harris 1985, 9-10)

《공작새의 궁전》은 탐색 이야기이자 귀신 이야기, 연금술 소설이자 식인종 이야기이며, 민족적 비유이자 상징주의 산문시이며, 휴건의 분석에 의해 다양하게 조명되는 수많은 영향들의 융단이라 할 만하다. 한 늙은 아라와 여자가 대표 격으로 등장해 그 나라의 아메리카 인디언 과거(그리고 현재)에 대한 회상자의 역할을 한다. 식인 폭력은 유럽인들, 특히 탐험대장 돈네의 몫이다. 그의 탐욕과 잔인성은 결국 "측량할 수 없는 탐욕의"(이 책 204쪽에서 인용)이 된다. 거기에 반해 식인종/귀신 연합은 유익한 연금술적 변형(a alchemical transformation)을 완성시킨다.

《식인문화의 풍속사》의 전체 흐름으로 보면 존 크래니어스커스의 논문이 중심축이 된다. 우선 이 논문은 아메리카, 브라질과 가이아나에 이어 이번에는 (다른 논문과 함께 안데스 산맥에 대한 상호참조를 이루면서) 멕시코에 포커스를 맞추고 있는 네 번째 논문이다. 동시에 이 글은 독자들을 마지막 두 글이 초점을 맞추고 있는 현대 문화와 글로벌 자본주의라는 테마와 연결시켜 준다.

크래니어스커스의 논문은 뱀파이어를 식인 장면에 도입한다. 이것은 제리 필립스와 크리스털 바톨로비치의 논문에서도 중요하게 다루어지는 결합이다. 이 세 논문 모두가 마르크스의 광범위한 흡혈귀 이미지 상투어에 의지하고 있다. 여기에서는 신비화된 변경(邊境)과 식민지적 환상에 사로잡힌 잔인한 식인으로부터 보다 세련되고 문명화된 흡혈로 발전되는 과정이 뚜렷하게 나타난다. 크래니어스커스는 뱀피리즘이 '문명화 과정'의 치환을 통해 재암호화된, 귀족적이고 현대적이며 대중적인 카니발리즘의 유럽적 형식이 아닌가 하는 질문을 던진다. 또 가톨릭 미사의 상징적인 카니발리즘이 카니발리즘과 뱀피리즘의 연결을 가능하게 하지 않는지 묻는다. 길레르모 델 토로(Guillermo del Toro)의 흥미 있는 뱀파이어 영화 〈크로노스 Cronos〉는 크래니어스커스의 논문의 주제이기도 한데, ('헤수스'라는 이름의) 주인공이 화장실 바닥에서 피를 핥아 먹는 모습을 묘사한 이 영화의 주축을 이루는 식인 장면을 통해 이러한 질문들이 타당함을 간접적으로 증명하고 있다.

브람 스토커(Bram Stoker)의 《드라큘라 Dracula》는 더 나중에 나온 《어둠의 심장》처럼 최근에 다시 읽게 된 텍스트이다. 크래니어스커스는 〈크로노스〉가 갖는 애초의 맥락—성적 위협과 몸에 구멍을 뚫는 것, 그리고 자본의 순환을 강조하는 것—을 드러내기 위해 일부를 마르크스의 《자본론》 및 제임스 엘로이의 《아메리칸 타블로이드 American Tabloid》와 삼각으로 연결시킨다. 하지만 〈크로노스〉는 멕시코에서 만들어지고 개봉된 영화다. 그리고 크래니어스커스는 이 영화의 라틴 아메리카적 영역을 밝혀줄 일련의 상호 텍스트(intertext)를 생산하는 어려운 도전을 하고 있다.

이 상호 텍스트는 농촌 부락민들이 매춘부에게 끌려 깊은 잠에 빠져 있는 동안 피나 몸속의 지방을 추출하는 안데스 산맥의 현대 뱀파이어 이야기에 대한 나단 워첼(Nathan Wachtel)의 연구를 포함하고 있다. 워첼은 이 이야기를 종종 현대성이 농촌 지방에 갑작스럽게 침입해 확고하게 자리 잡은 정체성의 뿌리를 위협하고, 사회적·문화적 재구조화라는 커다란 정신적 충격을 수반하는 일련의 과정에 대한 설화적 대응으로 읽고 있다. 또 백인의 사들이 외국에 팔기 위해 몸에서 피나 지방 혹은 눈을 적출한다는 페루 해안에서 온 최근의 이야기들도 포함되어 있는데, 이것은 엄청난 국가적 위기의 한가운데서 일어나는 폭력적인 저항이나 파업 장소에서 나온 환상이다. 흥미롭게도 이 두 계열의 이야기에는 기계 하나가 등장한다("코와 귀에 걸어 머리에 부착된 두 개의 철사줄과 누르면 눈이 튀어 나가는 버튼이 달린… 투명한 박스 하나"(이 책 223쪽)). 여기서 유럽인의 카니발리즘과 오래된 아프리카 이야기들이 연결된다. 그리고 '자신들의 혈액 샘플이 수집 목표물이 될 위험에 처한' 토착 부락민들이 인간 게놈 변화 프로젝트(Human Genome Diversity Project)를 "뱀파이어 프로젝트"(Cunnigham and Scharper 1996)라고 본 것은 그리 놀라운 일이 아니다.

6

이 책 《식인문화의 풍속사》가 카니발리즘에 대해 인종학적 · 역사적으로 관심을 두고 있긴 하지만 가장 끈질기고 풀기 어려운 문제는 우리 자신('서구인')이 카니발리즘에 대해 지속적으로 몰두하고 있다는 점이라는 것을 잘 알고 있다. 마지막 네 편의 논문 모두가 비록 무척 상이한 방식을 통해서이긴 하지만 이 문제에 용감하게 접근하고 있다. 마리나 워너(Marina Warner)의 논문이 우선 거론될 수 있을 것이다. 그것은 이 논문이 신화와 정신 속에서 식인의 근원들과 우리의 역사적 기록을 증가시키고, 욕구의 계보를 해독해주는 동화 속에 지속적으로 존재하는 문제를 다루고 있기 때문이다. 워너에 따르면 "가장 초기의 신화적 표현 속에 들어 있는 카니발리즘의 모티브는 특히 어린아이들에 대한 위협을 포함하며, 가족, 어머니와 아버지 그리고 유아의 생존 투쟁을 극화하고 있다."(이 책 247쪽) 워너의 글에 등장하는 대표적인 장면에서 요리용 냄비를 든 벌거벗은 식인종은 잡아먹으려던 어린 소년에게 속아 넘어간 엄청난 식욕을 가진 거인에게 지고 만다. 그 거인의 배경에는 수많은 현대 동화의 궁극적인 원본으로서 초기 헤시오도스 신화, 즉 자식들 중 하나에게 자리를 빼앗기고, 다른 자식은 차례로 잡아먹지만 제우스 어머니에게 속아 제우스 대신에 돌을 삼킨다고 전해지는 신화에 등장하는 크로노스의 형상이 놓여 있다.

카니발리즘은 초기 여행자들의 주된 전통에서 독재와 잔인성, 과도함을 표현하는 문화적 기호였다. 카니발리즘은 패퇴되어 무기력해진 악마의 기호로 남아 있다. 그리고 식인에 대한 고대와 중세의 이미지 중 많은 이미지가 현대로 귀환해 신세계의 식인종들을 초기에 묘사하는 데 이용되었다. 또 여러 장르들이 《킹콩》과 같은 소설(과 영화)에 얽혀 들어가 매력적인 결과물을 만들어냈다. 워너는 이런 점들을 간단하게 언급하고 있다. 하지만 새로운 관심도 볼 수 있다. 예를 들어 거인의 배후에 구멍마다 악마가 서 있다. 워너는 광범위하게 퍼져 있는 기독교의 이미지들을 상기시켜주는데, 거기에선 주로 섭취와 소화 그리고 다시 토해내는 것이 부활한 신자들의 몸과 대조되어 끊임없는 고통을 전달하는 효과적인 방법으로 사용되고 있다.[19]

신화와 동화의 전형적인 플롯 역시 식인 메타포의 후배지(後背地)를 확장시킨다. 그 이유는 감금하고 탐식하는 기인은 젊은 여성의 시각에서 보고 읽어보면 수태와 감금, 임신과—워너가 지적하듯이—광범위한 절멸에의 공포로 가득 찬 경험들을 대변하는 것일 수도 있기 때문이다. 카니발리즘은 여기에서 가족 소설의 역할을 하며, 그 이야기들은 정체성과 근원 간의 관계는 무엇이며, 근원의 이중성은 (어머니와 아버지로부터) 어떻게 표현될 수 있는지, 그리고 생물학적 근원이 어떻게 사회적 관계로 변환되는지와 같은 친족 관계의 근원적인 수수께끼들과 맞물려 있다. 세대간의 관계는 프로이트의 이야기에서 중요하며, 워너는 프로이트가 우라노스와 크로노스의 신화를 혼동한 점과 이런 혼동에 대해 《일상생활의 정신병리학 The Psychopathology of Everyday Life》에서 프로이트가 시도한 분석을 상기시키고 있다. 이 책에서는 혼동과 혼동의 분석이 같은 방향, 즉 아버지의 약점 쪽으로 집중되고 있다.

도깨비는 위협적이긴 하지만 대개 재미있는 존재이며, 그렇기 때문에 어쩌면 식인종보다는 두려움을 덜 안겨준다. 로빈슨 크루소는 그의 식인종들을 총으로 쏴 죽인다. 오디세이는 그의 눈을 찌르기 전에는 거인 폴리페무스를 말장난으로 속일 만큼 자신감에 차 있다. 동화는 우스꽝스럽고, 모험 이야기에서 쉽게 볼 수 있는 영리하고 지능이 높은 인물들에게 주인공 역할을 맡긴다. 워너는 이런 수많은 도깨비 이야기들 한 켠에 시간이 자기편이라는 청춘의 자신만만함이 드러나 있음을 보여준다. 그녀에 따르면 그것은 "시간과 체념에 관한 알레고리들"이다. 이와 같은 계보와 성(gender)에 관한 주제들은 안젤라 카터(Angela Carter)의 작품 속에 완벽하게 구현되고 있는 각색의 전통을 확인시켜준다.

제리 필립스와 크리스털 바톨로비치의 글은 둘 다 우리의 관심을 1492년으로 돌린다. 이 시기는 아메리카 발견의 해가 아니라 자본주의 현대의 발전에 있어 핵심적인 순간으로 간주된다. 필립스의 논문은 카니발리즘 담론을 자신 있게 헤치고 나가, 카니발리즘의 언어가 어떻게 "유대인이나 식민지 원주민들을 사지절단, 식인, 거세, 동물적인 식욕의 수단 같은 '보편적인' 주제에 제공된 이국적인 위험들의 신화학 속에 가두"(이 책 265쪽)고 있는가 하는 점에 관심을 두고서 하나의 모티브, 은유, 그리고 관념체(Ideologeme)로서 '카니발리즘'이란 용어의 은유적인 전개를 분석한다. 《어둠의 심장》, 《말타의 유대인》, 《베니스의 상인》이 필립스가 분석하는 대상이긴 하지만, 그는 마르크스가 자본주의 잠식의 분석에서 사용한 몇 가지 인상적인 예들을 거론하면서 논문을 시작하고 있다. 비록 이 두 사람의 논문이 이 부분에서 인종학에서 문화 비평에 이르는 학문 영역으로 이동하고 있지만, 마르크스의 언어는 아렌스와 오비스커의 논문에서 함축적으로 제시된 사항, 즉 카니발리즘의 비유적 표현은 부분적으로 식민주의적 (혹은 그와 유사한) 관계들을 강조하는 폭력, 다시 말해 이 폭력의 희생자에게 투사되는 폭력의 거부에서부터 시작된다는 점을 알기 쉽게 설명해주고 있다. 마르크스가 따르고 있는 논리는 원시적 축적은 자주 자신의 노동력을 '잡아먹으며', 현대성은 "머리부터 발끝까지 털구멍마다 피와 오물을 뚝뚝 흘리면서"(이 책 269쪽에서 인용) 나타난다는 것이다. 반면에 자본주의는 그 "고전적" 형태에서 흡혈귀적으로 기능하며, 희생자들부터 피(노동력)를 빨아먹고 산다. 희생자들은 좀비로 퇴락하지만 신체적으로 잡아먹히지는 않는다(바톨로비치의 요지〔이 책 321~322쪽〕). 원시적 축적은 대개 일차적 자본 형성과 연결된다. 하지만 필립스는 "공격적인 제국주의 형식 속에서 원시적 축적은 자본주의의 항구적인 운명으로 간주되어야 할 것 같다"고 생각하고 있다(이 책 260쪽). 하지만 바톨로비치는 한 걸음 더 나아가 마르크스가 자본주의와 카니발리즘을 은유적으로 등가화(等價化)하는 것이 아니라는 점을 보여주기 위해 마르크스의 식인 비유의 예들을 끌어들인다(이 책 321쪽). 그녀는 카니발리즘이 자본주의의 필수적이긴 하지만 불가능한 욕망을 표현하고 있다는 점을 시사하고 있다. 마르크스의 비유는 어떠한 인류학적 분석도 제공하지 못한다. 마르크스는 바톨로비치가 지적하는 바와 같이 1857년에 세계에는 400만의 식인종이 존재했다고 주장하는 대목에서 사실상 자신이 인류학적으로 무지하다는 사실을 구체적인 숫자의 나열을 통해 보여준다. 다만 카니발리즘에 대한 가장 상식적인 설명―'복수'―때문에 봉건체제하에서 하나의 사회적 관계로서 통용된 명예라는 귀족주의적 코드와 식인종들의 연결이 가능했고, 재력을 과시하기 위한 소비가 쉽게 야만적 카니발리즘으로 유추되었다는 사실은 지적될 수 있을 것이다.

19세기 아프리카에서의 카니발리즘에 대한 두려움은 마르크스의 인류학은 아니라 해도 그의 은유들에 걸맞게 백인들이 자신들을 먹기 위해 샀다고 확신하는 아프리카인들에 의해 양방향으로 나아갔다. 윌리엄 피어슨(William Piersen)이 결론 내린 것처럼 "그것은 신화를 만드는 비유로서 일종의 경제적 카니발리즘으로서의 노예제도를 기술하기 위해 무리하게 끌어들인 것은 아닌 것 같다. 그런 의미에서, 즉 신화의 의미에서 백인 식인종 이야기들은 충분한 진실이었다.[20]

이런 배경에 맞서 필립스는 《어둠의 심장》을 도덕적인 교훈담으로 읽고 있는데, 저자 콘래드가 쓴 것처럼 이 책에서는 자본주의의 팽창이 배후에 갖고 있는 도덕적 목적은 "사회 안전을 해치는 강도들의 도덕적 목적 정도에 불과한"(이 책 272쪽) 잔인한 이야기 정도로 간주된다. 커츠는 이 이야기를 구체적으로 보여주는 인물이다. 그는 처음에 "문명화 사명"을 대변하는 자였지만 끝내는 인종 근절(genocide)의 옹호자가 되고 만다. 자본주의적 망상이라는 정신병리학적 분석에서 필립스가 설명하는 것처럼 "자본주의적 욕망의 순수한 광기는 커츠의 담론을 특징짓는 전체주의적 환상 속에 분명하게 표현되고 있다."(이 책 273쪽) 이때 《어둠의 심장》의 배경무대에는 일종의 문학적 논리, 즉 말로가 그렇게 무관심했던 아프리카 식인종들을 내포하는 어둠이 존재한다. 그러나 그 어둠 속에서 커츠가 "진정한" 식인종으로 나타난다. 커츠는 산호와 권력에 대한 채워시지 않는 욕구 때문에 상징적으로 진짜일 뿐 아니라, "진절머리 나는 축제의식"이라는 혹자의 해석에 따른다면 정말로 진짜 식인종일 가능성이 있다. 필립스가 주장하는 핵심은 커츠가 퇴행적으로 빠져 들어간 식인 축제는 식민지 자본주의 세계라는 도덕극(moral theatre) 내에서 진정 유아기적 쾌락이라는 특징을 띤다는 것이다. 말로는 여기에 끌리는 느낌을 받았지만 저항해야만 한다는 걸 알고 있다. 산업화 이전 세계에 대한 갈망은 축제(carnival)가 식인(cannibal)으로 약간의 글자상의 변형되는 것을 통해 윤리적 불가능이 된 것이다.

바톨로비치도 필립스처럼 카니발리즘의 동기와 자본주의적 근대성 간의 관계에 관심을 갖고 있다. 그녀가 참고하는 사항은 필립스처럼 현대와 마르크스의 저작, 그리고 마르크스가 '원시적 축적'이라고 말한 것이다. 하지만 필립스가 분석의 대상을 문학 텍스트에 놓고 있는 반면, 바톨로비치는 비즈니스 저널리즘의 언어 속에서 목격된 정실자본주의의 맹렬한 (은유적인) 카니발리즘을 조명하기에 적절한 기록 자료로 해클뤼트(Hakluyt)의 여행과 항해 컬렉션에 초점을 맞추고 있다. 그녀는 먼저 이 비즈니스 저널리즘을 분석하고, 벤야민의 의미에서 '강요된 조우(a forced encounter)'를 통해 그것이 실재한다는 것을 설명하고자 한다.

바톨로비치의 연결의 골자는 욕구(appetite)라는 개념이다. 그녀의 주장은 초기 근대 유럽인의 비유에 의해 유럽에 소환된 식인종들은 중상주의적, 식민지적 형식 속에서 자본의 논리가 요구하는 무한성으로 나아가는 경향을 취했던 유럽인의 원형 자본주의적 "욕구"(proto-capitalist appetite)에 대한 예증이자 동시에 제한된 텍스트의 기능을 하고 있다는 것이다(이 책 309쪽). "식인종의 욕구는 유럽인의 문명의식뿐 아니라 자본주의적 욕구의 자기 강화적 타자(the self-consolidating other)다."(이 책 307쪽) 계급적인 의미에서 이것은 절대적 소비(카니발리즘)를 귀족주의와 연결시키는 데 이용된다. 자본주의는 "억제"와 투자로부터 생겨난 축적을 필요로 했다. 하지만 이 "억제"는 개별적인 자본가들의 도덕적 특성이 아니라 자본주의 자체에 의해 부과된 하나의 한계라는 것이다. 왜냐하면 자본가는 살아남으려면 지속적으로 경쟁적인 축적과 투자에 참여해야 하기 때문이다. 자본가는 절대적인 소비를 갈망하는 한 이 욕구를 만족시킬 수가 없다. 동시에 대륙 바깥의 식인 욕구 역시 전시된 상품들을 갈망하는 것으로 재훈련될 필요가 있었다. 반면 귀향한 괴물 식인종들은 원형 프롤레타리아―생산수단으로부터 이미 분리된 1차 생산자(토지에서 쫓겨난 농부들)―가 해클뤼트 자신의 말을 빌자면

"서로 간에 잡아먹을 태세가 되어" 있을 만큼(이 책 319쪽에서 인용) 굶주렸을 때와 유사한 위협을 야기했다.

바틀로비치의 핵심 개념은 그녀가 자본주의의 보충논리라고 부르는 것이다. 이것은—군사적 영토 경쟁으로 특징 지워지는—봉건적 양식의 제로섬(zero sum) 문화와 계속해서 발견되고 있는 세계에 대한 확대되는 시야 사이의 대조를 통해 설명된다. 몽테뉴의 말을 빌리면 "나는 몇몇 다른 '세계'는 이 이후에도 발견되지 않는다고 스스로 정당화할 수 있을지 모르겠다. 그러므로 그처럼 많은 훌륭한 사람들이… 그처럼 오랜 세월 동안 이 점을 잘못 보고 있었던 것이다."(이 책 325쪽) 이런 생각을 통해 바틀로비치는 축적이 갖는 문화적 함의로 나아간다. 여기에 대해 해클뤼트의 컬렉션은 좋은 예를 제공한다. 해클뤼트의 컬렉션은 영국의 입장에 대한 수사학적 방어를 담고 있긴 하지만 동시에 스페인과 포르투갈의 사례들을 따르라는 권고도 들어 있다. 왜냐하면 존 로크의 영향력 있는 말을 빌자면 "아메리카라는 텅 빈 곳"에는 그들에게 "충분히 그리고 만족할 만큼"(Locke 1965, 329, 335) 많은 것이 남아 있기 때문이다. 그런 보충 논리가 한계에 도달하는 데서 식인종의 형상은 위협으로 재등장한다. 카니발리즘에 대한 선입견은 위기에 처한 자본주의의 병적인 징후들의 하나로 읽혀지는 것이다. 바틀로비치는 이런 통찰을 통해 현재의 비즈니스 저널리즘의 언어를 다시 분석하고 있으며, 도둑이 정성스럽게 구워진 자기 아내의 애인의 잔해와 함께 등장해 그걸 먹어치우라는 명령을 받는 피터 그리너웨이(Peter Greenaway)의 영화 〈요리사, 도둑, 그의 아내와 그녀의 정부〉(1989)에 나오는 인상적인 장면을 다루게 된 것이다. 도둑은 약간 맛을 본 후 아내의 총을 맞는다. 그 후 그는 직접 카메라를 바라보면서 이 영화의 마지막 대사인 "식인종"이라고 말한다. 그런 식으로 언급된 "식인종"이라는 말이 암시하는 독자/비평가에 대한 함축적인 의미는 곧바로 마지막 장에서 매기 킬고어의 비평가 아놀드와 식인으로서의 비평의 기능을 회상하는 것으로 이어진다. 비유로서의 카니발리즘의 유동성, 그리고 때때로 그렇게 취급될 수밖에 없는 유희성의 일면은 이 책의 마지막 두 논문에서 찾아볼 수 있는 대체(代替)적 특성들로부터 판단할 수 있다. 바톨로비치의 〈후기 카니발리즘의 논리〉에서는 자본주의가, 킬고어의 〈현대에서의 카니발리즘의 기능〉에서는 비평이 그것을 대체하고 있다. 이 점은 프레드릭 제임슨보다는 매튜 아놀드가 더 재미있어 할 것 같다.

킬고어가 자신의 중심 이미지와 함께 제시하는 토머스 해리스의 《양들의 침묵》에 나오는 식인 장면은 흥미롭게도 식인종 렉터와 수사관 스텔링 간의 대화다. 그것은 정신분석적 장면을 각색한 것이면서 동시에 비평가와 작품 간의 대화를 각색한 것에 해당된다. 스텔링과 렉터는 스릴러 장르에 친숙하게 볼 수 있는 이중 구도를 이루는 쌍을 이루는 인물들로, 둘 다 수사관이자 피의자, 심리분석가이자 환자다. 하지만 킬고어가 지적하듯이 스텔링의 이야기 첫머리에는 죄와 연관된 비밀이 없다. 그 대신에 스텔링이 어린 시절에 겪은 트라우마는 도살장의 작업을 알게 되는 데서 절정에 달한다. 소설의 제목은 거기에서 온 것이다. 《양들의 침묵》에서 성적인 차이는 항상 규정하기 어려운 반면에 카니발리즘은 '명백하고 직접적이다.'[21]

킬고어 덕분에 이 책의 마지막은 자기 성찰적인 어조로 끝맺을 수 있게 된다. 이 책의 각 논문들이 시사하듯이 만일 카니발리즘의 기능이 문화적 비평 형식으로서의 유용성에 놓여 있다면 킬고어 역시 '식인종 형상이 이런 비평의 기능에 대한 우리 자신의 재(再)상상이 갖는 몇몇 모순들을 어떻게 드러내는지'를 보여주려고 한다. 다시 말해 이 책의 관심사로서 "과거에 식인종 형상이 인종주의를 뒷받침하는 차이들을 구성하기 위해 사용됐다면, 이제는 그런 차이들을 해체하는 과제 속에서 나타나고 있다."(이 책 345쪽) 이 말에 드러난 것처럼 킬고어는 특히 경계 설정과 배제의 문제에서 갖는 식인종의 역할에 관심을 가진다. 거기에서 카니발리즘은 킬고어가 우리의 비평의 막다른 골목으로 보는 것, 즉 '자율'과 '동일시'에 대한, 경계의 전복과 강화라는 동시적인 욕망에 대한 "어두운 분신(dark double)"으로 기능할 수 있게 된다. 우리가 식인종에 의지하는 것은 승화와 억압 간의 차이를 인정하지 않는 것으로 해석된다. 다시 말해 킬고어는 '카니발리즘'이라는 주제를 통해 몽테뉴 이래 서구인들의 사고 속에서 해결하려고 고심했던 그런 종류의 경계와 차이에 대한 비판적인 문제들을 제기하면서 끝을 맺고 있다.

2.
카니발리즘을 재고하며

월리엄 아렌스(William Arens)

하지만 난 식인종이 아니다.
(정복자 보카사 1세,《음울한 제국으로부터의 메아리
Echoes From a Somber Empire》)

《종교와 마술의 쇠퇴 Religion and the Decline of Magic》(1971, 338)에서 키스 토머스(Keith Thomas)는 초기의 점성술가들은 종종 예언이 빗나가기도 했지만 그 결과에 당황하는 경우는 거의 없었다고 말한다. 그는 16세기 중반 이탈리아의 점성술가였던 제롬 카르단의 예를 보여주는데, 카르단은 영국에 도착해 소년 왕 에드워드 공공연히 6세가 최소한 55세까지는 살 것이라고 말했다. 그 후 얼마 지나지 않아 15세의 나이에 왕이 사망했다. 자신의 경력이 일시적으로 후퇴했음에도 아랑곳하지 않고—그가 여기서 내린 결론은 지배 군주의 조기 붕어(崩御)를 예언하는 것이 나왔다는 것이었다—실제로 카르단은〈그 문제에 관해 나중에 생각했던 것〉이라는 제목의 사과문과 별점의 오류에 관한 책을 출판했고, 이렇게 해서 터무니없는 하나의 오류에서 두 가지 출판물을 펴낸 것이다.

실수를 인정하는 내용은 전혀 없다는 점을 제외한다면, 이 글은 1979년 《식인 신화 The Man-Eating Myth》를 출판한 이래 '카니발리즘'이라는 주제에 대한 내 자신의 전보다 한 발 더 나간, 다소 재고된 생각들이다. 이 글은 '카니발리즘을 재고하며'라는 제목을 차용한 데 대해 에드먼드 리치 경에게 보내는 사후 사과의 성격을 띠고 있기도 하다. 왜냐하면 그는 나의 독창적인 노력과 관련해 "16세기 식인종들에 관한 몽테뉴의 글이 1979년 스토니 브룩이 전하는 같은 주제에 대한 아렌스의 글보다 여전히 더 설득력이 있다"(Leach 1989, 141)는 견해를 갖고 있었기 때문이다. 하지만 그는 이어서 인종학자들은 실제적 진실에 관심을 갖기보다는 오히려 그들의 글쓰기가 의존하고 있는 권위를 통해 독자들을 설득시키려고 한다고 주장하기도 했다.

이 점에서 우리 두 사람은 일치한다. 왜냐하면 내가 계속해서 주장한 바대로 서구 세계의 지평선 위에 지속적으로 존재하는 식인종들은 인류학적 다양성을 포함한 지적 주술(呪術)의 결과이기 때문이다. 그래서 나는 이 창조물의 신화적 성격과 관련해 내가 원래 가졌던 전제를 재고할 만한 어떠한 이유도 찾을 수 없다. 내 견해에 대해 당당하므로 이의를 제기한 해석자들에게 내 원래의 주장을 다시 한 번 잘 알 수 있도록 하는 것을 포함한 약간의 수고가 필요할 듯하다.

해체의 가치를 부정하지 않은 채—《식인 신화》 자체가 바로 그런 행동이었다—내가 처음에 전개한 주장은 두 가지 일차적 관심을 불러일으켰다. 첫 번째 관심사는 상대적으로 다소 잘 알려진 '식인' 문화에 관한 세부적인 증거들, 즉 대중적인 이야기책들과 인류학에 관한 입문서 등의 텍스트를 검토하는 것이었다. 두 번째이자 내 생각에 보다 복잡하고 흥미 있는 관심사는 우리 시대와 공간의 변경(邊境)에 식인종들이 실존하고 있다고 설명하려는 시도였다. 식인종이라는 위협적인 관용어는 최초에 이 문제를 거론한 사람들의 기록에서부터 최근의 TV 다큐멘터리에까지 광범위하게 확장되고 있다. 그 하나의 결과로서 최근에 출시된 마이크로소프트 CD롬 백과사전《엔카르타 Encarta》는 식인 문제에 관해 21세기의 우리에게 동화 같은 전형적인 19세기적 시각을 제공하려고 한다. 그래서 "중앙 인도의 빈더우족은 종족들 중 약자나 늙은이들을 잡아먹었다. 이들은 이 행위가 그들의 신성한 칼리를 기쁘게 한다고 믿었다"고 쓰고 있다.(Anon, 1994)

전 시대에 걸쳐 식인종 문제를 다루기 위해 내가 선택한 인종학적 지역은 15세기의 카리브 해, 16세기의 메소 아메리카, 19세기의 아프리카, 그리고 마지막으로 20세기 중반의 뉴기니 고원지대였다. 이들 지역은 서구 세계의 팽창을 위한 최근의 전진기지로서 이용되었고, 그곳에 식인 원주민들이 살고 있다는 사실은 신세계로 간 정복자 및 선교사들에 의해 처음으로 언급된 후 뉴기니의 의학 및 사회 과학자들의 최근 연구에서 정점에 달하게 된 당대의 지배적인 제도적 지식 창조자들에 의해 확인되었다. 이처럼 몇 지역을 선별한 데 대해 몇몇 평자들은 내가 남태평양의 여러 섬들에 관한 문헌과 식인 원주민이 있다는 기록이 남아 있다고 알려진 아마존의 넓은 구역을 제외한 건 악질적이라고 할 수는 없지만 자의적이라고 비난해댔다.(Sahlins 1979)

지금 생각해보면 비록 각 시대와 지역에서 상반된 주장에 대한 다른 사람들의 후속 분석에서 드러난 것처럼 각각의 생활 방식이 원래 내가 예견했던 것보다 더 논란의 여지가 많았긴 하지만, 내 원래의 결론, 즉 앞서의 시험적 사례들에 대한 증거를 놓고 볼 때 이 지역의 원주민들을 식인종으로 낙인찍는 것을 정당화하기에는 불충분하다는 결론을 철회할 이유를 찾을 수가 없다. 반복되는 행태를 보면 언제나 실제로 식인행위가 일어날 때 그것을 관찰하고 기술하기보다는 식인행위라고 추측한 행위가 끝난 후에 식인행위가 있었다고—글자 그대로의 의미에서—기록하는 것이었고, 지금도 여전히 그렇다. (《식인 신화》에 대한 직접적인 반응으로 많은 현대 분과학문들이 식인행위의 신빙성이 높다고 여기는 파푸아뉴기니에서 두 가지 예외 사례들, 즉 식인행위 중의 관찰과 기록이 발표되었다. 이 사례들은 논문의 말미에 좀 더 자세히 다루게 될 것이다.)

그래서 나는 아직도 카리브와 아즈텍, 태평양 군도와 여러 아프리카 인종, 아메리카 원주민과 뉴기니의 '부족들'이 외래화되었으며, 서구 문화는 그 자체로 식민주의적인 '태평양화'를 통해 이런 문화적 방종을 중지시키고, 한때 미개했던 원주민들에게 기독교를 소개한 것을 자랑스러워한다고 확신한다.[1] 전형적으로 탐험가나 선교사 혹은 인류학자인 평자들은 한때 식인을 하던 사람들 가운데 체류한 사람의 경험에 의해 스스로 낭만주의자가 되었다는 사실 역시 서구인의 이런 사고와 무관하지 않다.[2] 사실상 대부분의 '다른' 사람들은 과거뿐 아니라 현재에도 '우리' 문명의 문화적 지식인들에 의해 지속적으로 비방을 받아왔다. 이런 결론은 이 점이 서구적 사상의 다소 색다른 특징이라고 말하려는 것이 아니다. 왜냐하면 타자를 향해 카니발리즘이 있다고 추궁하는 것이 세계적인 유행이기 때문이다. 하지만 우리 사고의 이런 특징은 학문적 객관성의 공인과 예상된 결과물 사이에, 특히 탈신비화 프로젝트임을 자칭하는 인류학 내에서 여전히 해결되지 않은 모순이 있음을 보여주고 있는 것이다.

내 관점에서 중요한 것은 하나의 부정적인 사례를 증명하는 데 수반되는 논리적, 방법론적 어려움들을 감안했을 때 내가 《식인 신화》에서 확실하고 성급한 결론을 피했다는 점을 주지시키는 것이다. 즉, "사람들이 다른 사람을 먹었는지 그렇지 않았는지 하는 문제는 흥미 있긴 하지만 논의의 여지가 있다고 봐야 한다"(1979b, 9)고 썼고, 나중에는 "나는 이 문제에 관해 유보적 입장을 표명했다. 하지만 그럼에도 불구하고 전통적인 카니발리즘이 어떤 식으로든 존재하지 않다거나 결코 존재한 적이 없다고 주장하는 것은 의식적으로 회피했다."(180) 이런 명백한 입장은 종종 다른 사람들에 의해 자신들의 논문에서 내 테제를 터무니없는 것으로 대충 처리하는 과정에서 곡해되었다. 그래서 브라운과 투친은 이렇게 말하고 있다. "논쟁을 불러일으키도록 그럴듯하게 디자인된 한 연구에서 아렌스는 인정된, 제도화된 행동 양식으로서의 카니발리즘이 결코 존재한 적이 없다고 그릇된 주장을 하고 있다."(1983a, 5) 누구보다 키이싱(1981, 164), 팰런시아-로트(1993, 22), 샌데이(1986, xii)가 유사한 오독을 보여주고 있다.[3]

내가 논문을 쓰면서 논리학에 의지한 것은 지적인 약점을 커버하기 위한 목적 때문만은 아니었다. 내 의도는 비록 카니발리즘이 존재했거나 여전히 존재하고 있다손 치더라도 그것이 광범위하게 편재(偏在)했다는 왜곡된 인류학적 결론은 — 그리고 그런 결론과 결부된 이미지는 — 합리적 논증 과정에 근거하고 있는 것이 아니라는 사실을 주장하려는 것이었다. 결국 카니발리즘이 존재한다면 그것은 관찰될 수 있어야 하는 것이며, 인류학의 예견된 품질 보증인 인종학은 해석에 앞서 관습을 기술(記述)해야 한다.[4] 결국 해석이 인류학적으로 확정되는 과정에서 해석적 상상이 과도하게 사용되었던 것이다.[5]

내 글에 대한 해석자들과 나 사이에 초점의 차이가 있다는 건 말할 필요도 없고, 그들의 지적 행위를 너무 오해하면 안 될 것이라고 생각은 한다. 또한 나는 왜 서구인의 상상과 인류학적 텍스트들 안에 식인종이 들어 있는지 하는 문제를 두고 가졌던 나의 애초의 관심에서 도출된 결론을 낙관하는 것도 아니다. 드러난 바와 같이 인류학자(anthropologist)와 식인종(anthropophagist) 양자 모두 그 동기를 쉽게 파악하기 힘들다. 하지만 나는 내 애초의 시도를 버리지 않는다. 내 애초의 시도는 인류학적으로 한 인종 집단이 다른 인종 집단에 가한 비방이 반복되었다는 사실, 혹은 — 최소한 부분적으로는 인류학 자체에 의해 만들어진 — 이국적 타자에 의존한 한 분과 학문에 의해 사실로서 전달된 모욕적인 신화와 전설에 대해 관심을 기울이는 것이었다. 하지만 비판자들은 식인종들이 한때 존재했으며, 여전히 존재하고 있다는 것을 증명하려는 데 몰두한 나머지 나의 인류학에 대한 열정과 정신에 대한 신뢰를 철저하게 무시했다. 그래서 미국인류학협회(AAA) 회원들을 대상으로 한 저명한 강연에서 메리 더글러스(Mary Douglas, 1989, 861)는 이렇게 말한 바 있다. "윌리엄 아렌스는 카니발리즘이 아마도 실재하지 않았을 거라고 주장하고자 합니다…. 카니발리즘에 관한 미국인류학협회의 특별 패널이 인종학에 대한 비방이 있음을 발견했고, 한 중요한 저서(Brown and Tuzin 1983b)가 신뢰성을 공격당했습니다." 또 인류학 입문 학생들이 접하는 책에서 마빈 해리스는 유사한 어조로 16세기 선교사이자 인종학자인 베르나르도 데 사하군(Bernardo de Sahagun)의 책을 16세기 아즈텍 카니발리즘의 일차 사료로 지정하고 있다. 해리스는 승리자들이 역사를 기록한다는 사상에 경도되어 "사하군과 멕시코 정복 사가들이 쓴 많은 상이한 이야기들이 똑같은 이야기를 우리에게 전해준다" (1995, 234)고 적고 있다.

비록 몇몇 인류학자들이 '카니발리즘'이라는 학문적 주제를 이국적으로 만들어야 하는 인류학의 필요성과 타협했긴 하지만 인류학 전체로 보았을 때는 내가 초기에 제기했던 것보다 훨씬 더 비판적인 태도로 추정상의 식인종들을 집단적으로 재현해보는 것이 시급하다고 느끼고 있다. 1959년 보데(1988)의 선구적인 노력의 결과로 서구의 접촉에 관련된 문헌에 대한 정교한 후속 논문들은 식인종을 인정하는 경향에 대해 내가 제기한 문제들을 심화 확대시켰다. 한 영향력 있는 논문에서 그린블래트는 이 문제의 일반적인 성격을 멋지게 요약하고 있는데, 그의 주장에 따르면 "유럽인들은 전설적인 야만인(Wild Man)에 대한 대응에서 칭송과 거부, 갈망과 혐오가 뒤섞인 감정을 연기하면서 여러 세기 동안 신세계 사람들과의 조우를 연습했다." (1991, 21) 유사한 방향에서 부처(1981)와 캠벨(1988), 흄(1986), 메이슨

(1990), 페이든(1993) 같은 학자들 역시 식인종이 유럽인들의 여성이나 마법사 혹은 이교도 같은 다른 내국인들을 통해 가진 경험에 의해 예정되어 있었다는 사실을 증명했다. 하지만 그 누구도 오비스커(1992a)처럼 그렇게 매우 상세하게 식민주의적 조우가 어떻게 일어나는지 검토한 사람은 없었다.

추정상의 카니발리즘의 유명한 희생자이기도 한 캡틴 쿡을 신격화했던 하와이 사람들의 사례를 주제로 삼은 샐린스의 영향력 있는, 그리고 여러 면에서 칭찬할 만한 글에 대한 대답으로 오비스커는 우리가 역사적 사실보다는 오히려 식민지적 조우에 대한 서구적 신화화라는 또 다른 측면과 대면하고 있음을 반증하고 있다. 그의 주장에 따르면 "원주민들에게 신과 같은 존재인 유럽인"의 사례에서 우리는 하나의 "신화 모델", 즉 접촉 상황을 개념화시키는 패러다임 성격의 설화를 발견하게 된다(1992a, 10). 내친김에 오비스커는 특히 캡틴 쿡이 죽은 후에 생겨난 하와이 카니발리즘의 가능성에 대해 영국인들이 열광하는 것에 주목한다. 이 문제에 대한 영국인들의 집착은 미개지를 방문한 사람들이 먼 이국땅에서 카니발리즘 같은 행위에 참여했다는 자연스런 결론을 도출한다. 결과가 어찌됐든 상관없이 동시대 인종학의 상당 부분이 난처한 제국주의적 토대에 근거를 두고 있다는 오비스커의 결론은 분명 과학, 특히 사회과학의 문화적 성격에 관한 논쟁을 뜨겁게 달구고 있다.

이런 포스트모던 시기의 혐의점들은 《식인 신화》가 출판된 당시에는 아직 일반적이지 못했기 때문에 인류학적 대답은 종종 정교하지 못했다. 초기에 대중적인 토론에서 비(非)인류학자들이 이런 문제 제기를 다소 긍정적으로 평가한 뒤 갑자기 분위기가 반전됐다. 리치는 세계 전 지역과 역사시기 전체에 걸쳐 카니발리즘에 관한 확실한 기록들이 있다는 것을 근거로 그런 주장이 "터무니없는" 것이라고 주장했다(1979, 467). 뉴기니 고원 지역에서 행한 자신의 연구를 근거로 린덴바움은 《식인 신화》를 "공격적인" 책으로, 이 책의 저자를 "그 자신이 속한 집단의 회원들에 대한 탐욕스러운 공격"(1982, 60)이라고 말했다. 리비에르는 《식인 신화》의 성격을 "위험스러운" 것으로(1980, 205) 규정한 반면, 해리스는 "해로운" 것으로(1995, 224), 그리고 샐린스는 "스캔들"(1979, 47)이라고 폄훼했다.[6]

몇 년 후 이 논쟁을 다시 검토한 《사이언스》지의 제대로 된 평가 기사(Kolata 1986)에 대한 반응으로 한 동료가—그 전에 샐린스가(1979) 그리고 나중에는 다른 사람(Palencia-Roth 1993:22)이 그랬던 것처럼—홀로코스트를 부인했던 역사적 수정주의자들과 내가 한패라고 비난하는 편지 한 장을 편집자에게 보냈다(Riley 1986, 926). 나는 이 2차 대응에 뒤통수를 얻어맞았다. 내 생각에 내가 부인한 것은 이런 홀로코스트를 가능하게 했던 유럽인들의 일반적인 이론적 설명, 다시 말해 희생자들의 식인 본성이었지 홀로코스트의 발생은 아니었던 것이다. 또 다른 기발한 대응에서 한 인류학자는 종종 뉴기니 고원지대에 사는 "자신의" 사람들 사이에서 있었던 과거의 카니발리즘을 언급하고는, 내가 카니발리즘이란 주제를 최우선적으로 문제 삼음으로써 "야만 사회"의 인습을 고무시킨다고 비난하는 결론을 내렸다(Weiner 1987, 173). 하지만 다른 사람들이 더 합리적이고 교훈적이었기 때문에 나의 모든 비평이 기묘한 문제들을 야기한다고 규정한다면 그건 공정하지 못할 것이다.

보다 전형적인 대응은 식인종이 도처에 깔려 있다는 생각은 상상에 지나지 않는다는 나의 주장에 동의하지만 이런 저런 형태의 구체적 주장은 부정하는 것이었다. 그래서 다시 리치로 돌아가자면 그가 1982년에 쓴 사회인류학 개관에서 유럽인들은 사실의 명백한 증거가 전혀 없음에도 불구하고 그들이 조우했던 사람들 사이에 카니발리즘의 가능성이 있다는 점에 심취해 있었다는 사실을 발견했다는 대목을 찾아볼 수 있다. 그는 한 사례로서 콜럼버스가 실제로 접촉한 사람들 중 그 누구도 식인종이 아니었고, 콜럼버스의 책에 들어 있는 삽화들은 '터무니없는'—이 용어는 리치가 내 주장을 규정하기 위해 전에도 사용했던 유사한 용어다—것이라고 주장한다. 하지만 계속해서 그는 투피족으로 추정되는 브라질의 해안가 부족들 사이에 카니발리즘에 관한 보다 '확실한 근거가 있는' 설명들을 언급하고 있다. 뉴기니 고원 지대를 연구한 앤드류 스트래턴(1993)은 유사한 어조로 나의 주장이 "어느 정도 현저한 성과를 기록"했다는 걸 인정한다. 하지만 자신의 인종학적 영역에서 나의 주장을 지지하는 데는 회의적이다. 다른 사람들도 만약 다른 곳이라면 동의할 수 있었을 내 주장이 지지되기 힘들다는 다른 문화들—피지, 하와이, 이로코이, 카리브, 아나사지, 서아프리카 등등—을 열거하면서 이 대열에 동참하고 있다(Krabacher 1980; Lindenbaum 1982; White 1992). 이와 비슷한 대응은 나의 일반적인 전제는 인정하지만 특정한 사람들이 카니발리즘에 관한 책에서 제시한 근거들은 통속적인 선정주의라고 대충 처리하고는 제의적 카니발리즘에 대한 보다 정교한 현대의 문화적 해석을 내놓는 것이었다(Oritz De Montellano 1983, Whitehead 1990을 참조).

전체적으로 보아 사실상 최종 결론은 현재의 인류학은 바닥에서 잠복하고 있는 식인종 무리를 확신하고 있다는 것이다. 그래서 이 문제에 관해 과거의 인류학을 현재의 인류학과 구분해줄 만한 것이 거의 없다. 다만 《식인 신화》의 주장은 때때로 인정되면서 동시에 대충 처리된다는 사실은 예외적으로 지적할 수 있을 것이다. 내 생각에 특정한 사람들을 미각적 식인종(gustatory cannibalism)에서 제의적 식인종(ritual cannibalism)으로 끌어내리는 것은 인류학적 담론에 의해 지속적으로 축적된 대중적인 환상에 별다른 영향을 미치지 못한다. 이 환상은 또한 시간이 흐르면서 점점 더 논리적으로 세련되어 갔다. 하지만 내 주장에 대한 이런 반응들은 신화란 무엇이며, 과연 카니발리즘이란 정확히 무엇이냐 하는 문제들을 생각하게 만든다.

첫 번째 문제에 관해서 나는 《식인 신화》가 내가 몸담은 인류학에 대해 순진한 대중들을 상대로 음모적인 사기나 기만을 지속하고 있다는 혐의를 제기했다는 일반적인 비판에 답변을 하겠다. 신화학이란 주제에 관한 인류학적 연구의 견지에서 나는 몇몇 동료들이 신화적 사고(mythological thought)를 사기와 동일하게 취급하는 것이 이상하다고 본다. 내 자신 여러 주제들 가운데 이처럼 인류학적인 주제와 가장 깊이 관련된 엄청난 자료들 속에 묻혀버리고 싶지 않기 때문에 여기서는 단지 현재 내가 생각하는 신화라는 말은 '사실에 의해 뒷받침되지 않은, 그리고 보다 중요한 것은 사실과 무관한 믿음'을 의미한다는 걸 지적하는 데 만족하고 싶다.

이런 나의 판단이 인류학자들이 의식적으로 그들의 소비자들을 기만하려고 했다는 뜻을 담고 있는 건 아니다. 오히려 인류학자들과 그들의 소비대중들은 둘 다 똑같이 서구의 메타신화(meta-myth)*에 의해 기만당해왔던 것이다. 불행히도 이런 결론은 기만에 참여했다는 비난보다 더 파멸적인 것이다. 최소한 기만의 혐의에는 대중을 뛰어넘은 어느 정도의 지적 명민함이 함축적으로 인정되고 있다는 점에서 그렇다. 반면 신화를 떠받친다는 것은 학자들을 포함해 거기에 연루된 사람들이 그것을 배우는 사람들과 똑같은 세속적인 편견과 환상에 젖어 있다는 사실을 말해주는 것이다. 이 점은 이런 내 말을 지식인들은 신화를 믿었다는 비난보다는 사기를 쳤다는 비난을 받는 것이 나을 것이라는 식으로 곡해하는 것에서 드러난다. 이것이 이 스캔들의 특이한 형국인 것이다.

그 자체로 카니발리즘이 무엇인가 하는 질문에 관해서도 문제는 똑같이

---

* 레비-스트로스가 남북아메리카 인디언들의 방대한 신화를 대상으로 시도한 것처럼 개별 신화를 분석함으로써 인간 심층에 존재하는 문화형성 원리, 즉 구조적 무의식의 존재를 확인하는 작업과 관련해, 이 글의 맥락에서 하나의 현상으로서 서구 인류학의 식인 신화에 숨어 있는 (혹은 구성하는) 일반적인 이원적 무의식 구조를 말하는 것으로 이해할 수 있다.

복잡하다. 초기의 긴 서평을 통해 내가 책 속에서 카니발리즘을 정의하지 않았다고 지적한 사람은 니담이었다(1980). 이것은 나로선 불안감을 주는 폭로라고 생각됐지만 그에 뒤이은 평론가들은 카니발리즘이 타자(other)의 우세한 특징이었다는 사실을 증명하는 데 관심을 가진 나머지 이 문제를 거론하지 않았다. 어떤 의미에서 이 개념 규정상의 빈틈은 그 책이 인류학자들이 미각적 카니발리즘으로, 그리고 그보다 정도는 덜하지만 제의적 카니발리즘으로 규정했던 것에 일차적으로 관심이 있다는 사실을 분명하게 함축하고 있었기 때문에 사소한 일이다. 전자는 육체를 위한 음식으로서 인육을 소비하는 것, 그리고 후자는 영혼을 위한 음식으로서 인육을 소비하는 것을 의미한다. 지적 취향의 변화에 따라 그때그때 카리브 해 부족들과 아즈텍인들, 포레족 등이 대변하곤 했던 가장 잘 알려진 사례들은 모두 미각적 식인종으로 인정되어 있었고, 식품으로 인정된 것과 그렇지 않은 것을 구분할 능력이 없었다는 의미에서 결핍 문화(lacking culture)로 간주되어왔다. 구체적인 것보다는 제의적인 것에 주로 관심을 둔 가상의 식인종들이 이 두 번째 범주에 속한다. 그래서 내 관심은 각각의 목적을 위해 관례적으로 인육을 섭취하는 짐에 있었다. 하지만 내 책의 삽화들을 포함해 내가 염두에 둔 바는 대중적으로 쉽게 상상할 수 있고, 또 거기에서 풍부하게 자양분을 얻고 있는, 좀 더 조야한 형태의 미각적 유형이었다.

비록 인류학적 메시지를 대중들이 알아채는 데는 거의 도움이 되지 않는다 해도 정확히 카니발리즘이 무엇이고 그것이 어떤 형식을 가지고 있는가 하는 것은 타당한 학술적 관심사이다. 이 문제를 해결하려는 여러 가지 시도 중에 샐린스는 부분적으로 "개혁된 식인종들" 혹은 "유명한 식인종들의 직접 진술"(1983, 87-8)이 남긴 것을 기록한 초기 선교사들의 보고서에 의존하여 전통적인 피지에서의 카니발리즘의 문화적 의미를 해명하려고 시도했다. 이 기록 증거들에 관한 그의 분석은 다음과 같은 결론을 내리고 있다.

"물론 문제는 카니발리즘이 비록 그것이 '실재' 할 때조차도 늘 '상징적'이라는 사실이다."(88) 그런 결론을 주장하는 것은 어려운 일이다. 어떤 종류의 음식 소비를 포함해 전통적인 관행이란 항상 상징적이자 실질적이다. 진짜 문제는 가상의 카니발리즘이 상징적이냐 그렇지 않느냐가 아니라, 그 행동이 실제로 사실인가 그렇지 않은가 하는 것이다.

《식인 신화》에서는 남아메리카 부락들에서 보고된 '골회(骨灰) 카니발리즘(bone-ash cannibalism)'의 사례를 간략히 다루면서 그것이 일어났다는 것을 설득력 있게 뒷받침하기에는 증거가 충분치 않다고 결론을 내렸다. 지금도 난 그런 태도가 비합리적이라고 생각한다. 그 이후의 기록들은 문화적으로 진행된 인체 일부의 섭취라는 문제는 더 많은 고찰이 필요하다는 걸 보여주고 있다. 《식인 신화》에 의해 촉발된 논쟁과 관련해 고든-그러브(1988)는 20세기 초까지 유럽과 아메리카에서는 약사들이 가루로 빻은 신체 일부를 의학적 목적으로 판매했다는 것을 보고했다. 최근에도 미국 도시 중산층 일부에서 유기식(有機食) 풍조의 일면으로 태반을 먹는 행위에 관한 보고가 있다(Janzen 1980). 당사자들은 인체 조직의 소비는 날것이든 익힌 것이든 과거에 일부 아메리카 원주민 집단들이 그랬던 것처럼 다른 동물들이 거기에 참여하기 때문에 건강한 발전이라고 믿는다. (아메리카 원주민 대변인은 그런 혐의에 격렬하게 반박했다.) 그리고 섭취보다는 오히려 주사(注射)에 관련된 것이기 때문에 일반적으로 좀 앞서간 것이긴 하지만 현대 의학에서 죽은 인체에서 추출한 액이 사용되고 있다(Blakeslee 1991을 볼 것). 이 두 가지 사례에서 식인행위는 많은 경우 처치의 결과 죽거나 중병에 걸리는 것이 사실임에도 불구하고 합리적인 과학과 의학의 일면으로 규정되고 있다. 반대로 다른 문화의 대표적인 곳에서 행해진 유사한 행동은 존경이나 비하를 나타내려는 의례화된 행위로 해석된다. 어떤 경우든 거기에는 사자(死者)의 속성을 산 자에게 합체시키려는 노력이 들어 있다.

나는 위에 언급한 사례들 중 어떤 것도 카니발리즘으로 간주해서는 안 된다고 주장하고 싶다. 그 반대로 혹자는 그 모든 것이 다 카니발리즘 행위라고 주장할지도 모른다. 둘 중 어떤 입장을 받아들이든 위에 열거한 행동들은 궁극적으로 어떤 식으로 낙인찍는 과정을 심사숙고하게 만든다. 내가 알기로 이전의 그 누구도 서구 사회 혹은 그 문제에 관해서 이 같은 일부 행위나 집단이 카니발리즘적으로 이해된다고 주장했던 사람은 없었다. (다른 사회에서 온 몇몇은 그런 연상을 했지만 그런 결론은 그들이 문화적으로 무지한 본보기로 간주된다(Turner 1993을 참조할 것).) 반대로 유사한 행위를 한 비서구 집단들은 항상 인종학적으로 식인종으로 등재된다(예를 들어 Conklin 1995를 볼 것). 이 선택적인 분류 과정은 우리가 다른 문화들을 해석하는 방식을 좀 더 확연하게 보여주고 있다.

비정상적으로 판정되고 그 행위를 한 것으로 낙인찍힌 서구 사회에 사는 일부 일탈자들의 카니발리즘 사례에는 똑같은 선택적 경향이 적용된다. 반면 세계의 다른 지역에서 만날 수 있는 유사한 사례들은 하나의 관습으로서의 카니발리즘의 증거로 간주된다(Lindenbaum 1982, 59-60). 실제로 파푸아뉴기니의 한 판사는 인체에 부적절하게 손을 댔다는 이유로 (즉 그것을 먹었다는 혐의로) 법정에 선 두 사람을 "파푸아뉴기니의 진기한 매장 관습"에 비추어 "부적절하지도" "추악하지도" 않다는 이유로 석방했다(Griffin 1971, 79-80).

이 재미있는 사건은 파푸아뉴기니 고원지대에 사는 포레족들 사이에서 발생한 잘 알려진 쿠루병(kuru)과 추정된 카니발리즘을 다시 한 번 생각해볼 충분한 이유가 된다. 이 추정 행위는 20세기 중반에 일어났고, 지나칠 정도로 맹렬한 의학적 연구로 그 맥락을 파악하였으며, 궁극적으로 관련된 주요 인물들에게 노벨상의 영예를 안겨주게 되었기 때문에 카니발리즘에 대한 기록 과정으로는 가장 살펴볼 만한 사례라 할 수 있다. 사실 이 자료는 너무 방대하고 거의 반세기가 지난 오늘날까지도 축적되고 있기 때문에 이 문제에 대해 우리가 고찰할 수 있는 것이 단지 빙산의 일각에 지나지 않는 것도 무리가 아니다.[7] 오로지 식인종 주제에 초점을 맞출 때만이 여기서 제기된 문제의 의미를 지속적으로 간직할 수 있다. 다시 말해 문제는 이 연구가 이 사람들 사이의 관습적인 카니발리즘을 확인할 필수적인 기록을 제공했는가, 아니면 그 대신에 식인종이 문화적으로 구성되는 보다 나은 사례를 제공한 건 아니었는가 하는 데 있다.

자신이 발행한 저널에 다소 낭만적이고[8] 고집 센, 현대적 순회 의사로 잘 묘사되어 있는 샬리턴 가이듀섹은 1957년, 호주 파푸아뉴기니 고원지대의 포레족 사이에 있었다. 거기엔 당시 수수께끼에 싸인 엄청난 위력을 가진 전염병이 돌고 있었다. 현장과 호주 행정 당국에 상황의 심각성이 명백해 보였음에도 몇 가지 관료주의적 문제들 때문에 이 전염병에 대한 체계적인 연구가 지연되고 있었다. 그 당시 가이듀섹은 호주의 연구 지원비를 받아 막 일 년 정도 지났을 때였다. 지금은 출판된 보고서(Farquhar and Gajdusek 1981)에는 이 문제를 담당한 호주 사람들이 가이듀섹의 건강보험과 생명보험료 문제가 해결될 때까지 뉴기니로 출발하지 못하도록 지연시켰다고 지적되어 있다. 그는 이 사태에 관해 쓰인 후속 문헌들에는 거의 등장하지 않는다.

가이듀섹은 재정적 지원이나 관료주의적 예의, 직업적인 위신 혹은 개인적인 건강이나 안전 같은 문제는 거의 신경 쓰지 않고 즉시 문제에 뛰어들어 뉴기니, 호주, 미국의 행정 당국을 당황스럽게 만들었다. 비록 그는 개인주의자일지는 모르지만 순진무구한 사람은 아니었다. 변경(frontier)의 카니발리즘에 대해 가이듀섹이 속한 사회가 가지고 있는 관념은 그가 접촉 구역(contact zone)에 들어섰을 때 이미 그의 문화적 행낭(行囊)의 일부였다. 집으로 보내는 첫 번째 편지에서 드러난 것처럼 그가 현장에 도착했을 때 이미 메타 신화가 개입되고 있었다. "나는 가장 멀리 떨어진, 최근에 개방된 (동부 고원지대의) 뉴기니 지역의 한 곳, 외부인과 접촉이 시작된 것은 10여 년에 지나지 않고, 겨우 5년 전부터야 비로소 통제되기 시작한 식인종 부족 집단들의 한가운데에 들어와 있습니다."(1976, 50) 워싱턴 DC에 있는 국립 보건원(National Institute of Health)에서 일하던 그의 상급자들이 초기에 보인 응답은 별로 협조적이지 않았다. 하지만 시간이 흐르면서, 그리고 그의 연구가 가지는 다양한 의미가 관료들에게까지 먹혀들어가면서 격려와 조언이 쇄도했다. 호주의 한 동료는 가이듀섹에게 보낸 편지에 이렇게 쓰고 있다. "사람을 구해 자네가 본 중에 가장 야만적으로 보이는 원주민들에 둘러싸여 있는 자네 모습을 찍게 하게나."(Farquhar and Gajdusek 1981, 300) 내가 그 전에 그에게 보낸 한 편지에서 그랬던 것처럼(Arens 1977) 카니발리즘과 쿠루병 간의 명백한 상관관계에 대한 생각이 어떤 근거에서 온 것인지 묻는 것은 '순진한' 것이라는 가이듀섹의 주장에도 불구하고 과학적 문헌에서 두 사안의 관련성은 시간이 흐르면서, 그리고 추적 가능한 경로를 거쳐 돌이킬 수 없이 확고하게 되어버렸다.

초기에 가이듀섹은 광대한 미지의 영토를 글자 그대로, 그리고 비유적인 의미에서도 탐험하기 시작했다. 그러면서 자신의 서신과 일기, 저널의 출판물과 수백 종의 과학 보고서와 대중적인 이야기들을 상세하게 재검토했다. 쿠루병의 분포와 영향에 관한 데이터를 모은 지역을 답사한 여정이 이제는 노벨상과 전설의 내용을 이루고 있다. 그 뒤에 그는 다른 사람들과 합류했는데, 그 중에는 사회인류학자들도 포함되어 있었고, 그들을 통해 이 "구석기 시대" 사람들 사이에 존재하는 카니발리즘적 야만행위라는 관념이 움직일 수 없는 사실이 되었다(Gajdusek 1970a). 최초로 합류한 정부 인류학자 찰스 줄리어스는 원주민 정보제공자들과 함께 약간의 '베란다' 인종학을 수행하면서 포레족들 사이에서 수 주일을 보냈다. 그 직후 그는 포레족 사이에서 카니발리즘의 (일반적인 것으로 관찰되지 않는) 관행을 대충 언급한 보고서(Julius 1981)를 제출했다. 이것은 뉴기니에 관한 모든 초기 접촉 문헌들에서 분명하게 드러나는 하나의 견해를 반영하고 있다. 1930년대에 한 관찰자가 대충 이 문제를 요약했던 것처럼, "그들은 더러웠고, 인육을 먹는 모습을 쉽게 떠올릴 수 있었다. 하지만 그들의 단순하고 유치한 생활 방식은 기묘하게 마음을 끌었다."(Hides 1936, 14)[9]

일군의 다른 전문가들에 더해 로버트 글래스와 셜리 린덴바움이 확대 팀에 포함되었다. 이 두 전문 인류학자들이 60년대 초, 그리고 그 후의 출판에서 가이듀섹과 같이 한 공동 작업은 포레족 사이에 카니발리즘이 존재한다는 견해를 확고하게 하는 데 지대한 역할을 했다. 의학을 인류학적으로 그리고 동시에 과학적으로 합법화하는 과정이 이 지적 과정의 핵심이었다. 그 하나의 결과로서 인류학 개론서들은 이제 카니발리즘이 질병 전이 수단으로 확고하게 자리 잡게 된 것은 이 두 인류학자의 탐색 작업 때문이었다고 자랑스럽게 주장할 수 있게 된 것이다(Keesing 1981, 164. Mascie-Taylor 1993, 13. McElroy and Townsend 1989, 47).

인류학의 실용적, 과학적 성격을 입증하려는 이런 터무니없는 진술은 문제를 이국적(異國的)으로 만들 뿐만 아니라 심하게 뒤섞고 있다. 노벨상 수상자 가이듀섹에 따르면—최소한 때로 그의 강연을 들은 청중들에 의하면—쿠루병의 실제 전이 수단은 인육 섭취가 아니라 감염된 신체 조직 접촉이었다(Gadjusek 1977b, 956). 하지만 이걸 차치하고라도 글래스와 린덴바움의 현장작업이 언급한 대로 인간 도륙 과정에 대한 몇몇 상세한 설명에도 불구하고 그와 같은 관습에 대한 관찰을 담고 있지 않았기 때문에 이 이야기를 해보자. 관찰 대신에 이 두 사람이 출판한 이야기가 담고 있는 것은 글래스가 유럽인들이 "카니발리즘 지대"로 들어섰을 때 "여자들 대다수는 식인종이었다"고 만족스럽게 보고했던 데서 보듯이 새로운 시대적, 지적 맥락

속으로 카니발리즘 메타포가 침입한 사실이다. 이 행동에 대한 글래스의 해설은 미각적 카니발리즘에 대한 초기의 관례적인 설명이었다. 말하자면 원주민들에 따르면 인육은 "맛있는" 것이었다(1967, 752). (그 후 십 년이 채 되지 않아 포레족은 린덴바움에 의해 대개의 경우처럼 상징적인 식인종들로 변환되었다[1979].) 마침내 전형적인 인류학적 '냉정함'을 유지한 채 글래스는 그들 사이에서 살았던 것이 참으로 특권이었다고 말했다(1967, 754).

지금 이 모든 사건의 결과를 다 설명하기는 어렵다. 분명한 것은 최초의 현장 연구 이후에 때때로 미국에서의 실험실 실험들은 쿠루병에 감염된 뇌 조직에서 뽑아낸 추출물을 주입한 침팬지들이 이 병에 감염된다는 것을 발견함으로써 이 문제에 대한 열쇠를 제공했다(Gibbs and Gajusek 1965). 이전에 의심되었던 발생학적 토대에 반해 감염 인자의 발견은 전이 수단을 규정하기 위해 경로를 다시 추적해야 한다는 걸 보여주었다. 그 지역에 발을 들여놓은 첫날부터 가이듀섹에게 친숙했고, 그 후 인류학자들에 의해 확정되었던 카니발리즘이란 불확정적인 '사실'은 이제 새로운, 그리고 다른 의미를 획득하게 되었다. 이런 새로운 맥락은 지적 과정 속에 우회적으로 편입될 수밖에 없었다. 그 이유는 이 시기에 이 병이 위장 경로로 진이될 수 있다는 사실이 증명될 수 없었고, 그건 곧 쿠루병이 카니발리즘의 결과라고 추정할 수 없음을 의미했기 때문이었다. 가이듀섹은 나중에 그동안의 연구 과정과 인류학자의 역할을 염두에 두고 이렇게 썼다. "감염에 관한 증거가 없는 데서 어떤 식으로 카니발리즘이 연루될 수 있을지 아는 것은 무척 어렵게 되었다."(1979, 29) 여기서 인류학자들이 다시 등장한다. 이어서 가이듀섹은 "그들이 주로 기여한 바는 우리가 대개 포기했던 카니발리즘에 관한 관심을 다시 한 번 강조한 것이었다."(30)

오늘날 포레족 카니발리즘은 일반적인 인류학 및 의학 대중들에 의해 질병 전이의 수단으로 여겨지고 있다. 이 사태의 복잡한 상황에서 궁극적으로 이루어진 결과는 오직 다른 문화에 관한 우리의 사고를 보여주는 카니발리즘이라는 관념의 힘과 이 관념이 연구자들의 두뇌를 감염시키는 특이한 방식과 연관해서만 이해될 수 있다. 그 결과는 어떻게 개인, 이 경우에는 학자들이 명백한 주의나 관심도 없이 심지어 인쇄된 글에서조차 상반되는 결론들을 주장할 수 있는가 하는 문제에 대한 흥미 있는 사례다. 여기에 대해서는 엄청난 양의 문헌들 중 몇 가지 예를 살펴보는 데 만족해야 할 것이다.

린덴바움은 이렇게 쓰고 있다. "쿠루병을 전이시키는 수단으로서의 카니발리즘 사례는 정황 증거에 근거하고 있다. 가설은 단순하고 예언적이지만 이 가설은 증명되지 않은 채 남아 있다."(Glasse and Lindenbaum 1976, 51) "서방 과학자들은 이제 쿠루병이 인육 섭취에 의해 확산되는 슬로(slow) 바이러스라고 생각하고 있다."(Lindenbaum 1979, 9) 몇 페이지 뒤에 그는 계속해서 쓰기를, "우리의 카니발리즘 가설은 유행병의 증거에 적당한 것 같다."(19) 그 직후 같은 책에서 "그 때문에 가이듀섹은 감염된 뇌로부터 감염되는 경로 중에 신빙성 있는 것은 피부를 통해서일 것이라고 추측했다."(27) "궁극적으로 희생자들이 섭취한 죽은 사람의 뇌에 의해 쿠루 바이러스에 전염됐다고 가정했다."(Lindenbaum 1990, 12)[10]

'엄격한' 과학자의 풍모에 어울리는 가이듀섹은 그의 인류학 동료들보다 더 사려 깊기는 했지만 혼란에 빠져 있기는 마찬가지였다. 노벨상 강연문에 함께 실린 포레족 지역에서 찍은 몇 장의 사진에(이 책 94쪽을 볼 것) 대한 설명을 보면 이렇게 적혀 있다. "남자들과 이미 성년에 이른 소년들은 시체 주위에서 벌어지는 애도의식에 *거의(rarely)* 참여하지 않았고, 족내식인적(族內食人的 endo-cannibalistic)* 소비를 위해 쿠루병으로 숨진 인육을 가르고 조리하는 데는 *더더구나(even more rarely)* 참여하지 않았다."(강조는 저자가 한 것임) 바로 이어진 곳에서는 "각피(殼皮) 혹은 절피(切皮)나 코 후비기, 눈 비비기 혹은 점막 상처를 통해 감염됐을 가능성이 농후하다"(1977b, 956)고 쓰고 있다. 몇 년 전에 그는 한 세미나에서 "카니발리즘은… 성격상 병원학(病源學)적 가설의 윤색이라고 하는 것이 낫다"는 견해를 밝힌 바 있다(Alpers 1966의 Gadjusek, 81-2). 그 후 그는 이런 조심스런 입장을 견지했다. "오늘날까지도 우리는 식인이 쿠루병 확산을 야기했다는 증거를 가지고 있지 않다."(Gadjusek 1979, 28)

나중에 《식인 신화》에서 제기된 주장에 대한 반박으로 여겨지는 쿠루병 조사팀이 쓴 논문에는 이렇게 쓰여 있다. "역학적(疫學的) 감시활동과 기존 병력기록, 선교 보고서들은 이 연구에 기록된 환자들 모두가 제의적 카니발리즘을 통해 20년 전보다 더 많이 쿠루병에 노출되었다는 사실을 강하게 암시하고 있다."(Prusiner, Gajdusek, Alpers 1982, 1) 또한 다음 글은 특히 이런 주장에 대한 증거라는 예민한 문제를 건드리고 있다. "카니발리즘의 자명한 역할을 둘러싸고 중요한 논쟁이 이루어졌다. 하지만 우리들 중 한 사람은 시체들이 식인적 소비를 위해 잘린 직후에 몇 차례 그 자리에 있었다[2, 8, 19]". 이 인용문의 말미에 있는—이 진술에 과학적 권위를 빌리기 위한 것으로 생각되는—참고문헌 인용은 저자 자신들 중 두 사람, 거기에 매튜와 글래스, 마지막으로 린넨바움의 것이다. 이 논문들은 포레족 사이의 카니발리즘과 이것과 쿠루병 전이와의 관계에 대한 일반적인 문헌들을 반박할 만한 사체 절단에 대한 묘사는 전혀 담고 있지 않다(Alpers 1966, Gajdusek 1979, Mattews, Glasse, Lindenbaum 1968을 볼 것). 사실상 카니발리즘의 증거로서 자기 인용된 가이듀섹의 작품이 카니발리즘과 쿠루병 확산의 증거

---

* 인류학자들이 분류한 바에 따르면, 식인에는 식인 대상에 따라 자기가 속한 집단의 구성원을 먹는 족내식인(族內食人), 타집단의 사람을 잡아먹는 족외식인(族外食人), 자기 자신의 신체 일부를 잘라 먹는 자식인(自食人)이 있다. 그리고 식인행위의 동기를 기준으로 하여 인육의 맛이 좋아서 먹는 식용적(食用的) 식인, 죽은 자의 영력이나 성격 등을 흡수하거나 죽은 자와의 일치, 결합을 위해 죽은 자의 인육을 먹는 의례적·주술적 식인, 통상적으로 식인이 금지되고 있지만 식량 부족이나 난치병 치유를 목적으로 인육을 먹는 생존을 위한 식인 등이 있다.

부족에 관한 과거의 인용을 담고 있다는 건 정말 놀라운 일이다! 나중에 외견상 끝없이 이어지는 일련의 출판물 중 다른 곳에서도 여전히 이 논문의 핵심을 확인시키는 '키워드'들은 마찬가지로 분명하게 연결되고 있다. "슬로(slow) 바이러스 질병—바이러스성 전이—카니발리즘."(Klitzman, Alpers, Gaudusek 1984, 3)

돌이켜보면 질병의 '발견'으로 인해 학문적 과정은 필연적으로 카니발리즘을 오로지 원주민 문화를 규정하는 전형적인 교과서적 방백 속에서만 거론되도록 만들었다. 그래서 첫 번째 출판물에서 가이듀섹과 지가스는 부족 주도의 카니발리즘에 앞서 종족 간 전쟁과 제의적 살해가 포레족 문화의 두드러진 특징이었다고 쓰고 있다(1957a, 977, 또한 Gajdusek and Zigas 1957b, 745를 볼 것). 그 후 이런 학문적 과정에 이어 바이러스성 전이 가설의 출현과 함께 문헌들 속에 쿠루병과 카니발리즘 간의 정리되지 않은, 오도된 연관성이 기록되게 되었다. 시간이 지나면서, 그리고 이제는 증거에 관련된 문제에 관심을 기울이게 된 저자들이 생기면서 그 후의 단계는 '카니발리즘'이란 단어가 본문을 거쳐 개요 속에, 궁극적으로는 개요에서 제목에 이르는 키워드 속에서 차용되어 현상간의 연결을 간명함을 통해 보다 권위 있게 만드는 의식적인 담론 전략의 형태를 취하게 되었다. 하지만 사실 장황하게 늘어놓은 일련의 인용문들을 통해 내가 보여주려고 했던 바와 같이 문제는 전혀 간명하지 않다. 앞으로도 쿠루병에 관한 문헌들에 대해 좀 더 많이 언급하면서 독자들의 인내심을 시험하게 될 것이다.

우선 카니발리즘적 사체 절단을 목격했다는 자신의 주장에도 불구하고 가이듀섹은 이미 1957년의 전문(傳聞)에서 다음과 같이 쓴 바 있었다(하지만 그는 자신이 이렇게 썼다는 걸 분명 잊어버렸다). "카니발리즘은 종결됐으며, 우리가 발견할 수 있는 한 뇌를 먹는 경우는 없었다. 드물게나마 카니발리즘이 여전히 자행된다고 해도 우리가 가장 최근 만난 환자들 중 많은 이들이 인체 조직을 먹지 않았다는 건 분명하다."(Gajdusek 1976, 311) 공정하게 말한다면 어쩌면 가이듀섹이 카니발리즘을 나중에 목격했을지도 모른다. 나로선 다만 그가 이것을 그의 방대한 저널에 기록해두었을 것이라고 추측할 뿐이다. 하지만 그는 그렇게 하지 않았다.

가이듀섹과 함께 일종의 식인행위 목격을 언급한 위에 인용된 기사를 처음으로 쓴 스탠리 프루시너가 《사이언스》지에 또 다른 에세이를 발표한 1982년, 가이듀섹에게 또 다른 문제가 출현했다. 거기에서 프루시너는 다음과 같이 썼다. "비록 의미심장한 증거가 쿠루병 확산의 원인으로 카니발리즘을 암암리에 드러내고 있지만 '전염' 지역 내에서 식인행위를 직접적으로 목격했다는 기록은 존재하지 않았다."(1982, 136) 이때 프루시너는 관련 문헌들이 이런 종류의 질병을 실험동물들 간에 구강으로 전염시키는 것은 '효과가 없다'고 지적했다는 사실을 언급함으로써 식인 테마로부터 좀 더 거리를 취했다(136). 어쩌면 두 저자 사이에는 의사소통의 단절 이상의 것이 있었을 것이다. 왜냐하면 이 기사는 슬로 바이러스 작용 전체 이슈에 있어 가이듀섹과 프루시너 사이의 심각한 균열을 암시하는 것이었기 때문이다. 이것을 둘러싼 신랄하고 사기 변호적인 논쟁이 오늘날까지도 계속되고 있다(Kolata 1994를 참조할 것).

선임자들의 수많은 모순들에도 불구하고 인류학 및 의학 두 분야의 전공 학생들이 여전히 쿠루병이 카니발리즘에 의해 전이되었다고 생각하고 있다는 사실은 아직 놀라운 일이 아니다. 그 이야기는 그만두자. 식인 메타포는 단지 증거가 없다거나, 진술이 상반된다거나, 중요한 연구자들이 수시로 말을 바꾼다는 이유로 폐기하기에는 너무 중요한 문제다. 그래서 더글러스(1989)에 따르면 이 문제를 제기한 초기에 언급된 인류학 논문집(Brown and Tuzin 1983b)에서 편집자들은—린덴바움의 권위에 의존한 가이듀섹의 권위에 의존한 린덴바움의 권위에 관해서—"쿠루병이… *인체 조직을 먹는*

것(the eating of human tissue) 통해 전염된다는(Lindenbaum 1979) 발견은 카니발리즘과 그것의 역학적(疫學的) 결과에 대해 광범위한 과학적 관심을 집중시켰다"(Brown and Tuzin 1983, 3, 강조는 필자가 한 것임)라고 쓸 수 있었던 것이다. 마찬가지로 권위 있는《세실 의학 텍스트북 Cecil Textbook of Medicine》은 "발병률의 감소는 이 원시문화권에서 카니발리즘의 억제와 맞물려 있다. 또 쿠루병이 제의적 카니발리즘이 이루어지는 동안 전염되었다는 것을 보여주는 중요한 정황 증거가 있다"라고 주장하고 있다(Besson, McDermott, Wyngaarden 1979, 840).

상황은 다음과 같이 재구성될 수 있을 것이다. 권위자들은 맨 처음 쿠루병은 원래 카니발리즘에 의해 전이되지 않았다고 추측한다. 하지만 병에 걸린 사람들이 식인종들이기 때문에 이 병은 '제의적' 행위 중에 의심되는 행위와 결부되어 전염되었다. 그런 다음 이런 혼란은 외려 의심스런 몇몇 주도인물의 발표를 근거로 한 그 행위의 증거에 대해 이어지는 논쟁들 속에서 더욱 복잡해진다. 하지만 이런 수많은 뒤틀림과 전환에도 불구하고 여기에는 여기에 참여하고자 하는 다른 사람들을 위한 지속적으로 따라 다니는 하나의 메시지가 존재한다. 그건 만약 포레족이 식인종이 아니라면 이 병에 전염되지도, 이 병을 퍼뜨리지도 않았을 것이라는 메시지이다.(Seale 1987, 1989, Comnas 외 1989를 참조할 것). 이런 교훈은 뒤이어 초심자를 위한 교과서 속에 식인 메타포를 객관적인 진실로 직접적으로 이전시킬 수 있도록 용기를 불러일으키는 것이다.

이런 해석은 쿠루병이 연구자들에 의해 날조되었다고 주장하는 것은 아니다. 이 병은 존재하고 병에 걸린 사람들의 목숨을 앗아가지만 희생자들은 낙인이 찍히게 된 것이다. 나는 그들이 과학적 연구에 연루되어 있으며, 과학적 연구의 문화적 해석이 식인 메타포를 날조했다고 주장하는 것도 아니다. 식인종으로서의 '타자(他者)'라는 테마는 어느 순간에도 이것을 이용하는 그런 사람들의 통제 너머에 하나의 실존을 가지고 있었고, 지금도 가지고 있는 것이다. 사실 식인이라는 개념은 그렇지 않은 사람보다는 오히려 그런 생각을 품고 있는 사람들을 조종할 수 있는 능력을 가지고 있다. 이것은 문화적 신화들이 가지고 있는 본성이며, 탐험가든, 선교사든 과학자든 아니면 인류학자든 그 누구든지 간에 이런 신화를 지지하는 사람들의 운명이다. 어떤 의미에서 중심인물들은 이들이 처한 현재의 곤경을 위로하고 있는 셈이다. 하나의 문화적 개념과 담론을 객관적으로 설명해야 하는 그들은 단지 재고용(再雇傭)되어 있을 뿐이다. 그럼에도 불구하고 그 결과로 포레족은 쿠루병으로 인한 이중의 희생자들이 된다. 그들은 자신들의 내부의 역병과 외부의 해석 양자에 치여 죽게 된 것이다.

아이러니하게도 이곳에서 제기된 시각은 문화적 지형이 AIDS를 둘러싼 윤리적, 도덕적 이슈들과 씨름하면서 뉴기니 고원지대에서 서구로 이전되었을 때 린덴바움에 의해 채택되었다. 이런 상이한 맥락 속에서 린덴바움은 "몇 가지 질병은 현존하는 문화적 범주들을 통해 해석된다"고 주장하며, 낯뜨겁게도 "질병에 대한 신화 만들기"의 역사와 해석이 "낙인찍는 조건"이 되는 방법을 언급하고 있다. 또 다른 평론가들의 견해와 일치해 그녀는 "인류학자들은 인종학적 사실들을 구성할 때 그들 자신의 역할에 보다 신중을 기해야 한다"고 조언을 던진다(1992, 327).

이런 현재적 관심사는 인류학이 질병을 문화적으로 해석할 때 시간보다는 문화적 공간의 영향을 더 많이 받았다는 사실을 보여준다. 이전의 다른 사람들과 마찬가지로 인류학자들은 어느 정도 혹은 어느 수준의 문화적 차이를 확인하는 데 몰두해왔다. 사실 이들은 이런 차이에 의존하고 있는 것이다. 이 일은 결코 고상하지도, 충격적이지도 혹은 어쩔 수 없이 불명예스럽지도 않다. 하지만 창조적인 활동에 참여한 인류학은 그것을 듣는 사람들에게 고려할 문화적 차이를 토대로 한 어떠한 도덕적 판단에도 저항할 것을 경고함으로써 인류학의 지적 전임자들로부터 스스로를 구분하려고 시도한다. 그래서 인종중심주의(Ethnocentrism)는 결과적으로 인류학의 객관적인 산물에 대한 책임 방기에 참여함으로써 인류학에 이중의 목적을 제공한다. 이곳에서 고려된 사례에서 보자면 인류학은 우선 대중적인 환상을 위해 식인문화들을 창조한 다음, 문화적 상대성이란 절대기준을 내세우면서 자신들이 이들을 도덕적으로 저열하다고 생각하는 건 아니라고 주장한다. 이런 절차가 함축하고 있는 뜻을 애써 묵살한다면 소박하거나 위선의 혐의가 짙은 것이다.

'문화적 전쟁(cultural wars)'에서 벌어진 최근의 캠페인은 이 지적과정을 잘 보여주고 있다. 수자(D'Souza)(1995)의 서구 역사와 문화적 우월성에 대한 요란한 신보수주의적 옹호는 대부분 마빈 해리스의 《식인종과 왕》(1977), 로버트 에거튼의 《병든 사회》(1992)와 같은 책에서 보듯이 인류학자들에 의해 아주 최근에 대중의 인기를 모은 추정된 '타자'의 카니발리즘에 의존하고 있다. 이런 보고서들의 권위와 의사 과학적 해석들을 토대로 수자는 문화적 상대성과 다문화주의의 원칙에 이의를 제기하고 있다. 또 유럽 제국주의가 어떻게 합리적으로 정당화될 수 있는지를 넌지시 암시한다. 요컨대 서구의 신세계와의 접촉을 평가하면서 수자는 명백한 몇 가지 문화적 오해에 더해 "유럽인들은 원주민 문화에 대한 전적으로 타당한 혐오감을 야기한 관습들도 만나게 되었다"고 결론을 내리고 있는 것이다(1995, 350). 당연히 카니발리즘에 대해 자유주의의 이름으로 똑같이 맹렬한 인류학적 방어가 이루어진 것은 피할 수 없는 반응이라 할 것이다. 비록 이런 왜곡된 지적 시각이 인류학이 지금까지 가져왔던 사회와의 관계를 그대로 드러낸다 할지라도 이를 통해 궁극적으로 인류학은 이 글에서 되짚어보았던 방종과 딜레마에 빠질 수밖에 없는 것이다.

인류학을 다시 한 번 생각해보면서 나는 쿠루병과 카니발리즘에 관련된 문제들에 지나칠 정도로 많은 시간을 투여했다. 새로운 세기를 앞둔 이 시기에 식인 이미지를 생각해보면, 이 피조물들은 문학과 영화에서 재현되는 것을 넘어 우리 자신과 다른 사람들에 관한 지식의 생산에 참여하는 가장 중요한 우리 시대의 제도인 과학과 사회과학 양자의 노력에 이르기까지 지속적으로 살아 움직이고 있는 듯하다. 이런 지속적인 재창조와 재해석은 언제나 식인종의 운명이었다. 그럼에도 불구하고—내가 맨 처음 이 문제를 생각했을 때 그랬던 것처럼—나는 늘 언젠가는 식인종이 더 이상 필요없는 날이 오기를 바라고 있다. 하지만 그렇게 되면 인류학자도 필요없어질지도 모른다. 이 결과는 슬프긴 하지만 분명 자업자득의 운명일 것이라.

부록

다음에 나오는 예증과 사진들은 잘 알려진 몇몇 말들을 통해 본문의 주장을 전달하려고 하는 것이다.

사진을 통해 카니발리즘이 실재한다는 걸 암시하는 첫 번째 예증은 뉴기니에서 행해진 쿠루병 연구에 관한 것이다. 처음 두 장(사진 1)은 가이듀섹의 노벨상 강연 원고에 첨부되었던 것이고, 그 뒤 《사이언스》지에 실렸다 (Gajdusek 1977b, 956, 사진자료 14, 15). 인종학적 권능을 강조하고 있는 이에 대한 텍스트에는 사진 1의 설명과 같이 적혀 있다.

그런 다음 가이듀섹은 감염이 절단 및 다른 유사한 방법을 통해 이루어졌을 "가능성이 농후하다"고 결론을 내리고 있지만 인육을 먹는 것에 대해서는 언급하지 않고 있다.

《식인 신화》를 연구하는 과정에서 이 사진들을 접하게 된 나는 가이듀섹

사진 1. a (위). 한 포레족 어머니가 쿠루병으로 막 사망한 딸의 시신 앞에서 오열하고 있다. 남자들과 이미 성인식을 치른 소년들은 시신을 둘러싸고 벌어지는 애도 의식에 거의 참여하지 않았고, 족내식인적 소비를 위해 쿠루병으로 숨진 인육을 가르고 조리하는 데는 더더구나 참여하지 않았다.

b (아래). 병에 걸린 일가 남자들의 인육을 요리하는 것을 포함해 모두 다 구덩이에서 연기를 이용해 요리되었다.

*가이듀섹 (D. Carleton Gajdusek), 〈비재래식 바이러스와 쿠루병의 근원과 소멸〉 (1977b).

사진 2. a (위). 〈산돼지를 굽고 있는 사람들〉.
b (아래). 〈막 익힌 고기로 잔치를 벌이고 있는 남자들과 어린아이들〉.
*빈센트 지가스(Vincent Zigas), 《Laughing Death》(1990)

에게 편지를 써 출판된 사진과 현재 카니발리즘 간에 있을 수 있는 연관성을 설명해달라고 요청했다. 가이듀섹은 카니발리즘 문제에 대해 다소 모호한 용어들을 사용하긴 했지만 무척 친절하게 답을 해주었다. "아주 드문 경우를 제외하고는 우리가 이 사진을 찍은 건 아닙니다."(Gajdusek 1977c). 또 이 사진자료 15에 나타난 행위는 실은 돼지고기를 먹는 것을 담고 있다고, 그러니까 보기 드문 사건이 아니라는 걸 (사실을 명확하게 밝히지 않았다는 의미에서) 간접적으로 드러냈다. (현재 추정되고 있는 영국에서의 감염된 쇠고기와 크로이츠펠트 야콥병 간의 관련성을 비추어볼 때 이 사진은 사실상 어떻게 쿠루병이 뉴기니의 포레족 내에서 전이되었는지에 대한 아이러니한 증거를 제공하고 있다.)[11] 하지만 존경할 만하게도 가이듀섹은 솔직하게 다음과 같이 해명했다. "이것은 우리가 더 멀리 떨어진 지역의 포레족과 기미족 부락에서 보았던 카니발리즘 의식에서 어린아이들이 보여주었던 상황과 정확히 일치하고 있습니다. 난 대개 강연원고에 첨부한 사진을 설명하면서 이 점을 말해주고 있지만, 사진자료 15에 대한 사진설명에서는 그 점이 충분히 설명이 되질 않아 우려가 됩니다."(Gaidusek 1977c) 요컨대 그의 노벨상 강연에서 공개된 두 장의 사진은(1977a, 1977b) 사실상 카니발리즘에 대한 시각적 기록을 제공한 것이 아니라 그런 행위에 대한 예증(삽화)이었던 것이다. 나중에 이 상황을 설명하려고 시도하면서 가이듀섹은 실제 카니발리즘 사진들은 "너무 혐오스러워서" 공개하지 않는다고 말했다고 보고되고 있다(Kolata 1986, 1498).

사진 1a에서 볼 수 있는 오열하는 장면은 그 후 가이듀섹의 초기 편지 및 쿠루병 연구에 관한 현장 기록 출판과 함께 인쇄되어 공개되었다. 하지만 거기서 본문에는 이렇게 쓰여 있다. "쿠루병으로 막 사망한 한 성인 여성을 애도하는 일가 여성들. 뒤쪽에 발만 보이는 아이들이 주변에서 지켜보고 있는 가운데 네 명의 여성이 시신 주위에 바싹 달라붙어 있다. 남성 일가친척들은 사

자(死者)를 지키면서 사탕수수 및 다른 음식물을 나누어주는 의식을 위해 소집되어 있다."(Farquhar and Gajdusek 1981, 사진 29, 쪽번호 없음) 요컨대 이 사진을 처음 찍었을 때 카니발리즘이 장례식에 포함되어 있었음을 시사하는 표시는 없었던 것이다. 이런 생각이 나중에 강연에 들어갔고, 그때 갖고 있던 사진을 카니발리즘 행위를 예증하기 위해 사용되었던 것이다.

사진 2와 같은 예증은 쿠루병 연구과정의 후속 인기품인 빈센트 지가스의 《우스운 죽음》에 나타났다. 저자는 가이듀섹이 1975년 뉴기니 고원지대에 처음 모습을 드러냈을 때 군의관이었고, 이 병의 발견에 관한 최초의 출판물의 공동저자였다. 그때 그는 이 장면을 볼 수가 없어서 대부분 인용에 의존했다. 그의 사진설명 4는 이렇게 쓰여 있다. "사진 위, 구운 멧돼지 고기 주변에 둘러선 남자들. 사진 아래, 막 구운 고기를 먹고 있는 아이들과 성인 남자들."(Zigas 1992, viii) 지가스의 사진(사진 2b)은 명백히 가이듀섹의 사진과 똑같은 장면이고, 같은 시간에 찍은 것이다. 그 때문에 가이듀섹이 카니발리즘을 암시하기 위해 노벨상 강연과 출판된 책에서 사용한 것과 거의 동일하나.

다음에 나오는 일련의 사진들은 쿠루병 조사에 참여했던 로버트 글래스와 셜리 린덴바움의 책에서 가져온 것이다. 첫 번째 사진(사진 3)은 한 의학 잡지에 실린 공동 기고문《쿠루병에 관한 소론》(1976)에 전재되었다. "땅바닥 오븐을 준비하는 중에"라는 설명을 달고 있는 이 사진은 원문에는 "와니타베 식인 소비에서 일가친척의 권리"라는 제하(題下)의 도표 5 바로 아래 실려 있다(Glasse and Lindenbaum 1976, 50). 이 시기쯤에는 쿠루가 전염성이 있는 바이러스라는 것이 정설로 굳어져 있었다. 혹자는 인육을 먹는 식탁과 땅바닥 오븐에서 피어오르는 연기 사이에 하나의 연관성이 있을 것이라 이

사진 3 〈땅바닥 오븐을 준비하고 있는 남 포레족〉
  *로버트 글래스(Robert Glasse)와 셜리 린덴바움(Shirley Lindenbaum), 〈와니타 베의 쿠루병〉 (1976)

성적으로 추측할 수도 있겠으나 이 사진은 그것과는 상관없는 것이다. 한 인터뷰(Arens 1995)에서 난 린덴바움에게 독자들이 식인 도표와 나란히 실린 사진 사이에 어떤 연관점을 끌어낼 수 있도록 의도한 것이 아니냐고 물었다. 그녀는 이 사진은 카니발리즘을 준비하는 것을 예증하려고 의도했거나, 그런 결론을 유도하려고 했다는 함축성을 부인했다. 그녀는 어떻게, 왜 그 두 개가 함께 이런 식으로 편집되었는지 몰랐고, 공동 저자인 글래스(지금은 사망함)나 이 잡지 편집인이 이렇게 편집하기로 결정하지 않았나 추측한다고 넌지시 말해주었다.

　똑같은 사진이 린덴바움의 《쿠루 주술(呪術)》에 "남자들이 해지기 전에 부락 공동 식사를 준비하고 있다"라는 설명과 함께 두 번째로 전재되었다. 비록 카니발리즘이—부분적으로는 여성들 사이에서—단백질 결핍에 대한 하나의 반응이라고 그 책의 본문에 여러 번 언급되어 있긴 했지만 편집된 이 사진의 사례에서 포레족 카니발리즘이 관련 있다는 어떤 암시도 없다. (린덴바움은 나와 편집자가 이 사진을 다시 한 번 사용하겠다고 보낸 서면 요구에 대해 만일 결정을 내리기 전에 이 논문 전문을 검토할 기회가 주어질 경우에만 고려할 것이라고 말했다. 나는 그 전에 이 논문에서 사진을 재게재하는 문제에 대해 논의하자는 뜻을 그녀에게 전했기 때문에 그녀의 조심스러움을 이해한다. 그럼에도 불구하고 난 그녀의 요구에 동의하지 않았다.)

결론적으로, 애초의 인상과는 반대로 이 사례들 중 어디에도 카니발리즘에 대한 시각적인 기록은 전혀 없다. 각각의 사례에서 사진들은 다른 출처로부터 빌려오거나 아니면 각색된 것이었다. 왜 이런 인상 조작이 불가피하게 일어나게 되었는지 그 이유는 복잡하고 민감한 문제다. 우리의 시각에서 본다면 이런 종류의 이미지들은 식인 드라마의 배우들이 미지의 땅에서 귀환한 낭만적인 탐험가들이었던 초기에는 눈감아줄 수 있는 것처럼 보였을 것이나, 허나 함축된 연구 표준이 증가된 과학시대에는 이것이 용인되거나 납득되기 힘들지 않을까 생각된다. 그럼에도 각 시기와 장소 그리고 맥락에 따라 누구나—그리고 충분한 근거 하에서— '이 사람들이 식인종이었다는 걸 알고 있다.' 과학기술이 진보했다고 해서 이 메시지를 변경시키는 것은 아니다. 다만 전달하는 매체와 전달자를 변경할 뿐이다.

3.
19세기 피지 제도의 식인 축제 :
선원들의 무용담과 민족지리학적 상상

거내너스 오비스커(Gananath Obeyesekere)

윌리엄 아렌스는 카니발리즘이라는 개념의 신화적 성격을 제거하여 그것이 인류학자들을 포함한 유럽인들뿐만 아니라 미개인들에게도 마찬가지로 하나의 '식인 신화' 였음을 설득력 있게 주장한 최초의 한 사람이었다.[1] 아렌스는(1979b) 실제 식인행위 자체를 전적으로 부정하지는 않으며, 특별한 상황에서 그런 행위가 있었다고 인정하는 편이다. 하지만 대부분의 경우 카니발리즘은 타자(the Other)에 대한 담론이고, '끔찍한 식인 기질을 가지고 있는 자들' 이라는 견지에서 자기 외부의 그룹을 규정하는 것이라고 본다. 피터 흄(Peter Hulme, 1986)은 이런 식인 신화가 보여주는 중요한 하나의 궤적, 바로 이 '카니발리즘' 이란 말의 출처인 카리브 제도에서의 식민지 개척과 식인 신화의 연관성을 추적하고 있다. 흄의 견해를 따라 나는 '카니발리즘'을 특히 '맛있는 음식으로 인육을 먹는 타자(他者)의 비정상적인 능력을 지칭하는 문화적 구문(句文)'으로 정의하고자 한다. 유럽의 식인 이야기에서 카니발리즘은 야만인을 정의하는 본질적인 특성이며, '식인 축제' 같은 것들은 최근까지도 유럽의 인류학과 기행문의 밑천이 되었다.

이전에 발표된 논문에서 나는 카니발리즘이 제임스 쿡(James Cook)의 세 번에 걸친 여행에서 묘사되고 있듯이 타자에 대한 담론일 뿐만 아니라 원주민들과 이들에 대한 유럽의 중재자들 간에 이루어진 일련의 복합적인 담론들로 구성되어 있으며, 민족지리학적인 범주로 단순하게 규정하는 것을 용납하지 않는다고 주장한 바 있다(Obeyesekere 1992b). 예를 들면, 카니발리즘은 원주민 자신들의 고향과 거주지를 유럽 침략자들로부터 지켜내기 위한 약자들의 무기가 되었기 때문에 원주민들이 카니발리즘을 허용했다는 단순한 사실이 실제 식인행위의 증거는 아니었다. 원주민들의 식인 얘기가 유럽인들로 하여금 야만인들에게 잡아먹힌다는 공포를 불러일으켰던 것이다. 이 글에서 나는 '인간 제물'의 맥락에서나 아니면 경우에 따라서는 특히 유럽인들의 침략이란 맥락에서 카니발리즘 자체로서 실제 식인행위를 부정하지는 않는다. 그러니 전적으로 원주민의 책임으로 돌렸던 카니발리즘의 대다수의 사례들은 유럽인들의 환상의 산물이었다. 따라서 (와이탕기 조약이 그들에게 제시된 1840년 이후) 마오리족같이 상습적인 식인종들 사이에서 식인행위가 사실상 사라졌을 때에도 그것은 마키저스와 피지 제도에서 부활한 꼴이 되었고, 피지 제도는 19세기 기행문학에서 식인 제도(Cannibal Islands)로 알려지게 되었던 것이다.*

---

* 카니발리즘(cannibalism)이란 말은 콜럼버스의 보고에 의해, 식인종으로 알려진 카리브 해 섬의 카리브족(Caribs)에서 유래했다고 알려져 있다. '카리브'가 에스파냐 인들의 발음 착오로 '카니브'가 되고, 여기에서 '카니발(cannibal : 식인종)'이라는 말이 생겨난 것이다. 그래서 식인 풍습은 신대륙 및 오지 원주민들의 야만성과 낮은 문화 수준의 지표로 인식되어왔다.

다소 우습긴 하지만 심지어 유럽인들의 의식 속에서 마오리족 카니발리즘이 사라지게 된 것이 피지 제도의 식인행위의 부활을 가져온 '원인'이었다는 주장도 가능하다. 말하자면 카니발리즘이 유럽인들의 상상을 지배하고 있는 한 인육을 먹는 것(또는 그것을 모방한 행위)이 '제물로 바치는 것'과 동일한 성격의 행위라는 관점은 무시되거나 카니발리즘 자체에 병합되고 마는 것이다.

원주민의 이야기든 유럽인의 이야기든 상관없이 천차만별의 폴리네시아 카니발리즘에 대한 이야기들을 무비판적으로 '카니발리즘의 민족지리학'에 집어넣고자 했다는 점에서 민족지리학자들도 이와 같은 환상에서 자유롭지 못했다. 심지어는 정교한 인류학자인 로스 보든(Ross Bowden)조차 식인행위가 가지고 있는 이중적 성격을 '카니발리즘'이라는 민족지리학적 범주에 포함시킨다. 그래서 그의 기록을 보면, "희생자들은 그 자리에서 도살돼 마오리족의 증기 솥에 요리되었을 것이다…. 먹다 남은 부분은 잘 싸두었다가 집으로 돌아가는 길에 먹었다"고 쓰고 있다. 그런 다음 또한 카니발리즘에 빠질 수 없는 제의 형식에 대해 다음과 같이 적고 있다.

> 적지 않은 제의 행위가 살해된 최초의 희생자(소위 첫 번째 물고기)와 관련되어 있었던 것 같다. 이와 관련된 몇 가지 이야기에서는 희생자의 몸이 식용으로 사용되지는 않았지만 전쟁을 위한 파티를 주관하는 신에 대한 제물로 몸뚱이가 통째로 바쳐졌다고 한다. 다른 이야기에서는 심장만 제물로 사용되고 나머지는 식용으로 사용됐다고 전한다…. 이야기를 쓴 사람들은 모두 ○살해된 적의 시체가 한 마을의 공동 음식으로 사용되는 경우는 전혀 없었고, 여자들에게 인육을 먹도록 허용되는 경우는 전혀 없지는 않았지만 무척 드물었다는 점에는 동의하고 있다.(Bowden 1984, 96)

만약 선장이나 선교사, 부두 건달들이나 무역업자들이 전하는 카니발리즘에 관한 얘기를 있는 그대로 받아들인다면 정말로 피지 제도는 19세기 중엽까지 식인종들의 소굴이었다. 이런 맥락에서 마샬 샐린스는 아렌스의 책을 반박하면서 카니발리즘의 진실은 "비난의 여지가 없는 진술"에 근거하고 있다고 말한다(1979, 47). 그는 아렌스의 책이 유대인 대학살을 부정하는 것과 마찬가지라고 말하면서 이 핵심적인 민족지리학적 카테고리의 진실에 무모하게 의문을 제기하는 사람들이 판단력이 흐린 무감각한 자들이라고 비난을 가하고 있다. 그가 말하는 비난의 여지가 없는 진술들 중에는 1840년부터 1842년까지 피지에서 거주했던 선원인 존 잭슨(John Jackson)의 이야기가 있는데, 여기에는 식인 축제에 대해 상세하게 설명한 세 가지 이야기를 담고 있다(47). 다음은 샐린스가 훨씬 더 많은 분량을 자신의 책에 인용하고 있는 (《식인종 잭》으로도 알려져 있는) 잭슨이 쓴 글의 일부를 인용한 것이다.

> 주황과 검정으로 칠해진 시체는 조심스럽게 옮겨져 길 위나 왕의 집과 신전 사이의 광장에 놓여졌다…. 마지막으로 원주민들은 시체를 손질하고, 요리해서 먹기 적당한 장소로 옮겼다…. 왕은 음식이 준비되기까지 인내심을 발휘하지 못하고 요리사에게 다른 부위로 만든 음식이 준비되는 동안 시체들의 코끝만을 도려내서 구우라고 명령했다. 요리사는 왕의 명령에 따라 세 개의 코끝을 왕에게 가져갔다. 왕은 그것을 재빨리 낚아채 따뜻해지도록 지체 없이 뜨거운 돌 위에 올렸다. 첫 번째 코는 거의 따뜻해지기도 전에 먹어버렸지만, 그걸 먹는 동안 두 번째 것이 다소 따뜻해졌고, 왕은 그것을 먹어 치웠다.(Jackson 1967, 426-7)

나는 시체들의 코를 탐욕스럽게 먹는 왕은 제물보다는 카니발리즘을 둘러싼 담론에서 비롯된 것이며, 피지 제도의 민족지리학적 현실이라기보다는 유럽의 거세 환상, 아이들의 이야기나 '6펜스의 노래' 같은 자장가에 더욱 가까운 것으로 봐야 한다고 생각한다.[2]

1977년 퍼거스 클뤼니(Fergus Clunie)가 출간한 피지 제도의 카니발리즘에 대한 상세한 설명을 담고 있는 《피지의 무기와 전쟁》에 관한 권위 있는 연구서 역시 존 잭슨의 이야기 같은 자료들에 무비판적으로 의존하고 있다. 보다 최근에는 카니발리즘을 비교 연구하면서 샌데이(Peggy Sanday)가 피지를 "죽음의 본능을 가진 순결한 문화"라고 서술할 수 있는 것도 샐린스와 클뤼니에게서 비롯된 민족지리학적 정보에 전적으로 의존하고 있는 걸 고려할 때 이해할 수 없는 일도 아니다(1986, 151). 그와 달리 나는 이와 같은 전통적인 카니발리즘에 관한 증언들을 '비난'하고 싶다. 그리고 〈잭슨의 이야기〉 같은 이야기들은 선원들의 모험담에 근거하고 있으며, 그렇기 때문에 민족지리학적 자료로서는 전적으로 부적합하다는 사실을 제시하고 싶다. 나는 클뤼니가 사용한 다음의 두 가지 근거 자료를 면밀히 검토함으로써 피지 제도의 카니발리즘에 관한 민족지리학적 해석을 비판할 것이다. 그 첫 번째는 피지에서 식인 축제를 실제 목격했다고 주장하는 윌리엄 엔디콧(William Endicott)이며, 두 번째는 존 잭슨의 보다 복잡한 주장이다.

1. 엔디콧의 이야기—피지의 식인 축제

1923년에만 간행된 한 잡지에 글라이드(Glide) 호의 3등 항해사였던 윌리엄 엔디콧은 1829년에서 32년까지의 자신의 경험을 '목격자가 지켜본 피지 제도의 식인 축제'라는 부제를 달아 〈피지의 식인종들 속의 조난자 Wrecked Among Cannibals in the Fijis〉라는 글로 발표했다. 원래 이 글은 1845년 9월 16일에 엔디콧의 고향 신문인 《댄버 The Danvers Courier》지에 실렸던 글이었다. 이 글이 클류니, 샐린스와 그 밖의 연구자들이 피지 원주민들의 카니발리즘에 대한 증거를 보다 확실히 하고자 이용했던 글이다. 독자들에게 엔디콧의 글이 어떤 것이었는지에 대한 느낌을 확실하게 보여주기 위해 나는 1831년 3월 베누아 레부(Venua Levu)라는 섬 북부 지역인 마쿠아타(Macuata) 지역에서의 식인 축제에 대한 엔디콧의 목격담을 원문 그대로 인용하려고 한다.

이 얘기는 "1831년 3월 어느 상쾌한 오후에 우리 배는 보나라라(Bona-ra-ra)라는 마을 근처에 정박해 선원들이 시간을 때우기 위해 밧줄, 야드천과 다른 배에 쓸 도구들을 만들고 있었다"라고 시작된다. "선원들은 배에 기름이나 해삼을 실어 나르고, 돛을 올리거나 선창에 짐을 실어 나르면서 바쁜 오전을 보냈다. 오후에 그들은 얘기를 주고받거나, 노래를 부르고, 지나가버린 잘나갔던 옛날을 서로 회상하는 데 시간을 보냈다."(55) 이때 과일을 팔기 위해 배에 올라와 있던 한 여자가 엔디콧에게 "여자의 부족 사람들이 안드레게트 부족과 싸워 그 부족 3명을 죽였고, 지금 큰 잔치를 열려고 한다"고 말해주었다.

"나는 네이비드 위피(David Whippy)리는 그 섬에서 오랫동안 지낸 사람의 원주민 풍속과 관습 특히, 원주민들의 카니발리즘에 대한 얘기들을 많이 들었던 터라 부족 사람들이 사람의 시체를 조리해서 먹는 풍속이 무척 보고 싶었다."(56) 엔디콧은 아처 선장에게 허락을 청했고, 선장은 조심하라고 당부했다. 엔디콧은 원주민들과 친한 사이였기 때문에 별 두려움을 느끼지는 않았고, "결국 마을을 향해 일렬로 돌아가는 야만인들이 있는 해변에 내렸다." 원주민들의 숫자는 60명이었지만, 그 부족 이외의 사람들도 많이 동행하고 있었다(57).

"세 구의 야만인 시체가 행렬의 맨 앞에서 옮겨지고 있었고, 한 줄로 나란히 긴 막대에 끼워져 있었다. 시체는 나뭇가지로 단단히 묶여 있었고, 다리의 위쪽과 아래쪽을 포개 몸통에 묶었으며, 팔도 마찬가지 방식으로 팔꿈치를 무릎 위쪽에 묶고, 손은 목의 양쪽에 매었다. 12피트 길이의 긴 나무막대에 시체를 등 쪽으로 묶었다. 시체 하나에 하나의 막대를 사용했고, 3명이 각각 막대의 끝을 잡아 운반했다."(58) 시체를 운반하는 사람들은 절뚝거리는 듯한 걸음걸이로 걸었으며, 그 걸음에 맞춰 전쟁 노래를 불렀다. 이렇게 쓴 다음 엔디콧은 그 부족의 왕이 시체들 중 작은 것 3개를 "전에 유사한 우정의 표시를 받았던 이웃 부족에 보냈다"고 말한다. 그날은 보나라라 마을의 축일이 되었는데, 그 이유는 "한 사람이 100명의 적을 죽이고 그 시체를 적의 수중에 그대로 남겨두는 것보다 한 명을 죽이더라도 그 시체를 집으로 가져오는 것이 더 가치 있는 것으로 생각되기 때문이다. 그 부족의 영광은 죽이는 것뿐만 아니라, 그 적의 시체를 먹는 것이다."(58)

이야기는 이제 엔디콧의 이야기 중 "그 부족의 다른 구성원들에게 특정한 잘못을 저질렀던 사람의 시체가 훨씬 더 심한 모욕을 받게 되는" 광경을 보여주기 위해 클루니가 사용한 부분에 이르게 된다(Clunie 1977, 37). 엔디콧은 그 장소에 참석한 한 여인의 아들인 젊은 추장을 죽인 원주민의 시체 중 하나에 특별한 관심을 기울였다고 말했다. 그녀는 자신의 오두막으로 가서 죽은 아들의 모든 소지품을 가지고 돌아왔다.

> 죽은 원주민의 머리 곁에 카바카바 식물로 만든 그릇이 놓였다. 대나무를 가져와 시체 옆에 놓아두고는 입을 깨끗하게 닦은 부족 젊은이들 몇 사람이 대나무를 입으로 씹어 그 그릇에 뱉어 놓았다. 마실 것이 준비된 후 의식이 진행되는 내내 낮게 목쉰 소리를 내면서 몸을 흔들어 대던 사제로부터 몇 마디를 전해들은 뒤 그 여자는 액체가 가득한 그릇을 들고 시체가 마실 수 있도록 입으로 가져갔다. 이 의식이 진행되자 부족민들은 '이 자가 썩은 내를 풍기는 시체가 되었다' — '암바 쿨라 보이 투예' — 고 일제히 소리를 질렀다.[3]

그녀는 시체의 얼굴에 액체를 끼얹고 나서 그릇을 완전히 박살냈다.(59-60)

여자들은 사람 몸을 조리하고 먹는 데 참여할 수 없기 때문에 그 후 이 여자는 그 자리를 떠났다. "이 의식을 거친 시체의 머리가 맨 먼저 잘려 옆에 놓여졌다. 그런 다음 늙은 여자가 가져온 가구를 부숴 그 주변에 놓고 불을 붙인 다음 머리를 태우는 데 다 썼다. 그렇게 해서 깨끗이 하기에 적당한 상태가 되었다. 머리카락은 타 없어져버리고, 살은 문질러서 완벽하게 하얗게 될 수 있을 만큼 태워졌던 것이다."(60. Clunie 1977, 38)

이 의식이 거행된 후 완전히 알몸을 한 전사들이 "이런 경우에 언제나 추는 춤"을 춘다. "그들은 제각기 다른 모양의 그림이나 표시를 가장 무섭게 몸에 그리고 있거나… 제각각 혐오스러운 야한 모습을 보이거나 야만적인 모습을 통해 다른 사람보다 더 눈에 띄려고 노력했다." 거기에는 약 100명 정도가 "무서운 소리를 동시에 질러대며 그 자리에서 춤을 추었다. 그들의 춤은 가장 과격하고 과장된 손발의 움직임을 보여주었고, 종종 땅에 등을 대고 엎드렸다 갑자기 다시 일어서기도 했다. 그들은 춤을 추는 동안 한 순간도 쉬지 않고 계속해서" 두 명의 원주민이 속이 빈 통나무의 끝 부분을 두드려 내는 반주 소리에 맞추어 "낮지만 뚜렷하게 전쟁 노래를 불렀다."(Endicott 1923, 60-1).

엔디콧은 두 시체를 절단하는 모습을 그림을 그리듯이 묘사한다. 머리가 잘려진 다음 오른쪽 팔과 왼쪽 다리가 절단되고, "마침내 모든 사지가 몸통에서 분리〔되었다〕". 그 후 장방형의 모양으로 "가슴 밑에서 시작해서 아래쪽으로 약 8인치 정도가 잘려지는데, 폭은 가장 넓은 부분이 3, 4인치 정도 되었다." 이 부분은 왕을 위한 것이라 따로 놓아두었다.

창자와 장기는 꺼내서 요리하기 위해 깨끗이 씻는다. 그러나 나는 여기서 그것을 구체적으로 묘사하지는 않겠다. 이 장면은 너무도 역겹다. 살은 갈비뼈를 따라 이미 부서진 척추까지 절단되어 몸이 두 부분으로 나누어졌다…. 시체를 완전히 부러뜨리는 데 성공할 때까지 단단한 시체의 갈비뼈를 자른 후에 세 번이나 한 원주민이 땅을 대고 있는 시체의 등에 뛰어오르고, 다른 원주민이 손과 무릎으로 다른 부위를 잡는 것을 보았다….

인육에 대한 원주민들의 지나친 탐욕과 피에 대한 굶주림을 보여주기 위해서는 그때 일어났던 한 가지 특정한 정황을 얘기하는 것만으로도 충분할 것이다. 마지막으로, 잘려나간 시체의 머리가 불 속에 내던져져 시체 주위에서 일하던 원주민들 가까이 굴러갔다. 그때 내가 앉아 있던 나무 뒤쪽에 있던 원주민 한 사람이 그걸 훔쳤다. 그는 머리를 무릎 사이에 넣더니 남아 있던 머리카락을 손가락으로 쓸고 나서, 전투용 몽둥이를 맞아 이미 부서진 뼛조각을 골라내고는 뇌를 먹기 시작했다…. 몸은 하나도 빼지 않고 잘 씻은 다음 솥 안에 집어넣는 걸 보았다!(62-3)

요리가 되는 데 얼마간의 시간이 걸린다는 것을 알았던 엔디콧은 잠시 휴식을 취하기 위해 마을 반대편에 있는 해삼창고로 갔으며, 축제의 마지막을 보기 위해 새벽에 다시 돌아왔다. 그는 왕의 호의로 왕 옆에 앉아 먹으라는 초대를 받았다.

나는 그 고기를 펼쳐보고는 그것이 발목과 발가락 관절에서 떼어낸 다리의 일부라는 것을 알았다. 나는 그걸 먹지 않았고, 그 이유를 시체가 살해된 지 너무 오래 되어서, 그러니까 약 36시간이나 지난 다음에야 요리됐다는 말로 변명했다….

날이 밝아오자 문명인이라면 거의 볼 수 없을 장면이 펼쳐졌다. 오두막 안에 쭉 둘러앉은 60 내지 70명의 식인종들은 상상보다 훨씬 무서워 보였고,

> 서로 몸에 문양을 칠해주며, 그들이 정말 인간인지 의심스러울 정도로 서로의 몸을 치장하고 있었다. 야만인 하나가 시체의 머리를 내려놓고 거기에서 떨어져 나올지도 모르는 부분, 그러니까 아래턱을 자기 것으로 돌려 놓기 전이었다. 그건 전에는 다른 사람 소유였을 것이다. 시체에서 나온 뼈는 식인종들에게 골고루 돌아갔고, 결과적으로 모든 사람들이 자신의 몫을 챙긴 셈이 되었다. 나는 그들을 보고 자정에 솥단지가 열렸고, 이제 축제가 끝났으며, 먹고 남은 것들은 소년들에게 주었다는 걸 알 수 있었다. 종종 몰래 먹기는 했어도 여자들에게는… 고기를 먹는 것이 허용되지 않았다.(66-7)

엔디콧의 이야기는 그가 직접 쓴 이야기 같아 보이며, 특히 왕을 위해 남겨지는 시체 부위와 같은 세세한 부분에 대해 상세히 설명할 때 신빙성이 있어 보인다. 클뤼니와 다른 인류학자들이 엔디콧의 이야기나 이와 비슷한 부류의 글을 피지 제도에서 카니발리즘이 있다는 것을 보여주기 위해 사용한 것은 그리 놀랄 만한 것도 못 된다. 하지만 분명히 몇 가지 의혹이 제기되었어야만 했다. 머리를 훔쳤던 그 원주민은 머리에 대해 피지 원주민들이 가진 혐오감과는 분명히 모순된다. 만약 아처 선상이 엔디콧에게 식인 축제를 보고 오도록 허락을 하면서 조심할 것을 경고했다면, 선장이 동료 한두 명과 함께 가도록 권하지 않은 것이나 또는 엔디콧 자신이 그렇게 생각하지 않는 것은 이상한 부분이다. 또한 왕의 몫에 대한 묘사의 극단적인 '정확성'은 사실로 받아들이기에는 너무 완벽해 보인다.[4]

여기서 나는 엔디콧이 이 특별한 식인 축제를 목격하지 않았을 수도 있음을 분명히 하기 위해 엔디콧 자신이 말한 증거들을 제시하겠다. 자신의 글인 《식인종들 속의 조난자》에서 피지 제도까지의 여행이 글라이드 호를 타고 이루어졌으며, 아처 선장의 명령으로 중국에서 수요가 많은 해삼과 거북 껍데기를 구한 것으로 묘사되고 있다. 그들은 원주민들과 마찰 때문에 한 장소에서 다른 장소로 이동해야 했다. 오발라우에서는 닻의 몸체를 자르는 일을, 아마도 허락도 없이 하고 있던 선원이 원주민의 습격을 받아 두 명이 살해되는 일도 있었다. 원주민들은 선원들의 총을 탈취하고 옷을 벗겨 갔지만 무슨 이유에서인지 그들을 먹지는 않았다(34). 그리고 한 달 후인 1831년 1월 1일에 바우 근처의 섬으로 이동했는데, 여기에서도 역시 원주민들이 자신들의 해삼창고를 불지르고, 충돌이 벌어져 "많은 수의 선원들"을 죽였다(36). 2월 17일에 그들은 바루아 레부의 북쪽에 위치한 마쿠아타의 한 마을에 도착했는데, 여기가 그 식인 축제가 열린 곳이었다. 그 지역 추장의 도움으로 그들은 "해삼을 구매하고 보관"하기 시작했다. "우리들은 해삼을 계속 모았고, 3만 킬로그램 정도의 해삼과 300파운드의 거북 껍데기를 모았던 3월 22일까지 특별한 일이 벌어지지는 않았다"(37). 3월 22일은 매우 중요한 의미를 가지는데, 왜냐하면 태풍이 그 섬을 덮쳐 글라이드 호가 난파되었기 때문이다. 그들은 그 지역의 추장과 친분 관계가 있었지만, 나중에는 산악지역에 살고 있는 무리들에게 마쿠아타 왕의 보호를 받게 될 때까지 약탈을 당했다. 28일에 아처 선장은 섬의 다른 부분에 정박중인 유럽 선박에 도움을 구하기 위해 떠났고, 한참이 지난 후에야 돌아왔다. 아처가 떠나 있는 동안, 그 왕은 엔디콧과 선원들이 "자신과 추장들, 그리고 그 가족들을 위해 지어진 집이 있는 아름나운 병원에서" 지방 추장늘이 조공을 바치는 것을 볼 수 있도록 초대했다(46). 그들을 초대한 왕은 식인 축제에 관한 이야기에서 중요한 역할을 하는 그 왕과 동일 인물이다. 엔디콧은 그 행사에 관계된 축제들에 대해 자세하게 묘사하고 있으며, 이런 행사에 으레 있게 마련인 식인 축제가 없다는 놀라운 사실을 말해준다.

그의 글에서 엔디콧은 정확한 날짜를 기록하기를 좋아한다. 하지만 식인 축제에 관한 이야기는 1831년 3월이라고 애매하게 날짜를 말하고 있다. 그의 이야기는 엔디콧이 다른 선원들과 함께 오전 동안 배에 짐을 싣거나 다른 일을 하느라고 바빴다는 사실을 행간을 통해 알 수 있게 한다. 하지만, 3월 22일에 그가 배가 난파된 상황에서 이와 같은 일을 했다는 것은 불가능하다. 그리고 잡지에서 이날 이전 기간에 대해 그가 말하는 곳을 보자. "우리는 여전히 낚시를 했고, 1831년 3월 22일까지 특별한 일이 없었다."(36-7) 식인 축제를 목격한 일이 특별한 일이 아니었다는 것은 믿기 어렵다. 3월 28일 이후에는 그는 식인 축제를 목격할 수 없는데, 그 이유는 그에게 축제를 보고 올 수 있도록 허락할 아처 선장이 없었기 때문이다. 우리들이 추정할 수 있는 날짜는 배가 난파된 3월 22일부터 아처 선장이 떠난 3월 28일까지만 남는다. 그러나 이 기간 중에도 축제를 목격하는 일은 벌어질 수 없다. 왜냐하면 해삼을 실을 만한 배가 없었기 때문이다. (이것은 엔디콧이 자신의 식인 축제에 관한 이야기에서 주장한 부분이다.) 그리고 원주민들은 적대적이었다. (이건 그의 이야기와는 정반대다.) 엔디콧은 지금 피바디 에섹스 박물관(Peabody Essex Museum)의 도서관에 보관되어 있는, 아마도 자신의 책의 원천이 되었을 항해일지를 적었다. 항해일지 어디에도 그가 식인 축제를 목격했다는 걸 보여주는 곳은 없다. 따라서 엔디콧은 13년이나 지난 후에 자신이 목격했다는 이야기를 야만인들의 카니발리즘에 대한 유럽의 수요를 충족시키기 위해 만들어냈으며, 아마도 이와 같은 주제로 인기를 얻고 있던 작품들에서 자극을 받았음이 확실하다. 식인 제도에서 카니발리즘 이외에 무엇을 찾으리라고 기대할 수 있었겠는가?

내 생각에는 엔디콧이 두 종류의 글을 썼던 것 같다. 항해에 관한 그의 이야기는 항해 보고문(shipboard journalism) 전통에 속하며, 엔디콧이 섬세한 기자는 아니었지만 자신의 경험을 상당히 직설적으로 서술했다. 그의 첫 번째 이야기가 항해 보고문 장르에 속한다면, 두 번째 글은 선원 무용담 장르에 속하는 식인 축제를 다루고 있다. 남태평양에서 이런 무용담들은 무용담의 주인공이 직접 겪은 경험을 다루며, 원주민들 속에서 겪은 자신의 모험이

나 야만성의 본질적인 특성이나 식인 축제를 일반적으로 포함하고 있다.

엔디콧 자신은 글 서두에 그 이야기를 만들어내기에 적합한 그럴듯한 상황을 그려냈다. 오후에 열심히 일을 한 이후에, 엔디콧의 동료들은 여유 시간을 가지게 되고, 공상과 무용담에 심취하면서 얘기를 하고, 노래를 부르며 지나간 좋았던 날들을 회상하는 선원만의 특권에 빠져들었다. 이것을 얘기하면서 앤디콧은 우리가 이미 언급했던 원주민들의 풍속과 습관, 특히 카니발리즘에 관한 수많은 얘기들(56)을 들려주었을 데이비드 위피라는 이름의 미국인 이야기꾼을 언급한다. 위피는 유명한 (또는 유명하지 않은) 미국 탐험 여행(the United States Exploring Expedition)에서 윌키스 선장의 중요한 정보원 중 한 명으로 1840년에 재등장한다. 약 10여 년 지난 후에 영국인인 존 엘핀 어스킨 선장도 위피를 훌륭한 성품을 가졌으며, 원주민과 백인 공동체 모두에게 권위와 존경심을 자아내는 인물이라고 칭찬했다(Erskine 1967, 173). 윌킨스나 어스킨이 전하는 위피가 사람들에게 말했다는 피지 제도의 카니발리즘에 관한 이야기가 진짜라는 인상을 얻게 되었던 건 결코 이상한 일은 아닌 것이다. 《타이피》에서 다음과 같이 말하는 멜빌의 주인공은 데이비드 위피나 존 잭슨과 같은 정착자들에 관해 말하고 있었던 것인지도 모른다. "이미 오래 전에 긴 활에 익숙해져 있었고, 선수로 갑판에서 멋진 무용담을 들려주었던 잭은 자신이 정착한 섬의 소개자 역할을 했으며, 원주민 말의 수십여 개의 단어를 알고 있었으므로 분명 그 말을 사용하는 사람들에 대해 전부 다 알고 있었을 것으로 추측된다."(Melville 1972, 193) 엔디콧 자신도 진짜 이야기꾼 풍으로 글의 끝부분에 자신의 이야기가 지어낸 것이라는 걸 반어적으로 은근히 자백하는 글귀를 적고 있다. "나는 내 무용담의 거의 막바지에 도달했다. 아직도 다른 이야기를 지금까지의 얘기에 이어 더 길게 할 수도 있지만 시계를 보니 자정이 넘어서 이쯤에서 그만하고 잠자리에 들고 싶다."(Endicott 1923, 70)

선교사인 제임스 해드필드는 존 잭슨의 《식인종 잭》을 소개하면서 헤이스라는 이름의 무역업자이면서 또 다른 이야기꾼을 언급하는데, "그는 내가 만난 가장 영리한 이야기꾼 중 하나였다. 그는 대단히 많은 이야기 꾸러미를 가지고 있었고, 그 중에는 그 사람이 참여했던 고래사냥과 식인 축제가 주를 이루었다."(1928, xvi) 해드필드는 "헤이스가 한 이야기를 어느 누구도 믿지는 않았다"고 말하지만 자신은 주저 없이 카니발리즘에 대한 그의 얘기를 받아들인다.[5] 엔디콧이 자신의 카니발리즘에 관한 이야기를 발표한 그 다음해인 1846년에 출간된 《타이피》의 서문에서 멜빌 역시 이런 이야기꾼의 전통에서 있음을 자인하고 있다. "다음에 기록된 사건들은, '무용담으로 꾸며지게 되면' 종종 항해 중 수많은 잠 못 드는 밤의 권태를 잠재우는 데뿐만 아니라, 내 동료 선원들의 동정어린 공감을 불러일으킬 수 있게 해주었다."(Melville 1972, 33) 하지만 여기엔 중요한 차이가 있다. 엔디콧의 이야기는 완전히 지어낸 이야기인 것에 반해, 멜빌의 이야기 속의 사건들은 하나의 무용담으로 꾸며질 수 있는 이야기이다. 이것이 의미하는 것은 《타이피》가 이야기꾼들의 이야기 소재를 기반으로 하고 있거나, 아니면 그 자체로 꾸며낸 이야기가 아니면서도 지어낸 이야기로 역으로 각색되었을 수도 있다는 것이다. 엔디콧, 헤인지와 젊은 멜빌과 같은 이야기꾼들은 남태평양의 육지와 바다, 그리고 해변 풍경을 잘 알고 있던 인물들이었던 것 같다. 이들의 생활 방식은 그레그 데닝(Greg Dening)이 깔끔하게 정리해놓은 바 있다(1980, 129-56).

2. '식인종 잭'이란 별명을 가진 존 잭슨의 카니발리즘 이야기

퍼거스 클뤼니는 서태평양 제도 항해에 관한 어스킨 선장의 책에 있는 〈잭슨의 이야기 Jacksons Narrative〉에 상당한 비중을 두고 있다. 어스킨의 요청으로 잭슨은 어스킨의 1851년 뉴 칼레도니아로 가는 두 번째 항해에 통역관으로 일했던 당시 '여가 시간을 이용해' 이 이야기를 썼다. 따라서 잭슨은 엔디콧과는 달리 항해 보고문 기록자는 아니었지만 어스킨의 요청에 따라 항해 보고문 기록자가 되었던 것이다. 재능이 많았던 잭슨은 항해 보고문 양식에 필적하게 글을 써서 이 상황에 부응했다.

잭슨의 글을 적절하게 이해하기 위해서는 그가 출판을 위해 썼던 두 권의 책을 고려할 필요가 있다. 그 두 권 중 첫 번째 책은 《잭, 식인종 살인자 Jack, the Cannibal Killer》로, 〈잭슨의 이야기〉가 나온 다음 얼마 후에 쓰였지만 지금은 소실되었다. 두 번째 책은 잭슨의 나이가 70세였던 1889년에 쓰인 《식인종 잭 Cannibal Jac》이다.[6] 〈잭슨의 이야기〉는 완전히 있을 수 없는 모험들을 기록하고 있기는 해도 소설로 여겨지지 않는 반면 《잭, 식인종 살인자》는 분명한 소설이었다. 《식인종 잭》은 자서전이란 표지가 붙었고, 유럽의 독자들도 그렇게 받아들였다.[7] 〈잭슨의 이야기〉의 저자는 스스로를 어스킨에게 소개한 그대로 존 잭슨이다. 《식인종 잭》에서 존 잭슨은 자신의 이름을 윌리엄 다이어피로 바꾸었다(또는 다이어퍼로도 불렸다). 나는 그를 존 잭슨 또는 식인종 잭이라고 부를 것이다. 그 이름은 자신의 존재를 알린 이름이자 그가 개인적으로 선호하는 이름이었다.[8]

〈잭슨의 이야기〉와 지금은 소실된 《잭, 식인종 살인자》는 주제상으로 관련이 있어 보인다. 《잭, 식인종 살인자》라는 제목은 이 책이 식인종을 죽인 잭에 관한 이야기이며, 그 식인종들은 피지 제도의 식인종이 틀림이 없다는 것을 암시한다. 〈잭슨의 이야기〉에서는 또한 식인 축제에서 그 정점에 달하는 전쟁에 대한 잭슨의 묘사가 나온다. 이 책에서 잭슨은 단순히 사건에 대한 증인일 뿐이다. 그러나 《잭, 식인종 살인자》에서는 (만약 그가 〈잭슨의 이야기〉와 《식인종 잭》의 테마를 취했다고 가정한다면) 그는 식인종들을 죽이고, 솥단지에서 처녀를 구해내는 영웅이었음이 분명하다. 만약 〈잭슨의 이야기〉

가 소설이 아니라면 이 작품이 어느 장르에 속하는지 물어보는 건 정당한 일이 아니겠는가? 그에 대한 해답은 내가 이미 이야기꾼의 창작물이라 규정했던 것과 유사한 이야기를 썼던 엔디콧이 제공하고 있다. 존 잭슨의 이야기는 어스킨의 책을 통해 1853년에 출판되었다. 이 일로 '식인종 잭'이란 별명을 가진 존 잭슨의 또 다른 자아인 윌리엄 다이어피는 자신의 책을 출판하고 싶어졌고, 그것도 무용담을 넘어서는 모험 소설의 형식을 통해서 출판했던 것이 아닌가 싶다.

엔디콧의 경우와는 달리, 〈잭슨의 이야기〉나 《식인종 잭》에 나오는 카니발리즘에 대한 이야기가 꾸며낸 이야기인지를 증명할 수는 없지만, 이 책들의 민족지리학적 가치에 대해서는 심각하게 의문을 가질 수 있다. 나는 바로 이 점을 두 책의 이야기, 스타일과 내용 간의 상호관계를 검토함으로써 밝힐 것이다. 《식인종 잭》에 소개된 사건들은 1843~47년 사이에 일어나며, 〈잭슨의 이야기〉의 사건들은 1840~43년 사이에 벌어지지만, 두 책에는 모두 잭슨 자신의 시대 구분을 혼란스럽게 하는 한 가지 사건, 보나베이도고 사건이 있다.[9]

〈잭슨의 이야기〉에 따르면, 추장인 보나베이노고(또는 보나비동고, 보나비도고)는 별로 내켜하지 않는 잭슨에게 새벽 2시에 호리병박을 모으러 무인도에 같이 가자고 청한다. 그들은 "바다에서 적인 나무카(Namuka) 원주민에게 들키지 않기 위해" 몰래 가야만 했다. 곧 그들은 나무카 원주민들이 여덟 내지 열 척의 카누를 타고 오는 것을 보았고, 이들을 함정에 빠뜨려 상당수의 적을 죽였다. (그리고 나중에 샐린스와 클뤼니가 이용한 이야기에는 그들이 나무카 원주민들을 먹었다.) '도망자' 한 사람이 헤엄치는 것이 보였고, 그때 막 탈출한 한 여자가 그 뒤를 따랐다. 그는 이미 총을 맞았지만 잭슨이 같이 갔던 부족들에게 그를 죽이지 말라고 부탁했을 때, 부족들은 잭슨의 그런 생각을 비웃었다. "우리가 그 도망자에게 도달했을 때, 추장이 도끼를 들어 물

속의 도망자를 죽이려 하자 나는 손으로 막으면서 추장에게 그 사람이 살아서 배에 오를 수 있게 해달라고 간청했다. 추장은 도끼를 던져버리며 내게 그를 구하라고 말했다. 그 도망자가 생명을 구해준 것에 고마워하기는커녕 기회가 주어지는 대로 즉시 나를 죽이고 잡아먹을 거라며, 그런 자비를 베푼 결과를 보게 될 것이라고 하는 것이었다."(Jackson 1967, 437) 과연 그 도망자는 몇 가지 중요한 정보를 전해주었다. 그러니까 보나베이도고 추장의 아버지인 투이 마티바타(투이 마쿠아타, 마쿠아타의 추장)가 안전을 위해 피난 갔던 나무카에 현재 살고 있으며, 이상한 일이지만 방금 죽인 사람들 중에 그의 아들도 들어 있다는 것이었다. 보나베에도고 추장은 당연히 잭슨이 그 사람의 목숨을 구해준 것에 기뻐했다.

이런 일이 있은 후에, 시체를 요리하기 전에 언덕으로 끌고 가는 묘사가 이어진다. 존 잭슨은 보나베이도고 추장에게 그 시체를 묻을 것을 설득한다. 보나베이도고는 그 자신은 결코 식인종(다우카나다마라 daukanatamala)이 아니며, 간통자(다우야레와 dauyalewa)도 아니라고 말한다. 하지만 "그는 때때로 선대 추장들의 전통을 따르기 위해 약간은 먹었고", (게다가) "적을 죽여 늙고 허약한 추장들이 먹도록 하는 것이 기뻤노라고 말했다."(437-8) 식인 축제는 사자(死者)를 욕보이기 위해 한 여인의 저속한 춤으로 시작되었는데, 피지 원주민들의 카니발리즘에 관한 클뤼니의 생각에 이것은 중요한 사건이다. "나는 그들의 적대감이 살해되어 잡아먹힌 적의 시체를 비웃고 모욕함으로써 자신들의 복수심을 만족시킬 만큼 크다는 것을 알았다. 죽은 후에도 어린 소녀들이 가장 저속한 춤을 추면서 나뭇가지로 발가벗겨진 채 누워 있는 시체들의, 입에 올리기도 민망한 신체 부위를 건드렸고 그런 행위를 하면서 노래까지 덧붙이는 것이었다." Jackson 1967, 438. Clunie 1977, 36)

또 다른 작품인 《식인종 잭》은 동일한 보나베이도고 이야기로 시작되며, 잭슨이 거기에 직접 있다는 것을 느낄 수 있다. 또 여기에서 그의 문체의 특

징인 장광설조의 문장으로 말하는 잭슨의 구어체 목소리를 들을 수 있다.[10]

> 내가 마음껏 먹고 마시는 것을 즐기고 있는 동안, 그때 난 '야곤'을 끝없이 마신 나머지 오발라우 섬(피지의 중심 로마이 비티)의 레부카라는 이름의 정착지에 살고 있는 대부분의 피지 제도의 다른 지역의 백인들처럼 술고래가 될 지경이었는데, 그러니까 내가 총을 손보거나 재산을 모으거나 하면서 내 세 명의 아내와 꽤 만족스럽게 모든 것을 즐기고 있던 어느 날 아침, 어쩌면 한밤중이었을지도 모르겠다, 그러니까 자정을 넘겼을 것 같지 않은 시간에 보나비도고가 와서 깊은 잠에 빠져 있던 나를 깨우면서 탄약상자를 챙기라고 했다. 그리고 말 나온 김에 덧붙이자면 거기에는 60발의 탄약이 들어 있었는데, 총을 어깨에 메고 단검과 장검을 잊지 말고 챙겨 자신을 따라오라고 말했는데, 그 이유는 적들이 활동을 하고 있었고, 그들을 죽이는 대가로 바콜라스(Bakolas)를 가질 수 있었기 때문이었다. 나는 채 잠이 깨지 않은 상태에서 거의 졸면서 따라가게 됐는데, 그나마 내가 최근에 얻은 동물적 습관과 그 둔감한 정신에 주스를 한 잔 들이켠 덕에 쫓아갈 수 있었던 데다 마지못해 따라간 것으로, 그 이유가 그들의 피비린내 나는 전쟁에 난 관심이 없었고, 가지고 있으면 어느 쪽에서도 공격을 받지 않는 배지 두 개도 갖고 있지 않기 때문이긴 했지만, 여전히 나는 전쟁에 직면해 원주민 모두가 하는 식으로 말없이 그들을 따랐다(Diapea 1928, 10).

그들은 해변으로 가서는 적들이 밧줄을 만들 껍질을 쓰기 위해 코코넛을 쌓아둔 조그만 섬(책에서는 그 이름이 나와 있지 않다)까지 카누로 갔다. 그 "가련한 운명의 주인공들"은 "앞으로 희생의 대상이 될 자들의 카누와 우리 사이는 물론이고, 본토와 우리 사이에 놓여 있던 그 작은 섬에 정박해 있는" 카누들을 보지 못했다(11). 이제 마치 독자가 실제로 전쟁을 하는 느낌을 가질 만큼 긴 끔찍한 전투 장면 묘사가 이어진다.

> 나는 보나비도고를 떠나지 않은 채 그의 카누에서 그와 함께 남아 있었고, 우리가 맞은편에 당도해 적들의 조그만 카누들 한가운데 있게 되었을 때 해변에서 사람을 죽이는 시끄러운 소리가 들려왔으며, 적들 중 일부는 마치 코코넛 나무에서 떨어지듯 창이나 곤봉에 맞았고, 일부는 몸을 일으켜 세우려고 했으며, 다른 일부는 한두 명만이 남아 급히 노를 저어 도망하고 있는 카누 쪽으로 급히 가려다가 창과 총을 맞았다! 하지만 살육 현장에서 창, 곤봉, 도끼와 총탄을 피해 상처도 입지 않은 채 물속으로 뛰어들어 목숨만이라도 건지기 위해 본토를 향해 노를 젓던 나머지 카누들은 그 혼란에서 모두 벗어나 있었던 상황에서 남은 마지막 카누를 향해 헤엄치고 있던 한 사람이 있었다. 당시 나머지 카누는 위험에서 벗어난 상태였고, 그때까지 남아 있던 마지막 조그만 카누는 노 하나만으로 저어 나머지 카누들을 뒤쫓아가고 있었으며, 이미 끔찍한 위험을 경험했던 그 불쌍한 사내는 목숨을 건지기 위해 그 마지막 카누를 향해 헤엄치고 있었다. 그러나 보나비도고의 커다란 카누는 뒤를 쫓아 노를 저어 금방 그를 따라잡았으며, 그 사이 약 6발 정도의 총탄이 발사되었다. 하지만 그의 목숨은 마력이라도 있는 것 같았다. 총탄이 모두 그를 비껴갔다.(13)

보나베이도고는 식인종 잭에게 총을 쏘아 바콜라를 죽이라고 했지만, 그는 시키는 대로 하지 않았다. 헤엄쳐 도망중인 사내에 가까워지면서 보나베이도고는 손도끼를 내리치려 했지만 식인종 잭은 보나베이도고와 도망자 사이에 끼어들어 보나베이도고에게 그를 살려줄 것을 부탁하면서 공격을 막았고, 그가 "적들의 동태에 대한 소중한 정보"를 줄지도 모른다고 말했다. 보나베이도고가 적을 살려두는 것이 피지의 관습이 아니라고 말하자 식인종 잭은 "그것이 인간적인 방법이며 자신이 이 불쌍한 사람의 곤경에 처해 있다고 상상해보라고" 응수했다(14). 보나베이도고는 완강했지만 식인종 잭이 자신이 살아 있는 동안엔 그 사람을 절대 죽게 내버려둘 수 없다고 단언하자 양보했다. 보나베이도고는 잭슨에게 지금 구해준 자가 결국엔 자신을 구해준 잭슨을 죽일 것이라고 말했다. 이제 그 포로는 (충실한 종처럼) "극도의 공포에 떨면서 내 다리에 붙잡고 갑판 위에 무릎을 꿇고 있었다."(15) 그런 다음 다른 선원들을 통해 이 남자를 구한 식인종 잭에 대한 자세한 묘사가 이어지는데, 이것은 〈잭슨의 이야기〉에서는 찾아볼 수 없는 부분이다(15-16).

　이 사건의 결과는 식인종 잭이 자신의 길을 떠났고, 그 포로는 목숨을 건져 잭이 예상했던 것처럼 적의 동태에 대한 정보를 제공함으로써 보나베이도고도 기뻐했지만, 기존의 글에서와는 달리 보나베이도고의 아버지에 대한 정보를 제공하지는 않는다. 그 뒤를 이어 저속한 여인의 춤이나 식인 축제에 대한 설명은 없었지만 "공식적인 형태로 놓여진" 시체들에 대한 묘사가 이어진다. 잭슨은 그래도 시체들이 "전쟁의 신"인 다게이(데게이)의 신전으로 옮겨져, 어린 소녀들이 "심하게 모욕당한 시체에 기괴한 모습으로 의례적인 저속한 의식을 거행했고… (그러고 나서) 솥에 옮겨져 요리된 다음 이들 한정된 식인종들의 목으로 넘어갔다"고 말한다(20).

　이제 나는 이 두 가지 텍스트에 나오는 동일 사건을 비교함으로써 두 이야기를 민족지리학적 사실로 여기는 것이 얼마나 무용한 것인지를 보여줄 것이다. 〈잭슨의 이야기〉에서 그들은 우두 포인트에서 해안을 따라 배를 타고 이동한다. 《식인종 잭》에서는 일행들이 오발라우 섬에서 출발해서 해안을 따라 항해한다. 〈잭슨의 이야기〉에서 적의 이름은 나무카이다. 《식인종 잭》에서 적은 이름이 없는데, 그 이유는 아마도 식인종 잭이 〈잭슨의 이야기〉에서 지리적으로 혼동이 있었다는 걸 인식했고, 또 자신의 아들이 막 도살한 바로 그 사람들에게서 도피처를 찾았다는 보나베이도고 아버지의 행위가 말도 안 된다는 걸 인식했기 때문이 아닌가 싶다. 《식인종 잭》에서 보나베이도고의 원주민들은 코코넛 껍질을 모으는, 이름을 알 수 없는 적을 죽이기 위해 섬으로 향한다. 〈잭슨의 이야기〉에서 그들은 호리병박을 모으러 가며, 그들이 가고 있는 섬이 적들이 사는 나무카 앞 바다에 있기 때문에 잘 무장하고 있다. 〈잭슨의 이야기〉에서는 적은 보나베이도고의 무리들을 알아차리고는 기습 공격하려 하지만 실패하고 도리어 포위당한다. 《식인종 잭》에서 적은 단순히 함정에 빠져 살해당한다. 포로를 구해주는 부분은 두 이야기에서 상당한 차이를 보인다. 《식인종 잭》의 얘기가 좀 더 재미있다. 두 이야기에서 존 잭슨은 보나베이도고 추장 앞에서 오만한 태도를 보이며, 나중에도 마지못해 그의 요구에 응한다.

　우리는 존 잭슨의 원주민 언어에 대한 지식이라는 또 다른 중요한 점을 생각해야 한다. 해드필드와 어스킨을 통해 존 잭슨이 마레이와 다른 뉴칼레도니아 제도의 말을 알고 있었음을 알 수 있는데, 그곳이 존 잭슨이 오랫동안 살았다는 곳이기 때문에 그리 놀랄 만한 것이 못 된다. 그러나 〈잭슨의 이야기〉는 1840년 초엽에 한 사모아 섬의 모험으로 시작한다. 그는 그곳에 도착하자마자 사모아어를 유창하게 구사한다. 물론 그가 그의 이야기가 시작되기 전에 사모아에 살았을 수는 있었겠지만 유창한 언어실력은 분명히 의심스럽다. 《식인종 잭》에서 그는 순수한 피지어를 말했다고 주장하지만 책 발행인의 주석에는 그가 책에서 사용한 두 페이지의 피지어가 "장황하고 부정확하며" 생략이 분명히 있었다는 것을 말해준다.[11] 그러나 존 잭슨은 두 이야기에서 그가 사용한 피지 단어들이 기본적인 부두 부랑자들의 어휘 수준일지라도 엔디콧보다는 피지 제도나 그들의 언어에 대해 많이 알고 있었다. 만약 그렇다면 그가 복잡한 피지어로 이루어지는 대화를 했다는 것은 분명히 의심스럽다.

우리는 이제 〈잭슨의 이야기〉가 피지인들의 생활에 대한 진술한 이야기라는 기존의 민족지리학적 주장을 받아들인다고 가정했을 때 직면하게 되는 곤란한 점들을 생각해보아야 한다. 〈잭슨의 이야기〉에서 잭슨은 샐린스가 인용한 식인 축제를 목격한 것을 포함해서 보나베이도고 사건이 일어나기 전에 몇 가지 모험을 했다. 따라서 보나베이도고 사건은 다른 모험들 다음에 일어난다. 《식인종 잭》은 보나베이도고 사건에서 시작하며 이 사건에 이어 여러 가지 일들이 벌어진다. 그러나 우리가 예상하는 것과는 달리 두 이야기 속에 뒤이어 일어나는 사건들이 서로 조금도 유사하지 않으며, 이것은 우리들이 실제 사건의 이야기가 아니라 허구의 상상물을 대하고 있음을 다시 한 번 말해준다. 이제 나는 보나베이도고 사건에 바로 뒤이어 일어난 사건에서 표현되고 있는 《식인종 잭》에 나오는 이 허구의 상상물을 검토해보기로 하겠다.

식인 축제와 저속한 여인들의 춤에 이어 7, 8일 간의 성적 금욕이 있었으며 사람들은 다른 신전에서 잠을 잤다. 식인종 잭은 데게이 신전에서 잠을 잤다. 거기서 잭슨은 "귀신에 홀린 사제가 오래된 코코넛을 자신의 이마로 뭉갠 다음 오른손의 손아귀 힘만으로 단단한 코코넛을 간단히 조각을 내고는" 입에 거품을 문 채 예언을 하는 모습을 묘사했다. 잭슨은 그 사제의 예언을 자신 있게 번역하고 있다. 나는 이런 관습이 피지에 있는지 의심스럽다. 그 풍습이 남아시아나 남동아시아에 있다는 것이 분명히 알려져 있고, 만약 식인종 잭이 자신의 주장대로 그 지역을 여행했다는 것이 사실이라면, 존 잭슨은 그 관습을 거기에서 관찰하고 (또는 항해 보고문에서 들었고) 자신의 이야기에 접목시켰을 것이다.[12] 어쨌든 그 예언의 결과 신이 다른 것들 중에 "나의 불쌍한 포로"의 목숨을 원했다. 이때도 식인종 잭은 "피지 사원의 탐욕스러운 아들이 거절하기에는 너무나도 값진" 4개의 (폴리시안의 모든 원시인들에게 통화로서 가치가 있는) 고래 이빨을 사제에게 지불하고 그 포로를 구했다! 이 마지막 사건은 그 지역의 전도사인 헌트 신부(Rev. J. Hunt)의 익살스런 방백을 자아내게 했는데 그 부분은 여기서 생략한다.

그 다음 부분은 식인종 추장인 보나베이도고의 아버지, 투 마쿠아카(투이 마쿠아카)의 임박한 죽음을 다루고 있다. 그의 부인들은 "교살되어 지금은 급히 떠나가고 있는 이곳에서 지금까지 늘 그랬던 것처럼 왕을 기다리게 될 저 먼 곳으로 왕과 동행하도록" 되어 있었다(Diapea 1928, 25). 이 불운한 운명의 여인들 중 한 명은 '로타마[로투마] 미인'으로 알려진 살해된 영국인의 미망인이었다. 그녀는 절망적인 눈빛을 식인종 잭에게 보내면서 같이 달아나고 싶다고 말했다. 식인종 잭은 그의 친구인 보나베이도고에게 그녀를 데려가게 해달라고 부탁했지만 보나베이도고는 그의 부탁에 동정심을 가지고는 있지만 이복형인 강력한 바수 타우케이가 전통을 고집하는 사람이기 때문에 자기로서는 그렇게 할 수 없다고 했다.[13] 그래도 식인종 잭은 그 여자와 도망을 쳤다. 곧 여섯 명의 흑인 원주민들로 구성된 바수 타우케이의 부하들이 그들을 급습해 식인종 잭의 소지품을 빼앗고, 두 사람을 모두 발가벗긴 다음 커다란 포도덩굴을 이용해 식인종 잭의 머리를 아래를 향하게 하고 로투마 미인의 머리는 위쪽을 향하도록 서로 등을 마주치게 묶어서 나무 위에 매달았다. 식인종 잭이 죽는 것은 의문의 여지가 없었다. 만약 그가 죽지 않는다면 "그들의 악마적 환상이 인도하는 대로 그들은 내게 날것으로든 요리해서든 내 자신의 살을 먹이고 내 자신의 피를 마시게 함으로써 나를 되살릴 것이다!"(32) 여자는 늙은 식인종의 영혼을 위해 희생물로 바쳐질 것이기 때문에 살아남을 것이다. 그 뒤에 죽음을 기다리는 불쌍한 식인종 잭의 고통이 묘사된다. 하지만 이런 일은 일어나지 않는다. 거의 기적에 가깝게 (그리고 불가능에 가깝게) 보나베이도고의 도끼를 피해 살아남게 된 포로가 식인종 잭을 구출해주는 것이다. 그 포로는 더 이상 첫 번째 텍스트에 나오는 "도망자"나 "나의 노예(카이시)"가 아니다. 그는 이제 분명히 "나의 부하", 나의 충직한 "보불라(포로)"이고, 결정적으로 그리고 필연적으로 "내 사람 프라이데이"라고 불려진다(36-43). 식인종 잭은 새 부인을 바루아 레부의 동쪽 나테와에 있는 그의 집으로 데려와 다른 3명의 부인들과 함께 살게 한다.

이 이야기의 여러 곳에서 식인종 잭은 자신이 처음 26년간의 인생을 적은 자서전을 열아홉 권의 책에 썼으며, 《식인종 잭》은 그 중 단지 9권과 16권, 17권 세 권만을 다루고 있다고 말한다. 실제로 《식인종 잭》이란 책은 세 부분으로 되어 있으며, 위에서 방금 언급된 사건은 9권으로 계획했던 부분에 들어 있다. 저자는 9권의 상당부분이 공백으로 남겨져 있기 때문에 이제 16권과 17권을 더해서 판매에 적합하게 만들고 싶다고 말한다.[14] 흥미롭게도 그는 왜 서술상의 연속성을 보장해줄 10권과 11권을 손쉽게 선택하지 않고 16권과 17권을 선택하는지 그 이유를 말하지 않는다. 내가 보기에 19권의 책으로 된 '자서전' 역시 허구적인 장치인 것 같다. 책 중에서 오바라우와 베루아 레부 일부의 섬을 무대로 하는 부분과 소모소모의 수도와 타베우니와 동쪽의 섬들을 무대로 하는 《식인종 잭》의 나머지 부분(16권과 17권 책) 사이에 놓인 단절을 어떻게든 처리하기 위한 장치였던 것이다. 이 책은 그 후에 나온 모험 이야기들에서 발견되는 종류의 전통적인 구성을 가지고 있지 않다. 주인공과 믿기 힘든 모험들, 그리고 그가 그린 우스운 삽화들이 결합되어 있는 것에 불과한 것이다.[15]

3. 존 잭슨의 피지 모험 속의 무용담과 허구

나는 독자들이 《식인종 잭》이 자서전도 민속기록도 아닌 지어낸 이야기에 불과하고, 스콧의 작품 같은 역사적 소설류가 아니라 유럽인들이 이국적인 나라를 접하면서 생겨난 잘 짜여지고 직설적인 모험 이야기라는 것을 어렵지 않게 납득할 수 있기를 바란다. 폴리네시아는 18세기 후반과 19세기에 유럽인들의 상상력을 지배했다. 그 무대는 이미 《타이피》를 쓴 멜빌에 의해 마련되었고, 식인종 잭이란 별명을 가졌고 나름대로의 학식을 갖추었던 존 잭슨이 이 작품을 읽었을 가능성도 있다.[16] 하지만 선원들이나 부두 부랑자들의 유사한 모험 이야기들은 그레그 데닝의 마키서스 제도에 대한 보고에서처럼 태평양의 다른 지역인 멜빌의 섬에서 만들어졌다.[17] 선박과 섬에 대한 경험이 있던 사람들의 작품과 함께 남태평양에 대한 직접적인 지식이 없었던 사람들이 쓴 모험 이야기의 초기작들도 있었는데, 가장 대표적인 예가 소년들을 위한 모험 소설을 많이 썼고 인기가 많았던 작가 발렌타인(R. M. Ballantyne)이 1858년에 출간한 《산호섬 The Coral Island》이다. 이 이야기에 등장하는 가상의 무대는 남태평양의 낭만적인 섬인데, 이 섬에서 한창때의 영국 젊은이들이 카니발리즘과 야만성을 거부하고 자신들의 삶을 통해 기독교적인 도덕성과 '제국의 메시지'를 실증해 보인다(Hannabuss 1989). 이런 식의 이야기들은 19세기 말과 20세기 초에 여행 모험 소설의 확산으로 절정에 달했고, 이 당시 책들의 상당수가 실제 내용에는 카니발리즘이 전혀 등장하지도 않는 경우에도 식인종(때로는 그와 관련된 인간사냥꾼)이라는 단어를 제목에 끼워 넣었다. 이런 현상은 엔디콧의 작품들이 겪은 운명이기도 했다. 엔디콧의 원고는 그가 죽은 지 42년이 지난 1923년에야 출판되었으며, 그것도 자신이 원래 붙인 제목 《남태평양 항해 이야기. 1829, 1830과 1831, 2년의 난파 등등》과는 달리 《피지 제도의 식인종들 속의 조난자―남태평양에서의 난파와 모험 이야기》라는 창작된 제목으로 출판되었다.

《식인종 잭》을 흥미롭게 만드는 것은 이 책이 전하는 그럴듯해 보이는 분위기다. 《로빈슨 크루소》와는 완연히 다르게 이 새로운 형식의 글에는 꽤 구체적이며 알아볼 수 있을 만한 지리적, 정치적 그리고 문화적 세부 사항들이 존재한다. 그러나 멜빌이 우리에게 이미 말해준 것처럼 자신의 작품인 《타이피》 속의 이야기는 모험담에 기원을 두고 있다. 문화적이거나 민족지리학적인 정보를 모험담에 통합시킨 것은 태평양의 부두 부랑자, 모험의 마력에 빠져버린 방랑자, 데이비드 위피처럼 어느 쪽 문화에서 속하지 못한 채 제대로 정착하지 못한 정착민, 그 밖의 잡다한 섬에서 추방된 사람들같이 특정 인물들에 의해 이루어졌다. 식인종 잭은 이런 맥락에 자신을 투사시켜 그의 선구자들이 마키서스에서 그랬던 것처럼 일인칭 이야기를 지어냈던 것이다. 이것은 멜빌도 《타이피》에서 했던 작업이다. 일인칭으로 글을 쓰는 타고난 선원은 틀림없이 진실을 말한다는 것이 인류학적 가설이다. 하지만 살만 루시디(Salman Rushdie)가 말한 것처럼 모든 문학이 다 그렇듯이 자서전 역시 독자들이 믿도록 만드는 사건이 실제로 일어났던 일보다 중요하다(Rushdie 1992, 325). 식인종 잭이란 별명을 가진 잭슨이 적어도 2년 동안 피지에서 살았다는 것은 충분히 가능하다. 그러나 이것이 그의 모험을 사실로 만들어주지는 않는다. 《식인종 잭》이 전달하는 사실 같다는 느낌은 훌륭한 소설가의 작품이 그렇듯이 그가 이야기 속 주인공의 불가능한 모험을 구성하는 시간, 역사와 장소에 대한 느낌을 생생하게 전달할 수 있었기 때문인 것이다.

《식인종 잭》이 허구라는 사실을 검토했다고 해서 그의 초기 작품인 〈잭슨의 이야기〉가 민족지리학자들에 의해 만들어진 비허구적인 민족지리학적 이야기라고 할 수 있을까? 엔디콧의 이야기는 분명 우리를 주춤거리게 만든다. 클뤼니는 자신이 《식인종 잭》을 피지 원주민들의 전쟁에 대한 자료로 사용하지만 〈잭슨의 이야기〉가 《식인종 잭》보다 "훨씬 뛰어나고 사실적"이라고 말한다. 어떤 특정한 텍스트가 동일한 사건을 이야기하는 동일한 저자가 쓴 다른 텍스트보다 사실적일 수 있을까? 현실은 《식인종 잭》의 허구적 성격을 파악하지 못한 사람은 마찬가지로 〈잭슨의 이야기〉나 엔디콧의 모험담과 같은 글이 "민족지리학적이라는 느낌"을 준다는 것을 깨닫지 못한다는 것이다. 엔디콧이 자신의 글이 민족지리학적 이야기들을 패러디한 무용담이라고 교묘하게 말하고 있는 반면, 〈잭슨의 이야기〉에는 그 점에 대해 단지 숨겨진, 대개는 반어적인 암시만이 있을 뿐이다. 완전히 익지도 않은 코를 먹고 싶어 조바심을 내는 식인종 왕이 나오는 부분을 다시 읽어본다면, 독자들은 다음과 같은 문장들 속에 표현된 잭슨의 희극적 재능을 느끼게 될 것이다. "요리사는 왕의 명령에 따라 세 개의 코끝을 왕에게 가져갔다. 왕은 그것을 재빨리 낚아채 따뜻해지도록 지체 없이 뜨거운 돌 위에 올렸다." 이런 텍스트의 복잡성 때문에 우리는 어쩔 수 없이 폴리네시아의 발견에 이어 부두 부랑자와 정착민들에서 발전된 모험담이란 장르를 검토할 수밖에 없게 된다.

제임스 해드필드 신부는 《식인종 잭》에 대해 "그 책에는 자신이 남태평양에서 근무한 40년 이상의 기간 동안 배웠던 것과 모순되는 것이 거의 또는 전혀" 없었기 때문에 저자의 진실성을 완전히 확신했다고 말한다(1928, xviii). 어스킨도 〈잭슨의 이야기〉에 대해 똑같이 말하고 있다. "그가 책에서 묘사한 야만인들의 풍속은 모두 내가 전에 선교사들을 통해 보고받았거나 확실하게 증언을 들었던 사실이었다."(411) 이런 말들은 대부분 사실이다. 분명 엔디콧이나 잭슨이 얘기한 이런 종류의 이야기들이 그 지역에 일정 기간 떠돌고 있었지만 그렇다고 해서 그런 이야기들 자체의 신빙성이 보장되는 것은 아니다. 이야기(narrative)라는 말 자체가 선원들의 보고문과 허구적인 이야기 간의 구분을 때로 모호하게 한다. 1837년에 포가 쓴 소설의 제목은 《낸터킷의 아서 고든 핌 이야기 The Narrative of Arthur Gordon Pym of Nantucket》이다. 포는 존 잭슨이 현대 민족지리학자들을 속일 수 있었던 것과 같이 (다행히도 전부는 아니었지만) 자신의 이야기가 사실인 것처럼 대중을 속였다(Beaver 1986, 8). 포가 항해 보고문의 서술 기법을 차용해 주인공이 인육을 먹는 장면이나(Poe 1986, 144-6) 후반부에 나오는 "문명인이 그때까지 가보았던 곳과는 전혀 다른"(193) 이국적인 풍경과 생물들로 가득 찬 불모의 남극 섬에서 벌어지는 여러 가지 믿기 어렵고, 때로는 불가능한 모험들을 날짜와 시간까지 구체적으로 기술하고 있기 때문에 대중들이 사실로 받아들인 것은 별로 놀랄 만한 일도 아니다.[18]

선원들의 무용담에는 종종 《옥스포드 영어사전》의 정의대로 "탄성을 자아내는 믿기 힘든 부류"에 속하는 상상을 초월한 주인공이 등장하는 것이 특징이다. 무용담을 지어내는 한 가지 기술은 환상적이면서도 그럴듯해 보이는 사실을 꾸며내는 것이다. 이미 언급된 사례들에서 무용담 이야기꾼들은 이미 잘 알려진 민족지리학적인 사실들을 끌어와 순서를 뒤바꾸고 한 이야기 안에 엮어 넣는다. 더 나아가 우리는 구전 설화를 보면 알 수 있듯이 이런 이야기가 만들어지는 배경을 생각해보아야 한다. 발터 벤야민은 작가에게 있어 "권태는 경험이란 알을 깨고 나오는 꿈속의 새"라고 말한다(1992, 90). 멜빌 역시 "지루한 시간을 담소와 이야기로 즐겁게 보냈다"고 말하고 있다(1972, 70). 이야기되고 또 이야기되면서 섬과 배마다 떠돌아다닌 이런 이야기들은 수천 가지의 변형을 겪는다. 멜빌이나 엔디콧처럼 잭슨도 이런 진통에 서 있지만 일반적인 이야기꾼이 아니다. 엄청나게 창조적인 사고를 갖춘 상대적으로 교양 있는 사람인 잭슨은 자신의 무용담을 두 가지 형태의 기록 이야기로 바꾸었다. 그 첫 번째는 항해 보고문의 민족지리학적 형태이며, 두 번째는 '낙서'라는 대단한 경험을 통한 모험 소설의 허구적 형태였다.[19] 그러나 잭슨은 이런 작업을 하면서 소설 창작을 위해 무용담을 포기했는데, 그 이유는 발터 벤야민이 다시 한 번 우리에게 말해주는 것처럼 "소설의 출생지는 고독한 인간"이며, 상상으로나 실제로도 갑판이나 해안에 같이 있었던 동료들과의 관계를 끊어버렸기 때문이다(1992, 90). 식인종 잭을 알고 있던 한 사람은 잭슨의 "병적 낙서벽"에 대해 전하고 있는데, 낙서는 정확히 말해 기존의 무용담 이야기꾼의 재능은 아닌 것이다(Diapea 1928, xxi).

항해 보고를 대체한 허구의 이야기는 역사적으로 중요한 시점에 나타났다. 항해 보고의 영역은 쇠퇴하고 있었으며, 선장 어스킨의 책이 그런 부류의 마지막이었다. 남태평양의 섬들은 19세기 중엽에 이미 모두 도표로 만들어졌고, 어디에나 백인 선교사와 상인들의 정착지가 있었다. 선장들이 집으로 가져올 민족지리학적 지식은 더 이상 중요하지 않았다. 선교사와 백인 정착민들은 원주민의 관습과 풍습에 대해 더 많이 알고 있거나 알아야만 했다. 예를 들어 어스킨은 자신이 스스로 수집한 정보에 거의 의존하지 않고 대신 선대의 윌키스처럼 정착민들에게서 정보를 얻었으며, 그들 중에는 우리가 지금 이야기하고 있는 부두 부랑자와 무용담 이야기꾼들이 있었다. 그러나 모든 이야기들은 유럽의 독자들에게 호소할 하나의 주제를 가지고 있다. 그 이야기들은 '차이'를 다루거나, (마치 포의 말을 그대로 따라 하듯이) 엔디콧의 말처럼 "문명인의 눈에 목격된 적이 없는 풍경"을 다루었다. '차이'는 유럽의 낭만주의에서 거의 상투적으로 발견되는 야만성의 또 다른 측면이었고, 식인종 잭에게는 "즐겁고 야성적이며 자연적인 인생의 달콤함에 대한 동경이며, 인공적이고, 갈망하고, 시기하고, 이기적이고 탐욕적인 문명의 삶과는 멀리 떨어진 것!"을 의미했다(Diapea 1928, 82).

따라서 〈잭슨의 이야기〉는 《식인종 잭》이라는 소설을 의미 있는 방식으로 예고한 것이다. 《식인종 잭》은 《모비 딕 Moby Dick》과 비교한다면 《타이피》와 대응되는 작품이다. 멜빌은 (4개월이 아닌) 4주 동안 타이피에서 살았던 것이 사실이다. 하지만 《타이피》가 멜빌이 그곳에 머물렀던 이야기가 아닌 것처럼 〈잭슨의 이야기〉는 피지에 대한 이야기가 아니다. 멜빌이 살아 있을 당시만 해도 멜빌의 출판업자는 여행 이야기라는 장르가 사실이어야만 한다는 단순한 이유에서 타이피 사람들 속에서 멜빌이 겪은 모험의 진실성을 원했다. 그래서 멜빌은 "식인종들 사이에서 살았던 사람"으로 불렸다. 그리고 멜빌이 식민주의, 선교, 심지어는 그 당시 "과학적" 민족지리학에도 호의적이지 않았지만, 그 역시 독자 대중의 요구에 부응해 주인공을 통해 자신이 타이피 원주민들에게 잡아먹힐 수도 있었다는 두려움을 불러일으켰다. 이야기가 전개되면서 이 공포는 사라지지만 완전히 사라지지는 않는다. 빠져나올 수 없는 섬에 갇히는 주인공의 밀실공포로 대체될 뿐이다. 멜빌이 교묘하게 환기시키고 있는 타이피 식인종들에 대한 무서운 묘사는 카니발리즘이 실재한다는 사실을 오히려 진부한 형태로 드러내 보인다. 서까래에 매달린 한 백인의 해골을 포함해 세 개의 두개골이 등장한다. 그런 다음 승리의 전리품인 "이리저리 뒤얽힌 한 사람의 뼈 조각들과 여전히 물기가 남아 있는 오래되지 않은 뼈, 그리고 그 뼈에 여기저기 붙어 있는 살점들!"을 등장시키는 것이다(316).[20] 잭슨은 멜빌보다 양심의 가책을 훨씬 덜 받았거나 그보다 재능이 떨어졌는지 모르지만 민속기록처럼 보이는 그의 〈잭슨의 이야기〉는 《식인종 잭》에서 찾을 수 있는 고도의 모험적 요소를 포함하고 있다. 두 작품에서 잭은 원주민들과 싸운다. 두 작품 모두 대규모 전투 장면을 묘사하고, 곤경에 처한 처녀를 구출하며, 더욱 광범위해진 독자 대중들이 요구하고 또 방랑하는 유럽인의 자유로운 삶을 관통하는 이국적 삶의 세계를 다룬다. 하지만 두 작품 모두 동일한 구성요소를 가지고 있지만 나중의 공들여 쓴 소설은 그런 주제들을 보다 창조적인 방식으로 이용한다. 그래서 보나베이도고의 습격 때 구출된 '도망자'는 이 이야기의 대단원에서 중요한 역할을 하는 '하인 프라이데이'로 바뀐다. 《식인종 잭》의 "로타마 미인" 이야기는 〈잭슨의 이야기〉에서 잭슨이 "그녀가 깔고 앉아 있던 마(더미)와 함께 요리될 것으로 확신"하고 아름답게 치장한 처녀를 구한 이야기보다 훨씬 흥미롭다(Jackson 1967, 435). 여기서 민족지리학이 소설로 윤색된다. 높은 지위의 피지 추장이 죽으면 그의 부인들이 교살되어 왕과 함께 매장되는 것은 사실이든 그렇지 않든 잘 알려진 민족지리학적 사실이다.[21] 잭슨은 이것을 서양의 이야기 형식으로 교살당할 위기에 처한 로투마 미인을 구할 때 멋지게 이용하고 있으며, 또 이것은 거꾸로 이야기를 진전시키는 동력을 제공한다. 폴리네시아의 민족지리학에는 제물로 바쳐지는 희생자들이 살해되는 몇 가지 방법이 있긴 하지만 그들이 "아직 태어나지도 않은 아기의 뇌를 부수고 끄집어내어 피에 굶주린 신에게 제물로 바치는 장소로" 식인종 잭의 돌로 된 닻을 사용해야만 했을지는 의심스럽다(83). '민족지리학적' 텍스트인 〈잭슨의 이야기〉도 동일한 성격을 가지고 있다. 예를 들어 폴리네시아 민족지리학에는 새로 만든 배를 봉헌할 때 인간을 제물로 바쳐 그 시체를 '롤러'로 사용한 것이 '사실'이라고 기록되어 있다. 그러나 "피에 굶주린 정복자의 악마 같은 웃음"을 지으며 자신의 보호 하에 있는 40구의 시체를 자신의 카누가 "지협을 가로질러 끌고 갈 수 있도록" 롤러로 사용하는 잭슨이 묘사한 그 기묘한 추장을 생각해보라(Jackson 1967, 472). 잭슨이 묘사하고 있는 방식으로 묶여 있는 제물이 될 희생자들의 시체에 대해서는 불가능할 것은 전혀 없다. 하지만 식인 축제 장면을 목격한 것을 포함해 그때 일어난 세부적인 일들은 엔디콧의 묘사만큼이나 의심스럽다. 이 이야기가 폴리네시아 민족지리학자들에게 설득력을 가질 수 있었던 것은 아마 잭슨이 데이터를 제시하는 스타일이었을 것이다. 비록 그들은 잭슨 자신이 암암리에 드러내는 조롱을 알아차리지 못했을 테지만 말이다. 결국 엄청난 재간꾼인 잭슨은 항해 보고문의 공정하고 객관화된 스타일과 초기 폴리네시아를 연구한 학자들만이 이용할 수 있었던 유일하게 "믿을 만한" 민족지리학 자료들을 흉내 냈던 것이다.

민족지리학의 허구와 허구적인 민족지리학 간의 관계는 마치 인간 제물과 카니발리즘의 환상에 놓여진 관계만큼이나 매우 복잡할 수 있다. 클루니가 예로 든 "신성한 나무에 적의 성기를 매달아놓는 관습"을 살펴보자(Clunie 1977, 39). 1850년 바우를 방문한 폴라드 대위는 손님들이 묵는 건물을 보고, 그 건물 뒤에는 "머리 가죽 같아 보이지만 실은 다른 신체부위에서 벗겨낸 피부 덩어리들이" 매달려 있는 나무가 있다는 사실을 알게 되었다 (Erskine 1967, 294). 폴라드가 논리적이며 경험적인 관찰을 했고, 그가 정확히 피부 덩어리가 시체의 생식기의 일부라는 것을 슬쩍 암시했다손 치더라도 이와 같은 묘사에서 취할 수 있는 민족지리학적 통찰은 거의 없다고 해도 좋을 것이다. 하지만 클뤼니의 일차 민족지리학적 자료는 폴라드가 아닌 환상의 '생식기 나무'라고 부를 수 있을 법한 것에 대한 잭슨의 생생한 묘사다. 만일 누군가가 이 글을 식인 축제 동안에 장기를 빼내거나 몸을 자르는 묘사와 나란히 읽는다면, 이것은 심지어 자크 라캉(Jacques Lacan)이 말한 초기 유아기 환상의 거울 단계(Mirror stage)의 파편화된 자아(corps morcelé)를 반영하고 있는 것인지도 모른다(Lacan 1977, 4). "입에 담기 힘든 신체의 특정 부위가 '아카우 타부(금지된 나무)'를 새로운 열매로 장식하기 위해 잘려졌으며, 이미 그 나무에는 남성과 여성의 성기로 된 인공의 열매가 가득했다. 아카우 타부는 대체로 큰 흑단 등 경질 목재로서 놓여 있는 상황에 따라 선택되는데, 대개는 가장 눈에 잘 띄는 것이 선호되었다." (Jackson 1967, 473. Clunie 1977, 39)

잭슨의 '민족지리학적 정보'는 해변이나 갑판에서 나온 것으로 거기에서는 이런 그럴듯한 몇몇 시나리오를 재미삼아 이야기하는 것이 가능했던 것이다. 선원들은 그런 재미있고 초현실적인 이야기를 여러 번 반복해서 얘기하는 동안 몸짓 연기를 통해 동료들의 저속하거나 거친 목소리의 반응을 이끌어내면서 즐겼을 것이다. 그리고 성기 나무가 제공하는 재미의 일부는 분명 '여성 열매'와 관련해서 실제로 어떤 행동이 취해졌을까 하는 마음을 불러일으킨다는 점이다. 피터 브룩스는 이야기를 전하는 사람으로부터 그 이야기를 듣는 사람에게 이전되는 것은 프로이트의 전이 공간과 상당히 유사한 특별한 공간에서 일어난다고 말하고 있다(Brooks 1994, 51). 이것은 특히 누군가 카니발리즘이나 거세와 같은 것을 얘기하는 경우에 해당되는 것이

틀림없다. 이런 이야기들이 원주민의 민족지리학과 다소 불분명하게나마 관련되어 있을 수도 있지만 대부분은 늙은 여자가 시체를 모욕하거나, 저속한 춤을 추며 식용이 될 시체의 성기를 찌르는 피지의 소녀들에 관한 엔디콧의 이야기만큼이나 지어낸 것이다. 이런 식의 이야기들은 모두 전송-전이(transmission-transference)의 공간에서 이루어지면서 아마도 "야만인들의 관습"에 대한 모험담이나 수다, 공상 (그리고 심지어는 민족지리학) 속에서, 어스킨의 표현을 빌자면 "확실한 증언"을 얻어냈을 것이다.

 때때로 이런 이야기들의 '환상적인' 요소는 라이더 해거드와 같은 후대의 소설가들에게 소재가 되었다. 잭슨의 신성한 '왕 뱀장어'가 여기에 해당된다. 언젠가 잭슨이 신선한 물웅덩이 옆 사원으로 갔을 때 웅덩이 속에 사는 엄청난 크기의 뱀장어를 보았다. "뱀장어의 가장 굵은 부분은 건장한 남자의 장딴지 굵기였고 머리는 엄청나게 크고 무서웠다. 하지만 나는 그 뱀장어의 전체 길이가 얼마나 되는지 말할 수 없었다. 원주민들은 뱀장어의 길이가 12피트이며… 그 뱀장어가 칼로우(kalou) 또는 영혼이라고 말했다…. 또 이 뱀장어는 아주 오래된 데다 그때그때 던져준 어린아이 여러 명을 잡아먹은 일도 있다고 얘기해주었다. 전쟁 포로로 잡은 어린아이들이었다고 했다."(Jackson 1967, 434)[22] 실제 세상에는 어린아이를 잡아먹는 도깨비에 대한 공포를 자극하는 이야기가 사실이라고 믿게끔 민족지리학자들이 묘사한 환상적인 것들이 다분히 존재한다. 하지만 이런 이야기들이 폴리네시안 민족지리학에 편입되면 그 자체로 '민족지리학적 환상 소설'이라 할 만한 장르를 발전시킨다. 따라서 이 지역에 대한 비판적 이론은 반드시 19세기와 그 이후에 창작된 폴리네시안 민족지리학의 개작을 필요로 한다. 이것은 전통적인 민족지리학적 저작들의 학문적 해체 그 이상을 요구한다. 이것을 위해 우리는 최소한 지금 다루고 있는 시기에 국한해서라도 인류학적 정체성과 카니발리즘의 실제 간의 관계에 대한 보다 심층적인 물음을 탐구해야 한다. 하지만 19세기와 20세기 초의 환상의 결과물인 타자(the Other)가 현재는 우리들 한가운데 존재하는 식인종과 야만인으로 전위(轉位)된 것처럼 보인다. 타자성(Otherness) 자체는 세계가 급속하게 세계화되고 국가적, 인종적인 갈등이 차츰 커감에 따라 뿌리째 변화하고 있다. 그럼에도 불구하고 '식인종 관광'은 여전히 지친 유럽 여행객들을 유혹하고 있고, 민족지리학은 여전히 서양과 그 밖의 다른 지역에 대해 낡은 관념을 떨치지 못하고 타자에 대한 대중적, 철학적 그리고 인류학적 교설에 공통적인 차이에 대한 강박관념에 집착하고 있다.

4.
브라질 카니발리즘의 부활

세르지오 루이즈 프라도 벨레이(Sérgio Luiz Prado Bellei)

1. 서론 : 현대 예술 주간과 그 여파

　브라질 모데르니스모 운동(modernismo 1920~30)의 소위 영웅적인 시기는 구공화국(Old Republic 1894~1930)의 마지막 십 년과 겹치고 있다. 문학사가인 알프레도 보시가 간명하게 표현한 것처럼 이 시기의 브라질은 "사회적 불균형이란 희생을 대가로 서서히 발전해 나가고 있었다."(1979, 341)[1] 한편으로 원래 커피와 소 사육에 이용되었던 미나스제라이스 주와 상파울루의 광활한 농촌 지역에 대한 정치권력을 이 지역 지주들이 장악했다. 이 지역의 정치, 경제적 정책은 대개 이 지역 지배 계급의 정치적 영향력에 의해 결정되었다. 예를 들어 커피 수출이 감소한 경우 지역 지주들의 압력으로 그 주에서는 잉여 산물을 구매, 비축해서 적기를 기다려야만 했다. 그러나 이와 같은 지배 세력의 상대적인 안정성은 차차 다른 사회집단 즉, 리우데자네이루와 상파울루의 초기 산업 부르주아, 진보적 지식인, 군대, 특히 중부와 남부 지역에 정착한 유럽 이민자들, 증가 일로에 있던 노동자 계급, 그리고 소외된 자유 노예의 성장으로 도전을 받게 되었다. 설탕을 생산하던 북동부 지역은 더 이상 상파울루와 미나스제라이스의 농업 경제와 경쟁할 수 없게 되어 급속하게 쇠락했고, 사회적 경제적으로 갈수록 소외되었다. 지배계급(기본적으로 정치적 결정권을 가진 부유한 지주들)과 그보다는 힘이 약한 도시 지역의 사회 집단들(노동자 계급, 소규모 중산 계급, 진보 지식인) 간의 불균형은—보시에 따르면—이데올로기 간의 충돌을 야기했다. 한편에서는 과정과 사회적 변혁보다는 균형과 향수를 우선시하는 세계관을 가진 농업적 전통주의와 다른 한편에서는 자신들의 정치적 영향력이 부족한 것을 억울해 하면서 개혁을 선호하며, 어떤 상황에서는 혁명까지 원하고 있던 중간 계급의 부르주아 사회 집단이 대립하고 있었다. 문화적으로는 특히 상파울루와 리우데자네이루와 같은 도심의 한복판에서 모데르니스모 운동의 대표적인 브라질 지식인들이 이런 복잡하고 불균형적인 정치적, 사회적 상황에 분노를 표시하고, 사회와 정치 그리고 문화의 변화를 갈망했다. 변화에 대한 열망은 유럽 문화, 그리고 그보다는 좀 덜 중요하긴 하지만 미국 문화와의 접촉을 통해 더욱 자극을 받았다. 지식인들은 거대 도시의 한가운데서 프랑스의 초현실주의자와 다다이스트뿐만 아니라 이탈리아의 미래주의자들을 탐독했으며, 드뷔시와 밀호드(Milhaud)의 새로운 음악을 들었고, 채플린의 영화와 피란델로의 연극을 감상했다. 피카소의 큐비즘, 파리 원시주의(Parisan primitivism), 독일의 표현주의에 대한 이해가 더욱 깊어졌고, 프로이트의 정신분석학, 아인슈타인의 상대성 이론과 같은 새로운 지식의 영역이 브라질 지식 계층에 영향을 미쳤다. 알프레도 보시에 따르면 이런 유럽의 예술과 과학의 발전은 브라질에서는 모데르니스모주의자들(modernitas) 다수의 특징이었던 "실존적이며 미학적 태도로서의 특정한 비합리주의"로 변형되었다(1979, 342). 물론 비합리주의를 강조하는 이런 식의 반응은 도심의 문화 엘리트들에게만 해당되는 특징이었다. 근본적으로 불평등한 권력 분배라는 상황을 겪고 있는 문제의 저개발 지역에서 유럽의 사회, 문화적 삶의 연관점을 찾아내 둘 사이를 연결시키는 것이 그들의 과제였다.

1920년대 초의 중요한 모데르니스모주의자들의 행사인 1922년 2월의 '현대 예술 주간(the Week of Modern Art of February 1922)'은 현대적인 정치적, 사회적 변혁에 걸 맞는 미학적 변혁을 이끌 파괴력으로써 비합리주의와 원초주의에 대한 전략적인 강조라는 특징을 분명하게 보여주었다. 이 모데르니스모 운동의 최초의 계기에 들어있는 비합리주의는 마리오 데 안드라데(Mário de Andrade)의 초기 시와 오스왈드 데 안드라데(Oswald de Andrade)의 제안과 선언문의 특징을 이루었다. 여기에서 두 안드라데는 주변부 국가에서 현대적이란 것이 무엇인지 정의를 내리고, 카니발리즘을 포함한 몇 가지 문화적 대안들을 제시한 새로운 세대의 예술가와 지식인들의 대표자였다. 현대 예술 주간 자체는 1922년 2월 13, 15 그리고 17일에 유명한 상파울루 시립 극장에서 열린 3편의 대규모 공연으로 구성되었고, 근본적으로 새로운 문학 작품을 통해 대중에 충격을 주려는 의도로 젊고 재능 있는 작가들(구이어미 드 알메이다, 마누엘 반데이라, 오스왈드 데 안드라데, 마리오 데 안드라데 등)의 강연, 산문 및 시 낭독이 있었다. 둘째 날 저녁에는 시인 메노티 델 피치아(Menotti del Pichia)가 모두 연설을 통해 예술 주간 참여자들이 공유하고 있는 중요한 생각들을 청중들에게 설명했다.

우리의 예술을 통해 우리는 빛과 공기, 선풍기와 비행기, 노동자의 요구와 이상주의, 엔진과 공장, 굴뚝과 피, 속도와 꿈을 원합니다. 우리는 두 줄의 철로 위에서 재즈 밴드 시대에도 여전히… 아케이디어와 신성한 헬레네의 가슴을… 꿈꾸고 있는 호메로스의 남아 있는 최후의 신이 부르는 노래를 몰아내버릴 자동차의 소음을 원합니다. 지상과 천국, 인간과 신비의 딸인 브라질에 전형적인 예술을 [우리는 원합니다].(Bosi 1979, 380)

이 주간에는 아니타 말파티(Anita Malfatti), 디 카발칸티(Di Cavalcanti), 빅토르 브레히레트(Victor Brecheret)와 같은 예술가들의 현대 그림, 데생, 조판, 조각 전시회도 열렸고, 작곡가 빌라로보스(VillaLobos)의 콘서트는 전통적인 오케스트라 악기와 드럼, 공명하는 금속판을 섞어 청중들을 경악하게 했다. 청중들의 반응은 유보적인 인정에서부터 개 짖는 소리나 홰치는 소리를 모방해 소리를 질러대는가 하면 심한 야유 때문에 어쩔 때는 공연이 중단되기도 했다. 언론은 대중에 다가간 이 '주간' 행사가 브라질이란 맥락 속에서의 현대성이란 과제에 상응하는 새로운 예술적 표현 형식을 통해 과거의 낡은 예술을 대체할 수 있는 새로운 미학을 만들어내기 위한 열망을 표현한 것으로 해석했다.

이 주간에 이어 수많은 문학 텍스트, 저널과 선언들이 뒤따라 나왔고, 이들은 모두 브라질 모데르니스모 운동이 확고하게 된 후에 뒤따르게 될 문화적 흐름을 규정하는 것을 목표로 삼고 있었다. 오스왈드 데 안드라데의《요아오 미라마르의 감정적 추억 Memórias Sentimentais de João Miramar》(1923), 마누엘 반데이라의《해체 운율 O Ritmo Dissoluto》(1924), 마리오 데 안드라데의《A Escrava que não é Isaura》(1925), 카시아노 리카르도(Cassiano Richardo)의《Vamos Caçar Papagaios》(1926), 마리오 데 안드라데의《Clã do Jaboti》와《Amar, Verbo Intransitivo》(1927), 마리오 데 안드라데의《Macunaíma》(1928) 같은 주요한 현대의 고전들이 이 영웅적인 기간 동안 (1920~30)에 최소한 해마다 한 편씩 쏟아져 나왔다("신성한 헬레네의 가슴"에 대한 꿈, 일정한 브라질의 과거, 브라질의 주제들을 인공적이며 학문적으로 처리했던 낭만주의와 고전주의자들과의 단절, 문화적 표현의 대중적 형식의 복원을 목표로 한) 이와 같은 새로운 문학 작품들은 설명이 필요했기 때문에 모데르니스모 운동가들은 새로운 미학과 새로운 정치적, 문화적 상황 속에서의 새로운 미학의 중요성을 설명하기 위한 저널을 만들기 시작했다. 상파울루에서 1922년 5월에 시작된 잡지 《클락손 Klaxon》은 1923년 1월 9호까지 발간되었다. 이 잡지의 주요 목적은 현대 예술 주간에 혼란스럽게 표현된 경향들을 정의하고, 설명하고, 확장하는 것이었다. 따라서 창간사에서 '예술 주간'에 메노티 델 피치아의 모두 연설에서 제시되었던 몇 가지 이념—현재에 대한 글쓰기의 필요성, 진보에 대한 숭배, 현실의 복사 대신에 표현할 예술가의 권리, 영화와 같은 다른 현대 예술형식을 배울 필요성—을 되풀이하고 있는 건 놀라운 일이 아니다. 《클락손》지에 이어 다른 정기간행물이 등장했고, 그 중 일부는 상파울루 이외의 지역에서 출판되었다. 《클락손》에 이어 1924년 리우데자네이루에서 만들어진 《에스테티카 Estética》는 《클락손》만큼 성공적이지 못해 3호까지 나오고 폐간되고 말았지만, 민족 문화적 유산이나 유럽의 유산을 망각하지 않고 브라질의 현대화를 위해 노력하는 데 있어 젊은 예술가들의 역할을 강조했다. 1925년 미나스제라이스 주의 벨로호리존테(Belo Horizonte)에서 발간되었고, 시인 카를로스 드루몬드 드 안드라데(Carlos Drummond de Andrade)가 필진으로 참여한 《레비스타 A Revista》에 실린 평론들 중 다수는 《클락손》지가 제안한 진보와 현대성에 대한 극단적인 긍정에서 다소 빗겨나, 현대의 민족 문학 생산에서 전통의 중요성을 인정하는 파괴적이기보다는 건설적인 모더니즘 구상의 필요성을 강조했다. 1927년 리우데자네이루에서 처음 출간된 《페스타 Festa》의 브라질 상징주의 시인들의 중요성에 대한 강조는 레비스타와 마찬가지로 '예술 주간'과 《클락손》에 의해 제기된 과거와의 극단적인 단절에 대한 대안을 제시하려는 노력을 의미한다.

상파울루에서 1926년 1월에서 9월까지 발행된 《테라 록사 Terra Roxa e outras Terras》는 지방 전통의 민속과 이야기, 그리고 브라질 내부를 묘사하는 기행문에 표현된 브라질 고유의 성격을 찾고자 하는 전형적인 브라질 모더니즘의 필요성을 강조함으로써 '예술 주간'에서 파생된 다른 경향들과의 차이를 보여주었다. 마지막으로 《카니발리즘 연구 Revista de Antropofagis》는 1928년 5월부터 1929년 8월 상파울루에서 별개의 두 '열(列, dentition)'로 (이 말은 '판'이란 말 대신 간행인이 선택한 것이다), 그러니까 첫 번째 열이 1928년 5월부터 1929년 2월까지, 그리고 마지막 호까지의 두 번째 열이 같은 해 8월에 발행되었다. 제1열 1호에 실린 오스왈드 데 안드라데의 '카니발리즘 선언'은 특히 두 번째 열에서 제기된 주요 문제들—전통적인 표현 형식과 타협하고 과거와 손잡는 방향에 섬으로써 '예술 주간'에서 빗겨갔던 모든 자들에 대항해 '예술 주간'을 특징지었던 과거와의 철저한 단절을 재확인할 필요성이란 문제와 현대성에 상응한 미학적 혁명을 촉진시키는 문제 그리고 민족적 맥락과 국제적, 특히 유럽적 맥락 속에서 원시주의(primitivism)의 의미를 재고하는 문제—에 대한 기반을 닦았다. 《카니발리즘 연구》에서 제기된 모데르니스모 운동 구상의 (국수적이거나 외국인 혐오적인 것이 아닌) 국제적(international)이며 범세계주의적인(cosmopolitan) 차원에 대한 강조는 브라질 카니발리즘 운동을 이해하기 위해 특히 중요한 부분이다. 나중에 다루게 되겠지만 이런 세계주의적 경향 때문에 브라질 카니발리즘 운동의 대부*의 글과 삶에 있어서 해외여행의 경험이 본질적인 요소가 되고 있다.

《카니발리즘 연구》의 1열 1호에는 다음과 같은 내용의 '머리말'이 들어 있다. "《카니발리즘 연구》는 일반적인 가이드라인이나 특정한 사상을 갖고 있지 않다. 오직 위(胃)를 가지고 있을 뿐이다."(Revista de Antropofagia 1975,

---

* 오스왈드 데 안드라데.

8) 1열의 맥락에서 이 말은 일차적으로 '예술 주간'의 과격한 제안을 빗겨나 간 자들을 공격하고 집어 삼켜버리려는 의도를 암시한다. 하지만《카니발리 즘 연구》의 전체 맥락에서 모든 것을 먹어치워 버릴 준비가 되어 있는, 사상 을 갖지 않은 위라는 것은 이미 잡종이며 독특한 브라질의 문화적 정체성을 파악하기 위한 수단으로써 민족 문화와 외래 문화 모두를 흡수하는 세계주 의적 기획에 대한 하나의 은유로서의 카니발리즘을 시사하고 있는 것이다. 패권주의적인 시각이 뚜렷하게 드러나는 이 계획은 단지 원주민 땅의 과거 와 유럽의 과거와 현재에서 비롯된 문화적 텍스트를 선택적으로 흡수하려는 포부만을 가졌던 건 아니다. 한편으로 이 잡지에서 카니발리즘은 문학적 야 심과 함께 국가를 개혁하고자 하는 사회적, 정치적 야심에서 제기되었다. 다 른 한편으로 그것은 국가적 정체성에 대한 최상의 문화 전략으로 제시되었 고, 그 때문에 다른 어떤 것보다 선호되었다. 1929년에 발표된 글에서 모데 르니스모 계열의 작가 왈데마르 카발칸티(Waldemar Cavalcanti)가 설명했던 것처럼 "충치를 잘 때우고 멋진 남방을 걸친 식인종들이 사람을 먹고 싶어 하지 않는 브라질 사람들 모두를〔카니발리즘으로〕 전향시킬 목적으로 더 많 은 나무를 사용해 다시〔카니발리즘의〕 불을 붙이기로 결심했다." (Cavalcanti, 1929)

이런 의미에서의 카니발리즘은 미학, 정치와 사회적 개혁의 견지에서 현 대화가 절실히 필요한 저개발 피식민지 국가에 만연한 사회적 악에 대한 진 단에 근거한 정체성 확립이라는 소수 지식인 중심의 문화 전략에 대한 은유 이다. 단지 이런 야심찬 개혁 프로그램만으로는 저개발이라는 당혹스런 문 제가 여전히 남게 된다. 그 때문에 카니발리즘 운동을 펼친 브라질 모데르니 스모 지식인들은 어쩔 수 없이 한편으로는 우월한 서구 문화를 욕망의 대상 으로 인식하고, 다른 한편으로 이 문화와 주변부 국가의 낙후된 문화적, 물 질적 여건 사이에 놓인 거리를 인식하게 되는 분열된 의식을 경험할 수밖에 없었다. 그들의 역할은 본질적으로 가능한 한 이 둘 사이의 변경을 허물기 위해 이 두 지역 사이를 여행하는 것이었다.

다음 장에서 나는 정체성 확립을 위한 은유로 사용된 모데르니스모 카니발리즘 운동(modernista antropofagia)의 중요성이 모데르니스모 운동의 계기를 넘어서 우리 시대의 무대에서—특히 아우구스토 캄포스와 하롤도 데 캄포스의 영향력 있는 작품의 결과로—현대의 매력적인 문화적 관습으로 재규정된다는 점을 입증할 것이다. 오늘날 브라질의 카니발리즘을 재고하면서 이 글에서 주로 관심을 두게 될 핵심적인 사안은 앞에서 간략하게 언급한 의식 분열의 문제, 그리고 이 분열과 연관된 염려가 보다 광범위한 애초 현대 초기의 국가적 기획에서 현재는 미학적 차원으로 축소되어 논의되고 있다는 점이다.

2. 카니발리즘 운동의 두 가지 의미

브라질 카니발리즘 운동을 정의할 때 문학비평가인 안토니오 칸디도(Antonio Candido)가 1970년에 발표한 에세이에서 경고한 것을 인정하는 것이 좋을 것이다. 칸디도는 오스왈드의 글에서 몇 가지 원칙들을 이해할 수 있는 요소가 충분하다는 것은 인정하면서도 "안드라데가 한 번도 카니발리즘 운동을 체계적으로 정의하지 않았기 때문에 그것의 의미가 무엇인지 말하기는 어렵다"는 점을 상기시킨다(1977, 84). 따라서 나는 이 개념이 가진 두 개의 상호 연관된 의미를 구별하는 데서 시작해보겠다. 그 하나는 브라질 모데르니스모주의자들의 '와해(瓦解, ruptura)'의 전통과 연결되는 보다 특수한 의미이고, 다른 하나는 특정한 문화적 관습(ethos)과 연결되는 일반적인 의미를 말한다.

이런 구분이 자의적일지는 몰라도 모데르니스모주의자들의 와해시키는 전통은 예를 들어 이 운동이 제기한 구호들 중 하나인 "쇠고기만 400년이다! 얼마나 구역질나는가!"(Augusto de Campos 1978, 110) 같은 구호에서나, 1928년의 '선언'이 "터부로부터 토템으로의 변형"(Nunes 1990, 48)을 강하게 언급하는 데서 강조되고 있다. 여기에 깔린 지배적인 생각은 유럽의 '쇠고기를 먹는 사람들'과 낭만주의와 고전주의자들처럼 과거의 브라질 문화적 풍습에서 원주민들을 부드럽게, 이상화시켜 취급하는 관행으로부터 철저하게 단절한다는 생각이다. 이런 단절은 오늘날에는 프로이트 이론의 도움으로 원시주의에 대한 특별한 재평가를 통해 성취되고 있다. 유럽인의 쇠고기를 먹는 400년은 식민지 개척자들이 카니발리즘을 가진 비합리적이고 원시적인 문화와 사람들을 억압하고 파괴하기 위해 계몽된 합리성을 사용했던 문명화된, 과도하게 치장된 억압의 기간을 말한다. 안드라데가 보기에 억압되었던 것은 원시적 지혜였다. 브라질 모데르니스모 혁명은 이 원시적 지혜를 복원하고 다시 정의하며, 이상적인 미래를 준비하는 하나의 단계로서 산업화되고 현대화된 현재의 사회적 요구에 적용하려고 시도한다. 이 원시적 지혜를 현대에 복원하고 적용한다는 것은 원시의 아버지 살해(여기서 아버지는 유럽의 식민지 개척자이다)의 터부를 태고의 아버지를 상징적으로 대체하는 토템 동물을 (식민지 사람들이) 먹는 것으로 변형시킴으로써, 식인 풍습을 정당화하는 것을 의미한다. 보호하는 힘의 상징인 토템은 해치거나 죽음을 당할 수 없지만 예식의 일환으로 매년 한 번 먹을 수 있다. 더욱이 이와 같은 카니발리즘의 정당화는 브라질 모데르니스모의 독특함을 보여준다. 백인과 이들의 문화적 산물을 먹어치우는 안드라데의 사악한 식인종은 낭만주의자들이 그리는, 유럽의 식민지 개척자들에 의해 문명인으로 전향되는 착하고 말 잘 듣는 미개인들과는 완전히 다른 것이다.

20년대와 특히 50년대의 이론서(《유토피아의 3월 The March of Utopia》

〔1953〕, 《메시아적 철학의 위기 The Crisis of Messianic Philosophy》〔1950〕〕에서 발전된 안드라데의 초기 모데르니스모 구상은 《폭풍우 The Tempest》에 나온 곤잘로스(Gonzalos)의 국가와 일정 부분 유사하기는 하지만 뚜렷한 지역적 특이성을 갖는 이상향적 제안을 포함하고 있다. 안드라데가 제안한 유토피아는 원주민들의 카니발리즘이 가진 지혜와 서구의 현대 기술의 혼합이 필연적이었다. 내적으로 신대륙 발견 시대 이래 유럽의 합리성의 지배에 도전했고, 몽테스키외와 루소의 원시주의에 대한 재평가에 의해 주목받게 된 원시 문화는 종교전쟁과 종교재판 그리고 가부장적 자본가들의 착취로 얼룩진 문명화 과정에 대한 대안을 제시했다. 안드라데는 어떤 형태의 자본 축적도 알지 못했던 사회에 사는 원시인들은 오랜 기간 동안 유럽의 유토피아 건설의 토대였다고 주장했다. 따라서 이제 이 유토피아를 그것에 합당한 장소에서 실현시킬 때가 되었고, 물론 그 합당한 장소란 브라질이었다. 그리고 단순히 원시주의로 돌아가는 것을 통해서가 아니라 유럽의 기술과 원초주의를 융합함으로써, 혹은 1924년 '브라질 나무 선언(Manifesto da Poesia Pau-Brasil)'에서 언급된 것처럼 학교와 정글("temos a base dupla e presente, a florcsta c a cscola")을 융합함으로써 이 새로운 유토피아를 달성하고자 했다(Nunes 1990, 44). 유럽의 학교와 브라질의 원시주의의 결합을 통해 모두를 위한 보다 살기 좋은 사회 건설 계획은 현재, 즉 20세기 초에 시작될 수 있었다. 그 사회는 안드라데가 가부장적 문화를 메시아적 신화 및 경제적 착취와 연계시키고, 모권적 문화를 사회적 정의와 연결시킨 것으로 보아 가부장적이기보다는 모권적일 것이다. ("아버지 상이 사회에 의해 대체되는 사회에서는 모든 것이 변화한다. 독재로 특징 지워지는 개별적인 아버지에 대한 적의는 사라질 것이다. 모권사회에서 부족적 초자아라는 감정은 아동 교육에 결정적이다."〔Nunes 1990, 143〕) 또한 이 사회는 열심히 일하는 생산적인 노동보다는 원주민의 원시적이고 행복한 게으름을 특징으로 하며 ('노동'보다는 '게

으름' otium rather than nec-otium), 이 행복한 게으름은 역설적이게도 인간의 노동력을 덜 요구하면서도 생산성을 촉진시키는 기술의 발전에 의해 가능해졌다. ("아리스토텔레스가 말한 대로 기술과 사회적 진보가 인간의 노력 없이도 저절로 굴러가는 시대가 된 오늘날, 인간은 노예 상태를 거부하고 즐거운 게으름의 새 시대로 들어간다."[Nunes 1990, 106])

여기에 간단히 설명한 모데르니스모 운동에 대한 안드라데의 세부적인 기여에 대해서는 모더니즘 혁명의 독창성을 강조하는 데 관심을 둔 비평가들이 철저하게 논의한 바 있다. 이들은 브라질 모데르니스모의 핵심적인 성과인 이 기획이 독특하다는 점에 주목했다. 옥타비오 파스(Octavio Paz)가 파괴의 전통("tradición de ruptura" Paz, 1959, 152)이라고 지칭한 것에 국한해서 본다면, 이들 비평의 일반적인 경향은 이 운동의 과격하고 혁명적인 측면들을 당연한 것으로 여겼다. 사실 모데르니스모 운동가들 스스로가 브라질의 과거든 유럽의 현재든 상관없이 국가적 경계를 뛰어넘는 어떤 것과도 근본적으로 단절하는 사람들을 대표하기 위해 이런 측면을 강조할 수밖에 없었다. 그럴 경우 안드라데의 작품과 20년대 프랑스 아방가르드 작가들 혹은 브라질의 낭만주의 및 고전주의 작가들의 작품 간의 보다 긴밀한 관계를 부정하거나 무관한 것으로 규정하는 것은 피할 수 없는 일이다. 그래서 예를 들어 비평가 베네디토 누네스(Benedito Nunes)는 1968년 에이데르 마르틴스(Heiter Martins)가 풍부한 자료를 제시하며 주장했던 바와 같이 안드라데가 브라질 모데르니스모 작가들에게 단순한 카니발리즘의 파리 버전의 소개 그 이상의 역할을 했다는 점을 입증하고 있다. 아우구스토 데 캄포스는 '카니발리즘 선언'이 "1920년대의 프란시스 피카비아(Francis Picabia)의 '저널 식인종(the Journal Cannibale)'과 '다다 식인종 선언(the Manifesto Cannibale Dada)'에 그 선례"가 있다고 인정하면서도 "우리의 비평이 안드라데에게 비난의 올가미를 씌우려고 애쓰고 있지만, '선언'은 물론이고 《카니발리즘 연구》역시 피카비아와 같은 선임자들과의 의미 있는 유사성을 찾아보기 힘들다"고 주장한다(Campos 1978, 121. Nunes 1979를 참조할 것).

브라질 모데르니스모 운동의 급진적이며 혁명적인 측면들을 안드라데에서 정점에 이르게 하려는 이와 같은 열렬한 시도에 공감하는 사람도 있을 수 있겠지만, 결과적으로 역사적 연속성을 억압한 그와 같은 시도는 이 운동의 역사적 연속성이라는 측면을 엄청나게 축소시켜버렸다. 사실상 안드라데의 카니발리즘 운동은 브라질 문화적 전략이라는 보다 광범위한 역사적 맥락에서 이해되어야만 한다. 이런 맥락에서 브라질의 카니발리즘 운동이 갖는 유럽 카니발리즘과의 연결과 과거의 브라질 문학 실제와의 연관성은 무관한 것으로 치부하기보다는 오히려 전면에 등장시켜야만 하는 것이다. 그럴 경우에 이 운동은 변경의 해체를 목적으로 하는 문화적 전략으로 해석될 수 있고, 그 점에서 프랑스의 아방가르드나 곤살베스 데 디아스(Gonçalves de Dias)와 호세 데 알렌카(José de Alencar)와 같은 19세기 브라질 작가들의 전략과 여러 면에서 유사성을 발견하게 된다.

많은 브라질의 문화적 전략에는 변경들이 소멸되거나 소멸될 수밖에 없는 세계, 혹은 최소한 불안정하고 쉽게 침범될 수 있는 세계에 대한 변함없는 꿈이 존재한다. 물론 와해의 전통을 부인하는 것을 포함하고 있는 이 꿈은 문화를 중앙으로 집중시키려는 강력한 지도 작성적 성향에 의해 강제로 변경의 반대편에 위치하게 되는 사람들의 박탈감과 무력감을 동력으로 하고 있다. 따라서 이 꿈을 표현하기 위해 사용되는 지배적인 담론 전략이 차이의 중화나 중심의 해체를 염두에 둔 은유들 속에서 중앙의 중심성을 부인하는 것은 놀랄 만한 일이 아니다. 곤살베스 데 디아스가 자신의 자발적인 망명을 브라질 고향과 비교할 때 자연미가 상대적으로 박탈된 것으로 묘사하고 있는 잘 알려진 시에서처럼, 19세기에 차이를 중립화하기 위한 지배적인 방법은 "여기"와 "저기" 사이의 비교 특성들을 검토하는 것이었다. 거기에서 변경은 강력한 자연 대(對) 그렇지 못한 문화, 괴테를 탄생시킨 나라보다 더 많은 별이 있는 하늘, 더 많은 꽃이 있는 들판, 더 많은 생명으로 가득한 숲, 그리고 더 많은 사랑이 담긴 생명이 있기 때문에 더욱 매력적인 나라로 쉽게 바뀔 수 있었기 때문에 문명권과 비문명권 사이에 놓인 이런 경계 지역은 별로 적당하지 못한 것으로 보이게 되었던 것이다(Candido 1977, 312). 20세기에 들어 아렌카와 디아스와 같은 작가들은 이런 차이의 중립화라는 것은 별로 설득력이 없을 뿐더러 사실상 변경을 불안정하고 침투 가능한 것으로 만들기에는 역부족인 것이라고 간주했던 것 같다. 오스왈드 데 안드라데가 여러 번에 걸친 유럽 방문중에 디아스의 시를 "망명으로부터 온 노래(song from exile)"가 아닌 "고국으로의 귀향 노래(song of return to the motherland)"로 개작하기로 결정했을 때, 자연은 더 이상 중요한 대비적 가치를 갖지 않는다. 현대 시인들은 숲이 아닌 발전하는 상파울루로 돌아가고 싶어 하며, 고국에서 곤살베스 디아스의 야자수 나무("palmeiras")가 아닌 도망치는 흑인들("palmares")에게 가한 백인들의 역사상의 폭력을 찾아내는 것이다(Candido 1966, I, 82). 그렇게 되자 변경을 부정하고 중심으로부터의 이탈을 만들어내기 위한 대안적 메커니즘이 요청되었다. 1920년대 후반에 부르주아들에게 충격을 주기 위해 파리의 아방가르드 운동에 의해 등장한 카니발리즘이란 은유가 바로 그런 메커니즘이었고, 범세계주의적 모더니스트인 오스왈드 데 안드라데가 그것을 놓친다는 건 생각하기 어려운 일인 것이다.

카니발리즘 운동이란 개념은 물론 경계의 문제와 밀접하게 관련되어 있다. 카니발리즘은 문 밖의 야만인들의 타자성(otherness)을 표시하는 실재의 관습 또는 상상의 관습이다. 설득력 있는 증거 여부를 떠나 투피남바족이나 아즈텍인들뿐만 아니라 유대인들과 기독교인들도 때때로 식인종이라는 딱지가 붙여졌다는 걸 지적한 후에 윌리엄 아렌스는 다음과 같이 결론 내리고 있다.

> 어떤 한 집단이 다른 집단의 식인적 성향에 대해 가정하는 것은 문화적 경계의 설정과 유지로 해석될 수 있다. 이 지적 과정은 모든 사회에서 볼 수 있는 것으로, 인접하여 자주 경합하는 공동체들의 영역 내에 차이에 근거한 개념적 질서를 만들어내려는 시도의 일부이다. 다시 말해 한 집단은 다른 집단을 명확한 대립물로 상상함으로써 집단의 실존을 보다 의미 있게 만들 수 있다. 하지만 이것은 여러 집단이 유사한 문화적 패턴을 공유하고 있을 때는 이루어내기가 어렵다. 그래서 종종 차이들이 날조되어야만 하는 것이다. 사람 고기를 먹는 사람과 먹지 않는 사람간의 경계를 만드는 것보다 더 분명한 구별이 무엇이 있을 수 있겠는가?(Arens 1979b, 145)

파리의 문학 환경에서 안드라데의 카니발리즘 운동에 앞서 실행되었고, 그것의 원천의 하나로 추측되는 '다다 식인종 선언'을 주창함으로써 자신이 속한 아방가르드 그룹의 차별성을 규정하려 했던 프란시스 피카비아의 시도를 특징짓는 것이 정확히 이와 같이 "명확한 대립물을… 상상"한 것이다. 두 선언 간의 차이가 무엇이든 둘 다 정체성의 위기에서 동기 부여된 해방적 행위이다. 하지만 이 둘 혹은 최소한 오스왈드 데 안드라데의 카니발리즘 운동의 유일한 기능이 여기와 저기라는 두 정언 명령(categorial imperatives) 간의 경계 형성이라고 생각하는 것은 오해일 것이다. 오히려 카니발리즘은 경계를 만들기도 하고 부정하기도 하는 복잡한 전략으로 사용되고 있다고 하는 것이 보다 정확할 것이다. 매기 킬고어가 지적한 것처럼 카니발리즘이란 개념은 공유(피와 살을 나눔 communion)의 개념과 밀접하게 연결될 수밖에 없는 극단적인 애매함을 그 특징으로 한다. 그 때문에 여기와 저기 혹은 내부와 외부 사이에 존재하는 분명하게 고정된 경계를 만들기도 하고 동시에 해체하기도 한다(Kilgour, 1990). 안드라데가 사용하는 카니발리즘의 개념 전반에 이런 애매함이 나타나고 있다. 안드라데가 시도한 식인행위를 하는 브라질의 정체성에 대한 재규정은 경계를 파괴하고자 하는 브라질 낭만주의의 꿈을 반복하는 것이자 동시에 그것과 차별된다. 낭만주의자들이 취하는 여기와 저기를 비교하는 논리적 관행들이 오히려 의심스런 차이의 중립화에 이르는 반면, 안드라데의 선언은 문명화된 '저기'와 원시적 '여기' 사이의 대립을 재평가해 후자가 궁극적으로 중심이 되어야 한다고 주장함으로써 중심의 권위에 공격적으로 도전한다. 물론 이것은 카니발리즘을 가진 원시주의를 문명 세계에서 거부되기보다는 받아들여야 할 긍정적인 가치로 재규정하는 것을 의미한다. 이 글의 목적을 생각해보았을 때 모데르니스모 혁명의 가장 흥미로운 부분은 과거와의 단절보다는 연속성을 강조하는 점이다. 이것은 내가 카니발리즘 운동에 관한 베네디토 누네스나 아우구스토 데 캄포스의 영향력 있는 저서들보다는 안토니오 칸디도가 안드라데에 대해 말하고 있는 것에 더욱 관심을 가질 것이라는 걸 의미한다. 칸디도는 안드라데의 선언을 특유의 브라질 문화 관습의 재방송으로 본다. 나는 이 글의 두 번째 파트를 안드라데의 단편적인 저술들에서 추론할 수 있는 '몇 가지 원칙'을 제외하고는 카니발리즘 운동을 정의하는 것은 어렵다는 칸디도의 경고를 언급하면서 시작했다. 칸디도는 이 '몇 가지 원칙'에 의해 카니발리즘 운동은 식민지 시기부터 현재까지 브라질 문학의 항구적인 경향을 따르고 있다고 설명한다. 그렇다면 이 원칙들은 어떤 것일까? 1954년 안드라데의 사망을 계기로 쓴 글과 1970년에 쓴 두 편의 비평에서 칸디도는 이 몇 가지 원칙이 여행 및 문화들 간의 조우와 관련된 주제들과 연결되어 있다는 것을 보여주고 있다(두 글 모두 Candido 1977). 칸디도는 안드라데의 삶과 작업이 근본적으로 여행 경험에 의해 특징지워진다고 주장한다. 그래서 《요아오 미라마르의 감정적 추억 Memorias sentimentlais de Joao Miramar》

과 《Serafim Ponte Grande》는 "미국 사람의 관점을 표현하는 신세계와 구세계 간"을 오가는 인물들을 다루고 있다. 칸디도의 관점에서 보면 오스왈드에게 있어 여행은 "언제나 거리에 의해서 존재하며 변형되는 브라질 민족을 이해하고 느끼기 위한 수단"이다.

> 이런 이유에서 프랑스에서 그의 동시대인들이었던 유명한 북아메리카 망명자들은 〔안드라데에게〕 별로 중요하지 않다. 오히려 1830년대 파리에서 《Niterói》지를 창간했고, 거기에서 무엇이 우리 〔브라질〕 문학을 위해 필요한가를 보다 잘 이해하게 되었던 리오데자네이로 학생들이 무척 중요하다. 그래서 그의 〔안드라데의〕 작품에는 브라질과 유럽 간의 일정한 역전(逆轉)이 들어있다. 이런 역전은 영혼의 경험, 그리고 민족의식의 경험으로서 여행이 가지는 중요성을 시사하는 것이다.(1977, 54)

여기에서 칸디도는 《요아오 미라마르》에서 발췌한 여행에 대한 묘사를 언급함으로써 두 장소간의 역전을 예시하고 있다. "작은 증기선이 우리를 득달같이 도버 해로부터 어둠이 한가운데로 밀어냈다. 갑판은 어둠으로 덮였지만 우리가 영국의 빛을 잃자 바다 한가운데 프랑스의 빛을 발견했다." 칸디도의 결론에 따르면 안드라데에게 "항구적이고 우리를 구원해주는 여행"은 "출발할 때마다 다가올 도착을 계시하는 한 장소로부터 다른 장소로의 마술 같은 변환이었다."(54)

'여행자 오스왈도'라는 칸디도의 독특한 설명은 이 브라질 카니발리즘 운동의 창시자를 특별한 여행자로 규정하고 있는데, 나는 이 특별한 여행자를 지배 문화와 하부 문화 사이의 변경에 병적으로 집착하고 있고, 문화적 자기 규정에 끊임없이 관심을 가지고 있는 사람으로 설명하고 싶다. 역전하는 빛들—이것은 안드라데의 경우에는 파리의 강렬한 빛과 대조를 이루는 상파울루의 흐릿한 빛들이었다—사이에 놓인 불확실성의 '어둠 속'에서 끝없이 움직이는 이 브라질 여행자는 칸디도가 말하는 것처럼 브라질의 사회적 역사의 특정한 시기들을 특징짓는 영원한 정체성의 위기로 고통받는다. 20세기 초 식인종으로서 여행하는 안드라데는 "*파리에서(in Paris)《Niterói》*지를 창간했던"(이탤릭은 저자가 한 것임) 19세기 초 학생들의 과거의 여행을—차이를 간직한 채—반복한다. 두 여행 모두 민족 문학을 만들어내기 위한 사전 단계로서 외국의 담론을 먹고 소화하는 식인적 관습에 바쳐지기 때문에 이 여행은 파리 사람들이 간직한 '잃어버린 세대(lost generation)'의 경험과는 거의 비교될 수 없다. 20세기 초에 헤밍웨이나 피츠제럴드(Edward Fitzgerald 1809~83)를 프랑스로 가게 한 계기가—미국 문화의 물질주의에 대한 환멸, 생활비가 적게 드는 도시에 대한 선호, 예술적 재능을 키우고 정제하는 데 적당한 장소 물색—무엇이든, 북미의 망명자들은 안드라데와 달리 내가 말한 '여행하는 식인종의 변경 경험' 같은 것이 없었다.

따라서 여행과 정체성의 위기라는 문제는 역사적으로 카니발리즘 운동을 정의하는 데 상당히 중요한 모티브가 된다. 마찬가지로 중요한 모티브는 문화간의 조우와 그로 인한 충격이다. 후기의 글에서(1970) 칸디도는 안드라데가 경험한 문화적 충격을 "바실리오 다 가마(Basílo da Gama〔Urguai, 1769〕)와 산타 리타 두라오(Santa Rita Durão〔Caramuru, 1781〕)의 시에서 처음으로 표현된 것을 지속적으로 경험하는 것"으로 묘사하고 있다. 칸디도는 다시 한 번 변경이라는 주제의 중심성을 강조한다. 그는 "문화들 간의 조우의 현대적 구체화, 이민자라는 부차적 모티브"가 모더니즘 운동에 광범위하게 들어 있다고 말하고 있다(1977, 85).

따라서 역사적으로 오스왈드의 카니발리즘은 경계 지역에서의 강한 자와 박탈당한 자 사이의 문화적 조우라는 반복되는 모티브의 새로운 형태이다. 그러나 18세기와 19세기 바실리오 다 가마와 호세 데 아렌카와 동일한 선상에 서 있는 그의 문화적 카니발리즘 운동이라는 전략은 소위 식인종이라고 할 수 있을—그 자체의 정체성을 잃어버릴 정도로까지 기독교와 유럽적 가치로 변형되어버린—그들의 과거의 용법과는 분명히 다르다. 안드라데의 카니발리즘은 항상 외국 담론들에 흡수되는 데 저항하고 역으로 그것들을 흡수하려고 시도한다. 변경에서의 조우를 경험한 '브라질 모데르니스모 운동의 여행하는 식인종' 오스왈드에게 있어 문화적 타자의 강력함을 단독적인 문화적 정체성의 창출에 이용하는 합병이라는 양면 전략은 의미심장한 노림수이다. 그리고 여기에 모데르니스모의 문화적 카니발리즘 운동의 중요성이 있다. 현대에 들어 문화적 타자와 적극적으로 합병하려는 이런 식의 해방적인 문화적 시도가 효과적인 사회적, 정치적, 미학적 해방 전략인지 여부는 미지수이다.

3. 안드라데와 그 추종자들 : 1950년대와 그 이후의 해방으로서의 카니발리즘

앞서의 질문은 1990년대에 들어 키니발리즘 운동을 다시 살펴보려고 할 때 반드시 필요하다. 왜냐하면 다수의 브라질 지식인들이 안드라데의 방법론에 따라 카니발리즘 운동이 브라질 문화를 주변부적 지위에서 구제하여 중심 문화들과 어깨를 나란히 할 수 있도록 의미 있는 문화적 성과를 창출하게 만든 기본적인 전략이었다고 확언해왔기 때문이다. 아우구스토와 하롤도 데 캄포스는 카니발리즘 운동이라는 문화적 전략을 패권주의와 유사한 관계 속에서 규정하려 하는 대표적인 이론가들이다. 〈Revistas Re-vistas: Os Antropófagos〉에서 아우구스토 데 캄포스는 카니발리즘 운동이 "브라질 모데르니스모의 의미를 간직하고" 있을 뿐만 아니라, 사실상 "유일한 독창적인 브라질 철학이며, 어떤 면에서는 우리의 문학 운동들 중에서 가장 근

본적인 운동이다. 우리는… 식인종이다"라고 주장한다(1978, 124). 또 하롤도 데 캄포스는 안드라데의 문화적 카니발리즘 운동이 오늘날 브라질 문학뿐만 아니라 서양 또는 최소한 유럽과 라틴 아메리카의 문화적 결과물들을 이해하는 키포인트라고 말하고 있다. 그는 "유럽에서와 마찬가지로 라틴 아메리카에서도 글쓰기는 점점 더 고쳐 쓰기, 소화하기 그리고 되새김질하기(mastication)를 의미하게 될 것이다"라고 말한다(1992, 255).

캄포스 형제의 영향력 있는 비판과 문학 전략은 하롤도 데 캄포스가 문화변환(transculturation)이라고 칭한 것, 즉 안드라데의 제안에 따라 "민족적인 것을 보편적인 것과의 대화적 관계 속에서 생각하는 것"을 목표로 하는 전략으로 규정하는 것이 최선일 것이다(234). 그의 시각에 따르면 이것은 외국 담론을 섭취하는 행위로 이루어진다. 혹은 그가 인상적인 메타포를 써서 표현한 것처럼 아메리카에서 만들어진 최고의 전통을 따라 주변부에서 독창적인 문화적 결과물을 산출하기 위해 "사탕수수 기계의 이빨로 원료나 전통을 갈아 풍부한 주스로 전환시키는" 행위를 말한다. 또 이런 전통은 만들어져서 정전으로 인정되어야 하기 때문에 캄포스 형제의 노력은 '문화변환'의 메커니즘을 만들고 설명할 뿐만 아니라 거기에 전통을 부여하려는 곳으로 향했다. 따라서 50년대의 구체시인들(Concrete poets)은 그들의 작품이 에즈라 파운드, 커밍스 그리고 말라르메의 작품에 대한 곱씹기 개작을 담고 있다는 점에서 식인종들이었다. 이런 곱씹기를 통해 형식상의 혁신을 핵심적인 것으로 평가할 뿐 아니라 사실상 모든 의미 있는 문학 창작의 정수로 간주하는 문학 작품들이 나오게 되었다. 하롤도 데 캄포스는 기의(signified)보다는 기표(signifier)를 강조하고, 형식으로서의 의미를 강조하는 언어의 형식적 측면에 대한 강조는 구체시뿐만 아니라 "모든 시대의 시"의 특징이라고 주장한다(254). 그의 관점에서 보면 브라질에서 문화변환의 실행자는 19세기에 그레고리오 데 마토스(Gregório de Matos)로부터 알렌카와 사우

산드라데(Sousândrade)를 거쳐 20세기의 오스왈드 데 안드라데와 기마레즈 로사(Guimarães Rosa)다(245). 라틴 아메리카에서는 바예호(Vallejo), 우이노브로(Huidobro), 보르헤스(Borges), 옥타비오 파스(Octavio Paz), 코르타사르(Cortázar)와 레자마 리마(Lezama Lima) 역시 문화변환적 카니발리즘 운동 전통의 일부분이다.

  캄포스 형제에 의해 규정된 카니발리즘 운동은 안드라데의 야심찬 노력의 연속이면서 동시에 급속한 축소다. 외국 담론을 병합한다는 생각은 해방적 구상의 토대로 남아 있지만 이제는 많은 부분 미학적으로 가치 있는 문화적 허구의 생산에만 제한되었다. '변경을 여행하는 식인종'이라는 안드라데의 식인 프로젝트에서 해방은 미학적일 뿐만 아니라 문화적, 사회적, 그리고 정치적 해방이다. 그것은 민족적인 범위에서 이루어지며, 고전주의와 낭만주의 작가들의 유사한 구상을 다른 의미에서 재시도하는 것이다. 예술과 사회 양자를 포괄하는 이 구상의 총체적 야심은 일단 '브라질 나무 선언 I(1924)', '카니발리즘 선언(1928)' 그리고 식인 유토피아와 연관된 50년대 저작들 같은 과거의 저작들이 함께 고려될 만한 시간상의 거리가 확보되면서 분명해진다. 평생에 걸친 식인 프로젝트의 광범위한 맥락에서 안드라데의 작품은 다양한 분야에서의 성과를 통해 민족 전체를 위한 해결책을 제안한다. 따라서 '선언'에서 '브라질 나무' 시들이 '수출될 시'로 제시되는 반면, 50년대에 안드라데가 관심을 가진 글에서는 원시적 지혜와 기술적 발전을 병합하는 대안적 사회 질서가 함께 들어 있다. 이 사회적 질서는 테크놀로지를 통해 브라질을 현대화함으로써 선진국과 저개발국 간의 간격을 없애고, 교정한다는 의미에서 특정한 원시적 가치로의 복귀를 통해 테크놀로지 국가를 인간화시켜야 하는 것이다. 캄포스 형제의 문화변환이라는 제안은 1924년 '선언'의 제안들을 강조하고 세계 시장을 위한 시 창작의 중심성을 역설하고 있지만, 안드라데가 제안한 이상향적 프로그램의 중요성은 최소화하고 있다. 따라서 사회적 구상과 미학적 구상은 이제 두 개의, 별개의 구상으로 간주되고, 단지 미학적인 것만이 최소한 몇몇 변경이 사라진 세상을 만드는 것을 목표로 하는 해방 전략으로 남게 된 것이다.

다시 말해서 안드라데의 카니발리즘 프로젝트는 로베르토 슈와르츠(Roberto Schwarz)가 "브라질의 퇴보에 대한 교리불변론적인(triumphalist) 해석"이라고 정확히 서술한 바로 그것을 제안했던 것이다(1987, 37). 안드라데는 브라질의 사회, 문화적 상황 속에서 실제적이고 당혹스러울 정도로 원시적인 농촌적, 가부장적 사회의 퇴보와 유럽에서와 같은 부르주아 사회 질서의 일원이 되고자 하는 변경을 뛰어넘으려는 사회적 꿈 사이에 놓인 불균형을 보았다. 슈와르츠가 우리에게 상기시켜주듯이 19세기 이후로 브라질 사회에서 현대의 부르주아적 생활방식은 산업경제가 아니라 초기 부르주아적, 지역적 그리고 가부장적인 경제 기구를 수입원으로 하고 있던 지배 계급에 의해 단지 모방될 수 있을 뿐이었다. 따라서 브라질의 부르주아 현대성을 지원하는 것은 "부당한 생각"을 지원하는 것을 의미하는 것이 되는 셈이다. 안드라데는 브라질 사회를 하나는 원시적이며 퇴보적인 세계와 또 다른 하나는 부르주아적이며 현대적인 두 세계 간에 모순적으로 나누어진 것으로 보았다. 하지만 그 당시까지 브라질 역사에서 원시주의와 퇴보성은 항상 당혹스러움의 근원이었던 반면, 안드라데의 카니발리즘 운동은 이런 원시주의의 퇴보성을 긍정적 가치가 있는 것으로 낙관적으로 취급할 것을 제안한다(그리고 이 제안에 카니발리즘 운동의 독창성이 자리 잡고 있는 것이다). 원시주의는 더 이상 극복해야 될 단계가 아니라 사실상 자본주의의 과도함으로부터 현대 사회를 되살리기 위한 가치 있는 수단으로 이해되어야 한다. 슈와르츠의 말처럼 "지역적 원시주의는 소진되어버린 유럽 문화에 진정 현대적인 방향 설정, 다시 말해 기독교의 억압과 자본주의적 공리주의를 배제한 방향을 제시해줄 것이다." 가능한 최상의 낱말로 정의하자면 진보주의는 퇴보성이 기술에 의해 완벽해지는 사회적 질서를 의미할 것이다. "기술에 더해진 브라질의 (기독교화와 부르주아 관습에 피상적인 헌신에서 비롯되는) 순수함은 평등한 유토피아일 것이다. 이 사고는 초기 부르주아 사회에서 낙원으로 건너뛰기 위해 현대의 물질적 진보를 이용하는 것이었다."(37) 진화 과정상의 단계를 뛰어넘어 곧바로 낙원으로 나아가는 이 유토피아적 구상은 슈와르츠가 깨닫게 해주는 것처럼 마르크스에 의해 최초에 모습을 드러냈을 때보다는 덜 어색한 게 사실이다. 마르크스는 베라 자수리치(Vera Sassulitch)에게 보낸 편지에서 슈와르츠가 사용한 말을 그대로 인용하자면, "러시아의 지방 공동체는 서구의 진보와 기술이 제공한 수단들에 의해 자본주의자들의 중개 없이 사회주의를 달성했다"(37)고 말했을 때 이 구상과 유사한 가능성에 주목했던 것이다.

하롤도 데 캄포스에 따르면 외국 담론의 문화변환적 '곱씹기'는 이와는 대조적으로 "유희적이며 자유로운 상호 연관적 다문화주의, 개방적이고 다언어적인 이종혼합, 모든 것이 다른 것과 공존할 수 있는 새로운 야만인들의 축제와 같은 변환백과사전(transencyclopedia)"의 형식 속에서 독창적인 작품을 생산한다(1992, 250). 이런 다언어적 이종혼합을 만들어내는 민족 문화는 국제적 맥락에서 차이를 만들어내고, 따라서 저개발 문학의 사회학적 오류를 밝혀낼 수 있다. 구체시는 저개발 경제 속에서 고상함과 독창성을 성취한 하나의 사례이다. 캄포스에 따르면 구체시는,

> 브라질 문학이 절대적인 동시성을 획득하게 된 계기다. 이것은 보편적 코드를 통해 차이를 표현하는 데 성공했을 뿐만 아니라… 그 코드를 재형식화하는 데도 성공했다. (민족적) 차이는 보편적 코드의 새로운 종합을 실현하는 기회가 되었다… 하나의 새로운 과정이 저자와 작품의 측면에서 영향력이란 전통적 문제를 대체했다. 주변부 문학에 머물러 있을 거라고 여겨지던

작가들이 의외로 그 코드의 총체성을 획득했고, 이 총체성을 문화적 유산 또는 그 일부로 이용해… 근본적이고 보편화된 시학의 위치에서 다시 작동하게 만들었다.(246)

저개발 국가를 선진국과 어깨를 나란히 하게 만드는 문화적 성과는 여기서부터 가능하게 된다. 그 이유는 특별히 창조적인 정신에 의해 생산된, 지역사와 경제적 조건들을 초월하는 '식인적 변환문화'가 자율적인 문화 활동으로 미학화되기 때문이다. 캄포스는 자신이 '서사적 역사'라고 부르는 것, 혹은 일어난 것의 역사를 배제하고 어떻게 그것이 발생되었는가에 관한 서술을 의미하는 '현현적(顯現的) 역사(epiphantic history)', 혹은 이야기로 대체할 것을 제안한다. 그의 설명처럼 현현적 역사는 그것이 궁극적으로 시간의 차원을 공간의 형식적 패턴으로 축소시키기 때문에 역사로부터 미학으로의 탈출인 것 같다. 현현적 역사의 목적은 "밀집한 성좌들의 공간 속에 실제적인 내용(시간적 진행 속의 텍스트들)을 편성"하는 것이 될 것이며, 문학작품은 "브라질 문학 공간 내에서 텍스트적 모험"을 구현하는 능력에 의해 이 공간에 편입된다(148). 호세 데 알렌카의 경우에 《Iracema》는 언어적 혁신 때문에 시간적 역사보다는 오히려 공간적 역사에 편입된다. 이 작품은 포르투갈어와 투피어를 섞는 이종혼합을 통해 독창적인 시적 언어를 만들어냈다. 여기서 포르투갈어는 인디언 또는 유사 인디언 언어 체계에 의해 오염되면서 낯설고 새로운 것이 되었다. 그러므로 알렌카는 캄포스가 부차적인 성과로 간주하는 《Senhora》 같은 사회 문제를 다룬 소설이 아니라 전통적인 담론을 낯설게 하는 언어 창조의 대가로서의 업적 때문에 현현적 역사의 정전에 포함되는 것이다(152). 더 나아가 언어의 갱생에 끼친 알렌카의 미학적 성과는 브라질의 현현적 역사에서 《마쿠나이마》의 마리오 데 안드라데, 《O Ateneu》의 라울 폼페이아(Raul Pompeia)와 《Perto do Coração》의 클라리스리스펙토르(Clarice Lispector)와 어깨를 나란히 할 수 있게 만들었다. 현현적 역사 속에는 리마 바레토(Lima Barreto)와 같은 리얼리즘이나 사회 변혁에 전력투구하는 작가들이 들어설 자리가 없다는 사실은 명백하다. 하롤도의 말을 빌자면 진정한 작가들은 모두 "언어의 창조자"이기 때문에 그와 같은 목소리들은 정전에서 사실상 배제되어야만 하는 것이다(284).

따라서 문화변환은 미학적 전략으로서의 카니발리즘 운동을 통해 '민족적' 정체성을 되살릴 수 있는 가능성을 염두에 두고 있다. 정치적으로나 경제적으로 제1세계와 영원히 경쟁할 수 없는 제3세계 국가들로서는 최소한 최고의 문화 작품을 만들어낼 수는 있다는 점에 나름대로 긍지를 가질 수도 있을 것이다. 하지만 이런 식으로 문화를 제3세계 문화를 후진성에서 구해내기 위한 형식으로 사용하려는 것이 실제로 효과적인지는 여기서 체계적으로 논의되기 어려운 복잡한 문제다. 어떤 경우이든 개별적인 예술적 성취로서의 식인적 문화변환은 안드라데의 카니발리즘의 유토피아적 차원과는 관련이 없다는 것을 암시하며, 민족적이며 사회 문화적 사안과 문화 상품 생산 간에 존재하는 단절을 보여준다. 이와 같은 단절이 가져오는 문제는 그것이 '저개발 문학'의 사회학적 오류를 보여줄 수도 있고 그렇지 않을 수도 있겠지만 분명한 건 예술적 작품의 생산을 오늘날의 후기 자본주의 시장에 팔려나갈 브라질산(産) 장식용 일용품으로 전락하게 만든다는 점이다. 내가 보기에 이런 맥락에서 문화변환적 카니발리즘 운동은 그 가능성만큼이나 안드라데의 카니발리즘적 유토피아와 거리가 먼 것으로 보인다. 문화변환적 카니발리즘은 전통적으로 브라질 문학이 가지고 있던 민족적 현대화 구상과 문화 전략의 연결을 '예술을 위한 예술'의 동시대 형태로 대체했을 뿐만 아니라, 지배적 문명화에 대해 대안적이고 반부르주아적인, 보다 인간적인 삶의 방식을 제안했던 안드라데의 야심찬 기획을 부적절한 것으로 배제해버렸다. 이런 의미에서 문화변환으로서 우리 시대의 카니발리즘 운동은 사회, 문화적 문제에서 브라질의 현대화에 대한 열망이 처한 곤경을 말해주고 있다. 간단히 말해 카니발리즘 운동에서 문화변환으로 이동한 것은 최소한 사회, 정치적으로 브라질의 현대화 구상이 실패했음을 확인해주는 것이라 할 수 있을 것이다.

  로베르토 슈와르츠에 따르면 이런 실패는 식민과 탈식민의 역사적 상황에 전형적인 것으로 이해되어야 한다. 이런 맥락에서 슈와르츠는 현대화란 개념은 식민지 사회의 토대가 문화적 열망(유럽의 문화와 문명화의 일부분이 되고자 하는 욕망)과 지역적 조건(가부장적이며 농촌 경제 시스템) 사이의 괴리에 근거하고 있다는 의미에서 역사적이며 논리적인 필연이라고 주장한다. 식민지들은 전통적으로 "국민들을 반식민지 단계로부터… 현대적이며 산업화된 경제 체제하에서 좋은 생활 조건과 노동 조건을 특징으로 하는 선진 단계로" 발전시키는 현대화를 시도하여 이런 괴리에 대응했다(1994, 9) 이런 현대화 과정 속에서 농촌의 후진성이란 원시적 요소들은 항상 여력으로 남아 긍정적으로 재평가되거나, (1960년대처럼) 제국주의 저항의 형식으로 사용되었다. 나는 안드라데의 독창성은 정확히 이런 후진성을 원시주의와 비합리적인 것, 그리고 또 매력적인 단순성("포르투갈 사람들이 브라질을 발견하기 전에 브라질은 이미 행복을 발견했다"〔Nunes 1990, 5〕)을 혼합해 소위 "선진" 사회보다 덜 불공평하고, 덜 부르주아적이며, 보다 인간석인 사회를 만드는 데 기여할 수 있는 브라질의 가능성으로 이용하려는 시도에 있는 것이라고 주장했다. 슈와르츠가 정확하게 보고 있는 것처럼 1980년대 들어 현대화를 통해 사회를 구하겠다는 꿈("개발주의자들의 꿈")은 "천박한 개념, 좀 더 정확히 말해 저개발 국가에는 충분한 돈이 없기 때문에 실현이 불가능한 개념"이 되었다. 새로운 기술적 상황에서 국가의 산업화와 사회적 통합 과정을 완성할 필수적인 변화는 운명적으로 불가능하게 되었다. 국가 개발이란 이상은 명백히 나락으로 빠지는 과정, 슈와르츠의 말을 빌자면 "브라질과 같은 나라의 세기말을 특징지으며"(1994, 6), 사실상 "국가적으로나 사회적으로 일관된 방식으로 자본주의 과정에 편입되는 것이 갈수록 불가능하게 된 후진 경제들이 처한 전 세계적인 산업화 과정의 한 측면"을 구성하게 된 과정이다. 물론 이런 맥락에서 민족 혹은 민족적 프로젝트는 대개 부적절한 것이 된다. 슈와르츠는 브라질의 세기말에 대한 자신의 주장을 다음과 같은 말로 맺고 있다. 나는 그 전문을 인용하고자 한다.

> 통합보다 분리라는 새로운 구조적 경향과 기술적 실업이라는 가혹한 사회적 현실에 직면해 엘리트들이 국가의 일원이 되고 국가를 경영하는 것의 의미가 무엇인지를—심지어 사적으로 사용하기 위해서조차—이해하고 결정하는 것은 쉽지 않을 것이다… 경제와 국가의 분리는 광범위한 결과를 야기하는 흐름이며, 우리는 단지 그걸 보기 시작한 것에 지나지 않는다. 더 이상 물질적 생활의 집단적 기획을 설명할 수 없는 민족 문화, 이제는 단지 시장에서 광고되는 일용품으로, 매력적이지만 빈껍데기로, 다른 사람들 사이에서 소비될 하나의 생활 스타일로 떠돌아다닐 뿐인 민족 문화가 갖고 있는 의미는 무엇인가? 이것은 수사학적인 질문이 아니다. 민족 공동체에 속하고자 하는 열망을 미학화하는 것 역시 새로운 미학적 상황의 한 특징이다. 간단히 말해 자본주의는 계속해서 승리해가는 것이다.(1994, 6)

슈와르츠가 카니발리즘 운동에 대해 언급하지는 않았지만 국가와 경제의 단절은 내가 이미 주장한 것처럼 카니발리즘 운동의 미학화와 민족적 기획 사이에 작동하는 단절을 반영한다. 이런 의미에서 식인적 문화변환은 20년대와 50년대 카니발리즘 운동에 여전히 살아 있던 국가 개발 구상의 실패를 말해준다. 이것은 안드라데의 사회 지향적 프로젝트가 문제가 있었다는 걸 의미하는 것이 아니다. 특히 이 프로젝트의 순수함은 전혀 문제가 없는 것일지도 모른다. 다만 그것이 가진 교리불변론이 훨씬 심각한 문제였을 수 있다. 왜냐하면 그것이 구공화국 브라질 지배 계급의 공식적인 교리불변론과 연결될 수 있기 때문이다(Helena 1994, 106). 어떤 경우이든 동시대의 카니발리즘 전략에서 사회적 구상이 불가능하게 된 것으로 보인 데 반해 여전히 그것은 안드라데에게 생각해볼 만한 것이었다. 이런 동시대의 전략이 안고 있는 "물질적 생활의 집단적 기획"의 부재는 문화적 생산품을 문화 시장에서 이국적 일용품으로 유통되는 미적 장식물로 만들어버린다.

4. 후기 – 식인적 문화변환과 탈모더니즘(postmodernity)

모데르니스모 운동과 현대화라는 실패한 꿈의 흔적을 좇아 이루어진 문화변환으로서의 카니발리즘 운동이 남긴 유산의 의미는 무엇일까? 하롤도 데 캄포스의 평가에 의하면, 탈모더니즘의 지형에서 외국 담론의 문화변환적 곱씹기는 주변부 국가의 문화적 산물들이 광범위한 식인적 이종혼합에 의해 '저개발' 상황에서 해방되는 변경 없는 미학적 보편을 만들어낼 효과적인 도구다. 모든 사람들이 다른 사람을 먹는 거대한 축제(모든 것이 다른 것들과 공존하는 유희적이며 상호 연관적 나문화주의, 개방적인 다언어적 이종혼합과 변환백과사전(transencyclopedia))로 대변되는 이런 세계에서 먹는 자와 먹히는 자의 구분은 부적절하며, 따라서 이런 경우엔 양자의 공유가 카니발리즘 운동을 지배한다. 카니발리즘을 다루면서 힘과 폭력의 문제를 차단하는 것은 외국인과 야만인들에 의한 것이기보다는 문명화된 서구의 문화 전략으로서의 카니발리즘에 들어 있는 폭력적 소비와 착취라는 함축적 의미를 다양한 방식으로 세밀하게 조명하는 이 책의 맥락을 놓고 볼 때 특히 더욱 면밀하게 주의를 기울일 만하다. 그런데 이와 유사한 함축적 의미들이 안드라데뿐만 아니라 그를 비판하는 사람들까지도 놀라게 했다. 베네디토 누네스가 지적한 것처럼 카니발리즘 운동의 제안자 안드라데뿐 아니라 그를 비판하는 사람들로서도 "잠재적으로는 무력의 찬양, 기술적 야만성, 그리고 히틀러에 열려 있는 카니발리즘 운동이… 어째서… 수많은 운동의 지지자들을 마르크스주의로 이끌었는지… 이해하기는 힘들어" 보인다. 안드라데 스스로 이미 1943년 후스티노 마르틴스(Justino Martins)와의 인터뷰에서 1928년에 자신이 취했던 입장이 "그를〔안드라데 자신을〕좌파로 밀어 넣었다"며 놀란 적이 있었다(1991a, 52-3).

이런 의미에서 문화변환에서 폭력의 차단은 원래는 사회적인 것과 문화적인 것을 포괄하는 보다 복잡하고 원대한 혁명적인 구상을 보다 간단하게 공동 사회적 축제를 정의할 수 있는 단순한 미학적 맥락으로 축소시킨 결과이다. 스티븐 코너(Steven Connor)가 상기시키고 있듯이 이런 미학화 과정은 아방가르드가 모더니즘 시기에서 후기산업사회 시기로 진행될 때 일어난 전형적인 과정이다.

> 모더니즘에 관한 대부분의 설명은 아방가르드의 포커스가 점진적으로 축소되고 있음을 강조한다. 정치적 참여 세력으로 시작해 예술 작품을 보다 광범위한 혹은 보다 포괄적인 프로그램에 연관시키거나 포함시키려 했던 (예를 들어 1871년 파리 코뮌의 예술가들이나, 혁명기의 러시아 아방가르드) 아방가르드는 차츰 분리의 입장으로 후퇴해 미학의 영역과 정치의 영역이 치명적으로 분리되었고, 결과적으로 초기 아방가르드의 정치적 도전은 예술적 형식만을 가지고 이루어진 통제된 실험 폭발 속에서 봉쇄될 수 있었다.(Cornor 1989, 237)

물론 20년대 브라질 아방가르드의 유산인 문화변환은 코너가 설명한 모델에서 벗어나지 않는다. 그러나 브라질의 경우에 이 과정은 식민지라는 상황에서 미학으로 퇴보한 것이 가난이라는 역사적, 물질적 조건 때문에 현대화에 실패할 수밖에 없었던 상황의 필연적 결과라는 쉬와르츠의 주장이 보완되어야 한다. 코너는 아도르노의 부정의 변증법(대중문화와 부르주아적 합리화를 거부하는 번역이 불가능한 형식으로서의 예술)에 대해 이것이 예술의 형식주의를 정당화하는, 가능하지만 설득력이 거의 없는 방법이라고 말한다(238). 하지만 식민지라는 맥락에서 예술 창작과 정치적 환멸 간의 밀접한 연관성은 예술의 정치적, 혁명적 힘이라는 아도르노의 개념의 타당성을 전적으로 박탈하고 있다.

미학화에 의한 폭력의 차단은 만일 포스트모던이라는 개념을 한편으로는 사회적 영역과 정치적인 영역이라는 전통적 영역들 사이의 변경이, 다른 한편으로는 문화적 영역과 기호의 영역 사이의 변경이 붕괴되는 조건으로 당연시한다면 사이비 문제(pseudo-problem)로 여겨질 수 있을 것이다. 하롤도 데 캄포스가 문화변환을 "모든 것이 다른 것들과 공존하는 유희적이며 상호 연관적 다문화주의, 개방적인 다언어적 이종혼합과 변환백과사전(transencyclopedia)"으로 정의한 것은 분명히 포스트 모던에 대한 이론적 설명을 반영하고 있다. 따라서 프레드릭 제임스가 보기에 현대에서 후기현대로 이전되면서 우리에게 남겨진 것은 "우리가 포스트모더니즘이라고 부르는 기표의 순수하고 임의적인 놀이이며, 이것은 더 이상 모더니즘 유형의 기념비적인 작품들을 생산하지는 못한다. 하지만 그것은 끊임없이 기존의 텍스트 조각들과 오래된 문화적, 사회적 산물들로 만들어진 건물 블록들을 새롭고도 강화된 브리콜라주*를 통해 개조해 다른 책들을 먹어치우는 메타서적(metabooks), 다른 텍스트들의 조각을 연결하는 메타텍스트(metatext)로 만든다."(1991, 96) 캄포스가 그랬듯이 여기서도 문화적 산물은 거대한 식인 축제 속에서 벌어진다. 이 식인 축제의 규칙은 한때는 물질적이며 사회적인 현실에 연관되어 있었지만 오늘날에는 '강화된 브리콜라주'의 건설에 사용되는 순수한 기표가 되어버린 단순한 '건물 블록에 지나지 않는, 문화적, 사회적 깊이가 박탈된 모든 텍스트를 모두가 먹어 치우는 것이다. 캄포스에서와 마찬가지로 여기서 텍스트는 어떤 역사적 깊이도 없는 순전히 공간적인 차원에서만 존재하는 다언어 이종혼합이다. 이런 맥락에서 만약 역사가 존재한다면 캄포스에게 있어 역사는 전통적인 역사를 대체해야 할 '현현적' 역사일 뿐이다.

후기산업사회의 식인 축제에 관한 제임슨의 설명이 캄포스의 새로운 야만인들의 축제적 변환백과사전과 차이를 보이는 것은 캄포스의 야만인들에 대한 열정이다. 이것은 제임슨에게서 양면가치 또는 기껏해야 제한된 승인으로 대체되고 있다. 달리 말해 제임슨의 후기산업사회 식인 축제에는 누가 먹고 누가 먹히느냐 하는 문제는 무시되기 힘들다. 제임슨에게 있어 후기산업사회의의 식인 축제는 최근의 다국적 자본주의의 한 결과이며, 그 다른 결과는 다국적 기업의 이익을 위해 일하는 파편화되고 세계화된 노동자 계급의 존재이다. 문화적이건 경제적이건 후기산업사회의 탈중심성은 선례가 없을 정도까지 그 영역을 팽창하는 자본주의에 봉사하고 있다는 점에서 모든 종류의 다원주의(pluralismus)에 대한 축하는 그 자신을 축하하는 자본주의 시스템과 동일하게 볼 수 있다.(319~20)

독자들이 문화변환적 카니발리즘을 사회적 관심을 배제한 아방가르드로 이해하든 아니면 사회적이고 문화적인 것 사이에 변경이 더 이상 존재하지 않는 상황 속에서 문화적 생산을 위한 후기산업사회의 이해하든 상관없이 카니발리즘의 해방적 잠재력에 대한 열광을 정당화하기에는—특히 이 잠재력이 카니발리즘 운동의 창설자가 공유했던 해방의 의미와 상반될 때—부

---

* bricolage. 도구를 닥치는 대로 써서 만든 것(만들기).

족해 보인다. 어떤 경우이든 민족적 해방이 미학적 기호의 유통으로 국한되기 때문에 모데르니스모 운동에 핵심적이었고 사실상 유럽 지향적인 지식인 계층에 있어 우려의 근원이었던 개혁에 대한 사회적 구상은 이제는 오직 부적당한 것으로 치부된 채 남아 있거나, 아니면 미학적 담론의 순수함과는 전적으로 관련이 없는 것으로 이해해야 하는 (정치학이나 경제학 같은) 지식이나 권력의 논의 영역에 의해 처리해야 할 문제로 치부된 채로 남아 있다. 따라서 식인적 문화변환은 더 이상 해결의 가능성이 없는 것으로 간주되는 정치적 개혁 전략을 폐기하기만 한다면 카니발리즘 구상이 여전히 유용할 수 있다는 사실을 함축적으로 보여주고 있다. 여기에는 환영하기 힘든 제한점이 분명히 존재한다. 왜냐하면 오스왈드 데 안드라데는 자본주의에 의해 야기된 사회적 악이 원시적 힘의 식인행위를 통해 해소되거나, 아니면 최소한 훨씬 더 받아들이기 쉽게 바뀔 것이라는 믿음을 갖고 있었기 때문이다. 다른 한편 카니발리즘이 시장 소비를 위한 미학화로 제한된 문화변환에서는 모데르니스모 운동가들의 정치적, 사회적 문제제기가 별도로 취급되어야 한다는 사실을 보여주고 있을 뿐만 아니라, 로베르토 쉬와르츠가 말한 것처럼,—안드라데의 카니발리즘 운동에 대한 승리를 포함하여—"자본주의는 계속해서 승리해간다"는 사실을 보여주는 듯하다.

5.
옆길로 샌 미적 가치관 :
'식인-열대주의' 영화와 브라질 저개발 미학

루이스 마두레이라(Luís Madureira)

인기 있는 영화를 만들고자 하는 영화 제작자는 불가능한, 거의 신화 같은 일을 하는 것이다! [···] 우리의 영화는 자본주의를 위한 도구인 국영 기업의 지원을 받는다. 이 모순은 자명하다. [···] 하지만 이것이 다른 자본이 나올 곳도 없고, 이런 모순과 조화를 이루기 위해 영화가 그 표현상 비유적, 엘리트적이며 자위적이라는 것을 정당화하려는 브라질 영화 제작자가 처한 정확한 상황이다.(Ruy Guerra 1988, 102)

역사가 이상한 방향으로 선회하고 있는 시점에서 나는 어떤 소설가나 시나리오 작가도 이것을 아직 이용하지 않는 것에 놀랐다. *이건 얼마나 좋은 영화 소재인가!*(*What a film it would make it!*) 생존을 위한 음식을 경작할 능력도 없고, 질병에 시달리며 자신들이 필요한 모든 것들을 이해하지도 못하는 언어를 사용하는 극히 호전적인 공농체에 의존하고 있는 원주민들, 혹은 지리적 환경에 대해서는 아무것도 모른 채, 이제는 스스로 다른 행성만큼이나 이 대륙에 낯설다고 느끼는 [···] 소수의 프랑스인들은 자신이 만든 덫에 걸려 있었던 것이다.(Claude Lévi Strauss 1992, 83. 강조는 필자가 한 것임)

거기서 [···] 그들은 나를 놀려대기 시작했다. [쿤함베베족] 국왕의 아들이 내 다리 세 군데를 묶었다. 나는 두 발로 집들 사이를 뛰어다녀야 했고, 이것을 보고 그들은 [웃으며 이렇게 외쳐댔다]. '우리가 먹을 음식이 이리로 껑충거리며 뛰어온다.' ('*Here comes our food hopping toward us.*')(Hans Staden 1929, 80. 강조는 필자가 한 것임)

결국에는 무위로 돌아간 '카니발리즘 운동'의 원대한 계획들 중 하나는 마리오 데 안드라데의 소설 《마쿠나이마》(1928)가 두드러진 역할을 할 식인 풍습파 소도서관(Bibliotequinha antropofágica)을 만드는 것이었다(Bopp 1966, 94, 82). 마리오의 고집스러운 반대에도 불구하고[1] 이 운동을 기초한 오스왈드 데 안드라데에게 《마쿠나이마》는 분명히 카니발리즘 운동 작품으로 남아 있었다. "[오스왈드가 몇 년 후에 말한 것처럼] [카니발리즘] 운동이 무엇이든, 《마쿠나이마》를 브라질에 선사했다는 것은 자랑스러운 일이다."(1991a, 199). 하킴 페드로 데 안드라데(Joaquim Pedro de Andrade)가 1969년에 각색한 영화〈마쿠나이마〉도 이 소설의 '카니발리즘 운동적' 해석이다. 이 영화는 1960년대 현대성(modernity)과 민족 문화를 둘러싼 문화적 논쟁의 분수령을 긋는 작품으로 일컬어졌다. 1964년 쿠데타에 의해 촉발된 정치적, 문화적 위기는 급격하게 현대성과 현대화라는 문제를 민족적 삶의 전면으로 부각시켰기 때문에, 그 당시까지 1930년대의 사회 리얼리스트들이나 지역주의자들의 소설에서 자신들의 문학적 원천을 기대하던 시네마 노보(Cinema Novo) 운동에 참여한 영화인들은 이 운동의 소위 식인-열대주의 단계(1968~71) 동안 브라질의 정체성이라는 난처한 문제의 해답을 얻기 위해 카니발리즘 운동과 같은 1920년대 모더니스트 예술가들의 경향으로 되돌아가기 시작했다(Ramos 1983, 79). 1968년 우익계열의 쿠데타 이후 정부의 검열과 정치적 억압이 확대되는 상황에 직면한 그들은 예술적이며 정치적인 표현을 갈수록 더 비유적 양식에 의존했다. 그리고 이들의 영화가 비유한 것은 저개발 자체였다.

그래서 하킴 페드로 데 안드레다의 〈마쿠나이마〉에서는 수많은 브라질 모더니스트들에게 막 시간의 지평선을 넘은 빛나는 약속처럼 서광이 비치기 시작하던 현대성이 과거로 사라져버렸다. "식민지화, 경제적 확장, 이민, 광산채굴, 침략자와 원주민 간의 갈등, 혼교(混交), 이 모든 것은 이미 일어난 일이며, 그 과정은 영웅이 태어난 이 땅 뿐만 아니라 그의 일가를 이루는 데도 흔적을 남겨놓았다."(Xavier 1993) 이 영화 속에는 '원시(primitive)'와 '현대(modern)'라는 기표가 표류하고 있다. 이 기표들은 정박할 곳을 잃어버린다. 진보는 "환상이며, 부르주아의 조작물이 된다."(Xavier 1993, 150) 전통에 기반을 두고 있는 것들 중 유일하게 공들여 획득된 카니발리즘 운동조차 그 자체가 주변적 현대성의 기호, 즉 '야만적' 혹은 종속적 자본주의(Ramos 1983, 82. Xavier 1993, 150), '식인적인' 축적과 무차별적인 소비를 규정하는 '카니발리즘적' 사회관계들이 된다.

한 비평가가 "희망적 신호"(Ramos 1983, 81)로 해석한 바 있는 하나의 전환을 말해주는 성좌로 변한 소설의 주인공과 달리 영화의 주인공은 에이데르 비야-로보스(Heiter Villa-Lobos)의 민족주의적 행진곡('Desfileaos heóis do Brasil')이 울려 퍼지는 가운데 우이아라*에 의해 잡아먹힌다. 영화감독의 말을 인용하자면 주인공은 민족주의적 프로젝트의 불안정함을 지적하는, 아니면 "군사 정권에 의해 이용된 (그리고 빌라-로보스의 행진곡 가사 속에 요약된) 민족주의 신화들, 즉 자연의 찬양, 영웅주의 종교, 열대 낙원과 위대한 민족저 운명 신화"(1988a, 83)를 풍자하는 장면에서 "브라질" 자체에 의해 "잡아먹힌다."(Ramos 1983, 82) 다른 각도에서 마쿠나이마의 죽음은 신자유주의 경제 모델로 알려지게 된 것, 즉 브라질이 여전히 스스로 만들어낼 능력이 없는 자본주의적 축적이라는 논리의 흡수가 완전히 종말을 고하는 것을 상징적으로 보여준다(Xavier 1993, 155).

따라서 '현대적이다'는 말은 주어진 사회-경제적 모델의 무반성적 재생산, 즉 지금은 '민족적 특성'을 규정하는 모든 사회 계급들이 공유하는 모방적—마쿠나이마적—소비 충동을 의미하는 것이 된다. 예를 들어 한 가지 독

---

* Uiara, 악마의 강에 사는 여마법사.

법(讀法)을 따르자면 마쿠나이마의―영화에서 도시 게릴라 전사로 등장하는 소설의 전통적인 '열대 어머니(Jungle Mother)' 형상인―치(Ci)와의 사랑은 정확히 이런 의존상태를 보여준다. 영화 속의 치는 현대의 기술뿐만 아니라 도시 그 자체를 구현하고 있다. 그녀는 오만한 기계 어머니(machine-mother)로, 그녀와 주인공이 처음으로 강렬한 사랑을 나누는 엘리베이터 통로를 통해 형상화되고 있는(Xavier 1993, 144-9) 그녀의 소용돌이 모양의 자궁은 "부드러운 자궁 감옥"(147)을 표상한다. 그녀는 저개발 자체가 갖는 조건의 모순성과 허위성의 메타포다.

그러나 주변부 국가에서 현대성은 하나의 복제에 지나지 않는다는 사상은 이미 모데르니스모 운동 자체와 정확히 일치하고 있다. 마리오 데 안드라데 소설 속에서 이런 복제특성(simulacrality)―지시 대상의 부재(referential emptiness)―의 기호적 의미는 1926년 서문에서 안드라데가 《마쿠나이마》의 '스타일'을 정의하면서 제안한 고대 그리스의 광상 서사시를 의미하는 '랍소디(rhapsody)'라는 말인 것으로 보인다(1978, 221). 《마쿠나이마》가 독일 민족지리학자인 테오도르 코흐-그륀베르크(Theodor Koch-Grünberg)의 《로라이마에서 오리노코까지 Vom Roraima zum Orinoco》(1917)라는 제목의 책에 나오는 아메리카 인디언들의 구전 설화집에서 상당히 많은 부분을 의존하고 있다는 광범위한 주장을 부정하는 라이문도 모래스(Raimundo Roraes)에 대한 1931년의 잘 알려진 답변에서 마리오는 다음과 같이 말하고 있다.

> 내가 놀라고, 또 나를 비난하는 사람들의 숭고한 선의라고 생각하는 것은 내가 모든 사람들을 베꼈는데도 자신들이 알고 있는 모든 것을 잊고서 내가 베낀 것을 단지 코흐-그륀베르크에 한정시켰다는 점이다. […] 나는 내가 베꼈다는 것을 인정한다. 때로 글자 그대로 베끼기도 했다 […] 나는 민속지

리학자들과 아메리카 인디언들의 텍스트뿐만 아니라 […] 포르투갈 식민지 연대기 작가들의 […] 문장 전부를 가져왔다. […] 종내는 […] 브라질을 베꼈다. 최소한 내가 그것을 통해 브라질을 풍자하는데 관심을 가진 한에서는 말이다. 하지만 풍자라는 개념 자체조차 나의 것은 아니다. […] 따라서 내게 남겨진 유일하게 [독창적인] 것은 우연하게, 우연한 때에 브라질을 발견하고, 브라질을 포르투갈 소유라고 주장한 [페드로 알바레즈 Pedro Alvares] 카브랄스(Cabrals)의 우연한 사건이다. 내 이름은 《마쿠나이마》의 겉표지에 쓰여 있고, 이것은 누구도 나에게서 빼앗을 수 없다.(322-3)

이와 같은 공개적인 표절에 대한 인정은 분명히 독창적인 민족 문화를 창출할 것을 요구했던 동시대의 모데르니스모 운동의 요청의 근간을 붕괴시킨 것이다. 이것은 입말이나 자연적인 언어가 보다 특권을 가진 형식이며 문어적 표현의 대상이라고 여겨지는 때에 소설의 문어성(literariness), 즉 소설의 반복 가능하고 반복되어지는 텍스트성을 전면으로 내놓는다. 따라서 '식인풍습파 소도서관'의 독창성은 '모든 것은 표현될 수 있다'라는 보르헤스의 문서 보관서의 경이로운 충체성 앞에서 안개처럼 사라진다. '미개인'이란 말은 "[그에 대한] 모든 것이 이미 쓰여졌다는 확정성", 즉 결국은 그를 무가치하게 만들거나 아니면 단지 환상이나 신호로 만들어버리는 이미 앞서 존재하고 있던 이성 앞에서 의미가 전도된다(Borges 1993, 61, 65)

따라서 "처녀림 저 깊은 속"에서(7) 태어난 "우리 민족의 영웅"(Andrade, M. de 1978, 148)에 관한 이 소설이 국가에 대한 하나의 설화, 즉 고유한 브라질의 복제를 염두에 두고 쓰인 것이라면, 그것은 오직 공허한 복제에 지나지 않는다. 왜냐하면 브라질은 필연적으로 스스로 변화하기 때문이다. 마리오가 발견한 것처럼 브라질은 언제나 이미 고유하지 않으며(impróprio), 브라질의 정체성은 존재하지 않는 단어이다.

《마쿠나이마》(마리오는 1926년에 서문을 썼다)에서 나의 흥미를 끈 것은 내가 브라질의 민족적 정체성에 대해 내가 할 수 있는 한 노력하며 발견하고자 계속 열중한다는 점이었다. […] 브라질 사람들은 특성이 없다. 내가 뜻하는 특성은 단순히 도덕적 현실이 아니라 […] (오히려) 영속적인 영적 정체성이며, 악할 뿐만 아니라 선한 사회적 습속, 외부 활동, 감정, 언어, 그리고 역사 등 모든 것에 그 모습을 드러내는 것이다. 브라질 민족은 고유의 문명(civilizaçao própria)도 전통적 의식도 가지고 있지 않기 때문에 특성이 없다.(218-19)

브라질 사람임(Brazilian-ness)을 공허하게 만든다는 점에서 민족적 상징주의는 대개 주인공 마쿠나이마의 이야기가 믿을 수 없는 것이 되었다고 말하는 '황금 부리를 가진 초록 앵무새'에 속하는 것이다. 이 시인이 민족의 랩소디가 등장하는 이야기를 암송할 때, 그의 머리에 내려앉는 앵무새는 이야기의 정당성을 보여주는 왕관 또는 문장(紋章) 같은 것으로 보이며, 시인이 불순한 언어로 우리 민족의 영웅의 이야기를 말하는 것을 관장하는 빛이자 날개 달린 토착 생물로 여겨진다. 하지만 우리는 마쿠나이마는 어떤 민족의 영웅인가라고 물을 수 있을 것이다. 이렇게 질문했다고 해서 내가 이 소설의 상징적 구조가 두 개의 텅 빈 장소(특성이 없는 영웅과 특성이 없는 민족) 사이의 비유적 연결 속에 내재하기 때문에, 소설 속의 민족적인 장소는 궁극적으로 무엇인가를 나타내는 진공이라고 단순하게 주장하려는 것은 아니다. 내가 묻고자 하는 것은 마쿠나이마의 이종적이며 불가지론적 정체성을 고려해볼 때, 이 주인공이 그렇게 명백하게 '민족'(a gente)과 연관될 수 있는지, 그리고 그가 그 민족의 영웅이며, 민족의 이름으로 그 이야기가 쓰인 것인지, 마지막으로 앵무새가 구현하는 술화적(述話的) 권위의 원천이 사실 그 소설의 빈자리들 중 가장 큰 빈자리가 아닌가 하는 점이다.

마리오는 1942년의 편지에서 "마지막 장의 내용 전부가 극심한 격동과 슬픔과 함께 완성되었다. 마지막 장을 나는 두세 번 다시 읽었다. 〔…〕 나는 슬퍼하면서도 그 이야기가 진실이 아니길 바라는 애정 어린 욕망에 몸부림쳤다"(280)라고 마치 문학적 인물인 마쿠나이마의 등장이 세르토(Michel de Certeau)의 "말(speech)의 죽음"(1986, 78)에 의해 좌우된다고 주장하는 듯 쓰고 있다. 이것은 몽테뉴가 "이미 무척 진행되었다"(1928, I, 228)고 추측한 식인종의 '파멸', 즉 '원래' 이야기와 그 이야기를 말하는 '원래' 화자의 이중 침묵이다. 그리고 그것은 정확히 앵무새에 의해 보완되는 부재의 존재이다. 이 앵무새는 "마쿠나이마가 아마존의 위대한 황제이던 저 먼 과거의 그 때"(148), 이 영웅의 머리 위를 마치 새로 된 왕관처럼 날아다니던 하늘을 뒤덮던 앵무새들 중 마지막 앵무새이다. 결국 모든 앵무새 수행원들은 옥수수를 찾아 "영국인들의 땅"으로 날아가 버리고(139), 막 "그 사람"이 이야기를 시작하기 직전에 그 앵무새/화자는 스스로 "리스본을 향해 날개를 폈다."(148) 따라서 민족의 새는 마쿠나이마의 파괴된 (설화적) 권위의 파편으로 남은 잉여물이다. 그 토착성에서 얻어진 정당성은 그것이 어떤 것이든 마지막 리스본으로의 비행 속에서 사라져버린다. 왜냐하면 앵무새의 몸은 문자 그대로 은유적인 것, "처녀림의 저 깊숙한 곳"과—이것은 라울 붑에 따르면 "식인적 화살"에 의해 지시되는 민족적 토대를 대변한다(Bopp 1966, 71)—정체성의 비진실성의 원형, 즉 그 나라의 지질학상 가장 반대편의 장소인 구식민지 도시 사이에서 횡단 혹은 위치 변화하는, 미결정 상태에 있는 몸이기 때문이다.

"저 광활한 하늘에 홀로 떠 있는"(145) 의인화된 성좌인 우르사 메이저로 마지막 변형될 때까지 오랜 기간 동안 금발, 푸른색 눈의 외부인이었던 주인공 마쿠나이마처럼 그 앵무새는 소외된 토착 동물이 되어 숲은 더 이상 고향(país)이 아니다. "그때 마쿠나이마는 더 이상 이 땅에 살아갈 어떤 가치도 찾아볼 수 없었다. [⋯] 어쩌면 최소한 그는 친척 모두와 이제는 쓸모없는 광휘를 비추며 살고 있는 [⋯] 지상의 존재들의 조상들처럼 되고 싶은 건지도 모른다."(144) 숲은 더 이상 민족적 무의식의 특권을 부여받은 곳이 아니라 이교도의 외지로 새롭게 태어났다(료따르가 지적하는 것처럼, 이교도 (pagus)는 어원상 국가(país)와 연결되어 있다.[1977, 43]) 숲은 주변, 숨겨진 곳, 지난날의 식민지 세력이 스스로를 중심으로 재차 확인하려는 것과 대비되는 "비중심적, 비제한적, 거짓"의(230) 땅이다. 이 이교도들('원주민'과 '자연')은 전복되어 결국 글의 창작품이 되어버렸을 뿐만 아니라, 낯설어지고 민족의 정체성과는 양립할 수 없게 되었다. 앵무새의 비행으로 묘사된 화살은 마침내 소설의 언어 그 자체의 화살, 즉 인간 화자가 앵무새의 믿을 수 없고 해로운 "완전히 새로운 말"(147)로 해석한 반(反) 말라르메적인 불순한 언어(148)가 된다. 따라서 소설이 자신의 순결한 지시 대상과 일치되고자 할 때 ("우리 민족의 영웅인 마쿠나이마가 태어난 처녀림 깊숙한 곳에서"[7]) 소설의 글쓰기는 대상과 분리, 즉 연기(延期)되고, 비유적으로 말하자면 지배하는 자의 목소리의 권위가 시작되는 '믿기 어려운' 곳으로 휘어 들어가기 시작한다. 이런 의미에서 앵무새는 마쿠나이마의 기술적 특성(technicity)의 전달자이며 표식, 환영과도 같은 흔적, 민족 말살적 침묵의 메아리가 되어 소설의 마지막 문장에서 우스꽝스럽고 구슬프게 울려 퍼진다. 이 메아리는 소설의 글쓰기를 가능하게 하지만 그것을 쓰는 것은 오직 이 메아리의 대체물이자 대리자, 혹은 "비어 있음이라는 특징에 의해 [그] 구조 속에서 지정된 한 장소"(Derrida 1976, 145)가 될 뿐이다.

안드라데가 투피족 구전 설화를 반복하면서 동시에 형식상으로 종결짓는 문장인 Tem mais não 라는 말은 문법적으로 정확히 não tem mais(더 이상은 아무것도 없다)의 구어적 (혹은 '대중적') 형식이다. 마리오 자신의 소설 해석처럼 《마쿠나이마》의 마지막 구절은 현존에 대한 후회와 불가능한 욕망을 표현한다. 그 문장은 긍정적인 것으로 시작되어(tem mais 그 이상의 무언가가 있다) 부정적인 것으로 끝난다. 나머지(mais)는 외형적으로는 마지막 관사(não)에서 삭제되지만, 그것은 여전히 그 부정 속에 지워질 수 없게 각인되어 있다. 왜냐하면 não는 다시 한 번 생략된 관사 즉, 〔não〕 tem mais, não의 대체물이자 중복되기 때문이다. 항상 그리고 이미 존재하지 않는 어떤 문화적 현존에 대한 소설의 부름을 반복하는 이 마지막 단어는 부가(附加)이자 동시에 삭제, 즉 과거에 결코 없었거나 아니면 그것의 순수성이 사멸에 의해 창출되는 순수한 세계의 보충물이다.

위에서 인용한 1942년에 쓴 편지에서 마리오는 자기 세대의 브라질 모더니스트들이 《마쿠나이마》를 "브라질적 감정의 서정적 투사물, 순수한! 알려지지 않은! 브라질의 미지의 영혼!"으로 보았으나 "절대 그렇지 않아! 세상에! 나치의 개가 훨씬 더 순결하다!"(1978, 280)〔라고 그는 그것을 부정한다〕고 썼다. 마리오와 그의 동료 브라질 모데르니스모 작가들을 구별해주는 것은 정확히 마리오가 서양의 장대한 해방적 설화의 반복을 주저하는 데 있다. 바로 이와 같은 주저함, 더 나아가 사회적, 기술적 진보라는 실현 가능한 목적론을 통해 미래의 약속을 진척시킬 인식론적 출발점 바로 앞에서 그를 사로잡은 것으로 보이는 불안이 마리오의 다른 점이다.

> 현대와 같은 사회적 변혁이 일어나는 시점에 앞으로 일어날 일, 그 누구도 알지 못하는 어떤 것을 약속한다는 건 어려운 일이다〔라고 그는 (1928년의) 다른 미간행 서문에서 고백했다〕. 〔…〕 나는 과거로의 회귀를 원하지 않는다. 그리고 그런 이유 때문에 나는 과거로부터 규범적 우화를 수집할 수 없다. 또한 예레미야 (예언적) 방식도 나에게 소용없는 것 같다. 현재는 짙은 안개 같은 구름이다(O presente é uma neblina vasta). 주저하는 것은 허약함의 신호라는 것을 알고 있다. 그러나 내 경우엔 주저함이 문제가 아니다.

미지의 것의 이름까지 알아버리는 것이 진정한 무능력, 최악의 것이다.(238-9)

사실 이 소설의 마지막 단어는 민족의 정체성과 자연적 브라질의 순결성 간의 생득론적 연결을 지워버린다. Não는 앵무새의 비행 중에 보여준 숭고한 십자가 모습을 통해 소설 속 이야기가 갖고 있는 '원(元)' 지시 대상이 삭제된 과정을 다시 한 번 반복한다. 이 깃털 십자가의 성서적 울림인 não는 토착적 설화, 그리고 이 설화가 갖는 의미 구조를 보존하기보다는 삭제하고, 심연(en abyme: 원래 문장학(紋章學) 용어인 이 말의 원의(原義)에 가까운 의미는 문장(紋章)의 '가운데 자리' 이다)속으로 던져버린다. 따라서 마지막 구절은 침묵이 강요된 부족어(部族語)의 불순한 번역(대체물)이다. 이 마지막 구절을 통해 독자는 번역의 중개인 역할을 하는 앵무새가 아니라, 빛나는 별자리로 변한 영웅, 해체되었다 다시 모양을 갖춘 모든 마쿠나이마들에게로, 말하자면 "수많은 연쇄들이 연기(defer 延期)하는 바로 그 감각, 즉 사물 자체, 즉 각적인 현존, 원래의 지각(知覺)의 이미지를 생산하는 보충적 중개를 어쩔 수 없이 복제하는 무한한 하나의 연쇄"(Derrida 1976, 157)로 안내된다. 이런 식으로 tem mais não는 새로운 부정적 변증법의 무대를 마련한다. 이 변증법적 무대에서 브라질 모데르니스모 작가들이 했던 것처럼 자연적 인간(natural man)을 현대성, 즉 민족성에 대한 하나의 잉여물로 제시하거나 식인풍습파식으로 정신의 변증법 속에서 지양되고 회복된 영적(정신적), 긍정적 용어로 제시하는 것은 중단된다.

따라서 소설 결말부에 나타난 마쿠나이마의 승천, 주인공의 성진설화(腥塵說話, 별자리 이야기)로의 전환("모든 존재의 슬픈 목적지"(252)인 "아름답지만 쓸모없는 별빛"(144))은 '희망적인 신호'가 아니다. 그것은 목적(telos)이 아니라 그 목적이 쪼개진다는 것을 말하고 있다. 그것은 칸트의 《실천이성비판》

의 마지막을 장식하는 "머리 위에 빛나는 하늘과 내 속의 도덕적 법칙"("내 마음을 언제나 새롭고 갈수록 더 해가는 황홀과 경이로 채우는 이 두 가지") 사이의 변증법적 균형상태를 깨뜨리고 있다(1993, 169). 칸트는 하늘의 무한성은 첫 순간 "그것이 원래 출발한 (우주 속에 단 하나의 점에 불과한) 행성으로 돌아가야 할" 동물로서의 개인의 중요성을 파괴한다. 동시에 "수많은 세계의 다중성을" 파악하고 이해하는 자아의 능력은

> [⋯] 나의 인성을 통한 지성(intelligence)의 다중성으로 무한히 나의 가치를 올린다. 그 속에서 도덕적 법칙은―최소한 그것이 그 법칙에 의한 나의 실존에 부여된 최종 목적지에서 연역될 수 있는 한, 그리고 그 목적지가 생의 조건과 한계에 제한되지 않고 영원에 이를 수 있는 한―모든 동물성과 심지어 모든 감각의 세계에서 독립된 하나의 삶을 드러낸다.(169)

마쿠나이마가 성진설화로 산개되는 것을 문학의 내부로의 선회라고 해석하는 것은 이런 자위적인 내부의 영원성을 미학적 용어로 옮긴다는 의미를 담고 있다. 이런 해석은 또 공허, 즉 이 소설의 에필로그에서 반복되는 (또는 메아리치는) 만성적 민족살해적 침묵에 대한 일종의 공간화로 볼 수 있는 "광활한 하늘"(145)을 볼 수 없게 만드는 것이다. 《마쿠나이마》의 성진설화에 관한 나의 독법(讀法)은 오히려 니체의 《선악의 저편 Beyond Good and Evil》에 들어 있는 다음의 구절에서 잘 이해할 수 있다. "태양 주위에는―우리가 결코 볼 수 없는 그런―수많은 어두운 물체들이 존재한다고 추론할 수 있다. 이것은 하나의 우화, 우리들 간의 우화다. 그래서 어떤 도덕 심리학자는 별자리 이야기는 전부 다 많은 것을 비밀로 유지할 수 있는 비유이자 기호 언어에 지나지 않는다고 본다."(1990, 118) 해명 혹은 폭로적 계기(석명〔釋明 Erschlieβung〕), 다시 말해 태양의 핵 자체로 파고 들어가고자 하는 인

식론적 소망의 표현은 계몽이라는 태양과 이 태양의 배후로 비대칭적으로 구부러져 있는 다른 곳, 즉 어두운 면으로 나가거나 아니면 결말(Abschluβ), 종결, 즉 은폐된 곳 안으로 들어가는 모든 길을—변증법적으로—관통하고 있다. 외부로부터 내부의 도덕적 무한성을 추론하는 칸트와는 달리 니체의 우화는 '별이 빛나는 하늘'을 윤리적 속죄로 해석할 수 없게 한다. 니체의 우화는 해명(erschliessen)으로부터 인식적 외부 테두리로, 다시 말해 문지기(Schlieβer)의 역할과 유사하게 별들의 비밀(침묵), 별들의 비유적 모호성을 해석하고 밝히기보다는 오히려 그 비밀을 수호하는 한 사람의 해석자(도덕심리학자)가 감시하는 입구로 이끈다.

별이 된 마쿠나이마는 차단의 기호, 즉 이야기와 해석학의 '다른 쪽'에 대한 기호, 미지의 이야기될 수 없는 것, 니체적 의미에서 우화적이며 비유적인 것의 핵심 이미지이다. 따라서 《마쿠나이마》의 성진설화 배후에 놓여 있는 윤리적(민족적, 미학적) 의식이 무엇이든 간에 그것은 '너무 많은 것들'로 해체되거나 아니면 '실질적인 무'와 다름없는 것, 사실상 성좌에 대한 전설만큼이나 임의적이며 우연적인 "천문학적 질서의… 임의적인 어떤 것"(63, 64)으로 용해되어버리고 만다. 니체가 가정한 인간 육체의 공간적 분석이 그랬던 것처럼 (이것을 통해 "우리는 정확히 성운 체계와 똑같은 이미지를 획득한다") 영웅-성좌는 "유기체적인 것과 비유기체적인 것, 그리고 육체적인 것과 정신적인 것 사이의 구분"을 붕괴시킨다(1968, 357). 그리고 큰곰자리가 보여주는 우연적인 천체의 결합구조는 정확히 파괴, 즉 칸트 식의 보편적 윤리학, 계몽주의 계획 그 자체의 기반을 흔들어놓기 위해 복귀한 '이교도주의(paganism)'의 파편화된 모습을 '반영'하고 있다.

이 영화의 비유적인 구조가 가진 효과들 중 하나는 이 소설이 갖고 있는 현대성에 대한 '비판'의 경계를 좁혔다는 점이다. 페드로 데 안드라데 스스로 지적한 것처럼 모데르니스모 운동으로의 복귀를 촉발시킨 것은 이 운동이 취한 '모더니즘 이데올로기'의 무비판적인 수용에 대한 비판적인 재검토는 아니다. 모데르니스모 운동의 교훈은 다른 곳에 있다.

> 1922년의 모데르니스모 운동가들은… 원칙적으로 소통적이고 탈소외적인 것이기를 원하는 진정 브라질적 발전 과정을 위해 우리의 실재와 무관한 모든 수입된 가치와 기술을 거부한다[했었다]. 이 논리에 따르면 이 운동이 생산한 작품들은 현실적으로 나타났던 것보다 훨씬 더 강력한 의사소통을 보유했어야 했다. 하지만 이런 좋은 의도에도 불구하고 이 운동의 복잡한 지적 전개 과정과 지적 겉치레는 그런 의사소통을 불가능하게 만들었다. 우리는 현재 상황에서 1922년의 그 운동을 재검토하고 싶다.(1988b, 74)

내 생각에 이 영화가 해석될 필요가 있는 부분은 바로 대중 예술가와 대중 사이의 분리, 혁명적 정치나 대중적 민족주의 계획인 '시네마 노보(Cinema Novo)'의 붕괴라는 측면이다. 1969년 베니스 영화제를 위해 작성한 영화 소개란에서 〈마쿠나이마〉의 감독은 오스왈드 데 안드라데의 1928년 '카니발리즘 운동 선언'이 이 영화와 중요한 문화적 관련성이 있다고 지적하면서, 브라질의 상황이 1920년대 이후 변화된 것이 없으며, 여전히 동일한 사회적 불평등과 잔혹한 착취가 존재한다고 주장한다(1988a, 82). 따라서 영화가 모데르니스모 운동으로 선회한 것은 그 자체로 은유적이다. 그것은 '현대화'의 붕괴를 보여줄 뿐만 아니라 현대적인 것을 연기(延期)와 반복의 구조, 즉 '새로운 것' 혹은 '앞으로 올 것'이 변화를 위한 실체 없는 욕망의 '전인미답'(non-place[u-topos] 이상향)을 의미하는 구조 속에 집어넣었음을 보여준다. 그렇게 사회적 변혁의 지평이 사라져버렸다면 '시네마 노보'의 정치적 교육학이 남긴 것은 무엇인가? 그 혁명적 교육의 대상이었던 잠재적인 혁명적 계급은 어디로 추방되어버렸는가?

이 운동의 주요한 이론가들 중 하나인 글로버 로차(Glauber Rocha)에 따르면 '대중적 영화'는 '대중을 소외시키는' 부르주아 미학을 '기아의 미학(aesthetic of hunger)'으로 대체하려 한다. 이 운동의 목표는 "대중에게 자신들이 처참함을 다시 의식하도록 만들고"(Ramos 1983, 76에서 재인용) 영화 생산을 궁극적으로 민족을 의존적 혹은 '신식민주의적(neo-colonialist)' 신분에서부터 해방시킬 대중적, 혁명적 교육학과 연계시키는 것이다. "영화 제작자의 이름으로 오퇴르(auteur)*가 출현한 것은 우리 시대의 새로운 예술가를 선포한 것이다… 오퇴르는 진실에 가장 큰 책임을 지고 있는 사람이다. 그의 미학은 윤리학이며, 그의 미장센(mise-en-scène, 연출)은 정치학이다… 상업적 영화가 전통이라면 오퇴르의 영화는 혁명이다. 현대 오퇴르의 정치학은 혁명적 정치학이다."(1963, 13, 14)

이 운동에 대한 영향력 있는 분석에서(1978) 베르나르데(Jean-Claude Bernardet)는 군사 정권에 의해 10여 년 동안 추진된 문화 정책의 목적은 '시네마 노보' 감독들을 의식화되기 시작한 새로운 대중으로부터 분리시키는 것이었다고 주장한다. 예를 들어 1975년까지 군사정권은 할리우드 영화 배급을 제한하지 않았으며, 사실상 정치적이거나 '예술적인' 영화는 매우 제한된 관객만이 관람했다. 역설적이게도 브라질이 1960년대 초 좌파에 의해 도입된 민족 문화의 가장 인정할 만한 요소들을 광범위하게 재성의하는 문화적 민족주의 프로그램을 발진시켰던 때는 이 나라의 제2기, 즉 가장 억압적인 시기였다. 라모스(José Ortiz Ramos)의 주장처럼 1964년 쿠데타에 의해 급작스럽게 취소된 민족주의자들의 꿈은 1970년대 초에 초보수적, 군국주의적 국가 이데올로기로 다시 수면 위로 부상했다(1983, 94-5).

그런 이유로 1970년에 교육 문화 장관(파사린호, Jarbas Passarinho)은 다

---

* 작가주의 영화감독.

음과 같은 성명서를 발표하게 되었던 것이다.

> 내 생각에 이상적 문화는—그것이 브라질 현실과 분리된 것이 아니며, 민족적인 측면에서 국가 자체를 확인하는 데 도움이 된다는 의미에서—사람들을 소외시키는 않는다… 나는 〔이 문화가〕 민족적 정체성에 대한 믿음을 떠받쳐야 한다고 생각한다. 이 문화는 수입된 것일 수 없으며, 우리가 오랫동안 이 나라에서 경험했던 문화적 식민주의의 형태를 띨 수는 없는 것이다.(Ramos 1983, 92에서 재인용)

브라질 영화의 해외 배급을 증진시킨다는 표면적인 요구에 의해 국영 영화사(엠브라 영화사〔Embrafilme〕)가 설립된 1969년 이후에 영화 산업에 대한 국가의 간섭은 나날이 심해졌다. 엠브라 영화사가 추진했던 것은 사실상 민족주의적 영화 내용을 보다 강력하게 통제하는 것이었다. 교육 문화 장관이 영화 생산과 배급을 위한 일련의 유인책을 제시한 뒤 국가의 공식적인 이야기를 되풀이하거나 대중적 소비를 겨냥한 역사물들이 크게 유행했다. '잠재직인 혁명직' 계급과 유리된 '시네마 노보' 운동은 사회적 의미에서 내부로 선회했다. 즉 대부분의 '시네마 노보' 감독들의 출신지인 지적 엘리트 쪽으로 방향을 전환했다. 루이 게라(Ruy Guerra)가 이 글 모두(冒頭)의 인용문에서 주장한 것처럼 작가주의 감독이 초월하려 했던 윤리학과 미학 사이의 단절이 극단적으로 부활된 것이다.

이런 맥락에서 치의 호전성과 '시네마 노보'의 혁명적 교육학 사이의 교차는 특별한 연관성을 지닌다. 말하자면 영화에서 '치'라는 존재는 대중적 영화를 만드는 것이 불가능하다는 것을 보여준다. 무장투쟁의 무모함을 비판하기 위해 등장했든 아니면 적대적인 것("소외"와 호전성, 가부장제에 대한 "페미니스트적" 취급과 소비 문화로의 투입〔Xavier 1993, 148〕)들 간의 유토피아적인 화해를 대변하기 위해 등장했든 상관없이 폭탄 폭발로 어린 아들과 함께 죽은 치라는 등장인물은 동시에 영화에서 유일한 적대적 인물, 즉 (그녀의 정치적 헌신이 애매하기 하지만) 물질적 획득의 원칙 이외의 다른 어떤 것을 위해 자신의 생명을 희생한 유일한 인물이다. 그런 의미에서 그녀가 자리한 정치적 공간은 '시네마 노보'의 정치적 교육학과 교차되고 있다.

치의 무장투쟁의 무목적성, 무장투쟁과 혁명이나 사회적 변화와 같은 눈에 띠는 지평들과의 단절은 진실, 궁극성 혹은 통일성이 효과적으로 제거된 급진적 '포스트모더니즘' 정치학을 선취하고 있는 것으로 보인다. 그녀의 투쟁은 어떤 동원 프로그램이나 의도적인 공공적 혹은 정치적 추종자들도 포함하고 있지 않다. 그녀의 투쟁 목적은 적을 일시적으로 무력화시키거나 보복 또는 복수(rétorision)—"소수의 사람들, '약자들'을 일시적으로 가장 강력한 자들보다 더욱 강력해지게 만드는 책략이나 계책"(Lyotard 1977, 154)—로 축소되어 있다. 치의 정치 투쟁을 세밀하게 살펴보면 '시네마 노보'의 해방 미학이 국가정치학의 외륜(外輪)으로 위치 전환되고 있음을 볼 수 있다. 이 과정은 결국 치의 '자기 목적인' 혁명 프로그램에서와 마찬가지로 '대중 영화'에서도 '민중'이 제거되어버리는 결과가 되고 말 것이다.

이렇게 은유적으로 민중을 제거한 모습은 카니발리즘 운동의 수사학을 영화적으로 되살려낸 영화인 1971년 도스 산토스(Nelson Pereira dos Santos)의 〈나의 작은 프랑스인은 얼마나 맛있었던가 Como era gostoso o meu francês〉에서도 만날 수 있다. 도스 산토스는 진정한 작가주의 영화감독으로 일컬어져왔다(Rocha 1963, 82). 엠브라 영화사가 출자한 1972년의 최고 흥행작 중 하나인 이 영화는 교육 문화 장관이 발의한 역사물에 대한 활발한 진흥정책의 일환으로 만들어졌다. 이 영화의 플롯은 주로 카니발리즘의 고전 중 하나인 1557년 한스 스테이든(Hans Staden)의 억류 이야기를 토대로 하고 있다. 민속지리학적 자료는 티벳(Thevet)의 《우주형상지학

Cosmographie》과 레리(Léry)의 《항해기 Historiee dun voyage》에서 발췌한 것이다. 반면 몽테뉴의 유명한 에세이는 이 영화의 기풍에 대해 말해주고 있다. 재구성된 역사적 상황은 16세기 중엽 프랑스와 포르투갈 식민지 개척자들 간의 구아나바라 해협(Guanabara, 지금의 리우데자네이루) 소유를 둘러싼 전투다. 투피남바 부족은 프랑스와 연합했고 스태이든은 포르투갈에 고용된 독일 용병이었으므로 투피남바 부족에게 잡힌 그가 겪는 어려운 상황은 영화 주인공의 상황과 동일하다. 그러니까 죽음을 면하기 위해 스태이든은 자신을 붙잡은 사람들이 자신의 갈리아족 조상이라고 설득하고 있다. 영화에서는 주인공이 잡히는 역사적 배경뿐만 아니라 (영화의 제목이 보여주듯이) 주인공의 국적도 뒤바꾸고 있다. (영화 제목에서 알 수 있듯이 붙잡혀 잡아먹힘으로써 여행을 끝내게 되는 것으로 추정되는 이 프랑스인을 위해 예비된 기독교 유럽으로의 운명적인 귀환은 존재하지 않는다.) 그래서 영화의 주인공은 그때그때 가톨릭이나 위그노파 지배자들의 무자비한 명령 하에 5년 동안(1555~60) 비에가농을 장악한 구아나바라 섬의 프랑스 정착지인 콜리니 요새(Fort Coligny)의 사령관에 대한 암살 음모를 꾸몄다는 혐의로 (철사로 온몸이 묶인 체 비다에 던져저) 처형되거나 추방되는 용병이다. 해안무역(추추의 브리질 목재)의 통제권을 두고 프랑스인과 포르투갈인들 간의 수십 년에 걸친 전투 끝에 이 섬은 식민지로 확정된다.

   스태이든 이야기에서는 구제되는 용병 이야기 줄거리가 영화에서 변경되는 데서 이미 암시되고 있는 것처럼 영화와 원작과의 관계는 단순히 기록적이기보다는 보다는 논쟁적이다. 이 영화는 그 자체로 식민지 기록에 기초해 민속지리학적, 역사적 신빙성을 끌어냄과 동시에, 주제 면에서 바로 그 텍스트에 부여된 인식론적 권위를 전복하고 있다. 기록의 타당성을 훼손하는 가장 일반적인 방법은 기록을 스크린 상의 이미지와 대치시키는 것이다. 영화의 서두에 뉴스 영화 형식으로 (1557년 그 섬의 주민이 존 캘빈[John Calvin]에게 보낸 편지에서 가져와) 전하는 콜리니 요새에서 반란을 일으킨 용병 몇 사람의 우연한 익사 기록은 사슬에 묶여 바다로 내던져지는 주인공이 나오는 장면에 의해 거짓임이 드러난다. 원작의 혼돈과 영화적 진실(vérié)의 병치를 통해 이 영화는 분명 몽테뉴의 자연인(natural man)에 대한 식인풍습과적 재확인으로 자리매김 될 수 있을 것이다. 따라서 〈나의 작은 프랑스인…〉은 오스왈드의 '선언'이 보여준 간명한 예언―"옷을 입은 사람에 대한 반응. 미국 영화가 우리에게 알려줄 것이다"(1972, 14)―을 분명하게 실현해 주고 있다.[2] 영화 내내 (여자뿐만 아니라 남자도) 과도하게 전면을 모두 노출하는 것은 유사한 주제를 보여주는 것으로 보인다.

자연인에 대한 식인풍습과적 정당성의 확인은 주인공이 투피남바족에 잡혀 1558년 조델레(Etienne Jodelle)의 《Ode sur les singularitez de la France Antarctique dAndré Thevet》에 나오는 "이 야만인들은 벌거벗은 채 돌아다니지만, 우리는 아무것도 모른 채 화장을 하고 마스크를 하고 걸어간다"(1965, 124 Ces Barbares marchent tous nuds : / Et nous, nous marchons incogneus, / Fardés, masquez)는 구절을 암송하도록 명령받을 때, 이 영화의 모토라고 부를 수 있을 만한 다음의 연출에서 집약적으로 드러난다.[3] 영화는 이 구절을―검은 스크린에 하얀 자막으로―9개의 중간 제목으로 나누고 영화 〈내 작은 프랑스인…〉 전체에 배치시킴으로써 텍스트의 공간 속에서 카니발리즘에 대한 투피족의 윤리학, 즉 일종의 억압받는 원시인들의 복수를 재연한다.[4] 즉 이 영화는 식민지 기록을 잡아먹고 있는 것이다. 식민지 기록은 그 완결성을 상실하고, 새로운 (영화적) 전체의 일부로 흡수된 것으로 재기억된다. 그런 의미에서 이 영화는 '카니발리즘 운동'이 행한 것과 동일하게 순화하는 연대기를 역전시키고자 하는 것이라고 볼 수 있다. "우리는 피니스테레 곶에서 시작된 인간의 모든 역사에 반대한다."(Andrade, O. de 1972, 16) 실제 이 역사적 출발점―궁극적인 브라질의 (식민지) 정체성에 대한 갈등과 우유부단함의 계기—은 브라질적 특성이 갖는 기독교적, 포르투갈적인 요소들이 실제로는 역사적 우연(사건)의 결과라는 점을 암시하는 듯하다.

그럼에도 불구하고 영화적 재현의 '인공성'이란 측면에서 영화가 알몸을 사실로 확정짓는 것은 모순적이다. 다시 말해 벌거벗은 채 걸어 다니는 사람은 연기자들, 감독 자신의 표현을 빌자면 이파네마 인디언들이다.[5] 이 연기자들의 정성들여 치장한 몸은 이 경우 벌거벗은 야만인으로서의 자신들의 역할에 적합한 의상 혹은 가면으로 기능하고 있다. 이런 의미에서 알몸과 위장 사이에는 아무런 차이가 없다. 나체성이라는 수사(修辭)를 사용함으로써 영화는 원시인의 파멸을 기록하고 있는 동일한 수사학적 구조 속에, 즉 그 영화(〈내 작은 프랑스인…〉)에서 궁극적으로 역사성을 빼앗아버리는 재생산과 재표현의 순환 속에 (영화) 자체의 원시인 상을 집어넣는다. 이 영화가 복원하기 시작하는 문화적 비밀을 간직한 사람들의 흔적을 그대로 유지하는 원작과는 달리 영화는 어떤 지시 대상이 없다. '이파네마의 인디언들'의 가면을 쓴 나체에, 그리고 궁극적으로 이 영화의 역사 편찬적(historiographic) 기획 자체에 각인된 것은 이런 문화적 죽음이다. 사실상 이 역사 편찬적 기획이 스스로가 비난하면서 동시에 전복시키려 했던 폭력과 연루되어 있는 상황이 바로 이 영화적 공간의 '빈틈' 속에 각인되어 있다. 따라서 '본래의' 식민지 상황으로의 복귀는 역사라는 기호가 아니라 비유라는 기호로 수행되고 있다. 오스왈드가 주장한 세계관(Weltanschuung)을 구성하는 모델과는 달리 영화 속의 카니발리즘은 자의적으로 '처방적' 역할을 수행한다. 이것은 민족주의적 혹은 지역적 의미의 현대성에 들어가는 전략, 즉 보수적, 신자유주의적 개발 모델에 극단적으로 반대하는, 공격적이며 '복수의 형태를 띤' 현대화 전략의 윤곽을 그려 보이고 있다. 카니발리즘 운동은 오스왈드가 언젠가 "제3의 해결책"(1991a, 236)이라고 말한 것을 비유적으로 나타내고 있다. 이 경우에 제3의 해결책은 중심과 주변간의 경제적, 문화적 관계를 정의하는 불평등한 상호교환에 대한 대안적 모델, 즉 로차의 '기아의 미학'을 뒷받침하는 국가적 자유 정치와 동일선상에 있는 글로벌 자본주의와의 관계를 끊는 것을 말한다.

이것은 하지만 하나의 정치적 처방으로 주인공인 프랑스인이 투피남바 부족에게 잡히는 장면에서 그 수사법적 발상이 강조되고 있다. 추장 쿤함베베가 던지는 '언어 시험'에 대해 포르투갈 병사들은 요리법을 암송함으로써 대응한다. 이것은 (포르투갈 사람들의 유명한 폭식을 보여주기 때문에) 민속적 혹은 상투적인 방식으로 자신들의 민족적 정체성을 재확인하면서, 동시에 그들이 궁극적으로 사지가 잘려나가고 잡아먹히는 상황을 보장하고 예시하는(즉 규정하는) 언어행위이다. 이런 맥락이 보여주는 섬뜩한 유머는 더 말할 나위가 없다. 동시에 주인공 프랑스인의 윤리적 명령(조델레의 송시의 일부)과 이런 요리법의 병치는 이 영화가 어떤 장치를 사용하는지 적나라하게 보여준다. 이런 맥락은 이 영화의 정치적 비유의 처방적인 목표나 교육학을 보여주는 동시에, 동일한 기획과의 모순된 거리를 확고하게 보여주고 있다. 그 모순은 영화에서 재창조된, 거짓일 수밖에 없는 원시 세계에서 비롯될 뿐만 아니라 이 영화의 '대중' 미학이 갖는 허위성(또는 자율적 미학주의)에서도 비롯된다. 따라서 결국 영화 〈내 작은 프랑스인…〉의 카니발리즘은 윤리학이 아니라 미학임을 폭로하고 있다. 이 영화는 글라우버 로차의 공식을 뒤집고―로차에 따르면―작가주의 영화감독이 초월해야 할 '대중을 소외시키는' 부르주아 미학으로 되돌아가고 있는 것이다.

이 영화와 모데르니스모 운동을 연결하고 있는 것은 전통적인 모더니스트들의 내부로의 선회이다. 따라서 이 영화는 정치적 비유의 재현과 모데르니스모 운동의 기술성, 즉 혁명적인 윤리학이 갖고 있는 어쩔 수 없는 미학주의에 대한 모순된 인정 사이에서 분열되어 있다. 영화 제목에 나타난 성적

말장난이 이 모순을 보여주는 사례다. (포르투갈어로 '먹다(comer)'의 상징적인 의미는 '성교하다'이다. 따라서 '맛있는(gostoso)'이란 말은 분명히 성적 함의를 가지고 있는 것이다.) 이 구절은 상징적인 카니발리즘적 복수와 여성적인 성적 욕망을 표현한다. 주인공인 프랑스인을 잡아먹기 전에, 좀 더 자세히 말하자면 (만약 티벳의 민속자료를 믿는다면) 그의 "치부"(1953, 203)를 먹어치우기 전에 그를 배우자로 취하는 투피족의 과부 세비오페페의 시각에서 분명하게 언급되고 있기 때문에 사실 이 두 가지 의미는 분리될 수 없다.

이 영화의 제목이 연상하게 하는 여성의 질(vagina dentata)은 최초의 식민지적 조우, 즉 베스푸치가 언젠가 위협적이며 황홀하다고 말한 바 있는 풍만하고 압도적인 성적 능력을 가진 탐욕스런 원주민 여인을 떠올리게 한다. 주인공 프랑스인의 원주민 신부는 카민하(Vaz de Caminha)의 1500년의 신대륙 발견에 관한 편지와 1920년대의 우생학적 이야기들에 나오는 벌거벗은 이브들과는 대조적이다. 그녀는 원시적 복수의 장(場)이며 유럽인들이 행한 침략의 한계이다. 이런 점에서 영화 제목의 과거형은 매우 중요하다. 그녀는 저항적인 자연 세계 즉, 오직 그 자신의 의미만을 (재)생산할 기술적 진환에 굴복히기를 거부하는 원주민을 상징한다. 따라서 주인공은 자신이 세비오페페를 구해준 사람이라거나 (유럽식의 토착적이며 기술적인 영웅인) 카라이바(Caraíba)라고 설득하지만 그의 노력은 좌절되고, 영화의 마지막에서 두 번째 장면은 세비오페페가 프랑스인을 먹고 있는 모습을 클로즈업시키고 있다. 하지만 동시에 암시된 관객의 입을 통해서도 제목의 이 말이 발설될 수 있었을 것이다.

그것은 스크린에 나타나는 벌거벗은 배우에 대한 미학적 판단이거나 아니면 욕망의 표현이다. 다시 말해 이 영화의 카니발리즘적 정치학은 자의식적 농담이 되고, 원시 세계의 재건설은 다시금 가면무도회임이 드러난다. 따라서 소제목들의 멋진 표현이 영화 속에서 원시인이 어슬렁거리는 유일한 공간이 된다(마리오 데 안드라데의 말을 빌자면 성진설화에 대한 아이러니한 언급이 투피족이 궁극적으로 도착한 슬픈 운명이다). 영화의 에필로그 역할을 하는 마지막 소제목은 주지사 멤데사(Mem de Sa)가 1560년 포르투갈 지배자에게 보낸 편지에서 '5리그(리그는 3마일) 이상의 해안을 덮고 있는 살해된 투피 부족 사람들'의 시체를 묘사하는 글 중 일부이다. 이 인용구는 역사적인 출발(프랑스가 구아마바라 섬에서 축출되고 포르투갈 식민지령으로 통합되는 과정의 시작을 알리는 1560년)이자 결어, 즉 은막 위에 유령 같이 출현하는 식인종의 '무용지물의 빛'으로 환원되어버리는 투피족의 문화적 죽음에 대한 비문(碑文)인 것이다.

6.
유령 이야기, 유골피리 그리고 식인의 대응기억

그레이엄 휴건(Graham Huggan)

유령은 우리가 죽음에 대해 갖는 관계를 허구화한 것이다.

(Cixous 1976, 542)

백인을 대면한 흑인은 정당화시킬 과거, 부득이 실행해야 할 앙갚음이 있다. 흑인을 대면한 오늘날의 백인은 카니발리즘 시절을 회상할 필요를 느낀다.

(Fanon 1967, 225)

문학과 역사를 오가게 될 이 논문의 목적은 세 가지다. 첫째, 이 논문은 식인종과 유령 사이에 불손한 연합을 도모해보고, 수정론적 카리브 제도 역사의 맥락 속에서 이들의 상호작용을 탐구한다. 둘째, 이 논문은 카리브 제도 작가들이 자신들의 유럽 선조들을 다시 생각하는 수단으로 삼았던 텍스트의 중개자로서 식인종과 유령을 검토한다. 셋째, 이 논문은 변화된 식인종/유령 연합을 통해 전통적인, 대개는 부정적인 카리브 제도 역사를 전환시키고, 지배적인 유럽의 기록에 대한 대응기억(countermemory)을 만들고자 애썼던 노력을 기록할 것이다. 주요 텍스트는 2명의 가이아나 출신 작가들이 쓴 혼합된 유령 이야기인 에드거 미텔홀처의 《나의 유골 나의 피리 My Bones and My Flute》(1955)와 윌슨 해리스의 《공작새의 궁전 Palace of the

Peacock》(1960)이다. 이 두 작품에 등장하는 유령— '섬뜩한 식인종'—은 그 전에 억압되어왔던 과거(또는 과거의 일들)의 현존(presence)을 거듭 주장하는 동시에 그것과 소원해지도록 하고, 물질적 착취를 승화시키는 형태로 전환시키는 이중의 기능을 가진다.

1. 섬뜩한 식인종들

카리브 제도의 가장 유명한 시인 드렉 월콧(Derek Walcott)이 이 지역의 과거에 관한 한 에세이의 서두에 "역사는 내가 깨어나려 노력하는 악몽이다"라는 조이스의 잘 알려진 비문을 인용한 것은 전혀 이상한 일이 아니다. 왜냐하면 카리브 제도 지역은 손실과 고난, 패배의 역사를 연상시키는 보이지 않는 유령들에 시달리고 있기 때문이다. 월콧은 이런 집단적, 정신적 충격으로부터의 해방을 자신의 예술적 책무로 여기고 있다.

> 신세계(The New World)는 위선과 대량학살로부터 기원하고 있다. 그래서 우리에게는 에덴동산으로 돌아가는 것이나 유토피아를 건설하는 것이 문제가 아니다. 서인도 제도의 비참하고 타락한 출발에서부터 상스러움과 후회로 나아갈 수밖에 없었다. 시인과 풍자작가들은 사회가 새로워질 수 있다고 믿으며, 이런 쇄신에 가장 적합한 곳이 다소 공상적일지도 모르지만 아메리카 군도라고 믿는 굳건한 어리석음에 시달리고 있다.(Walcott 1974, 13)

월콧은 선조들의 기억 속을 가득 채우고 있는 유령들을 몰아내고, 역사 공간을 말끔히 정리해 역사적 시각을 미래로 향하도록 한다. 하지만 카리브 제도의 지역, 역사, 기후만큼이나 산만한 유대관계로 규정되는 이 지역 출신의 다른 작가들은 반복적으로, 심지어는 강박증적으로 과거로 되돌아갔다. 카마우 브래스웨이트(Kamau Brathwaite), 에두아드 글리산트(Edouard Glissant), 아레조 카펜티어(Alejo Carpentier), 윌슨 해리슨(Wison Harrison)과 같은 작가들은 모두 카리브 제도 역사의 후미진 곳을 탐험하고, 이 지역이 이야기할 만한 역사를 가지고 있지 않다는 유럽 중심적인 주장을 거부하면서, 억압되고 착취당한 사람들의 집단적 기억 속에 감추어진 역사적 경험의 흔적들을 밝혀냈다(Webb 1992, 7).

이런 맥락에서 카리브 제도 문학은 기원에 대한 투쟁을 벌인다. 과거는 어디에서 시작되었는가? 이 지역의 유산을 무엇으로 볼 수 있는가? 그리고 복합적, 유동적 그리고 융합적이라고 인정되는 이 유산이 해방과 쇄신이란 목적에 적합하게 재발견될 수 있는가? (카리브 제도의 문화적 기원은 분명히 유럽의 기록에 앞서며, '발견'과 예속의 역사 훨씬 이전의, 제도[諸島]와 본토에 살고 있던 토착민들의 제거에도 불구하고 변형된 형태로 남아 있던 민속 신화들에 버금가는 과거에까지 소급된다.) 현대 카리브 제도 문학은 지각 변동 과정에 관여하고 있다. 따라서 스스로 유령같이 출몰하는 걸 감수하지만, 그것은 그걸 극복하려는 의도, 피기스린 과거를 사변적인 미래로 전환시키려는 목적을 지니고 있다.

동시에 이 지역에서 가장 많이 산출되는 형태들 중에서 유령 이야기 또는 이 이야기의 혼합적 변형은 최소한 아프리카인/아메리카 인디언의 구전된 이야기들과 서구(유로 아메리카)의 문학적 상상력의 창고, 양자로부터 유래하고 있다는 것은 타당한 것 같다. 이 논문은 메스티조(유럽/아메리카 인디언)와 뮬라토(유럽/아프리카) 형태 양자의 문화적 혼성에 기반한 복합 인종 혼합 지역인 카리브 제도의 한 지역, '원조' 가이아나를 무대로 한, 장편 분량 정도 길이의 두 개의 유령 이야기를 다룬다.[1] 우선 본론에 들어가기 전에 이 장르의 특성과 역사에 대해 장르 자체가 가지고 있는 이중적 태도에 대해 약간의 서론이 필요할 것 같다.

질리언 비어(Gillian Beer)에 따르면 유령 이야기들은 "실제 일어난 일과 꾸며낸 허구적인 것 사이의 거리를 무시한다." 그들은 있는 그대로, 그리고 허구적으로 유령의 일상 세계 침입을 전한다. 비어는 말하기를, 유령 이야기들에서는 "꾸며낸 일이 일상 속에서 벌어진다. 그것이 공간을 차지하며, 유령 이야기가 보여주는 가장 무서운 공포 중 하나가 이런 비물리적인 것에 의한 공간 탈취다…. 유령 이야기들은 죽은 자의 부활이 아닌 반란을 다룬다." (1978, 260)

죽지 않는 자의 귀환은 개인적인 기억을 촉발시키는 역할을 할 수 있다. 왜냐하면 엘렌 시수(Hélène Cixous)가 상기시켜 주듯이, 유령은 "괴기스러움의 직접적인 형상"이기 때문이다(1976, 542). 유령들은 그들이 친숙한 것의 인상을 준다는 프로이트적인 의미에서 괴기스럽다. 프로이트가 '괴기스러움'에 관한 논문에서 쓴 것처럼, 그들은 "우리에게 오랫동안 잘 알려진 어떤 것으로 우리를 데려가는 그런 공포감을 주는 부류"에 속한다(1959, 369-70). 하지만 유령, 그리고 유령의 모호한 귀환은 또 광범위한 사회적 결과를 가져온다. 역사가 현재의 장으로 다시 유입되지만, 이것은 기존 사회 구조들의 안정성을 위협하는 방식으로 이루어진다.[2] 유령은 사회적 계약에 의해 인정된 것과는 다른 지식을 가지고 기존 사회 구조 속으로 온다. 유령은 우리들이 죽은 자에게 표시하는 제도적 존경을 비웃는다. 그리고 그런 제도적 존경으로부터 우리들을 분리시킨다. 왜냐하면 유령은 우리의 소중한 사회적 차이에도 아랑곳하지 않고 경계를 경멸하기 때문이다. 유령은 역사라는 벽을 관통해버리고, 현재와 공존하며, 보존하기 위해 메타포 속에 봉헌해 둔 기억들을 해방시킨다. (무엇보다도 유령들은 경박하다. 그들은 묘비의 아침이나 또는 운구(運柩) 때의 엄숙한 의식을 비웃는다.) 유령들은 과거를 우리의 한가운데로 가져와 인식하게 만든다. 하지만 또한 과거를 소원하게도 만든다. 그들이 불러온 역사와 그들과의 관계는 본래 불확실하다. 시수에 따르면 유령을 견딜 수 없는 것으로 만드는 것은 유령이 죽음의 선언이어서도 아니고, 심지어 죽음이 존재한다는 증거여서도 아니다. 왜냐하면 유령은 "(죽음의) 복귀 이외는 어떤 것도 선언하거나 증명하지 않기 때문이다. 견디기 어려운 것은 유령이 살아 있는 것도 죽은 것도 아닌 채, 두 경계 사이에 존재하는 한계를 지워버리고 그 두 경계를 관통해 죽은 자가 억압된 자의 형태로 되돌아온다는 것이다. 유령을 유령으로 만드는 것은 유령의 귀환이다. 그것은 억압받은 자의 귀환이 억압을 분명히 하는 것과 똑같은 이치다."(543)

유령들은 달갑지 않은 차단된 역사의 운송자다. 그들은 우리들이 어떻게 과거를 가리고, 그렇게 함으로써 어떻게 우리 자신들을 과거로부터 보호하는지를 보여준다. 그들은 확실히 역사적 기억의 재구성을 위한 중개자 역할을 한다. 하지만 그들은 이중적인 중개자로서 '타자(他者)' 편에서 그 역할을 수행한다. 그들은 우리들이 선택했을 법한 과거와는 다른 과거를 인식하게 만들고, 과거 그 자체가 아니라 과거에 대한 우리들의 '정상적인', 그리고 사회화된 인식을 변형시킨다.

유령의 분열적 특성들에 관한 이런 일련의 서론 격의 입장은 유령 이야기가 역사적 수정주의의 도구 또는 억압된 역사를 표면으로 끌어낼 수 있는 수단으로서 효과적일 수 있다는 걸 말해주고 있다. 또한 유령 이야기가 (직선적인) 역사의 다른 형태의 시간으로의 변형이라는 푸코식의 의미에서 일종의 대응기억을 구성하는 데 도움이 될 수도 있다는 것을 말해준다.[3] 카리브 제도의 상황에서 이렇게 역사를 변형시킬 필요성은 긴급한 명령이 된다. 데니스 윌리엄스(Denis Williams)는 이런 딜레마를 잘 설명해주고 있다.

> 우리들은 모두 우리의 과거에 의해 형성된다. 현대 문화의 요청들은 압도적으로 이 과거와의 관계의 요청들이다. 하지만 카리브 제도와 가이아나에

서 우리는 과거, 역사 그리고 문화가 없는 것처럼 생각하고 행동한다. 또한 종종 우리의 역사를 [인종적으로] 순수혈통 문화나 아니면 또 다른, 구세계 (the Old World)에서 채택된 편견들에 비추어 이해한다. 우리는 카리브 제도와 가이아나의 역사와 문화를 해석할 때 인종적 변증법이라는… 사치를 부린다. 현재의 우리의 모습을 비추어볼 때 이것은 파괴적인 것이다. 그 이유는 그것이 기껏해야 우리의 몇몇 인종적 기원들의 문화에 대해 자녀가 부모에게 하는 것같이 영구히 의존하도록 하는 반면, 우리가 고유하게 존재한다는 사실을 직시하는 것을 막기 때문이다.(해리스에서 인용 1970, 13)

따라서 카리브 제도에서 유령 이야기들은 종종 이중의 목적을 가진다. 그들은 유럽이 생각한 과거, 즉 박탈과 패배라는 무력하게 만드는 용어를 암시하는 역사의 유령들을 추방하기 위해서 부활된다(Huggan 1994). 동시에 그들은 유럽의 정복 이전의 과거, 즉 그 윤곽이 독창적인 신화의 윤곽과 섞이고, 그 유령 이야기들이 다른, 원하지 않는 시대에서 비롯된 무시무시한 환영이 아니라, 묻혀진 조상의 의식을 복원하는 데 환영받는 촉매제가 되는 하나의 역사를 복원한다. 유령 그 자체처럼 유령 이야기들은 그들이 싸우는 과거(들)의 모습을 변형시킨다. 카리브 제도에서 그들은 변혁의 담론으로 흡수되고, 이를 통해 착취의 역사를 심지어 그 정반대로 생각될 만큼 멀어지게 만들고, 개인적인 상처를 전체 공동체의 유대를 가져오는 고무적인 회상으로 변형시키는 양식이 확립된다.

이 변혁의 담론은 여러 가지 이름으로 진행된다. 예를 들어 이것은 카마우 브래스웨이트의 문화적 혼성화(cultural creolisation) 프로젝트에 적용될 수 있다. 이때 유럽이 아닌 (아프리카와 아메리카 인디언 같은) 조상들에 대해 호소함으로써 작가는 "지워지지 않는 생각을 현재와 미래로 이동시키는 것을 의미하는 과거와 오지로의 여행"에 참여한다(1984a, 42). 또는 변혁의 담론은 데니스 윌리엄스의 촉매작용 모델(model of catalysis) 속에 받아들여질 수 있다. 이때 이 지역의 인종 집단들 간의 상호작용은 상호간의 자기 이미지에 자격을 부여하고, 인종을 기반으로 한 갈등의 역사는 가치 있는 예술적 창조성의 원천으로 변하게 된다. 윌슨 해리스에게도 역시 이런 적대적 상황은 생산적인 것일 수 있다. 해리스의 실험적인 소설들은 그가 말한 '변화의 변증법'의 연습이다. 구세계와 신세계는 상호간의 창조성의 자양분이 된다. 역사적인 적대가 일시적인 공생으로 변환되는 것이다(Huggan 1994). 반면 역사 자체는 일련의 "건축적인 복합체"로 변한다. 말하자면 직선적인 시간과 맹목적인 자기이해에 봉사하는 과거에 대한 '봉쇄적' 시각의 대안, 다시 말해 단지 사회적 분열만을 강화시키는 편집증적인 물질적 목적의 추구, 즉 자기 고유의 것과는 다른 "비실제적" 틀을 인정하지 않으려는 고집스러운 거부에 대한 대안을 제시하는 공간적 틀로 변한다(1970, 32). 이때 제국주의적 정복의 목적론 대신에 (교차)문화적([cross]-cultural) 상호작용이라는 변증법적 혹은 과정적 시각을 주장함으로써 제국주의적 정복의 목적론에 도전장을 던지는 이와 같은 모든 변혁 프로젝트에는 윤리적 차원이 존재한다. 해리스가 "외래문화 간의 감수성의 협정"(19)이라고 말한 것을 제안하는 작가들 각자는 지속적인 자기비판의 필요성을 인식하고 있다. (해리스에 대한 헬렌 티핀(Helen Tiffin)의 유용한 주석에 들어 있는) 카리브 제도의 대응담론들은 "지속적으로 '그들 자신의 편견을 먹어버리는'[해리스의 용어] 텍스트적인 전략을 발전시키며, 동시에 이 담론들은 지배적인 담론들의 편견들을 폭로하고 파괴한다."(1987, 18) '자신의 편견을 먹어버린다'는 해리스의 인상적인 은유는 그의 작품 전체에 걸쳐 카니발리즘의 상징적인 사용과 연관되어 있다. 해리스에 따르면 식인종은 단순히 죽은 사람을 먹는 것으로 그치지 않는다. 식인종은 또한 죽인 사람을 자신 속으로 흡수하고, 적의 힘에 의존한다. 이것은 동시에 물질적 적대성에 대한 선언이 결국 쉽지 않은 형이상학적 휴전에 패한다는 것을 암시한다. 해리스는 《가이아나의 4중주 The Guyana Quartet》에 쓴 자신의 서문에서 이 과정을 좀 더 자세하게 설명하고 있다. 여기서 해리스는 독자에게 카리브인/식인종의 유골피리, 전통적으로 카리브인의 전쟁 희생자들의 속 빈 뼈로 만들어 과거 승리의 유령들을 불러내 승화시키는 역할을 하는 음악을 연주하는 데 쓰이는 악기를 언급하고 있다. 이와 관련된 구절은 다음과 같다.

> 카리브인들의 유골피리는 전쟁 때 적의 유골을 가져다 속을 파서 만들었다. 살은 뜯어먹었고, 이 과정에서 비법을 터득했다. 유령들이 그 피리에서 깨어나거나, 그 안에 머물렀다. [인류학자인 마이클] 스완(Michael Swan)은 이 영혼의 피리를 '역실체전환(逆實體轉換, transubstantiation)'이라고 불렀다. 이 피리, 승리에 대한 원시적인 탐욕에 아주 가까운 적대적 편견으로 가득한 자각 기관이 적과 타자간의 영혼의 집 혹은 흥미롭게도 공동의 요새가 되었다는 점에서 여기에는 명백한 폭력성과 함께 공포와 유사하지만 그것과는 또 다른 미묘한 힘이 나오는 것 같다.(Harris 1985, 9-10)

해리스의 언어는 은유가 많고, 모호한 특징이 있다. 페기 샌데이(Peggy Sanday)의 인류학적 분석이 사실을 제대로 보는 데 도움이 된다. "적에게 투사될 때, 카니발리즘은… 사회생활에 대한 강력한 위협을 분산시키는 수단이 된다. 적의 인육을 먹음으로써 그는 다른 집단의 적대적인 힘을 자신의 것으로 흡수한다."(1986, 6) 또한 해리스의 유골피리에 대한 설명은 딘 맥커넬(Dean MacCannell)의 경제적 카니발리즘과 상징적 카니발리즘 사이의 (몽테뉴에서 비롯된) 보다 이론적인 구분을 반영하고 있다. 즉 경제적 카니발리즘의 동기가 물질적 이득이라는 이기적인 욕구라면, 상징적 카니발리즘의 동기는 모순되게도 인간의 친족관계에 대한 상호적인 필요다.[4]

해리스가 자신의 작품에서 유기적 연결을 위한 은유로 삼은 것으로 보이는 이 피리는 식인종과 유령—마비된 의식을 가진 공포증적 존재—을 연금술적인 과정 속으로 통합하는데, 그 과정에서 그들은 나란히 변형의 촉매제로 작용한다. 피리는 그것이 구현하는 육체적인 폭력을 승화시키는 작용을 한다. 그러니까 피리에서 흘러나오는 기괴한 음악은 식인적 욕망이 시연되도록 돕고, 식인적 욕망이 정복행위를 비물질화시키는 순간적인 형태로 이전시키는 걸 돕는다. 피리는 격세유전 범위의 기억 촉진 장치로 기능한다. 따라서 피리를 연주하는 것은 타자에 대한 자신의 근본적인 공포와 환상을 감수하면서 선조 시기의 과거의 유령을 현재로 불러내는 것이다. 피리는 식인행위를 구체화하지만 그것을 유령 같은 음악으로 변형시킨다. 이 과정에서 식인적 파괴의 위협은 줄어들지 않지만 과거의 식인적 대치, 이제는 육체가 분리된 형태로 기억되는 사지 절단의 재규정 속에서 분산된다. 피리는 식인종, 즉 서양의 환원할 수 없는 '타자'를 프로이트적 기괴함을 가진 자유로운 모습의 출현으로 바꾸어놓는다. 이 식인 유령은 환상적인 의식의 한계에 대한 청사진이며, 살아 있지도 죽지도 않은 존재, 물질적이며 동시에 정신적인 존재로서 '타자'를 흡수해 그것이 깅력한 '부재의 존재'임을 기급 주장한다.[5] 유골피리는 포함과 분산 사이의—결합된 육체와 동화되지 않은 유령 사이의—상호작용을 이용하여 과거의 폭력을 기록하고 통제하지만, 다른 한 편 이 폭력이 결코 완전히 통제될 수 없다는 것을 인정하는 것이다.

2. 악마의 유입

미텔홀처의 《나의 유골 나의 피리》(1955)에서 이름이 유래한 피리와 이 피리의 유령 같은 음악은 18세기 중엽 (영국령) 가이아나에서 있었던 노예 폭동의 희생자인 네덜란드 농장주였던 얀 피터 부어맨(Jan Peter Voorman)과 연관되어 있다. 부어맨의 유령은 악마적인 영혼들, 원래는 그의 마술적인 피리가 불러내 존재하게 됐지만 지금은 그를 떠나 그와 연관된 영혼들은 하나도 남아 있지 않은 영혼들에게 괴롭힘을 당하면서 여전히 외지를 떠돌고 있는 것처럼 보인다. 그가 후손들에 남긴 문서는 문서를 읽는 사람들로 하여금 계약을 맺게 만든다. 그들이 반드시 자신의 유골과 피리를 찾아 기독교식의 장례를 치러주지 않으면 그들 역시 그 피리의 극악한 음악에 유인당해 죽게 된다는 것이다. 이 소설의 주인공은 귀족적인 밀 농장 주인으로 골동품 수집이 취미인 랄프 네이빈슨과 열정적인 작가이자 화가, 네이빈슨 가와 마찬가지로 옛 흑인 출신—따라서 존경할 만한—가이아나의 혈족인 소설의 화자 밀턴 우즈다. "소설의 말미에 미스터리가 해결되는 스릴 넘치는 전통적인 유령 이야기"라고, 그리고 동시에 "〔소설 속 화자의〕 상상에서 온 것은 전혀 없는 사실 기록"(5-6)이라고 광고하고 있는 《나의 유골 나의 피리》는 부어맨을 영면시키기 위한 우즈리와 네이빈슨의 탐험에 관한 이야기를 들려준다. 동시에 이 소설은 가이아나의 인종적 혼혈 조상에 대한 알레고리로, 그리고 그 나라의 폭력적인 식민지 과거와 화해하려는 의도로 읽힌다.

시작부터 미텔홀처의 유령 이야기는 인종적 차원을 획득하고 있다. 부어맨은 그를 위해 일하는 노예들에게 "나는 검둥이 녀석들을 저주해. 검게 만드는 것들"—그의 피리가 소환했던 악마들—"을 저주하듯이 똑같이 말이야"라고 말한다(29). 이 악마들은 네안데르탈인과 외계인 사이의 혼혈임이 밝혀진다. 이들은 모습과 형태를 변형시켜 어느 때는 유령, 어느 때는 야수, 그리고 어느 때는 흡혈귀가 된다. 간단히 말해 이들은 백인들의 인종적 공포, 부어맨의 경우 불복종이라는 정당화된 두려움과 연결되고, 우즈리의 경우는 청교도적인 종교 교육에 의해 주입된 죄의식과 연관된 공포의 혼합물이다. (우즈리의 할머니는 심판의 날이 어느 때고 올 수 있으며, 그날이 오면 "정의로운 사람들은 잠을 자는 동안 떠올라 천국으로 옮겨지는 반면, 그렇지 못한 사람들은 사탄과 *검은 천사들*(*Black angels*)이 있는 지옥 불에 던져진다"고 말한다(57-8 강조는 필자가 한 것임).)

이 '검게 만드는 것들'은 또 다른—문학작품 속의—선조를 가지고 있다. 포와 M. R. 제임스의 소설 속에 등장하는 유령 같은 약탈자들을 떠올려보면, 그들은 서구인의 환상 속에 만연한 편집증적인 인종 신화를 우리에게 상기시킨다.[6] 제임스의 《어느 골동품 수집가의 유령 이야기들》이 하나의 상호텍스트(intertext)로서 인용된다. 포의 《미스터리와 상상의 이야기들》 역시 마찬가지로 인용되는 것도 피할 수 없는 일이다. 그리고 포의 또 다른 작품 《아서 고든 핌의 이야기 The Narrative of Arthur Gordon Pym》의 '검음'에 대한 유령 같은 시선과 작가의 남부 노예 폭동에 대한 병적인 공포의 투사가 그 속에 잠재해 있는 듯하다.[7] 《나의 유골 나의 피리》는 정확히 이런 의심스런 전통 속에 위치해 있다. 그러나 이것은 백인들의 인종적 환상을 강화하기 위해서가 아니라 특정한 역사적 맥락에서 이런 환상들의 기능을 재평가하기 위한 것이다. 여기서 특정한 역사적 맥락이란 영국령 가이아나의 식민지 역사의 맥락, 농장의 고된 노동과 잔혹, 폭력뿐 아니라 이런 만남에 의해 분출된 잡종적 문화 형식들에 대한 기록을 말하는 것이다.

카마우 브래스웨이트는 여기서 신세계 혼성화의 두 형태를 아메리카 인디언과 유럽인(대부분 이베리아 반도 사람들) 간의 상호문화성(interculturation)으로 분류되는 주로 중앙과 남부 아메리카에 위치하는 메스티조-혼성화 형태와 흑인-아프리카인과 유럽인(주로 서부 유럽인)의 문화혼성으로 분류되는 주로 서인도 제도와 북아메리카 대륙의 노예 지역에 위치하는 뮬라토-혼성화 형태로 구분하고 있다(1974b, 30). 가이아나의 역사는 이 두 가지 서로 다른 문화적 혼성화에 맞닿아 있다. 《나의 유골 나의 피리》에서 우즈리와 네이빈슨 가는 인종적인 혼합에 의한 "올리브색"의 산물이다. 우즈리는 자신들의 조상이 18세기 후반으로 거슬러 올라가며, 그 이후에 "오늘날 그들 속에 흐르고 있는 흑인 노예의 혈통을" 얻었다고 말한다(8). 하지만 중요한 것은 그들 모두 자신들의 문화적 조상이 갖는 이런 측면을 무시하고 대신에 (백인) 유럽 선조들을 모방하는 걸 택하며, (후기)식민지적 인종통치 내에서 백인 조상들이 장악한 '우월한' 상태를 받아들인다는 점이다.

이런 맥락에서 이 소설을 문화접촉에 의한 문화변용(acculturation)과 카리브 제도 사회를 괴롭히는 젖색화 컴플렉스(lactification complex)의 알레고리로 읽는 것은 매력적이다.[8] 이런 독법은 네이빈슨 가가 갖고 있는 흑인 노동자들과 (또는) 인디언 노동자들에 대한 오만을 설명해줄 수 있다. 또한 네이빈슨과 우즈리의 유럽 예술에 대한 취향을 설명하는 데도 도움이 된다. 가장 중요한 것은 이런 해석은 파멸로부터 농장주를 구해내기로 한 이들의 공동의 결정을 합리적으로 설명할 수 있다. 왜냐하면 부어맨의 피가 그들의 혈관을 흐르며, 그들의 피는 공통된 역사이기 때문이다. 우즈리와 네이빈슨 가족들은 유럽인 조상에 대한 자신들의 주장을 고집한다. 하지만 그들이 부어맨의 악마들을 막을 때, 다른 유령들이 그들 사이에 나타난다. 이 유령들은 그들의 '다른' 조상들, 즉 농장에서 노예로 일했던 흑인들이다. 그리고 소설 속에서 이 유령들의 '부재의 존재'는 억압받은 자들의 귀환을 알려준다. 소설의 끝부분에서 우즈리와 네이빈슨 가는 하위 역사(subaltern history)와 대면한다. 그들은 그들 자신의 것임을 거부했던 과거를 인식하게 되는 것이다.

부어맨은 이 소설의 끝이기도 한 자신의 일기를 노예 반란에 대한 예감으로 끝맺는다. 여전히 악마들—검게 하는 것들—에게 고통을 받는 부어맨은 점점 더 절망적에 빠진다.

간밤에 나는 그들이 여러 가지 언어로—난 모르지만 내 자신 썼던 언어로 말하는 것을 들었다. 프랑스어와 독일어, 영어, 이탈리아어와 그 밖에 잘 모르는 다른 언어들이 들렸다…. 그들은 귀가 멀 만큼 큰 소리로 나에 대해 재잘거렸다. 그들은 연기처럼 피어올라, 동그라미를 그리며 〔원문 그대로 인용함〕 나선 모양으로 선회했다…. 공기는 내 주위에 번개를 일으켰다…. 파멸이 임박한 것이다. 나는 대기 속에서 그걸 느낀다. 나는 곤혹스럽고 소심한 영혼, 최후의 어둠의 경계에서 비틀거리는 인간이다. 구원을 위해 나는 누구에게, 그리고 무엇에 의지해야만 할까?(174)

부어맨의 악마들은 유럽어로 말을 한다. 그들은 식민지 지배자의 언어를 흉내 낸다. 그러나 그들은 또한 백인 식민 지배자의 독재에 임박한 종말을 예고한다. 폭력적인 흑인의 복수에 대한 백인의 공포를 재확인하듯이 악마들은 마치 포의 매들린처럼 한 시대의 나락을 예고한다. 왜냐하면 부어맨의 마술은 '버비스 노예 폭동', 즉 그 자신의 죽음과 다른 백인 가족의 몰살을 가져온 반란과 맞닿기 때문이다. 이 백인의 주문은 중단된다. 다른 세계의 '검게 하는 자들'—고통당한 무의식의 방출—은 역사의 결정적인 단절이라는 형체 없는 〔유령 같은〕 상황을 야기한다. (그 폭동이 기록된 날짜, 1763년은 후기 7년 전쟁의 카리브 제도 평화 조약이 있던 해와 겹친다는 점에서 더욱 아이러니하다.[9] 영국의 상업적 성과가 최고에 달하는 바로 그 시점에 다른 백인들 중에서도 가이아나 지역에 사는 행운아들의 운명이 쇠락함을 예고하는 폭동이 일어난다.)

따라서 미텔홀처의 유령 이야기는 해방적 역사를 위한 공간을 깨끗이 정리한 것처럼 보인다. 이 이야기는 한 종류의 악마를 몰아내고 또 다른 악마를 불러들인다. 하지만 후자의 악마들은 바로 그 백인 식민 역사의 악마들이 아니다. 그들은 혁명적인 변화의 촉매제들이다.[10] 부어맨을 영면에 이르게 해서 자신들의 백인 식민 지배자의 부담에서 벗어났던 우즈리와 네이빈슨가는 어쩔 수 없이 그들이 이전에 감추었던 역사를 인식해야 한다. 이와 유사하게 작가인 미텔홀처는 자신의 백인 문학 선조들로부터 자유로워져, 포와 제임스의 영향을 인정하면서도 그들을 점령해, 포와 제임스의 유령들이 그들 스스로에게 적대적이 되도록 해 실체가 없게 만들어버리거나 아니면 그들의 인종적 공포를 흑인의 힘을 회복하기 위한 수단으로 재고용한다.

《나의 유골 나의 피리》는 그 문화적 선조들에게 역습을 가한다. 미텔홀처의 작품과 같은 카리브 제도 텍스트들은 영향에 대한 서구(구미)의 불안에 굴복하기보다는 오히려 유령 이야기라는 전통이 서구로 하여금 그 자신의 강요된 권위에 대한 불안을 드러내도록 이용한다.[11] 피리―풍요의 요술 지팡이―는 환영을 낳은 물건이지만, 그것을 통제하는 사람에게 똑같이 현혹적이다. 소설에서 피리의 주요 기능은 부어맨의 사악한 생각과 의도에 봉사하는 안내자 역할을 하는 듯이 보인다. 하지만 그에게 등을 돌린 피리는 결국 부어맨을 파멸시키는 도구가 된다. 그렇지만 동시에 부어맨 자신을 구원하고 그의 후손들이 '상상도 못할' 과거와 화해하게 되는 수단을 제공한다. 따라서 비록 부어맨의 피리가 금속으로 만들어졌고, 분명한 '부족'의 제휴가 없음에도 불구하고, 그 기능은 카리브인/식인종의 유골피리의 기능과 유사하다. (아마도 피리와 상징적으로 가장 밀접하게 연결되는 것은 노예 소유자들이 지닌 인두다―많은 경우 눈에 보이지 않는 피리가 희생자의 살에 낙인을 찍는다.) 유골피리는 미텔홀처의 텍스트에 주변적인 것으로 남아 있다. 그것은 소설의 제목에 걸맞게 배회하는 유령 같은 존재이다. 그럼에도 불구하고 피리는 (보다 분명히 암시되는 모차르트의 피리처럼) 일반화된 종류의 상호텍스트적/문화적 연금술 역할을 한다.[12] 그것은 가이아나의 조상들의 과거의 집단적 유령들을 자유롭게 한다. 이 유령들 모두가 다 백인들의 상상에서 꾸며낸 이야기는 아니다. 《나의 유골 나의 피리》는 결국 서구의 유령 이야기의 혼성적 형태이다. 그것은 유럽의 원천만큼이나 아메리카 인디언들에게 빚을 지고 있다(41-2, 61-2 참조). 미텔홀처의 소설은 정확히 그 형식의 혼합주의 속에서 마술을 수행한다. 이종적이며, 보통은 적대적인 창조적 전통들을 한데 섞고, 카리브 제도의 구체적인 역사에 대해 잔인했던 과거의 상처를 기꺼이 뒤집어보지만, 그 상처들을 재앙을 넘어서는 변화의 시간으로 변형시키는 대응기억을 만들어내는 마술을 부리고 있는 것이다(174).

3. 질적으로 변하는 적대감

《나의 유골 나의 피리》에서 우즈리와 네이빈슨의 탐험은 궁극적으로 카타르시스적이다. 이 모험을 통해 그들은 자신들의 유령 같은 노예 조상들의 반란/부활을 무대에 올림으로써 자신들의 과거에 숨겨진 측면과 대면하고 받아들인다. 해리스의 《공작새의 궁전 The Palace of the Peacock》에서 조상에 대한 기억은 보다 이전으로 거슬러 올라가 아마존 유역에 있다고 상상되었던 낙원의 땅, 신세계의 엘도라도를 택해 그 배후에서 일련의 다른 자료들을 노출시킨다. 겉보기에 해리스의 소설은 아메리카 인디언 포교시설로 (그리고 그것을 넘어) 가는 후대의 여행이란 상황 속에서 엘도라도에 대한 탐험을 이야기하고 있다. 하지만 이 소설의 플롯은 특히 해리스의 소설이 과거와 현대를 오가고 있기 때문에 여행기같이 구성되기에는 불가능할 정도로 뒤엉켜 있다. 이 여행은 역사가 신화와 전설과 함께 존재하며, 데 베리오(de Berrio), 데 베라(de Vera) 그리고 라레이프(Raleigh)의 운명적인 탐험이 아메리카 인디언과 유대-기독교적 전통에서 비롯된 창작 신화들과 서로 뒤엉켜 있는 꿈 같은 시간 속에서 이루어진다. 엘도라도는 만남의 장소이며 모든 원천들의 원천이다. 그러나 이 황금의 도시는 당연히 그래야 하는 것처럼 닿을 수 없는 곳에 존재한다. 이곳을 찾기 위해 계속되는 탐험은 실패를 반복하도록 운명 지워져 있다. V. S. 나이파울(Naipaul)은 '원래' 이야기가 흔적

속에 더 많은 죽음을 남겨놓은 채 입에서 입으로 전해질 때 생기는 착각의 강제력을 잘 포착해 이렇게 말한 바 있다.

> 지금의 콜롬비아에 황금으로 된 황금 사나이 엘도라도가 있었다. 일년에 한 번 송진을 두른 이 추장은 금가루를 뒤집어쓴 채 호수로 뛰어들었다. 그러나 황금 사나이의 부족(部族)은 콜롬버스가 신세계에 도착하기 한 세대 전에 정복당했다. 스페인 사람들이 쫓는 것은 인디언의 기억이었다. 그리고 그 기억은 정글 인디언들 가운데 스페인 사람들이 이미 정복했던 페루의 전설과 혼동되었다.(1984, 18)

나이파울에게 엘도라도는 신세계의 반복되는 실패에 대한 경고의 이야기를 보여준다. 이 이야기는 이야기 속의 인물들을 앞지르고, 보다 오래 남아 결국에는 빠져들게 하며, 그들의 물질적 부에 대한 꿈 뒤에 숨겨진 정신적 진공상태를 폭로한다. 하지만 해리스의 엘도라도에 대한 시각은 다소 다르다. 그는 비록 그가 이런 이상향들이 대개 탐욕과 잔인성으로 변해버린다는 것을 알고 있음에도 불구하고 이 모험에 결부된 '본능적 이상주의'를 찾아낸다.[13] 엘도라도는 모순된 통신을 의미한다. 《공작새의 궁전》에서 이런 통신을 밝혀내는 해리스는 "파국적인 우상숭배로부터, 그리고 우리를 움직이지 않는 현재 또는 잘못된 미래 속에 묶어둘지도 모르는 우리 자신의 역사적, 철학적 개념과 착각에 대한 맹목으로부터 벗어나게 함으로써 '주어진' 과거의 상황을 역전"시키려 한다(1967, 36).

유령은 이런 역사적 역전의 주요 도구이다. 왜냐하면 마리엘라 선교시설을 찾아 강 상류로 향하는 혼혈 인종의 대원들은 죽음에서 돌아와 다시 한 번 자신들의 죽을 운명을 대면하는 유령들이다. 탐험의 리더였던 돈네(Donne)의 전 애인이었으며, 지금은 그녀의 이름을 딴 격리된 정글 선교시

설까지 돈네의 추적을 받는 마리엘라는 환영, 유령 같은 욕망의 대상으로 묘사된다. 사형 집행자이며 동시에 희생자, 추적자이며 동시에 추적당하는 자인 마리엘라는 소설 속에서 욕망의 순환성을 상징한다. 고대 아라와 부족 여인의 모습으로 복원된 그녀의 당당한 모습은 탐험 대원들에게 그들이 얻을 수 있는 것이 아닌, 그들이 이미 잃어버린 것을 상기시킨다. 왜냐하면 선교시설을 넘어 더욱 더 위험한 지역으로 들어갈 때 그들은 스스로에게 첫 번째 죽음만큼이나 피할 수 없는 제2의 죽음을 선고하기 때문이다.

> 그들이 뭔가에 홀린 광인들처럼, 죽은 자로부터 유령이 나와 물질적인 과거 세계를 지배하고 있을지도 모르는 불확실한 변경을 얻기 위해 고생을 각오하겠노라고 판단한 것은 어쩔 수 없는 일이었다. 그들이 판단한 부활과 정찰은 어쩔 수 없는 일이었다. 하지만 끝없는 재앙과 만나는 것은 출발할 때부터 정해져 있던 일이었다. 분명 누군가 꿈꾸고 복원시킨 유령조차 공허하고 무의미한 욕망의 옛 윤곽 속에서 보존되고 임무를 완수하는 것이 틀림없다.(1985, 80)

유령은 그들의 물질적인 야망에 새겨진 결핍이며, 그들 자신들의 반복되는 파괴를 예고하는 부적이다. 또한 유령은 그들에게 과거가 돌아와 현재를 게걸스럽게 먹어치운다는 것을, 그리고 죄의식에 의해 (재)탄생한 유령들로부터 도망칠 수 있는 탈출구는 없다는 것을 상기시킨다. (탐험 대원들 각자는 어떤 식으로든 자신들의 책임에서 벗어나보려 시도하며, 마치 저항할 수 없는 것처럼 그들을 하나로 묶는 개인적 역사를 피하여 달아난다.)

돌아온 유령은 오욕과 두려움의 유산, 다른 곳에서는 비자발적인 카니발리즘의 기억과 연관된 유산을 다시 각인시킨다(69). 식인행동은 탐험 리더인 돈네와 가장 밀접하게 연관된다. 그의 무자비한 탐욕과 잔인성은 소설 속에서 "측량할 수 없는 탐욕의 원칙"이 된다(79). 하지만 돈네는 다른 사람들 역시 불경스러운 참여 속으로 끌어들인다. 소설의 화자가 먹는 물고기는 "한 조각의 회상", "어디서 왔는지 모른 채 〔그의〕 복부와 경험 속으로 들어간 기억"이 된다(48). 반면에 식인 야만성의 역사에서 나온 유령인 돈네는 "그 앞에 무릎을 꿇고, 그를 정글의 무서운 본성으로 뒤덮는", 그리고 그가 "한 조각의 공포"를 삼켰다는 것을 알고 멍청하게 만들어버리는 "망령"이 된다(52). 여기서 돈네는 불가사의한 식인종으로 과거를 현재로 밀고, 원하지 않는 기억들과 전에 섭취했던 비밀들을 가져온다. 그가 야기한 공포는 두 가지 힘 즉, 모든 것을 먹어버리는 잔인한 식인종의 합병 원칙과 은밀한 유령의 억누를 수 없는 연상 능력의 결합에 힘입고 있다. 폭력적인 동화(同化)와 냉혹한 반복, 이것이 탐험 대원들을 새로운 파멸로 몰아가는 힘이고, 그들을 근친상간적인 연합 속에 가두는 힘이다. 왜냐하면 대원들은 모두가 관련되어 있기 때문이다. 그들은 말 그대로 "하나의 정신적 가족"(39)이며, 광포한 유령의 모습을 통해 부활한 듯한 카니발리즘은 레비스트로스가 우리에게 상기시키는 것처럼 "근친상간의 소화형식"이다(1981, 141). 근친상간처럼 카니발리즘은 기본적인 폭력의 형태이다. 이것은 친척들과 우리를 분리하는 사회적 경계를 침해한다.[14] 하지만 해리스가 주장하는 것처럼 카니발리즘은 또한 혈족관계에 대한 필요에 의해서도 생성된다. 카니발리즘은 근친상간처럼 허용될 수 없는 공생(共生) 형태이다. 이것이 해리스가 자신의 '카니발리즘적' 텍스트에 역으로 끌어들여 흡수한 식인적 위반행위의 결합적인 측면이다. 따라서 《나의 유골 나의 피리》에서 식인 유령이 주로 공포의 대상, 백인의 인종적 두려움과 편집증적인 환상의 출현이 된 것과는 반대로, 《공작새의 궁전》에서 식인 유령은 생산적인 폭력을 생각나게 하는 것을 만들어내며, 혼성적 (카리브 제도) 사람들을 함께 묶어주는 근친상간적 유대를 보여준다.[15] 식인종같이 먹어치운다는 돈네(Donne)식의 원칙과는 달리 해리스는 연금술적인 변형이라는 대응 원칙을 주장한다. 식인종/유령 연합은 있을 것 같지 않는 변형을 만들어내는 접착제를 형성한다. 이런 변형은 특히 마이클 길키스(Michael Gilkes)가 주장했던 것처럼 정신적 재통합의 과정으로서의 연금술적 관계에서 가장 잘 관찰된다. 여기서 해리스가 염두에 둔 기획의 성격을 가장 잘 설명하는 사람은 프로이트나 레비스트로스보다는 융이다. 융에 따르면 역사적으로,

〔연금술〕은 특성상 물리적인 요소들의 자연적인 적대이자 동시에 도덕적 충돌로 이해되었던, 명백히 공존할 수 없는 두 개의 대립물 간의 화해작업이었다. 이런 노력의 대상이 안과 밖 모두에서, 즉 물리적, 정신적인 대상 모두에서 관찰되었기 때문에 이 작업은 자연의 전 분야로 확장되었고, 이 작업의 목표는 경험적인 동시에 초월적인 측면을 갖는 하나의 상징에 놓여 있었다.(1970, 554)

해리스의 소설과 융의 인용문 사이의 연관성은 강조할 필요가 없을 정도로 명백하다. 융의 인용문은 사실상 이 소설의 마지막, 직관적인 결말의 비문 역할을 할 수 있을 정도인데, 그 부분에서 그들 스스로의 소비의지에 의해 잡아먹혀 두 번째 죽음을 만나는 탐험 대원들은 "그들의 진정한 타자성으로부터 〔그들을〕 분리시켰던 벽"이 단지 "꿈들이 쳐둔 거미줄"에 지나지 않았다는 사실을 깨닫게 된다(114). '타자성' 그리고 그들 자신 내부의 '타자성'에 대한 인식을 통해 그들은 "궁핍한 세상의 낯설음과 재앙에 대한 잊혀졌던 두려움"을 지워버리고, 물질적 소유에 대한 강박증적인 욕망으로부터 자유로워진다. 스스로에게 다시 태어난 그들은 이제는 그들이 통일 속에서 바라보는 세상으로 다시 깨어난다. 그들의 상호간의 욕구는 "하나의 뮤즈와 하나의 죽지 않는 영혼"의 시선 속으로 사라진다(117). 이 시선은 상징

적 전통(형이상학자들, 홉킨스, 엘리엇, 예이츠, 콘래드) 속에서 작업하는 서구 작가들을 새 생명을 획득한 신화의 통일적 패턴 속으로 결합하려는 이 소설의 상호 텍스트적 기획에도 역시 유효한 듯이 보인다.[16] 하지만 해리스의 경우에 흥미로운 점은 그가 폭력적인 신세계가 콘래드에 의해 현대 유럽 문명의 핵심에 위치하게 된 '야만성'과 조우하는 상황에 주목한다는 사실이다. 따라서 해리스는 미텔홀처처럼 자신의 유럽 선조들의 두려움을 이용하고 그들의 텍스트에 '거주하며', 유령처럼 그들을 먹이로 삼는다. 하지만 동시에 그들을 신세계 종교극, 즉 선과 악에 대한 마니교적 범주를 넘어서는 일종의 그리스도 수난극의 주인공으로 변형시키고 있다. 그래서 미텔홀처가 서구의 유령 이야기 뒤에 숨어 있는 인종화된 유령을 풀어내고, 그들에게 혁명적 복수의 집행자라는 물리적 형태를 부여하는 것과는 달리, 해리스는 식인종과 유령들을 초자연적으로 만나게 하여, 연금술적 변형 작업을 함께 펼치도록 한다.

《공작새의 궁전》에서 식인종 유령은 영감을 얻은 시인 같은 인물이다. 이 유령은 공포의 원천에서 화해의 도구로 변화된다. 이런 변형은 기억의 비물질성을 다시 확인하는 동시에, 유령 같은 형식을 부여함으로써 정복 행위를 비물질화시킨다. 이런 의미에서 식인종과 유령은 모순되는 공동 작업자이다. 식인종은 먹는 자와 먹히는 자 간의 구별을 파괴하며, "〔양자〕간의 총체적 정체성을 만드는 한편, 먹는 자의 먹히는 자에 대한, 호혜적이진 않지만 궁극적으로 총체적인 통제—글자 그대로의 소비—를 주장한다."(Kilgour 1990, 7) 유령은 실재와 상상간의 간격에 다리를 놓고, 존재론적 영역들을 엿보는 잡종적인 실체를 만들어낸다. 식인종 유령은 이 잡종적인 실체를 존재하도록 하는 악기인 카리브인의 유골피리와 함께 분명히 공존할 수 없는 요소들로부터 어려운 조화를 만들어낸다. 동시에 식인종 유령은 철저한 단절(조각난 육체의 내면화, 견고한 형식에 대한 저항)의 상징이다. 이 두 번째, 즉 철저한 단절이라는 의미에서 식인종 유령은 대응기억의 중개자 역할이란 특성을 가지며, 연속적인 진보를 주장하는 역사관을 파괴한다. 미셸 푸코의 공식에서 대응기억은 세 가지의 구성요소로 이루어져 있다. "첫 번째는 현실과 반대되는 패러디 같아서 추억이나 인식과 같은 역사의 주제에 반대한다. 두 번째는 정체성에 반대되는 분열적인 것이어서 전통의 연속성이나 대표성 같은 주어진 역사를 반대한다. 세 번째는 진실과 반대되는 희생적인 것이어서 지식과 같은 역사를 거부한다."(1984, 93)

식인종 유령은 인식 가능한 부분들의 틈새에 존재한다. 그것의 비연속적 형식은 역사적으로 확인하려는 시도를 회피한다. 식인종 유령이 예시하는 대응기억은 통제될 수 없는 이종의 원칙에서 기능한다. 이 대응기억이 지각하는 역사는 "잊혀진 정체성을 찾는 것이 아니라… 통합의 힘으로 정복될 수 없는 다중적 요소들의… 복합적 시스템을 찾으려 한다."(94) 해리스에게 있어 식인적 대응기억은 유럽의 역사에 반대한다. 그것은 정복의 이데올로기를 뒷받침하는 시간관을 분열시킨다. 하지만 식인 유령은 집단적 기억 형식을 다시 만들고, 새로운 실재적인 형식이라면 흡수하고 통합한다. 여기에 해리스의 "변화의 변증법(dialectic of alteration)"이 갖는 두 가지 상충되는 측면이 놓여 있다. 그것은 한편으로 회상에 도전하고, 유럽이 부여했던 그 '기원'들로부터 해방되는 대응기억의 측면이다. 다른 한편으로는 신화적 초월로 나아가는 균등하고 대립적인 이동의 측면으로, 집단적 기억을 복원하지만 그것을 보다 높은 단계의 형식으로 올리는 것을 말한다. 이 변증법은 해결되지 않은 채 남았다. 식인종은 '타자'를 흡수한다. 그 '타자'는 유령으로 돌아온다. 하지만 이런 반복적 순환, 해리스가 "끝없는 리허설"이라고 칭한 이런 패턴을 소외나 구속의 의미로 받아들일 필요는 없다. 그 보다 이것은 카리브 제도 작가들이 유골피리에서 영감을 얻어 그들의 지역, 그리고 그들 스스로를 재탄생시킨 것처럼 혼성적 변형(creole transmutation)의 원칙을 역설하고 있는 것이다.

　나는 이 논문을 프란츠 파농이라는 강력한 유령을 불러내면서 시작했다. 따라서 어둠 속에서 파농을 불러내는 것으로 이 글을 마치는 것이 적당할 것 같다. 파농에게 있어 식인종—인종 억압의 역사에 대한 알리바이—은 대면해야 할 대상이며, 따라서 과거로 쫓겨 가기 전에 극복되어야 한다. 반면 흑인들에게 있어 복원된 과거는 복수의 불을 붙인다. 그러나 이 복수의 불에서 피어난 연기는 '자아' 와 '타자' 가 수렴되어 더 이상 자아도 '타자' 도 존재하지 않고, '흑' '백' 이란 단어가 결합되어 더 이상 '백인' 도 '흑인' 도 존재하지 않는 세계, 한때 그들을 정의했던 역사의 잘못을 깨달아 자유로운 미래를 만들기 위해 함께 노력하는 사람들만이 존재하는 그런 세계를 꿈꾸는 파농의 유토피아적 비전을 보자마자 깨끗이 걷혀버린다.

　　나는 역사의 죄인이 아니다. 나는 거기서 나의 운명의 의미를 찾지 않을 것이다…. 나는 진정한 도약은 생각한 것을 현실로 만드는 데 있다는 것을 내 자신에게 계속 상기시킬 것이다…. 내가 여행하는 세상에서 나는 끝없이 나 자신을 창조해갈 것이다…. 유색인인 내가 원하는 것은 단 하나, 수단이 인간을 소유하지 않는 것, 인간에 의한 인간의 노예화, 즉 한 사람의 다른 사람에 의한 노예화가 영원히 그치는 것뿐이다…. 왜 타자를 만지고, 느끼고, 그 타자를 자기 자신에게 설명하는 극히 단순한 노력을 하지 않는 것인가?(1967, 229-31)

7.
〈크로노스〉와 뱀피리즘의 정치경제학 :
하나의 역사적 성좌에 대한 주해

존 크래니어스커스(John Kraniauskas)

오늘날의 과거는 그 과거의 파괴로 유지된다.

(Adorno/Horkheimer 1979, ⅹⅴ)

과거의 유령들—서승에서 돌아온 사들—은 멕시코의 문화사에 중요한 자리를 차지하고 있다. 시아파스에서 일어난 사파티스타 반란*에 관한 논의에서 인디오들의 과거의 영웅들에 대한 속죄의 기도는 죽은 자가 친지들과 함께 음식을 나누기 위해 돌아오는 '사자(死者)의 날'을 생각나게 한다. "죽은 자는 우리의 목소리를 통해 말을 할 것이며, 외롭고 잊혀진 우리들의 망자는 죽었지만 우리의 목소리와 자취 속에 살아 있다."(Clarke and Ross

---

* 1910년 멕시코 혁명 후 남부 지역에서 '땅과 빵'을 외치며 급진적 토지개혁을 수행하다가 1919년 암살당한 에밀리아노 사파타의 정신을 이어받아 1994년 1월 1일 멕시코 남부 멕시코 시아파스 주(州)의 마야계 원주민들에 대한 토지분배와 처우개선을 요구하며 봉기한 반정부 투쟁단체, 사파티스타 민족해방군(Zapatista National Liberation Army)의 무장봉기.

1994, 78) 아마도 멕시코의 저승에서 돌아온 자 이야기 중 가장 특이한 작품은 후안 룰포(Juan Rulfo)의 단편 소설인 〈페드로 파라모 Pedro Páramo〉(1955)일 것이다. 새로운 후기 혁명 신화들(멕시코의 '진보'의 증거인 '혁명')을 토대로 새로운 국가 건설이라는 맥락에서 쓰인 이 소설은 깨어진 가족들, 대가 없는 극단적인 사랑, 지주, 살아 있으면서 죽은 자로 그리고 화자로 소설 속에 지속적으로 등장하는 박탈당한 한 소작인을 다루고 있다. 룰포의 소작인들은 '공포' 때문에 죽었다(Escalante, 1992). 민족의 이미지들이 가진 힘이란 현대의 세속적인 세상에서의 죽음에 (그에 따라 삶에도 역시) 의미를 부여하는 것이라고 주장하는 앤더슨(Benedict Anderson, 1991)이 옳다면, 그런 이미지와 의미들이 필연적으로 수반하게 되는 국가와 '인민' 간의 조약은 후기 혁명 멕시코에서 실현되지 못했으며, 반면에 농민 공동체들이 가진 지역 문화적 흔적은 세속적인 '개발' 열풍 때문에 파괴되어버렸음이 분명하다. 국가에 의해 천대받는 룰포의 망자들은 지속되지만 무의미한 현재에 살고 있으며, 정의와 초월적 공동체를 위해 그들에게 남은 유일한 희망을 줄 것이라고 여겼던 교회는 그 지방 지주에게 팔려버렸다. 그들을 이끄는 희망은 환영이다. 앤더슨의 민족주의에 대한 인류학적인 통찰을 통해 해석했을 때, 룰포의 소설은 저승에서 돌아온 이들은 멕시코 대중문화가 갖고 있는 죽음에 대한 상상의 강박관념의 산물이 아니라, 오히려 상충되는 상상물들(죽음의 방식들)의 산물이자—여기서 룰포는 앤더슨의 공식을 넘어 그 이상을 말해주고 있다—국가에 의한 실존적인 의미의 역사적 사유화의 산물이라는 것임을 말해준다. 이런 관점에서 국민(nationhood)이란 말은 선별적인 상상들을 무리하게 규격화시킨 결과임이 드러난다.[1]

유령만이 유일하게 저승에서 돌아온 자들은 아니다. 흡혈귀 역시 피를 찾아 죽음에서 돌아온다. 반면 좀비들은 강요된 노동자로 돌아온다. 공포 영화, 특히 미국의 공포 영화들은—대개 식민주의와 국민 국가 조직에 희생된 사람들의 형태로—과거의 귀환을 현재의 정의(正義)를 요구하는 악몽으로 연출하는 탈식민주의적(postcoloinal) 시나리오에 의존한다. 그래서 마지못해 피를 빨아먹는 흡혈귀 이야기인 구이레모 델 토로(Guillermo del Toro)의 최근 영화 〈크로노스 Cronos〉(1992)는 유럽의 흡혈귀 공포 이야기의 전통뿐만 아니라, 멕시코의 귀환자들의 이야기 전통과 미국 공포 영화의 탈식민주의적 전통에도 속한다. 이 영화는 우리에게 흡혈귀 이야기가 무엇보다도 몸(body)의 사회적 구성에 관한 이야기라는 것을 생생하게 떠올리게 한다. 게다가 그렇게 함으로써 이 영화는 아주 특별한 기계적 중개자로서 멕시코에서 겪었던 식민지 지배 경험을 현재로 재배치할 뿐 아니라 ('시차'는 흡혈귀가 뛰어넘을 수 있는 좁은 해협에 지나지 않는다), 또한 흡혈귀와 '자본의 사회적 규칙' 간에 놓인 전통적인 긴밀한 연관성을 재확립한다. 그렇게 함으로써 다시금 이 영화는 다음과 같은 사파티스타 반란에 관한 담론들과 연결된다. "그들은 수천 가지 방식으로 시아파스의 피를 뽑는다. 기름과 가스관, 전선, 기차, 은행 계좌, 트럭과 승합차, 배와 비행기를 통해… 넓은 구멍과 작은 상처 틈을 통해… 그리고 이 수 천 개의 송곳니의 결과로서 시아파스의 피는 남동부 멕시코의 목구멍 속으로 흘러들어간다."(Clarke and Ross 1994, 18)[2] 최종적으로 영화 〈크로노스〉는 상징적인 카니발리즘(또는 뱀피리즘)에서 기원한 멜로 드라마적인 가톨릭의 감정 구조를 드러낸다. 종교, 자본, 흡혈귀는 또한 마르크스가 상품의 페티시즘에 관한 글을 쓰면서 사용한 일련의 개념들이다. 그리고 이 논문이 다루는 것 역시 문화적으로 변환된 상품 페티시즘의 이미지로서의 흡혈귀에 관한 것이다.

1. 섬뜩한 자본가

문학적 · 영화적 전통을 연관해서 볼 때 흡혈귀에 대한 이미지 판타지, 특히 드라큘라의 이미지 판타지는 어떤 것일까? "혈통" 관계에 집착하는 "타락한" 귀족주의(Eagleton 1995), 독점 자본주의의 유통과 흐름(Moretti 1982), "유대인"에 투사된 민족적 정체성과 인종적 퇴보에의 위협(Gelder 1994, Harberstam 1993), 이성뿐 아니라 동성의 난잡한 성적 욕망, 여자 흡혈귀의 형상은 매우 오랜 역사를 가지고 있다(Craft 1984), 등과 같은 이 모든 주장은 에이즈의 도래로 새롭게 조명되고 있다(특히 코폴라 감독의 영화 〈드라큘라 Dracula〉를 참조할 것). 영원한 생명에 대한 욕망을 명료하게 보여주는 흡혈귀는 또한 과거(죽음)와 현재(살아 있음)의 구분이 모호하게 되어버린 무차별적 시간성(de-differentiated temporality)의 형식을 구체화하고 있다. 이와 유사하게 흡혈귀는 인간 속의 비인간성, 즉 희생을 통해 막을 수 있다고 생각하는 인간의 동물화라는 상존(常存)하는 위협을 상징한다. 특별한 징후가 무엇이든 대부분의 흡혈귀에 관련된 이미지들은 흡혈귀를 중요한 신체 지배를 위협하는 위험으로 표현한다. 뱀피리즘은 전형적으로 정확히 몸통과 머리가 맞닿는 부분의 피부–자아(skin-ego, Anzieu 1989)에 구멍을 내는 행위—확고부동한, 즉 '계몽된' 감각의 위계구조가 훼손되고 '다른' 무의식적 논리에 의해 재조정되는 그런 행위—가 반드시 수반된다. 하지만 그렇게 하는 것은 단지—위에서 이미 언급한 그런—특히 괴물 같은 형태들과는 반대로 즉시 재암호화되어 다시 돌아올 수 있도록 하기 위해서일 뿐이다. 이런 의미에서 흡혈귀 영화에 관해 언급하면서 드라큘라에 식인적 차원이 존재한다는 도널드(James Donald 1989)의 주장은 정당하다. 하지만 또 다른 쪽에 "특히 중세 소설과 중세 괴물들은 결코 단일하지는 않지만 항상 인종, 계급, 성의 집합체로서의 괴물을 생산한다"고 주장하는 하버스탐(Judith

Harberstam)이 있다. "…반유대주의와 흡혈귀 신화에 관한 19세기의 담론은 수많은 괴물적 특성을 하나의 몸으로 응축시키는 능력에 있어 일종의 중세 경제를 분담하고 있다."(1993, 334)

자칭 미국 스릴러 작가들의 '악마의 개'라고 하는 엘로이(James Ellroy)가 쓴 《아메리칸 타블로이드 American Tabloid》(1995)라는 책에는 유명한 자본가이며 흡혈귀인 하워드 휴즈(Howard Hughes)에 대한 아래에 인용된 간단한 묘사가 담겨 있다. 이 묘사는 예를 들어, 〈내 마음의 마음 Mind of My Mind〉(Butler 1977), 〈죽은 자의 연감 Almanac of the Dead〉(Silko 1991), 〈밀고자들 The Informers〉(Ellis 1994), 〈브람 스토커의 드라큘라 Bram Stoker's Dracula〉(Coppola 1992), 〈뱀파이어와의 인터뷰 Interview with the Vampire〉(Rice 1976, Jordan 1994), 〈황혼에서 새벽까지 From Dusk Till Dawn〉(Rodríguez 1996) 같은 주류 문학과 영화 속에 최근에 널리 퍼져 있는 흡혈귀의 특징적인 이미지를 대신할 수 있을 것 같다. 더군다나 이 부분은 〈크로노스〉가 보여주는 현대의 다국적적인 상호 텍스트적(intertextual) 공명을 예시하고 있기도 하다.

리텔이 걸어 들어왔다. 앞방은 의학용 냉장고와 정맥주사용 받침대로 가득했다. 마법용 개암나무와 스프레이 살충제 냄새가 공기 중에 진동했다.

아이들 비명 소리가 들렸다. 그는 그것이 TV 어린이 쇼에서 나는 소리라는 걸 알았다. 그는 비명 소리를 따라 복도를 걸어갔다. 벽시계는 댈러스 시각으로 8시 9분에서 10시 9분 사이를 가리키고 있었다.

비명 소리는 애완견 사료 광고로 변해 있었다. 리텔은 벽에 바짝 기대서 문간 사이로 들여다보았다.

그가 정맥주사용 백으로 수혈을 하고 있었다. 피하 주사바늘을 이용해 스스로 음식을 공급하고 있었다.

그는 시퍼런 알몸으로 위로 약간 젖혀진 병원용 침대에 기대어 누워 있었다. 그는 엉덩이의 정맥을 찾고 있었다. 페니스를 쿡쿡 찌르고 때려댔다.

그의 머리카락은 등에 닿아 있었다. 손톱은 손바닥 쪽으로 반쯤 오그라들어 있었다.

방에서는 오줌 냄새가 났다. 오줌이 가득한 양동이 속에 벌레들이 둥둥 떠 있었다.

휴즈는 바늘을 뽑아버렸다. 침대는 여러 개의 해체된 자동판매기의 무게 때문에 처져 있었다.(Ellroy 1995, 583)

《아메리칸 타블로이드》에서 휴즈의 별명은 드라큘라의 단축형인 드랙(Drac)이다(417).

엘로이의 묘사에 이어 나는 또 다른, 이 대목보다 더욱 잘 알려진 마르크스의《자본론》의 한 대목을 인용하고자 한다.

자본가로서 그는 단지 인격화된 자본에 지나지 않는다. 그의 영혼은 자본의 영혼이다. 하지만 자본은 자동으로 움직이는 하나의 충동력, 즉 스스로의 가치를 유지시키고, 잉여 가치를 창조하고, 잉여 가치의 불변 부분, 즉 생산수단이 최대의 잉여 노동량을 흡수하게 만드는 본능적 욕구를 가지고 있다. 자본은 흡혈귀처럼 단지 살아 있는 노동력을 빨아먹는 것을 통해서만 살아가고, 살아 있는 노동력을 많이 빨아먹으면 먹을수록 그만큼 더 오래 살아남는 죽은 노동력이다.(Marx 1990, 342)

《아메리칸 타블로이드》의 인용문은《자본론》의 인용문에 쉽게 대입될 수 있다. 국제적인 자본가인 드랙은 "시퍼런 알몸"을 한 살아 있는 죽은 자에 속하고, 피를 먹고 살아가며, 더구나 위에서 묘사된 수많은 '섬뜩한' 관념들을 이용한다. 이런 의미에서 악명 높은 편집증적인 부르주아이며 영화계 거물인 휴즈에 관한 엘로이드의 묘사—휴즈는 1963년 11월 TV에 나오는 J. F. 케네디 암살을 시청하기 위해 마약을 '한 대' 한 후 비버리 힐스의 한 방갈로에 몸을 눕힌다—는 자본주의와 중독, 뱀피리즘 간의 잘 알려진 연관성을 분명히 보여줄 뿐 아니라, 구이레모 델 토로의 흡혈귀 영화 〈크로노스〉를 떠올리게 만든다.

영화 〈크로노스〉에서 언급되는 몸들 중 하나는 기업가인 데 라 구아디아의 몸이다. 그는 식민지 뉴 스페인에서 크로노스 장치를 만든 연금술사가 쓴 원고와 교본을 가지고 있다. 골동품 상인인 헤수스 그리스(Jesús Gris)의 소유인 이 장치는 사용자에게 피를 대가로 영원한 생명을 부여하는데, 데 라 구아디아는 이 물건을 간절히 원하고 있다. 편집증적인 자본가인 휴즈처럼 나이 들고 죽어가는 이 기업가는 봉인된, 즉 위생 처리된 환경(그의 공장 중 하나의 지하에 있는—밤 동안 내내 열려 있는 걸로 나온다—벙커)에서 살며, 몸의 절반은 수족관에 보존되어 있다. 그 역시 드랙처럼 동물적 성향을 가졌다. 비록 아직 불멸의 흡혈귀가 아니지만 그는 이미 자신의 욕망을 예상하고, 두 개의 금속으로 된 목발을 포함해 네 다리로 걸어다닌다. 이것은 데 라 구아디아에게 마르크스의 자본에 대한 또 다른 근사한 이미지들 중에서 게걸스러운 벌레처럼 "노동자를 마주 보고 맞서기 위해 뒷다리로 일어서"는 외관을 부여하고 있다(1054). 그의 욕망은 크로노스 기계를 손에 넣어 영원히 사는 것이며, 그 때문에 흡혈귀가 된다. 이 흡혈귀가 소설의 이야기를 끌고 간다. 이야기를 끝맺는 것은 처음에는 기업가를, 그 다음엔 크로노스 장치를 막고 파괴하는 헤수스의 자기희생이다.

구이레모 델 토로의 〈크로노스〉는 현대의 몸, 기술, 가속화되어가는 후기 다국적 자본주의 시대의 시간에 대한 하나의 판타지다. 게다가 이 영화의 멕시코 시는 전통적인 문화주의의 의미에서 '민족적' 혹은 '지역적' 자본이라고 하기는 힘들다. 오히려 말을 보면 이중 언어적이라 할 수 있고(스페인어와 영어—후자는 분명 미국의 경제력을 암시한다), 쓰기를 보면 다중 언어 사용 지역에 속한다. 작업장(데 라 구아디아의 공장)과 (헤수스의) 집 모두—기호들과 신문에 전시된—양피지(또는 그 연금술사의 신비한 책)처럼 해독해야 될 몇몇 감추어진 글자들이 교차되는 세계화된 장소다.《자본론》에서 마르크스가 지적한 자본의 흡혈귀적 특성은 노동일 투쟁에 관해 논의한 부분에 등장한다(절대적인 잉여 가치에서 상대적인 잉여 가치로의 변환과 더불어 노동의 형식적인 자본 편입에서 실질적인 편입으로의 이동). 이 과정은 자본의 규제뿐만 아니라, 살아 있는 노동력 즉, 몸의 기계('죽은 노동력')에의 종속—포드주의나 기계공업—과 착취율의 증가를 포함한다.[3] 1980년대와 90년대에 자본과 노동 간의 기술적 관계가 후기 포드주의적으로 재설계되고, 자본의 변환과 복지 국가에 대한 최근의 신자유주의적 공격과 연계돼 자본이 대규모로 규제에서 풀리게 된 것에 때맞춰 흡혈귀 이미지와 이야기가 재등장했다는 사실은 분명히 우연일 수 없다. 사실상 (정보 기술을 포함한) 최근의 생산 수단의 발달은 노동 세계의 사회적 조직과 사적 영역과의 관계를—소형화를 통해—완전히 재구성할 우려가 있으며, 그에 따라 몸의 사회적 경험을 다양한 방식으로 침해하고 있다. 그래서 사이보그의 모습으로 영화와 문학에서 선명하게 드러나고 있는 지난 수십 년 동안의 가장 지속적인 사회적 환상 중 하나는 기계와 육체 간의 구별을 어렵게 만들어버리는 신기술의 환상이었다. 이렇게 자본주의가 유연한 자본 축적과 연합된 기술 형식으로 차츰 이행되는 양상은 라틴 아메리카에서는 지속적으로 느껴진 건 아니다. 후기 독재적 1980년대, 부채 위기라는 특수 형태 속에서, 그리고 강요된 생산 영역, 특히 '현대화'의 권위주의적인 모습에서 그런 양상들이 그때그때 감지되어 왔을 뿐이다. 흥미롭게도 라틴 아메리카에서 1980년대는 '야만적인' 자본주의 시기로 널리 알려져 있다.

2. 페티시즘과 문화적 기억 : 원시적 축적

"물화(reification)*는 모두 다 망각이다."(Adorno/Horkheimer 1979, 230) 어쩌면 게오르그 루카치의 중요한 논문 〈물화와 프롤레타리아의 의식 Reification and the Consciousness of the Proletariat〉(1971)의 영향 때문에 지금까지 상품 페티시즘에 관한 논의는 상품 형태, 돈 및 자본 자체가 그것이 갖는 사회적 내용과 역사를 은폐하고 마치 스스로 그렇게 된 것처럼 자연스럽게 만드는 과정을 강조하는 경향을 보여주었다. "사람들 스스로가 서로 간에 한정된 사회적 관계를 취하고 있기 때문에 사물들 간의 관계에 대해서도 공상적인(fantastic) 관계를 추측하는 것이다."(Marx 1990, 165) 이런 관점, 즉 물화로서의 상품 페티시즘의 관점에서 보면 '사물들'의 의미는 주로 '공상적인 형태'를 띠고 있다. 그 결과 전통적인 마르크스주의자들의 이데올로기 이론들은 망각의 사회적 과정을 근거로 성립되었다. 따라서 이데올로기 비판은 대개 정밀 비평을 통해 비평 대상들의 역사와 사회성의 복원을 시도한다. 하지만 이와 같은 이데올로기라는 모호한 공식화 그 자체가 망각에 근거하고 있고―흡혈귀의 모습이 사실상 그런 망각에 대한 하나의 기호이다―, 따라서 그 자체가 역설적이게도 이데올로기적인 것이 아닐까 하는 질문을 던질 수 있다. 또 그 자체가 이데올로기적인 이유가, 비판되는 대상과 주체에는 언제나 이미 역사가―이 역사가 이 대상들의 위선의 역사를 포함하고 있다 해도―각인되어 있기 때문이 아닌지 물어볼 수 있을 것이다. 마지막으로 자본은 이데올로기 비판에서 말하는 그런 역사적 대상이 아닐

---

* 물화(物化) 혹은 물상화(物像化). 마르크스보다 루카치가 많이 사용한 개념으로 인간에 의해서 만들어진 것 또는 구성된 것이 그것의 구성성을 잃어버리고, 오히려 어떤 객관적인 것으로 인간에게 다가오고 인간과 대면하는 것을 의미한다. 이것은 인간이 사물에 마음이 빼앗긴 상태로서 그것을 당연시하고 비판적 인식능력을 상실한 근대인의 심성을 루카치는 물화라고 표현했다.

수도 있지 않을까 하는 질문이 제기될 수도 있다. 질 들뢰즈와 펠릭스 가타리가 자본의 "마술적인(miraculating)", 그리고 "기록하는(recording)" 능력에 대해 말할 때 바로 이와 동일한 주장을 펴고 있다. "하지만 본질적인 것은 생산력과 생산 기관들 전부를 부당하게 지배하고, 그들에게 눈에 드러나는 운동(물신[the fetish])을 전달함으로써 의사(擬似) 원인으로 작용하는, 마술에 걸린 기록 혹은 기입 표면의 확립이다."(1977, 11-12) 따라서 자본가 동맹(socius)은 역사를 생산뿐만 아니라 기록하며, 다른 사람들의 역사를 사유화하면서 그것의 역사와 기원의 흔적들을 소유한다. 이런 관점에서 망각으로서의 상품화는 단지 기억에서 지워버리는 것도, 재접합(re-articulation)시키는 것도 아니고 과잉암호화(overcoding)가 된다. 그럴 경우 이런 사유화와 망각의 사회적 내용이 과연 무엇이냐 하는 것이 제대로 된 질문이 될 것이다. 얼마 전에 로즈(Gillian Rose)는 마르크스의 인용 속에 나오는 '공상적(fantastic)'이라는 단어는 '환영 같은(phantasmagoric 항상 변하는)'이란 의미의 원래의 독일어를 통해 보다 잘 설명될 수 있으며, 그럴 경우에 상품의—흐릿하고 유령 같은 것이긴 하지만—물화적 성격이 강조될 수 있고, 이제는 그 말이 '의사 원인'으로서 생명과 힘을 부여받게 될 것이라는 점을 지적한 바 있다(1978, 31). 마르크스가 상품의 페티시즘을 종교와 비교한 것도 바로 이런 이유 때문이다.

> 따라서 하나의 비유를 찾기 위해 우리는 종교라는 안개 낀 영역으로 날아가야만 한다. 거기서는 인간 두뇌의 산물들이 자체의 생명을 부여받은 자동적인 형상으로서 그들 상호간 그리고 인류와의 관계 속으로 들어간 것으로 나타난다. 인간의 손으로 만든 생산품들을 둘러싼 상품의 세계도 이와 마찬가지다. 나는 이것을 상품으로 만들어지자마자 노동의 산물에 속하게 되는 페티시즘이라고 부른다.(Marx 1990, 165)

〈크로노스〉에서 신체에 특별한 의미를 부여하고, 피를 대가로 영원한 생명을 주는 보석 장식의 황금 장치는 마치 천국에서 온 것처럼 골동품 상인 헤수스의 천사 조각상 속으로 들어온다. 그런 페티시즘적 기적은 이미 위에서 인용한 마르크스의 글 속에 들어 있는 살아 있는 노동력을 위한 자본(죽은 노동)에 속하는 것으로 생각되는 탐욕스런 욕망에서도 비슷하게 드러난다. 여기서는 단지 "인류와의 관계 속에… 들어가기"위해 흡혈귀라는 공상적인 형태가 그리스도라는 공상적인 형태(헤수스)를 대신한 것뿐이다. 최근에 발리바(Etienne Balibar)는 페티시즘을 이데올로기(그리고 망각)와 뚜렷이 대비시켜, 페티시즘은 "종속의 한 형태"로, 다시 말해 교환가치의 재생산에 종속된, 그리고 결정적으로 소작농에 대한 강탈과 훈육 그리고 "추상적 노동력"의 창출에 종속된 경제-법적 주체들의 형성에 필연적으로 수반되는 주요 과정으로 생각하는 것이 더 나을 것이라고 주장했다(1995, 77). 나의 가설은 최소한 그 주요 외관 중 하나에 있어 흡혈귀의 형상은 단지 망각만도 아니고, 마르크스가 자본의 '특성'으로 부여한 중세의 문학적 형상만도 아니라는 것이다. 그것은 자본의 기원에 관한 (변화무쌍한) 환영적 흔적, 다시 말해 시장과 국민 국가의 법 이래에서 신체와 삶의 폭력적인 '종속'에 대한 문화적 기억인 것이다.

"흡혈귀 같은 자본가들"이라 불리는 소설《죽은 자의 연감 Almanac of the Dead》의 한 장(章)에서 실코(Leslie Marmon Silko)는 그녀의 원주민 인디언 등장인물들 중 하나인 안젤리타 라 에스카피아(Angelita La Escapía)가 "마르크스를 이야기들을 다시 이야기하여 세상의 고통과 악을 치유하기 위해 열정적으로 마술적인 이야기 조각들을 모으는 이야기꾼이라고 상상했다"고 쓰고 있다(1991, 316). 내가 보기에 이런 해석은《자본론》에 대한 소수파적 접근, 즉 이 책을 자본의 규칙에 종속된 이들의 기억과 문화적 경험들의 흔적을 담고 있는 가치이론으로 해석하는 것이다. 흡혈귀에 대한 마르크스의 이미지는 그런 흔적의 모음에서 나온 것이 아닐까? 여기서 지식인이자 비판가인 마르크스는 거의 무당이나 주술사—반(反) 흡혈귀—의 모양을 띠고서 자본에 대한 종속을 경험한 사람들의 이야기를 (민간에 전승된 민속학적 모음이 아니라 정치적 비판으로) 《자본론》에서 다시 한 번 명확히 한다.[4] 발리바가 '종속' 이라고 부른 것은 마르크스가 '원시적 축적' 이라고 말한 것이다. 새로운 경제·정치적 주체들의 창출의 이면은 이 주체들에 대한 강탈이다. "사실상 원시적 축적 체계는 결코 낭만적이지 않다…. 토지로부터 농업 생산자, 즉 농민들의 징발이 전 과정의 토대다…. 그리고 그들의 징발의 역사는 인류의 연대기 속에 피와 불의 문서로 기록되어 있다."(Marx 1990, 874, 876, 875)

마르크스의 설명에서 원시적 축적의 역사적 과정은 자본주의적 착취의 존속을 위한 제 조건을 만들어내며, 농민의 박탈뿐만 아니라 새로운 법적 강제 수단, 즉 새로운 국가 형식들과 국가시장(민족국가)을 창출하는 것을 포함한다. 유럽의 국가들 또한 예를 들어—크로노스의 장치를 만드는 데 쓰인 것과 동일한—아즈텍과 잉카의 금과 같은 식민지 강탈품의 수혜를 입었다. 하지만 나는 여전히 진행 중인 현대의 (역사주의자들의 의미에서는 그렇게 '원시적' 인 것을 의미하는 것은 아니겠지만) 원시적 축적 같은 것이 존재하며, 이것은 현대의 페티시즘을 먹이로 하여 '자본의 사회적 규칙', 즉 초국가적인 규모로 지속적으로 확대되는 상품화 과정을 동반한다고 주장하고 싶다 (Phillips/Bartolovich의 후반 장들을 참고). 다시 말해 강탈 과정은—예를 들어 잘 알려진 집단적 이주에서 명백하게 드러나듯이—지속적으로 자본을 위한 노동을 '자유롭게' 만들고, 추상화를 통해 노동에서의 차별성을 제거하며(de-differentiating), 이런 과정은 이제는 '현대화', '사회적 유동성' 또는 '민족적 통합' 으로 경험된다. 라틴 아메리카에서 이런 과정은 폭력적으로 부서진 몸, 뱀파이어즘, 카니발리즘 그리고 신체 기관과 분비물의 수집과

거래라는 일련의 환상들을 발생시켰다. 라틴 아메리카의 문화적 반향을 보여주는 〈크로노스〉 외에도 대개 페루와 볼리비아에서 나온 이런 이야기들은 또한 유럽에서 대중적인 흡혈귀 이미지가 역사적으로 출현한 이유를 알 수 있는 단서를 제공하고 있다.

3. 라틴 아메리카의 흡혈귀들

"그가 말하는 것처럼 차츰 나 자신 공포에 사로잡혀 있다."(Nathan Wachtel 1994, 57) 인류학자인 와첼의 《신과 흡혈귀. 치파야로의 귀환 Gods and Vampires : Return to Chipaya》에 따르면 "볼리비아의 안데스 산지인들의 공동체 한가운데로 근대성이 침입함으로써 그들의 정체성의 뿌리가 흔들리고"(89), 대중적인 흡혈귀 이미지가 출현하는 것은 이어지는 사회적, 문화적 재구성 과정에서 비롯된다. 이 인류학자의 공포는 전직 우루과이 정보원이 (페루에서는 '나카크(nakaq)'나 '피시타코스(pishtakos)'로 알려진) '카리시리(kharisiri)'라고 고발된 후에 겪은 역경을 전해들을 때 오게 된다.

> 안데스 산지 세계의 가장 큰 공포의 대상 중 하나는… 버려진 도로에서 다가가거나 밤에 집에 침입해 여러 가지 분말을 사용해 잠에 빠지게 한 다음, 무의식 상태에서 지방을 (보다 최근의 이야기에 따르면 피를) 추출하는 다소 신비적인 인물들이다. 며칠이 지나면 희생자들은 병약해지는 것을 느끼며, 일종의 무력감과 빈혈로 고통을 겪다 죽는다. 민속지리학 책에서… '카리시리'는 일반적으로 외부세계의 악마적 화신인 (백인) 외국인의 모습을 하고 있다.(52-3)

이 사례가 와첼의 흥미를 끈 것은 당사자가 주변인의 위치에 있기는 했지만 그 부락 출신이라는 점이었다. 1978년 이 부락의 수많은 사람들이 "갑작스럽게 피로해지는 이상한 병에 걸려 죽어갔다"고 한다. "병자의 몸에 (팔과 가슴에) 바늘로 찔러서 생긴 듯한 의심스러운 조그만 점들이 발견되었다. 이 흔적은 이 환자들이 카리시리의 희생자임을 분명하게 보여주었다."(54) 이 우루과이인은 '작은 기계'로 희생자들의 피를 뽑았다는 죄목으로 추궁을 받았다. 그는 매 맞고 고문을 당했고, 심지어는 피까지 뽑혔으며, 군인들이 파견되어서야 구출되었다. 군인들은 그를 수감했다가 나중에 풀어주었다. 와첼은 자신의 친구들과 다른 전직 정보원들이 이런 박해를 받았기 때문에 공포를 느꼈다. 더구나 지역 기록에 따르면 1978년도 사망자 숫자가 실제로는 평균 이하였다는 것이 밝혀졌다.

이 사건들은 지역적인 위기의 순간에 발생했고, 이 우루과이인 희생자는 외부의 세력과 동일시되었다. 그는 원래 부락 구성원 중 주변인으로, 즉 고아였고 극히 가난했다. 하지만 나중에 그는 상대적으로 부유해졌다. 그는 저축을 통해 마을에 가게를 소유하게 되었고, 공동체에서 국민적 통합과 현대화 과정을 관리하는 공무원이 되었다. 와첼에 따르면 그는 결정적으로 같은 마을에서 비슷한 죄목으로 조사를 받았고, 조부가 1950년대에 '카리시리'라는 이유로 고발되어 죽음을 당했던 외부인과 거래를 했었다. 이 대중적 환상의 희생자의 일대기는 공동체의 가족 및 반족(半族, moiety)* 내부의 갈등을 포괄하고 있는데, 이 갈등은 주로 토지 소유권을 둘러싼 것이고, 새로운 반통합적('이교적':우루과이와 가톨릭) 종교 활동의 출현과 연계되어 있다. 와첼은 이 사건들은 어떤 의미에서 공동체내에 상호종교적(cross-religious) 통

---

* 인류학 용어로서 씨족 또는 씨족이 집합한 포족(胞族) 등을 단위로 했을 때 일부의 씨족을 일컫는다. 만약 2개만의 씨족으로 이루어질 경우 반족은 한쪽 씨족이다. 또 2개 이상의 씨족이 반족을 구성하는 경우도 있다.

합의 순간을 창출했으며, 이 희생자는—어쩌면 너무나 고전적인 방식으로—희생양 같은 기능을 한 것이라고 말한다. 흥미롭게도 와첼의 결론 가운데 하나는 그 희생자가 자기에게 자신이 겪은 일을 얘기한 것은 인류학자인 자신이 이 공동체 내에서 차지하고 있는 주변적 위치 때문이었으며, 지역적인 안데스 산지인의 종교적, 마술적 전통에 대한 와첼 자신의 체계를 두고 판단할 때 자기 역시 흡혈귀와 같은 존재였다는 것이다.

약 10년 후 페루에서 이번에는 도시적 환경에서 유사한 문화적 환상이 출현해 재접합(re-articulation)을 통해 '마술적인' 신앙의 지속성을 분명하게 보여주었다. 1988년 11월과 12월의 2, 3주 이상의 기간에 걸쳐 리마의 오두막 마을 여인들 수백 명이 지방 정부에 아이들을 유괴해 눈을 외국에 팔아넘기는 '사카오조스(안구 도둑)'로부터 아이들을 보호해줄 것을 요구하는 시위를 벌였다. 이와는 조금 다른 이야기들은 신체의 일부나 피 그리고 지방을 공장 기계와 컴퓨터의 연료로 사용하기 위해 대도시로 팔아넘긴다거나(전통적으로, 다시 말해 식민지 시절에는 사람의 지방을 추출해 종을 제작했던 것으로 추측된다), 군인들이 자주 찾는 특별 식당에 음식으로 공급했다는 이야기를 담고 있다(Portocarrero Maisch 외 1991). '사가오조스'는 리틴 아메리카에 인종 이전의, 그리고 이어지는 식민지 시대의 농촌 지역에 있었던 피시타코나 '카리시리'의 현대적, 도시적 버전, 즉 당시 공화국의 대통령이던 알랜 가르시아가 부여한 신분증을 소지하고 때로 흑인 조수를 데리고 다니는 백인 의사들을 말한다(Ansión 1989 참고). 이 대규모의 대중적 환상이 진행된 12월에 실제로 한 의료진이 하마터면 테러를 당할 뻔하기에 이르렀다. 유사한 다른 이야기에는 "코와 귀에 걸어 머리에 부착된 두 개의 철사줄과 누르면 눈이 튀어 나가는 버튼이 달린… 투명한 박스 하나"인 기계가 등장하기도 한다(Portocarrero Maisch 외 1991, 38). 마이쉬와 그의 동료들에 따르면 이 환상은—나는 이 환상을 '후기식민지적'이라고 부르고 싶다—엄청난 외채와

센데로 루미노소의 활동과 연관된 심각한 경제, 정치적 위기 상황 속에서 정부가 도입한 긴축 조치에 반대한 폭력적인 시위나 파업이 벌어진 장소에서 출현했다. 이 환상이 가져온 영향으로 시민들의 구매력이 50퍼센트 이상 감소했고, 기본적인 식품 공급이 부족해졌을 뿐 아니라 실업과 불안을 야기했다. 따라서 이 이야기의 맥락은 어떤 일반화된 두려움이 특히 보건 서비스에 치환되었고, 인종화된(인디언이나 메스티조 '피시타코' 보다는 오히려 흑인과 백인 두 인종 모두의) '사카오조스'(의사)로 농축되었다는 점이다. 이런 공공연한 정치적 환상은 또한 전통적인 정치 영역에 대한 비판으로 기능했고, 새로운 정치적 주체(즉 주부와 어머니들)를 거리로 나오게 만들었다는 데 전문가들의 의견이 일치하고 있다. 리마에서 일어난 이 최근의 사건을 기록한 저자들은 더 나아가 이 사건들이 지역 전체에 퍼진 루머의 최정점이었다고 생각한다―그리고 이 점이 우리가 다루는 〈크로노스〉의 의미를 파악하는 데 도움을 준다. "소문이 라틴 아메리카 전역에 떠돌았던 것 같다. 1986년에는 멕시코에서, 그리고 1988년에는 브라질에서 범죄 집단들이 유아들을 유괴해 신체의 주요 장기를 유럽이나 미국에 엄청난 이득을 받고 팔아넘겼다는 말이 돌았다."(35)

카리시리, 피시타코 그리고 안구 도둑 같은 대중적인 환상들은 명백히 동시대의 사회적 과정의 탈식민주의적(postcolonial), 변환 문화적(transcultural) 기호로서, 몸과 충분히 느껴질 만큼의 몸에 대한 침해라는 사회적 경험, 그리고 새로운 제도(병원)와 체제(기술) 및 계속되는 박탈의 역사 속에서 식민지 시대의 신부(神父)를 대신하게 된 현대 의사에 의한 식민지화라는 사회적 경험 속에 들어 있는 변화의 문화적 기억을 일깨운다. 이런 소수적 관점에서 흡혈귀는 일종의 '반(反)무당'이자 자본의 사악한 주술사, 식민지 교회의 목사와 상응하는 것, 즉 새로운 질서라는 이름 속에서 '변환하는' 주체이자 몸이 된다.[5]

4. 흡혈귀 예수

브라질 카니발리즘에 대한 유명한 글에서 장 드 레리(Jean de Léry)는 "내가 말한 것이 당신을 두렵게 하기에, 아니 실은 머리카락이 쭈뼛 서게 하기에 충분할 것 같다"라고 말하고 있다(1990, 131). 이 말은 그의 책이 갖는 수사(修辭)적 의도성을 드러내고 있다. 그 이유는 그가 '잔인한 행위'에 관한 이야기를 더 하지 않고, 독자에게—카니발리즘을 포함해—유럽에서의 그와 유사한 행위들을 상기시키고 있기 때문이다. 이런 식으로 브라질에서의 식인종에 대한 공포는 유럽의 상황과 밝혀진 이야기의 정치적 논리 쪽으로 흐르게 된다.

한편으로 레리는 "누구든 닥치는 대로—비참함 속에 살아가는 것보다는 한번에 목이 잘리는 것이 더 나을 과부와 고아, 그리고 다른 가난한 사람들—산 채로 먹고, 피와 골수를 빠는… 우리의 거물급 고리대금업자들"(132)을 특징짓고 구분하기 위해 카니발리즘의 '야만적' 풍습에 관한 이야기를 동원한다(미국에서의 카니발리즘과 뱀피리즘 이미지의 연계). 다른 한편이 위그노파 작가는—가톨릭 미사의 상싱석 카니발리즘을 포함한 유럽 내륙 전체의 종교 전쟁과 현대의 기독교적 관습을 거론하면서—뚜렷하게 쇠퇴한 제도화된 기독교의 '야만성'을 공격한다(카니발리즘과 기독교 미사의 연계). 결국 '실제의' 그리고 '상징적'인 카니발리즘은—뱀피리즘의 환기와 더불어—종교 전쟁, 굶주림 그리고 두려움에 시달린 한 지역의 상상적인 감정의 집합체(constellation)로 나타난다(Lestringant 1994, Delumeau 1989 참고). 식민주의는 이런 과정의 배경을 구성하며, 피 마시기와 "빨기"는 절대주의 국가의 출현과 함께 사회적 상상들에 있어서의 하나의 위기가 새로운 삶과 죽음의 방식을 형성하기 시작할 때 이 상상적 이미지들의 감정의 집합체를 통합한 것이다. 이런 측면에서 브람 스토커의 1897년의 고전적인 《드라큘라》가 그 극서(그 너머에 미국이 위치한다)와 극동(한때는 기독교의 경계였으며, 지금은 계몽주의의 경계) 즉, 아일랜드와 트란실바니아를 하나로 묶는 유럽의 문화적 변경 지역들의 상상의 조우에서 발원한다는 사실을 기억하는 것이 좋을 것이다. 다시 말해《드라큘라》가 오게 되는 식민지적 행로는 다음과 같다. 작가인 브람 스토커가 런던에서 아일랜드로 이주하는 반면, 등장인물인 조나단 하커의 여행은 그를 (그리고 이 책의 독자들을) 트란실바니아로 가는 다른 길로 데려간다. 더군다나 그렇게 함으로써 이 소설은 또 굶주림과 박탈의 기억을 신흥 산업자본주의 상황에서 "몰락해가는 귀족"과 결합시킨다(Eagleton 1995, 214-16). 그리고 유럽 '문명'에 대한 이런 상상적인 지도의 경계선 너머에 희생자들의 목을 빨아 마시기보다는 오히려 불에 굽거나 솥에 넣고 끓여서 게걸스럽게 먹는, 실제의 '비문명화된' 식인종들이 존재한다.

 윌리엄 피츠(William Pietz)는 식민지적 문화변환(transculturation)과 원시적 축적의 복합적 과정으로부터 페티시즘 개념이 어떻게 출현하게 되었는지를 보여주었다(1985). 나는 이 경우가 어쩌면 뱀피리즘의 후기식민주의적인 이미지들에도 해당될 수도 있다는 걸 보여주려고 시도했다. 더 나아가 체액과 신체 일부의 폭력적인 사유화라는 이미지는 지속되는 원시적 축적의 대중적 경험에 대한 결정적인 문화적 구성요소라는 걸 보여주려고 했다. 페티시즘이 흡혈귀 이미지(그리고 파시타코스)의 핵심적인 초문화적 구성요소인 것과 마찬가지로 개신교 담론에서 기독교 예배의 '페티시즘'은 하나의 관념으로서 개신교 역사의 핵심적인 계기이다. 구이레모 데 토로는 자신의 영화에서 기독교주의의 중요성을 주장했는데, 영화의 등장인물들 중 두 사람의 이름―그레이 헤수스(Grey Jesus)와 가디언 엔젤(Guardian Angel)―을 번역해 보면 분명히 알 수 있을 것이다. 〈크로노스〉는 예수의 자기희생을 일상적인 가족 로맨스로 만들어버림으로써 통속화시키고 멜로 드라마화한 것이다.

〈크로노스〉에서 강조해야 할 두 가지 측면이 있다. 그것을 보여주기 위해 이 영화의 몸들 그리고 기계장치 자체에 관한 또 다른 이야기를 검토해보기로 하겠다. 우선 흡혈귀 소설과 영화(공포물)라는 대중적·대량적 장르가 출현하게 됨에 따라 개별 작품의 역사적, 문화적 중요성을 이제는 그 작품이 처한 상황과의 관계 속에서만 찾아서는 안 된다는 점이다. 이 관계는 장르 자체의 생산 논리에 좌우된다. 따라서 개별 작품은 그 자체의 사회·문화적 내용을 가지고 있긴 하지만, 그것이 갖는 영향은 작품의 개별적인 맥락과는 아주 무관한 곳에서 찾아야 된다. 〈크로노스〉는 다른 말로 하면 하나의 장르 영화이다. 따라서 그런 장르에 속하는 어떤 특정 작품의 창조성은 이 장르가 속해 있는 문화적 역학 속에서 이 작품이 어떻게 반영되느냐에 달려 있다. 여기에서 다음의 두 번째 측면이 분명해진다. 〈크로노스〉에서 '실제의' 흡혈귀는 고리대금업자/자본주의자(귀족 또는 부르주아)가 아니다. 또 (비록 이것이 이 영화에서 아우로라(Aurora)의 이야기가 될 수는 있겠지만) 단지 기독교 실천의 카니발리즘적이고 희생적인 상징 구조에 참여한 일반 대중의 일원도 아니다. 실제의 흡혈귀는 지금은 통속화되고 일반적 대중의 일원이 된 바로 헤수스 자신이다. 〈크로노스〉에는 소위 '살아 있는 노동력'이 존재하지 않는다. 다시 말해 라 구아디아 공장의 기계장치는 대부분 가동되지 않고 있다. 성적 욕망의 '수상쩍음'도 없다. 있는 것은 오히려 적당히 불을 붙이고 결국에서는 희생을 통해 가족을 다시 확인하는 젊음에 대한 나르시시즘적인 강박관념이다. 따라서 델 토로의 영화는 사회적 맥락과 포괄적인 전통 양자 모두와 다른 일종의 이중적 추상작용(double abstraction)을 실행하며, 그렇게 함으로써 자본주의와 '실제적', '상징적'인 카니발리즘의 문화적 경험을 헤수스의 일상적인, 강요된 뱀피리즘으로 바꾸어놓는다(헤수스의 유일한 실제 희생자는 흡혈귀가 되고 싶은 자본주의자, 델 라 구아디아다). 헤수스의 몸이 이런 거대한 문화적, 역사적 응축의 무게에 짓눌려 글자 그대로 폐허가

되는 것은 이상한 일이 아니다. 이런 관점에서 이 영화를 신화의 공포스런 붕괴로 해석하는 것도 가능할 것이다.

"나는 헤수스 그리스(회색 예수)다." 헤수스의 몸 이야기는—식민지 시대 뉴 스페인의 연금술사가 (아마도 아즈텍의) 황금으로 제작한—크로노스 장치, 그리고 이 장치에 살고 있고, 피를 공급받아 살아가는 곤충 같은 생물체 (실제의 산업적 흡혈귀)에 대한 이야기와 분리될 수 없다. 데 라 구아디아의 공장과 크로노스 장치 간의 연속성은 자본주의자와 그 장치 내부의 곤충 같은 생물체를 동일시한 장면들에서 명확해진다. 이런 의미에서 중독(addiction)에서부터 헤수스와 이 기계의 일치점을 찾는 것은 치명적인 오(誤)동일시(mis-identification)라고 할 수 있다. 헤수스가 처음엔 동물이 되었다 그 다음엔 광물이 될 때 카메라가 헤수스의 몸의 변화를 자세히 비추어주는데, 이것을 통해 영화는 어떻게 헤수스가 죽음과 부활을 통해 자신의 이름을 구현하게 되는지를 보여준다. 또 중독을 통해 그는 기괴하게도 그 장치와 동일시되며, 자신의 식욕을 진정시키지('문명화' 하지) 못한다는 것을 보여준다. 파격적인 두 장면에서는 헤수스의 굶주림의 통속성을 부각시킨다. 그 중 한 장면은 그가 망년 파티가 벌어지는 동안 공중 화장실 바닥에 떨어진 핏방울을 천천히 핥는 것을 보여준다. 다른 장면에서 우리는 그가 통제할 수 없는 욕망에 의해 조금씩 자신을 먹어 들어가는 지경에 내몰리는 것을 본다. 한 장면은 물론 헤수스의 욕구를 확인하도록 고무하지만, 반면에 다른 장면은 그것을 확인하는 걸 막는다. 헤수스는 결국 그 장치를 찾고 있던 데 라 구아디아의 조카 엔젤에게 잔혹하게 살해당한다. 재미있는 옷이 입혀진 채 장의사에 의해 매장되는 헤수스는 손녀의 초라한 인형 중 하나처럼 보이기 시작한다. 크리스토퍼 리가 귀족적인 스타일로 연기한 고전적인 영화 〈드라큘라〉가 가지고 있는 계급적 함의를 패러디하면서 그는 마치 아우로라가 그의 머리를 180도 돌렸던 것처럼 앞뒤가 뒤바뀐 검정과 하얀색 옷을 입고 자신의 집으로 돌아간다. 거기에서 그는 손녀의 인형 상자속에서 (관을 대신해서) 밤을 보내며, 이제는 손녀의 세계의 한 인물이 된다. 그녀의 도움으로 헤수스는 마침내 공장에서 라 구아디아와 그의 조카를 해치운다. 헤수스의 몸은 이제 산산조각이 나고, 유리 조각들이 박힌다. 그는 자신의 죽어가는 회색 피부를 벗고, 그 속의—비육(肥肉)된 것이 분명한—하얀 속살을 드러낸다. 그는 회색의 예수가 되었고, 그 앞의 연금술사처럼 인간의 피를 필요로 한다. 피가 없으면 그와 그 장치는 죽을 것이다. 또 헤수스는 동물처럼 되어버렸고, 그 생물체의 잔인함에 근접해간다. 마침내 아우로라가 자신의 다음 식사 대상인 것을 알게 된 그는 그 장치를 파괴하고, 빛 속에 자신을 내던진다. 골동품 상인, 초라한 인형, 궁극적으로는 파괴된 조각상인 헤수스는 그녀가 살아남을 수 있도록 죽음을 택한다.

  기술적으로 재설계된 '포스트 휴먼적' 주체의 상상이 지배하고 있는 시대에 이런 흡혈귀의 묘사가 오히려 일종의 우울한 신동물주의(neo-animalisation)나 심지어는 주관성 없는 몸의 파괴를 상기시키는 것처럼 보인다. 하기는 현대판 흡혈귀와 프랑켄슈타인의 동시적인 등장이 이미 자본주의적 변환의 상반된 경험—침투된 몸과 만들어진 몸—을 부여주긴 했다. 우리가 본 것처럼 헤수스는 엄청나게 잘못 진행된 산업화 이전 시기의 식민주의적 사이보그 실험의 희생자이다. 그는 인형이었을 뿐만 아니라 심지어는 광물이며 동물이었다. 〈크로노스〉에서—종종 '실제의' 또는 '상징적' 카니발리즘 (희생)이 그 자리를 메우는— 추측하건대 인간과 동물 (그리고 자연)을 구분해주는 틈은 이를 유지하려는 바로 그 인물, 헤수스라는 형상의 통속화된 동물화에 의해 와해되어버렸다. (데 라 구아디아가 쓴 것처럼, 마치 모기처럼 피를 빠는 곤충들이 물 위에서 또한 걷는다). 흡혈귀는 반은 유령이며 반은 동물이다. 데리다의 유령처럼 그것은 저승에서 돌아온 자이다. 살아 있으면서 죽은 자라는 종족으로서 살아 있는 것을 먹이로 삼기 위해 무덤에서 돌아온다. 하지만 데리다의 유령과는 달리 흡혈귀는 전적으로 '영적인' 것, 즉 유령은 아니다. 왜냐하면 그것은 오히려 동물에 가까운 성향을 가지고 있기 때문이다(Derrida, 1994 참조). 헤수스(드랙)를 이처럼 사이에 존재하는 상태, 즉 죽은 것도 아니고 살아 있는 것도 아니며, 동물이면서 그리고 인간인 상징적 질서를 구성하는 이런 틈 속에 유지시켜주는 것은 피다.[6]

끝으로 짧은 이야기를 하나 더 하겠다. 위에서 언급한 것처럼 헤수스는 결국 그의 손녀인 아우로라(새벽)를 살리기 위해 죽는다. 자신의 빛(그리고 영혼)에 몸을 던져 스스로를 포기함으로써 그는 흔들리는 인간과 가족의 희생 구조를 지켜낸다. 그렇게 함으로써 그는 자신을 되찾고, 게다가 자신이 근거하고 있는 예수 이야기의 멜로드라마적인 차원을 드러낸다. 이 점이 우리를 아우로라에게 관심을 갖게 만든다. 그녀가 영화에서 하는 것은 무엇인가? 글쎄, 그녀는 변하는 이미지가 제공하는 전통적 양식의(iconic) 환영에 얽매어 마치 황홀에 빠진 관객처럼 행동한다. 아우로라는 헤수스가 크로노스 장치, 즉 중독과 굶주림, 덧없는 젊음과 죽음에 스스로를 던질 때 그것을 바라보면서 증인을 자처한다. 반대로 화나고, 질투심을 느끼며, 얼떨떨하고, 두려워하는 것으로 보이는 그녀는 자신의 눈앞에서 펼쳐지는 피가 낭자한 드라마(영화)에 매료된 채 헤수스를 바라본다(마리나 워너의 논문을 참조할 것). 그녀는 자신의 할아버지를 돌보고, 자기 인형들 중 하나로 만든다. 그런 다음 헤수스가 자기 손에서 나오는 피를 탐욕스럽게 쳐다볼 때, 처음으로 말을 한다. 그리고 자신의 이름을 드러낸다. 관행대로 그녀는 상징적 질서, 그 희생적 논리가 위협을 받다가 이제는 다시 한 번 제자리를 찾은, 동요하는 상징적 질서의 신화적 근원을 인식하고 확인한다.

8.
피.피.포.펌 :
이야기의 사설(辭說)에 빠진 아이

마리나 워너(Marina Warner)

1

1697년에 출판된 찰스 페로의 옛날이야기 책《옛날이야기 Contes du temps passé》에는 〈장화 신은 고양이 Puss in Boots〉, 〈신데렐라 Cinderella, or the Little Glass Slipper〉, 〈잠자는 숲속의 미녀 The Sleeping Beauty in the Wood〉 및 유치원에서 인기 있는 다른 동화와 고전적인 이야기가 들어 있다. 이 동화들은 300여 년간이나 거의 배타적으로 아동들에게 이야기되어왔다. 첫 판의 삽화에는 전통적인 이야기꾼인 쭈그렁 할멈이나 노파 이야기의 노파가 주변을 둘러싸고 있는 집안 아이들과 함께 불 앞에 앉아 있는 모습이 보인다. 그들은 페로 자신의 가족들의 초상이었을 것이다. 하지만 이 아늑한 화롯가 이야기 중 셋은 어린 인육을 먹는 이야기를 다루고 있다. 식인 괴물

사진 4. 밤참을 먹으러 온 도깨비(ogre)가 '엄지동자'의 속임수에 빠져 자신의 아이들을 죽이게 된다.
*구스타브 도레(Gustave Doré), 〈어린 소녀〉.

들은 노리던 제물을 잡아먹지 못하면 그들 자신이 산 채로 끓는 물에 넣어지거나 아니면 잔혹하게 죽음을 당하게 된다.

〈엄지동자 Le petit Poucet〉에서 주인공은 숲에서 형제자매들과 길을 잃고 도깨비(ogre)의 집에 피신한다. 수심에 찬 도깨비의 아내는 '아이들을 잡아먹는 도깨비'에 대해 경고를 한다. 하지만 엄지동자는 물러서지 않는다. 그는 어린 도깨비들이 머리에 금관을 쓰고 잠들어 있는 것을 보고 자기의 여섯 형제의 모자와 바꿔치기를 해놓는다. 도깨비는 밤참을 먹기 위해 어린 도깨비들이 자고 있는 침대로 더듬어서 온다. 그는 왕관을 발견하고는 "내 아이들을 건드릴 뻔하다니 정말 짓궂은 속임수야!" 하고 말한다. 방향을 바꿔 도깨비는 모자를 찾는다. 그리고 '그렇게 도깨비는 자신의 일곱 딸아이의 목을 잘랐다.' 아침에 도깨비의 아내가 아이들 방에 갔을 때 '목이 잘리고 피범벅이 되어 있는 일곱 딸아이'를 발견한다. '그녀는 까무러쳐 발작을 일으키는 반응을 보였다'라고 페로는 적고 있다. "이와 유사한 상황에서 대부분의 여자들은 까무러친다."(Perrault 1977, 124-5) (여기에 물론 건조하고, 조롱조에다 세상에 지친—그리고 자신의 세련되고 아이러니한 상투어로 농간 부리기를 좋아하는 전형적인 작가 페로가 있다.)

〈빨간 모자 Little Red Riding Hood〉에서 늑대는 엄격히 말하자면 도깨비가 아니지만 어린 소녀를 잡아먹으며, 노파의 모습 뒤에 여성적인 자애와 남성적인 잔인성과 폭력성 둘 다를 간직하고 있다. 이 고전적인 옛날이야기에는 요정들도 나오지 않고 해피엔딩으로 끝나지도 않는다. 1862년 《옛날이야기》의 삽화본에 노파와 함께 침대에 앉은 채 그려져 있는 구스타브 도레의 어린 소녀는 눈이 커다란 순진무구한 아이지만 심술궂은 호기심을 가지고 있어서 결국 그 대가를 치르게 된다. 늑대가 노파와 어린 소녀를 모두 잡아먹는 가혹한 결말은 너무 잔인하다고 생각되어 그림 형제는 새롭게 행복한 결말이 지어냈으며, 용감한 사냥꾼을 등장시켜 노파와 어린 소녀를 늑대의 뱃속에서 구해내게 만들었다. 그 후의 여러 다른 변이형에서는 다정하지만 엄격한 소녀의 아버지가 딸을 구하러 오게 된다.

〈잠자는 숲 속의 미녀〉에서 카니발리즘이란 주제는 무시무시한 마녀의 마음을 사로잡는다. 사악한 계모는 아들의 사랑스런 아내와 아이들이 너무나 먹고 싶은 나머지 요리사에게 이들을 요리해 '로베르 소스'와 함께 차례로 가져오라고 명령한다. 요리사는 미녀의 저항이 완강하지 않을까 걱정한다. 왜냐하면 결국 "만약 그녀가 잠들어 있던 100년을 계산에 넣지 않는다면 왕비는 이제 스무 살"이기 때문이었다(Perrault 1967, 79). 1750년경에 영어로 쓰인 한 이야기책은 이 소스의 조리법에 의문을 제기하고 있다. "한 주석에 따르면 이 소스는 양파를 잘게 썰어 버터와 함께 중간 불에 끓이고 거기에 겨자와 식초, 소금과 후추, 와인 약간을 넣어 만든 프랑스 소스의 하나다."

사진 5. 지옥에 대한 단테의 시각은 지옥의 깊고 깊은 구덩이 속에서 지옥의 망령들을 게걸스럽게 먹어치우고, 여러 개의 입에는 반역자들이 물려 있는 사탄의 이미지를 포함하여, 종말론의 시각적인 측면에 깊은 영향을 주었다.
*프라 안젤리코(Fra Angelico), 〈최후의 심판〉 중 '지옥' 장면.

(Perrault 1750년경, 18) 백설 공주의 사냥꾼처럼 요리사는 사랑스런 아이들 또는 그 아이들의 엄마를 차마 죽일 수가 없어서 차례로 이들을 숨겨준다. 마침내 사악한 마녀는 자신의 솥단지에 던져져 탕국이 되어버린다. "왕자는 약간 슬픔을 느끼지 않을 수 없었다. 그녀는 자신의 어머니였으니까. 하지만 곧 사랑스런 아내와 아이들로 마음을 달래고 말았다."

페로가 쓴 이야기 중에 이런 식인행위가 나타나지 않는 이야기는 단 네 편 뿐이다(《신데렐라》, 〈당나귀가죽〉, 〈요정들〉, 〈푸른 수염으로 남은 남자〉). 그 이후의 그림 형제의 민담집에는 도깨비나 사람 고기를 먹는 마녀 이야기는 셀 수 없이 많고, 이 이야기들이 서로 겹쳐지는 바람에 이런 식인행위가 어느 정도나 되는지 알 수가 없을 정도다. 하지만 그림 동화집은 서구 아동 문학의 초석을 이루고 있다.

'도깨비(ogre)'이라는 말은 이탈리아를 거쳐 프랑스에서 영국으로 들어왔다. 17세기 후반부터 이 말은 아라비안나이트와 화려하고 아이러니한 프랑스 동화 속에 등장하고 있다. 페로의 보다 간결한 이야기들과 마찬가지로 마리 카테린느 돌누와(d'Aulnoy)*의 번역본에도 이 말이 나오고 있다. 《꿀벌과 오렌지 나무 L'Abeille et l'Oranger》에서 작가는 "거인처럼 크고 총안도 뚫지 못하는 피부를 가진" 라바지오와 토르멘틴이 주은 인간의 아이 에이메(Aimée)에 관해 토론하고 있는 대화를 엿듣는다(d'Aulnoy 1956, 145). 그녀는 말장난을 즐긴다. "이거 봐, 라바지오. 여기 신선한 고기가 있어. 정말로 기름기가 흐르고 부드러워. 하지만 내 생각에 넌 이 아이를 조금도 맛보지 못할 거야. 이 아이는 어리고 예쁜 소녀야. 그래서 난 이 아이를 기르게 할 생각일세. 우리 어린 도깨비들과 결혼을 시켜 아이 도깨비를 낳게 하는 거야. 뛰어난 외모를 가질 거야. 이 아이들과 함께 노년을 행복하게 보내는 거지."[1]

* 동화와 법정 음모소설 작가.

이런 장면은 정말 코믹한 장면이다. 도깨비들을 상상하고, 그들의 터무니없는 생각을 즐기며, 이들이 최종적으로 패배할 것이라는 걸 예상하는 건 즐거운 일이다. 하지만 그 밖에 이 도깨비 모티브가 의미하는 것은 무엇일까? 왜 이 즐거움이 지속되는가, 즉 즐거움을 안겨다주는가? 17세기 이후 이런 소재에 특별히 선택된 청중들인 젊은 여자들과 어린아이들에게 이것이 어떤 연관성을 가지고 있는가? 나는 때로 엄청난 식탐 때문에 "걸식 이야기(Swallow tales)"라는 명칭을 갖게 된 그런 류의 동화에서 유달리 어린아이들에게 갖는 식탐의 몇몇 측면들을 찾아볼 것이다(Opie and Opie 1974, 55).

2

'도깨비(Ogre)'란 말의 이탈리아어 어원인 '오그로(Ogro)'라는 말은 도깨비를 의미하는 것으로 지하 혹은 지옥의 신 하데스(Hades)의 라틴 이름 오르쿠스(Orcus)에서 유래한 말이다. 하데스는 또 기독교의 종말론, 즉 죽은 자들이 거주하는 어둠의 왕국, 타르타로스 혹은 지옥의 기독교 신, 루시퍼 혹은 사탄에도 그 흔적이 남아 있다. 이 악마는 하데스가 전설적인, 유아적 변이형인 도깨비로 변형되는 데 다리를 놓았다. 그리고 이들이 공유하고 있는 자신들의 두려움을 대변하는 주된 행동은 그들의 악마성의 표시이자 결국은 패배하고 이루어지지 않는 식인행위이다.

지옥의 가장 낮은 서클인 타타르(Tartary)의 끔찍한 얼음에 잡혀 있는 사탄을 보는 단테의 시각은 초기의 전통을 보여주고 있으며, 중세 전 시대에 걸쳐 프레스코와 필사 색 장식의 이미지를 지배하고 있다.

여섯 개의 눈이 달린 사탄은 슬피 울면서 세 개의 턱 위로 눈물과 피 거품을 흘리고 있었다. 각각의 입으로는 삼빗으로 씹듯이 이빨로 죄인들을 으깨어 그들 중 셋에게 고통을 주고 있었다. 전방의 씹는 것은 그에게 할퀴는 것과 비교할 바가 못 되었다. 때로 등 뒤는 모두 피부가 완전히 벗겨진 채였다.(Dante 1958, xxxiii, 52-60행)

단테는 이 식인적 난도질의 주요 희생자가 배반자인 유다와 카시우스, 브루투스라고 하고 있다. 하지만 예술가들은 단테의 불지옥을 좀 더 끔찍하게 시각화하여 사탄의 게걸스런 식욕을 채워줄 기회를 풍미했다. 플로렌스의 프라 안젤리코, 산 기미냐노의 타데오 디 바르톨로는 1396년의 프레스코에서, 그리고 1410년경의 지오반니 다 모데나는 볼로냐의 산 페트로니오의 바실리카에서 기독교 지옥에서 당하는 지상의 고통의 의미를 보여주는 섭취와 소화, 구토의 순환 과정을 상세하게 묘사했다(Kilgour 1990, 65ff 참조).

이를 가는 것은 울부짖고 슬피 울고 또 자신들의 운명을 비판하는 저주받은 사람들의 행동을 기술한 것이라기보다는 오히려 악마들이 먹이를 붙잡았을 때 보이는 반응을 기술한 것이다. 지옥은 종종 세속적인 연회로 상상되었고, 악마는 그의 안식일에 어린아이들을 제물로 바칠 것을 요구한다. '카프리코스(Capricos)'와 그 밖의 다른 그림에서 고야는 마녀 사냥꾼들의 가장 끈질긴 환상들 중 하나로 되돌아가, 악마의 또 다른 모습인 염소 형상의 야수에게 제물로 바칠 유아들을 데리고 오는 여자들을 보여준다.

하지만 악마적인 약탈자들이 항상 희생자들을 날것으로 먹는 식인종들은 아니다. 때로 그들은 고기를 요리하길 좋아한다. 그때 지옥의 불은 조리용이 된다. 1440년경 유트레히트에 그려진 〈The Hours of Catherine of Cleves〉의 계시록적 시각 속에서 지옥의 요리사는 바비큐, 큰 솥단지, 양철 냄비, 과자 굽는 번철, 갈퀴 달린 꼬치와 놋쇠판 위에서 조리되고 있는 죄인들을 보고 있다. 다른 그림들에는 죄인들이 땅바닥에 내팽개쳐져 부엌 바닥에 널브러진 들고양이나 잡종 개들이 갉아먹는 뼛조각처럼 끝없이 갉아 먹히고 있다. 식인 형벌의 두 측면, 즉 날것과 조리된 채 잡아 먹히는 것 둘 다를 보여주기 위해 때때로 화가들은 지옥의 입 안쪽에다 큰 솥단지를 그려놓고 있다.

수많은 상상 재료들의 한 특징이기도 한 직접적 묘사 경향을 고려할 때 도깨비가 전달하는 가장 명백한 의미는 죽음이다. 하지만 그 죽음의 본성과 지위는—물질적으로나 정신적으로—변하며, 어떻게 그리고 언제 그 이야기가 전해지고 수용되었느냐에 따라 동화의 식인종들은 이야기 속에서 상이한 동기들을 가지고 있다. 플롯은 주인공의 성에 따라 상이한 경고를 담고 있는데, 종종 이 주인공들은 그 자체로 목표로 설정된 청중을 반영하고 있다. 식인종은 성적으로 차별화 된 이야기 속의 주체이며, 전체로 보아 소년과 관련된 이형(異形)이 소녀들과 관련된 이형보다 많았다.

3

식인 거인 동화에 나오는 도깨비들의 핵심적인 특성은 고전 자료, 즉 위대한 영웅들에 관한 서사시에서 유전되어 내려왔다. 《오디세이》에서 식인종 거인 폴리페무스, 즉 시실리 섬에 사는 애꾸눈 거인 키클롭스는 오디세우스와 그의 부하들을 잡아 동굴에 가두어 두고 이들을 먹어 치우며 향연을 만끽한다. 하지만 그는 동화 속의 비슷한 아류들처럼 결국 속임을 당한다. 오디세우스는 그에게 자기 이름이 '아무도 아닌 자(Nobody)'라고 말한다. 눈이 멀게 된 거인은 포로들 중 하나가 자기 눈을 뺐다고 울부짖다가 동료 거인이 눈을 멀게 한 자가 누구냐고 묻자 단지 '아무도 그런 짓을 한 사람은 없다(Nobody has done the deed)'고 소리를 질러댈 뿐이다. 그래서 거인들은 아무 행동도 취하지 않고 돌아가 버린다. 근대 초기의 동화에서 도깨비들은 다 비슷하게 크고, 부유하고, 힘이 세며, 우둔하다. 물론 마담 돌누와는 여자 도깨비인 토르멘티네가 라바지오보다 더 똑똑하다는 걸 알려주고 있긴 하다. 하지만 그림 형제의 《헨젤과 그레텔》에서 헨젤을 잡아먹으려는 마녀는 근시에 붉은 눈을 가지고 있어서 결과적으로 남성 거인처럼 쉽게 속아 넘어가 헨젤이 살쪘는지 더듬어볼 때 나뭇가지를 헨젤의 손가락으로 오해한다.

이런 무서운 거인 살해 이야기에 관한 전통적인 영국 동화극의 변종인 《잭과 콩나무》에서 잭은 거인 하나를 죽인다. "그리고 옆방에는 심장과 간들이 들어 있었다… 그것들은 거인의 음식 중에 가장 별식으로, 대개 소금과 후추로 양념해서 먹었다." 하지만 잭이 채 이 도깨비를 처리하기도 전에 거인의 형제인 블런더보아가 코를 킁킁거리며 잭을 찾아온다. 잭은 자기 배를 헝겊으로 감싸고 그것을 동물 눈과 다른 기괴한 음식물로 채운다. 그런 다음 배를 갈라 열어 보이고는 이런 식으로 몇 번이고 만찬을 차릴 수 있다고 큰소리친다. 언제든지 산해진미를 먹을 수 있는 잭의 경제성에 욕심이 난 거인은 탐욕스럽게 잭을 모방해 경쟁적으로 자신의 배를 갈라 열어제친다. "그리고 자신의 내장을 밖으로 끄집어냈다."(Opie and Opie 1974, 55)

동화 속 이야기의 핵심에는 여주인공이 있어 반대 입장에서 그녀와 연관되는 여러 상대역을 등장하게 만든다. 반면 거인을 살해한 소년은 벙어리 거인과 싸워 그를 죽이고, 여주인공은 빈번하게 신비하고 끔찍한 괴물 신랑을 맞는다. 〈푸른 수염으로 남은 남자〉 같은 이야기는 젊은 여성의 관점에서 읽을 수 있고, 그녀의 시사에서 공동의 두려움을 불러일으킨다. 도깨비가 자신을 먹거나 먹으려고 위협할 때 보여주는 게걸스러운 탐식은 어쩌면 결합의 다른, 은유적 형태, 즉 수태와 임신 그리고 소멸될지도 모른다는 광범위하게 퍼져 있는 공통의 두려움이 가득 찬 경험들을 표현하는 것일 수도 있다.

이런 이야기 유형의 원형인 〈큐피드와 프시케〉는 처음에 아풀레이우스*가 쓴 《황금가지》에서 가필된 동화 모험기로 나타난다. 아름다운 프시케는 언니에게서 다음과 같은 경고를 받는다.

> 밤중에 아무도 모르게 네 침대에 미끄러져 들어온 남편은 쩍 벌어진 턱과 네 몸 둘레를 10번은 넘게 감을 수 있는 몸통과 치명적인 독으로 부푼 목을

가진 엄청난 뱀이야. 아폴론의 신탁이 예언했던 것을 기억하렴. 너는 사나운 맹수와 결혼할 것이고… 그는 너를 훨씬 더 많이 만족시켜줄 거야… 임신한 지 아홉 달이 되면 그는 너를 산 채로 잡아먹는단다. 그가 좋아하는 음식은 분명 만삭에 다다른 여자거든.(Apuleius 1988, 110-111)

신화와 동화에서 탐식의 메타포는 빈번하게 경험이 없고 나이가 꽉 찬 어린 여자의 관점에서, 그리고 종종 신부의 관점에서 보는 섹스를 대신하고 있다. 예를 들어 17세기 프랑스 작가 앙리-쥘리 드 뮈라의 〈곰가죽〉은 라이나 세러스라는 도깨비의 등장과 함께 시작되는데, 이 거인은 만약 공주를 자기 신부로 내주지 않으면 왕과 여왕, 그리고 왕국에 사는 모든 사람을 잡아먹겠다고 위협한다(Warner 1994c, 99-100). 때로 이 도깨비들은 원래는 인간과 똑같은 종(種)이지만 늘 그렇지는 않다. 하지만 소비의 복합적인 의미는 이런 식의 성적 행위에 대한 두려움에만 그치는 것은 아니다. 여성의 두려움은 행위 그 자체가 아니라 종종 먹는다는 것의 이미지 속에서 문제되는 후속 결과에 초점이 맞추어져 있다. 요컨대 문제는 여성의 육체, 특히 임신한 몸이 야수의 구미를 당기는 걸로 보인다는 사실이다. 동화의 탐욕스런 악역들은 부분적으로 어린아이들을 맛보기도 한다. 그러니까 이들의 식욕을 돋우는 것은 우선 여성들이지만, 그 이면에는 이 여성들의 후손을 먹으려는 동기가 있다.

식인 모티브는 상호간 탐식을 야기하는 성적 결합과 자궁에 의해 성장하

---

* 아풀레이우스(Lucius Apuleius 124〔?〕~170〔?〕). 카르타고와 아테네에서 수학하고, 각지를 여행한 후 카르타고와 고향인 마다우로스에서 시인・철학자・수사가(修辭家)로서 활약하였다. 주요 저서로는 《연설선집(演說選集) Florida》,《플라톤의 학설에 대해서 De Dogmate Platonis》,《소크라테스의 신에 대해서 De Deo Socratis》,《세계에 대해서 De Mundo》 등이 있으나 그를 유명하게 한 작품은 문장과 내용이 재기(才氣) 넘치는 《변형담 Metamorphoses》이다.

는 아이를 둘러싸게 되는 임신, 그리고 태어난 후 유아를 이런 저런 식으로 맡게 되는 부성(父性)이라는 삼중의 결합을 시사한다. 언어의 혈통이 결합과 분리, 개별성과 결합, 자율과 소유 사이의 긴장을 시사하는 것처럼 섹스와 소멸 그리고 음식의 메타포들은 상호 연계되어 있다. 신이든 동화의 거인이든, 거대한 도깨비들은 자아의 상실과 절멸이라는, 즉 산 채로 잡아먹힌다는 확실한 메타포를 가지고서 약자를 위협한다. 이로 으깨고 갈아 소화됨으로써 신체의 경계는 해체된다.

식인 도깨비는 희생자들을 포로로 잡아 몸속으로 집어삼키기 전에 외부와의 접촉을 단절시킨다. 희생자들은 식인 도깨비가 통제하려는 구획 안에 봉인된다. 거인이 사는 성은 대개 어두움과 계층의 장소이고, 모두 내부적 사용을 위한 곳이다. 수십 개에 달하는 탑 속에 갇힌 동화 속 공주들은 환유적인 의미에서 남김없이 소비된다. 영어 번역본으로 인기를 끈, 실은 마리-잔느 레리티에(Marie-Jeanne L'Héritier)가 썼는데도 때로 페로와 돌누와가 쓴 것으로 취급되는 〈신중한 공주 The Discreet Princess〉에서는 여주인공 피네가 사악한 호색꾼을 속인다. 그녀는 잭과 엄지동자 톰의 교묘한 속임수를 써 침대에 인형을 놓아둔다. 이런 계책을 통해 그녀는 호색꾼이 접근하는 것을 막는 데 성공한다. 그리고 중요한 점은 바보같이 그의 거짓 사랑을 믿었던 그녀의 두 자매가 임신을 하게 된다는 사실이다. 레리티에가 쓴 또 다른 동화 〈올림프 공주 La Princesse Olymphe, ou L'Ariane de Hollande〉(1718, 96-176)는 올림프가 어떻게 젊은 여자들을 잡아먹는 괴물이 배회하는 섬에 유기되었는지 묘사하고 있다. 나중에 괴물은 희생자들을 살려두는 변장한 정상 남자로 밝혀진다. 다시금 잡아먹힌다는 위협은 감금, 가두어진다는 두려움을 대변한다. 페로의 〈푸른 수염으로 남은 남자〉의 자료 중 일부인 성자들의 전기와 당시에는 성 트라이핀이라는 인물에 초점을 맞추고 있는데, 그녀는 몇 안 되는 전임자들로부터 만일 그녀가 임신하면 죽임을 당할 것이라는 경고를 받은 뒤, 남편인 '저주받은 쿤마'에게서 도망치려고 시도한다. 역사상의 거인인 한 브레타뉴인 영주에 대한 전설은 출생 시의 죽음과 결혼 사이에 존재하는 이전의 긴밀한 연결을 생생하게 전해주고 있다(Warner 1994b, 259-65).

어쩌면 엄마와 아이의 죽음에 대한 공포는 푸른 수염으로 남은 남자 이야기가 가지고 있는 잠재적인 의미의 하나를 표현하고 있다. 하지만 이 공포는 명백한 메시지의 형태를 띠고 있지 않고 있으며, 빅토리아 시대 유아 방에서 살아남지 못한다. 하지만 수많은 다양한 임신이 미래의 아내와 엄마에게 여전히 하나의 위험으로 남아 있었다. 용을 죽인 사람과 거인을 죽인 사람에 대한 이야기가 아직도 소년들에게는 인기 있는 이야기들 속에서—비디오 게임에서 만화에 이르기까지—융성하고 있는 반면, 여성 희생자들을 먹은 거인들은 오히려 성인 신화나 세속적 신화에서 인기 있는 인물이 되었다. 푸른 수염으로 남은 남자 이야기는 오늘날의 베스트셀러 및 대중오락과 특별히 유사한 특징, 즉 연속성을 보여준다. 괴물들은 존 파울의 소설에 등장하는 수집가나 피터 그리너웨이의 〈요리사, 도둑, 그의 아내와 그녀의 정부〉에 등장하는 폭식과 사나움과 분노에 찬 괴물, 《양들의 침묵》에 등장하는 한니발 렉터(호색가 한니발[Cannibal Lecher]) 같은 강박증 환자나 공포 스릴러 〈세븐〉의 끔찍하지만 정직한 악당 같은 다중 살해자로, 유괴범, 연쇄 살인범의 모습으로 현대의 이야기 속에 재등장했다. 실생활의 사례들은 동화 속 작은 방들의 섬뜩한 공포, 유혈이 낭자한 침실을 실제화시킨다. 하지만 여기에는 대비되는 것이 있다. 인간이든 요정이든 잔인한 여성들이 힘을 가지고 여전히 동화를 지배하고 있는 것이다. 하지만 이런 푸른 수염 같은 인물들은 이제 엄격한 등급을 요구하는 소재에서도 등장하고 있다. 더욱 놀라운 것은 어쩌면 이 이야기가 요즈음의 성인용 시나리오를 쓰는 마가렛 앳우드(1987)와 안젤라 카터(1975) 같은 여성 작가들에게, 그리고 최근에 〈푸른 수염으로 남은 남자〉의 그림 형제 버전인 《피처의 새》(1992)를 그림으로 옮긴 신디 셔먼 같은 예술가에게 어필한다는 점일 것이다. 이 여성 작가들은 어쩌면 못된 아기를 데려가 품는다는 요괴에 대한 공포를 표현하고 있는 것일 수도 있다. 셔먼은 그녀의 작품 속에 위협적인 분위기를 묘사하는 데 전문가이며, 성적 범죄자를 특별 관심 영역으로 선택하는 경우가 잦다.

 동화 속 도깨비들의 성격에 있어 두 개의 요소, 즉 무서운 벙어리 거인과 성적 약탈자는 흥미롭게도 매리언 C. 쿠퍼와 어니스트 스쿠색이 함께 제작하고, 스쿠색의 아내 러스 로즈가 공동 시나리오를 쓴 영화 〈킹콩〉(1933)에서 결합되고 있다. 〈킹콩〉은 쿠퍼와 스쿠색 두 사람이 아프리카와 다른 멀리 떨어진 지역에서 가진 경험에다 자신들의 상상력을 가미해 극적으로 만든 것이다. 그렇게 함으로써 이 영화는 동화 속 도깨비와 식인적 상상력의 전통에 깊이 천착하고 있다. 이 영화는 영화 전반에 걸쳐 킹콩을 엄청나게 덩치가 큰 거인으로, 그리고 젊은 육체, 어쩌면 젊은 여성을 공물로 바칠 것을 요구하는 오지의 성채로 둘러싸인 무시무시한 왕국(해골섬)의 탐욕스런 절대권력자로 등장시킨다. 킹콩은 괴물로서 인간과 동물, 인간과 원숭이의 중간적인 존재이고, 인육을 먹는다. 페이 레이를 낚아채서 손바닥에 올려놓고 매혹된 채 그녀를 바라보는 유명한 장면은 그의 동물적 굶주림에서 온 식욕을 옛날 동화 속 괴물 신랑을 떠올리게 하는 성적 욕망으로 바꾸어놓는다. 이 관계는 영화 마지막 장면의 기념비에 명백히 밝혀져 있다. "아니다. 그건 비행기가 아니었다. 야수를 죽인 것은 아름다움이었다."

 하지만 이 영화에 관해 분명히 주목되지 못한 것은 〈킹콩〉이 총과 카메라로 무장한 용감한 사진작가 모험가형 인물이 등장하는 인기 있는 제국주의적 탐험 영화와 유사하게 사내아이들의 요란스러운 독특한 모험 이야기와 함께 시작된다는 사실이다. 카알 던햄이 '세계의 8대 기적'을 포착해 이 기적을 뉴욕으로 데리고 오자 콩은 페이 레이를 찾으려는 도중에 잘 알려진 난폭한 행동을 벌이다 결국 엠파이어 스테이트 빌딩 꼭대기에서 떨어져 진보와 문명의 상징인 도시를 눈물에 빠뜨린다. 여기서 식인적 방종과 여성에 대한 통제의 상실은 병행하며, 둘 다 문명에 대한 파국을 초래한다. 콩의 극적인 희생은 빅토리아 시대의 신화, 인간 사회의 성립과 함께 카니발리즘은 시작되었으며, 반복해서 극복된 것으로, 끝난 것으로 표현될 수밖에 없다는 신화를 재발견한다. 〈킹콩〉과 더불어 〈미녀와 야수〉는 《솔로몬 왕의 광산》에서 만나게 된다. 그리고 동화 속 도깨비의 폭압적인 흡혈과 식인은 제국주의적, 인종학적 가면무도회의 끔직한 증거로 전환된다.

여자를 잡아먹는 흑인 야만족으로서 도깨비의 신화는 탈제국주의적(post-imperial) 역사적 기억 속에 깊은 흔적을 남겼다. 트리니다 섬의 칼립소 가수 마이티 스패로는 이 점을 그의 노래 '콩고맨'(1988)에서 비난조로 노래한다.

> 아프리카를 여행하던 두 백인 여성
> 식인종 인간 사냥꾼 손에 사로잡히네.
> 한 여자는 익히고, 한 여자는 산 채로 먹어치운 그 야만인
> 너무 맛좋은 나머지 더 먹었으면 싶었다네.

입맛을 다시며, 목을 그르렁거리며, 분명치 않은 발음으로, 그리고 떨리는 목소리로 스패로는 '큰, 큰 솥단지' 주변을 춤추며 돌아다니면서 완벽한 원시적 식인 장면에 환호하는 '빅 브라더'를 불러낸다. 이 파격적인 식인 외설 노래는 비록 아프리카 칼립소 풍으로 특히 여성들의 두려움을 희화하고, 조롱하고, 착취한다는 점이 인정되긴 하지만, 흑인들에 대한 백인들의 두려움을 비웃으면서 식인 열대지역을 사로잡는다. 코러스의 후렴은 잡아먹히는 것이 아니라 강간당하는 것을 두려워한다는 두려움의 핵심을 공격함으로써

사육제식의 전통을 공격한다. 또다시 여기, 스패로의 흥겨운 반관습적인 칼립소 속에서 음식은 섹스를 대변하며, 미식가적 소비보다는 오히려 이 거인의 성욕이 희생자들을 위협한다.

> 오, 난 콩고맨이 부러워
> 그가 나였으면 좋겠네, 그와 악수하고 싶어
> 그는 위장이 뒤집힐 때까지 먹어대는데
> 그런데 난, 난 아직 하얀 고기를 먹어본 적이 없어.
> 넌 어때? 난 아직 하얀 고기를 먹어본 적이 없는데.

4

비평을 위해서는 영웅들을 영웅으로 만드는 거인들과 처녀를 먹는 괴물 신랑을 구별하는 것이 도움이 될지도 모르지만, 그 가장 초기의 신화적 표현 속에 들어 있는 카니발리즘의 모티브는 특히 어린아이들에 대한 위협을 포함하며, 가족, 어머니와 아버지 그리고 유아의 생존 투쟁을 극화하고 있다. 영아살해와 카니빌리즘의 디무니없는 결합은 신성한 가부장적 특권이며, 헤시오도스의 《신(神)계보학》에서 알려진 것처럼 그리스의 신전 자체의 정초신화의 일부라고 일컬어질 수 있을 것이다. 헤시오도스의 《신계보학》에 쓰여 있는 바에 따르면 1세대 그리스 신들의 우두머리인 크로노스는 아이들 중 하나에 의해 쫓겨나, 그 아이가 크로노스의 자리를 차지했고, 그 때문에 그는 아이들을 하나씩 차례로 잡아먹었다고 전해진다. 하지만 제우스는 형제자매가 모두 잡아먹힌 후 그의 차례가 되었을 때 어머니 레아가 아버지 크로노스의 계획을 저지하여 유일하게 살아남는다. 레아가 제우스 대신 거대한 돌을 띠로 쌓아놓자 수많은 속임을 당하는 도깨비들의 원조 격인 크로노스는 그걸 별 생각 없이 삼켜버린다(1982, 38-9, 453-93행).

〈그림 6, 7〉 르네상스 시대에 '시간의 아버지'인 새턴은 자신에게 반역하지 못하도록 자식들을 잡아먹는 크로노스와 동일시되었다. 물론, 그 자식들은 결국 아버지답지 않은 아버지를 물리치고 올림포스의 신과 여신이 된다. 그림 6(위)은 이 신화에서 소재를 취한 루벤스의 그림이며, 그림 7(아래쪽)은 루벤스의 그림을 재해석한 고야의 그림이다.
*고야가 말년에 그렸던 잔인한 〈검은 그림 Black Paintings〉 중 하나.

자기 아이들을 잡아먹는 크로노스의 그림은 15세기 이전에는 드물었다. 워벅 르네상스 시대 자료 핸드북에는 고전적인 모델이 들어 있지 않다 (Bober and Rubinstein 1986). 하지만 그 후 회화에는 이미지와 이야기 간에 차이가 난다. 설화를 두고 본다면, 만일 크로노스가 단지 보통의 큰 알을 삼키듯이 삼켜버린 띠로 쌓인 돌 때문에 속임을 당한 것이라면 루벤스 같은 화가들이 그처럼 간담이 서늘해질 정도의 열정으로 1523년 프라도 미술관에 있는 그의 유명한 그림 〈자식들을 잡아먹는 크로노스〉에서 묘사한 것처럼, 또는 고야가 1821~23년에 자신의 별장 '귀머거리의 집 (Quinta del Sardo)' 벽에 그려놓은, 같은 주제의 그보다 더 잔인한 프레스코에서 보는 것처럼 팔다리가 차례로 하나씩 벗겨진 그의 다른 자식들의 매끈하고 연약한 살을 깨물고 씹어 찢어발기지는 않았을 것이라는 생각을 하게 만든다.

크로노스에 대한 이런 표현은 어쩌면 더 유명한 식인 도깨비 식인종 키클롭스족 폴리페모스의 영향 때문일 것이다. 르네상스 화가들은 키클롭스족이 오디세우스 부하 한 사람의 팔을 잡고 솥단지로 끌고 가는 모습을 보여주는 이 장면에 대한 고전적인 해석을 알고 있었고, 여기에서 크로노스를 묘사하는 도상학(圖像學) 요소들을 철저하게 차용했다(Bober and Rubinstein 1986, 157). 하지만 이런 야만적인 경향 속에서, 그리고 동화와 고야의 블랙 페인팅처럼 다양한 소재를 통해 이 신화가 다시 등장하게 된 보다 깊은 이유는 다른 어딘가에서 찾아야 한다.

유명한 올림푸스의 신들 헤라와 데메테르, 하데스와 헤스티아, 포세이돈은 각각 헤시오도스의 창조신화에 보면 태어날 때 이런 식으로 잡아먹힌다. 나중에 제우스가 성장했을 때 자기 아버지를 속여 설사약을 먹여 토하게 만든다. 그렇게 해서 이들은 하나씩 차례로 아버지의 뱃속에서 부활하게 된다. 다시금 신화의 이 나중 부분은 미친 듯이 먹어대는 고야의 크로노스 벽화 묘사와는 모순된다. 하지만 이런 종류의 이야기에서는 실제적인 지식이 중요한 것이 아니다. 사건을 지배하는 것은 오직 상징적인 욕망뿐이다. 이성은 잠들고 괴물이 탄생하게 되는 것이다. 크로노스는 자기 아이들을 산 채로 잡아먹는다. 이 마술적인 과정을 통해 크로노스의 몸은 그의 입에서 아이들이 배출된다는 사실에 의해 신들과 신성(神性)을 낳는 대리모 역할을 하게 된다. 이런 식으로 크로노스의 자식들은 세계에 재진입한다. 아버지로부터 두 번 태어난 것이다. 여기서 먹는 행위는 탄생의 준비행위 역할을 한다. 잡아먹히는 것은 결합과 동일한 것이며, 이것은 다시 우연적이긴 하지만—남자의—대리 임신을 의미한다.

신화는 아이들의 유래에 관한 문제를 고심하면서 두 국면을 통과한 후에야 흥미로운 하나의 대답을 주장하고 있다. 맨 처음 레아는 크로노스로 하여금 자신의 아이들을 먹게 허용함으로써 그의 아버지 자격을 인정하고 아이들을 그의 육체의 일부로 만든다. 두 번째로 크로노스는 아이들을 입 밖으로 토해냄으로써 자신의 생물학적 부성(父性)을 재확인한다. 하지만 이런 예외적인 행동은 분만시 자연의 정상적인 과정에서 갖게 되는 남성 정체성의 어려움을 함축하고 있다. 나중에 그의 아들 제우스는 아테네가 자신의 진짜 딸이라고 주장하기 위해 그녀를 자기 머리에서 태어나게 만들려고 한다. 하지만 크로노스 이야기, 그리고 실제로 아테네의 외국에서의 탄생, 모두 다 경이적인, 비정상적인 절차에 의하지 않고는 수수께끼가 해결될 수 없다는 사실을 인정하고 있고, 이것은 부성(父性)의 권위의 한계를 암묵적으로 인정하게 만든다. 아이를 합병, 즉 자신과 하나로 만드는 절대적인 권리를 주장하는 가운데 거인 크로노스는 마치 자기 자신인 양 그 아이를 자신의 몸속으로 집어넣고, 패배를 인정할 수밖에 없다. 관습에 거스르는 식인 부모라는 모티브는 월권, 도에 지나친 행위로서, 어쩌면 한계, 즉 아버지의 힘에 대한 한계를 규정하는 데 도움을 줄 수도 있다.

크로노스가 자식들을 잡아먹는 행위는 그의 난폭한 아버지 우라노스 혹은 하늘에 대한 그 자신의 부친살해 행위에 이어 이루어진다. 크로노스의 어머니 가이아 혹은 땅은 우라노스의 질투로부터 그녀의 자손들을 숨긴 다음 크로노스로 하여금 아버지를 거세하라고 부추긴다(Hesiod 1982, 28-9, 155-82행) 헤시오도스는 《신계보학》에서 환상적인 결말과 함께 저 유명한 에피소드를 전해준다. 사랑과 미의 여신 아프로디테는 크로노스가 아버지의 정자를 뿌린 바다 거품에서 탄생한다(159-206행).

흥미롭게도 나중에 독자들은 오늘날의 독자들이 자식살해 세대와 부친살해 세대를 별개로 생각하는 데서 겪는 것과 똑같은 어려움을 가지게 되었다. 1493년에 파리에서 출판된 《교화된 오비디우스 Ovide moralisé》의 한 판본은 이 이야기를 극적인 목판화 하나로 생생하게 압축하고 있다. 거기에서 크로노스는 다리 사이 상처에서 피를 흘리면서 아이 하나를 먹고 있으며, 동시에 그의 딸이 그 옆에서 조개껍데기를 쳐든다. 크로노스는 여기서 중세에 그를 상징했던 토성의 낫을 들고 있다. 낫자루 위에는 순환적인 시간의 또 다른 상징, 영원한 회귀에 대한 소망의 또 다른 표현으로 용 한 마리가 자기 꼬리를 먹고 있다. 그를 바라보는 자의 얼굴에 보이는 미소는 자연법에 대한 이런 신적인 거부를 승인하는 것처럼 보인다.[2)]

이 박력 있는 목판화는 크로노스 신화뿐 아니라 이와 관련된 주제를 흥미롭게 극화하고 있다. 신화와 동화 속의 식인종들과 도깨비들 간에 관련된 문제는 우선 시간의 전진적인 진행이다. 하지만 두 번째로, 그리고 좀 더 특별한 점은 이들에 관한 이야기들이 신화들이 고심하는 친족관계에 대한 근원적인 난제를 다루고 있다는 것이다. 정체성과 근원 사이에는 어떤 관계가 존재하는가? 유아는 누구에게 속하는 것인가? 아버지인가 어머니인가? 어떻게 유아들이 양자 모두에게 속할 수 있는가? 이 근원의 이중성이 어떤 형태로 표현될 수 있는가? 천성적인, 생물학적 근원이 어떻게 사회적 관계로 변환되는가? 아이들의 정체성을 결정하는 것은 누구인가?

〈그림 8〉 위 15세기 목판화는 근원적 신화에 등장하는 세 가지 주요 요소들을 잘 보여준다. 커다란 낫을 들고 있는 새턴은 자신의 아들에게 거세당하는데(자신이 우라노스를 거세했던 것처럼), 그 옆에 있는 바다에서는 그의 딸 아프로디테가 탄생한다. 또한 그는 헤시오도스의 〈신통기〉에서 크로노스가 그랬던 것처럼 자기 자식들을 잡아먹는다.
* 〈오비드 모랄리제〉(파리, 1507)의 표지.

《교화된 오비디우스》의 목판화에서 우리는 크로노스를 일종의 비자연적 어머니로, 여성의 신체적 기능을 취득하게 되는 한 남자로, 자식들을 먹은 뒤 자신의 입으로 그리고 잘린 성기에서 정자를 바다에 뿌림으로써 자식들을 두 번 탄생하게 하는 일종의 성전환자로 보게 된다. 중세 텍스트에서 보이는 통시성의 붕괴와 공시성으로의 전환에서 우리는 죽음이 가지고 있는 하나의 의미, 즉 사람을 잡아먹는 도깨비와 그의 음식 조달, 즉 식인을 출산자로서의 여성의 육체에 대한 질투를 의미하는 것일 수도 있다고 해석할 수 있는 실마리를 찾을 수 있다. 이런 이야기들은 출산이라는 여성적 능력에 대해 느끼는 공격성을 인정한다. 그 이유는 출산능력의 통제는 잘 알려진 바와 같이 가족과 친척의 경계를 확립하는 데 핵심적이기 때문이다.

중세와 르네상스 시대에 (그리스 자모의 열 번째 알파벳인 k로 시작하는) 크로노스라는 이름은 (그리스 자모의 22번째 알파벳 x, 카이와 대비되는 철자의) '때'라는 의미의 크로노스(Chronos)라는 말과 비슷해졌다. 그래서 전통적인 12궁 이미지 속에서, 그리고 수많은 천문학과 점성술 서적에서 우울을 주재하는 수호신 새턴(=크로노스)의 복합적인 모습은 그가 전차를 타고 태양의 수레 주위를 달리면서 낫과 모래시계를 들고 있다. 때로 새턴은 시간의 여신을 상징하는 그의 자식들을 먹고 있는 모습을 보여준다. 마르텐 반 헤스케르크의 15세기 말의 동판 조각에서 기괴하게 묘사된 데서 보는 것처럼 새턴은 특히 모든 것을 먹어치우는 '시간 할아버지'*의 무자비한 통과를 재현하고 있다.

하지만 여기서 중요한 것은 크로노스와 제우스의 신화가 백발을 한 늙은 가장의 승리가 아니라 쿠데타를 일으킨 승리한 아이들의 관점에서 시간의 항구적인 승리라는 점이다. 중세와 르네상스 시대의 알레고리는 연대기의

---

* 시간을 의인화하여, 대머리에 수염을 길게 기르고, 손에 큰 낫과 물 단지, 모래시계를 든 노인.

관점에서 시간이 흘러가듯이 가차 없이 소비되는 시간의 메타포가 유사한 방식으로 작동하기 때문에 늙은 시간 할아버지에 대한 승리를 재확인하고 있다. 하지만 여기에는 인간적인 부분이 빠져 있다. 그리고 자식들을 잡아먹는 크로노스의 원래 신화 속에서 일어난 모든 것을 담기에는 적당치 않은 메타포이다. 크로노스는 시간을 정지시키려고 시도한다. 반면 아이들은 미래 세대를 표현하며, 크로노스의 잉여성, 즉 영원히 죽지 않음 혹은 시간이 그를 위해 흘러갈 것이라는 사실의 부정을 표현하는 것이다.

그림 형제의 진기한 이야기 〈주피터 나무〉는 어쩌면 이 시초의 이야기가 현대의 탁아소에 무시무시하게 재등장한 것이라고 해석할 수도 있다. 이 이야기에서는 유한한 인간이 영원히 죽지 않는 불사신의 자리를 차지하고, 미래세대의 일원을 죽이려는 도깨비의 시도가 좌절되고 있다. 하지만 거기에서 아버지는 죄가 없는 것으로, 말하자면 자신의 식인적 근친상간 행동을 모르는 것으로 그려지고 있다. 그렇지 않다면 다른 아버지들이 그 밖의 다른 그림 형제의 이야기에서처럼 음침한 사건의 공모로부터 은폐되어 있었던 것일까? 그렇다 하더라도 〈주피터 나무〉에서 어린 소년이 부지불식간에 아버지의 서녁식사로 잡아먹히게 될 때에 나타나는 아비지로의 합병은 크로노스가 잡아먹은 올림푸스의 신들에게 일어난 것처럼 결코 절대적인 죽음을 의미하지 않는다. 신들의 기원에 관한 그리스 신화에서와 똑같이 이 동화에서도 부성(父性)은 아이들 모두를 다시 태어나게 할 수 있다. 그리고 이 동화는 또 〈헨젤과 그레텔〉을 그대로 본뜬 결론에서 착한 아버지의 인물 주변을 재편성하고, 사악하고 억압하는 흉악한 나쁜 엄마를 몰아냄으로써 비극적 가족의 구제와 치유를 이야기하고 있다. 사실 이런 광범위한 가족 모험담의 결론은 충분히 검토되어 있지 않다.

심리적 공포를 야기하는 무척 냉혹한 톤으로 쓰인 그림 형제의 이 유명한 진기한 동화는 어린이 살해라는 주제를 간접적으로 다루고 있으며, 크로노스의 고대 신화 속에 들어 있는 많은 아픈 정신적 상해를 다시 건드리고 있다. 비록 여기서 사악한 도깨비 인물이 여자라고는 하지만 아버지는 도깨비를 대신할 수 있는 다양한 특징들을 드러내고 있다. 그는 쉽게 속아 넘어가며, 인육을 먹는다.

한 아이가 눈 속에 피를 흘린 여성에게 태어난다. 그리고 그는 피처럼 붉고 눈처럼 희다. 임신 기간 동안 여자는 주피터 나무 열매를 먹는다. 그 때문에 쇠약해져 가고, 아이가 태어난 것을 보고는 너무나 '행복해' 하지만 결국 죽게 된다. 그리고 자신을 주피터 나무 아래 묻어달라고 부탁한다. 관례대로 아버지는 재혼을 하며, 사악한 계모는 딸이 있고, 남편의 첫 번째 아내에게서 유전된 눈처럼 희고 피처럼 붉은 그 아이를 증오한다. 계모는 그 아이를 학대하고, 아이가 사과를 달라고 하자 사과를 쌓아둔 트렁크 뚜껑을 떨어뜨려 죽인 다음 머리를 잘라 붉은 과일 사이에 굴린다. 그런 다음 그녀는 머리를 들어 아이의 몸에 다시 맞춘 다음 손수건을 목에 대 상처를—벌어진 틈을—가리고 테이블로 괴어둔다. 그리고 그녀가 낳은 딸 어린 마를린 때문에 아이의 치명적인 상처를 내버려두고 간다. 결국 어린 마를린은 배다른 오빠에게 사과를 가져다주고, 그의 머리를 밀어 떨어버리게 되면서 이것을 발견하게 된다. 어린 마를린은 두려움에 빠지지만 엄마는 마를린의 걱정을 진정시킨다. 그녀는 능숙한 식인 인물이다. 왜냐하면 그녀는 딸에게 말하기를 "조용히 하고 아무에게도 말하면 안 돼. 그래봐야 이젠 아무 소용이 없으니 네 오빠를 검은 푸딩으로 만들어버리자꾸나." 그녀는 전처의 아들을 얇게 잘라 남편에게 대접한다. 남편은 자기 아들을 맛있게 먹으면서 당연히 그가 먹고 있는 것이 무엇인지는 알지 못한다. 그동안 검은 푸딩이 나온 불쾌한 식사를 할 수가 없는 딸은 눈물을 흘린다. 나중에 어린 마를린은 아버지가 테이블 아래로 떨어뜨린 뼈를 모아다가 주피터 나무 아래 묻어준다. 그러고는 그 아래 누워서 이상하게도 평온함과 행복을 느낀다. 그때 아름다운 새한 마리가 안개처럼 나무에서 피어오른 신비한 불 속에서 솟아오르며 이렇게 노래한다.

>내 엄마, 그녀가 날 죽였고,
>내 아빠, 그가 날 먹었지,
>내 누이, 그녀는 내 뼈를 모았다네.

마법의 새는 노래를 부르고, 듣는 이로 하여금 놀라운 즐거움을 안겨주면서 주위를 날아다닌다. 노래를 들은 사람은 답례로 제분업자 스무 명이 간신히 끌어올릴 수 있는 무거운 맷돌을 포함해 귀중하고 또 치명적인 물건들을 새에게 선물한다. 새는 그 물건을 들고 주피터 나무 집 밖에서 노래하는데, 못된 계모는 마치 불이 난 것같이 느낀다. 그녀는 집 밖으로 뛰어나오고, 새는 맷돌을 그녀의 머리에 떨어뜨린다. 주변에 불이 붙고, 불꽃이 잦아들자 잡아먹힌 어린 소년이 거기에 서 있다. "그리고 소년은 아버지와 어린 마를린의 손을 잡았다. 세 사람은 정말 기뻐했고, 저녁을 먹으러 집 안에 들어가 식사를 했다."(Grimm 1975, 229)

그리스 신화와 독일 낭만주의 시대의 인육을 먹은 아버지에 관한 동화 모두 시간의 흐름에 대한 체념과 청춘에 의한 나이의 추월에 대한 체념, 그리고 시간을 통한 발생학적 단계의 절대적인 단계적 특징에 대한 체념을 암호로 담고 있다. 여러 나라에 수많은 유사한 이야기가 퍼져 있는 그림 형제의 〈주피터 나무〉는 이것을 포메라니아 사투리 판에 수집했던 독일 낭만주의 시대 화가 필립 오토 룽에에 의해 그림 형제에게 전해졌다. 자신의 그림에서 룽에는 연장자들이 시들어가는 것처럼 보이는 반면 아이들은 거의 초자연적인 활력을 보여주는 모습을 그리고 있다. 그래서 자기 양친과 아이들을 그린 1806년의 룽에의 초상화에서 검은 옷을 입고 있는 쇠약하고 어두운 안색의 늙은 부부는 어둠 속으로 물러나 있지만, 두 아이들은 활기와 아름다움 그리고 당당함을 지닌 채 마당의 수선화를 손으로 만지고 있고, 어린 소녀가 할아버지 할머니에게 아직도 살아 있는 것에 대해 회의적인 시선을 보내고 있는 반면, 아이들은 색감과 에너지 그리고 활력으로 빛나고 있다.[3] 룽에는 (〈헨젤과 그레텔〉에서 보았듯이) 아이가 하나의 주체로서, 그리고 영웅으로서 등장하는 역사적 순간에 살았기 때문에 어쩌면 〈주피터 나무〉, 그리고 동화 일반의 관념을 담고 있는지도 모른다. 이들은 아이 중심의 설화들로서 마침내 어린아이가 최고의 것으로 등장하고 복원됨을 선언하는 것이다. 이런 정신적 틀은 궁극적으로 다윈의 자연 도태와 적자생존의 통찰, 지력(智力)과 용맹함을 통해 지배하는 트릭스터*의 등장으로 나아간 것이다.

이런 해석과 다른 방향에 또 다른, 빅토리아 시대의 상징적 상상력의 다른 중심 플롯, 즉 아버지의 자리를 빼앗고 그 자리에 대신 들어서려는 아들의 갈망에서부터 시작하는 해석이 있다. 우라노스와 크로노스의 신화는 자주 뒤섞인다. 하지만 프로이트 같은 사람마저도 제우스를 자기 아버지의 이미지를 띤 아버지 거세자로 만듦으로써 이 둘을 뒤섞은 것은 흥미 있는 일이다. 이 추이는 그리스 신들을 사례로 이용하여 자기 시대에 가부장적 권위를 수립하는 것을 목표로 하고 있다. "크로노스는 멧돼지가 암퇘지의 새끼를 잡아먹듯이 자기 아이들을 잡아먹는다. 반면에 제우스는 자기 아버지를 거세하고 스스로 아버지를 대신해 지배자가 된다." 프로이트의 계속된 언급에 따르면, "인류 사회의 원시 시대로부터 신화와 전설에 의해 우리에게 전해진 모호한 정보는 아버지의 전제적인 힘과 그 힘을 사용할 수 있게 만든 무자비함에 대한 불쾌한 모습을 제공한다."(1983, 557)

나중에 이 실수를 지적받은 프로이트는 《일상생활의 정신병리학》에서 그

---

* 원시 민족의 신화에 나와 주술장난 등으로 질서를 문란 시키는 초자연적 존재.

와 같은 실수들이 진실을 말해주는 가치가 있다는 것을 시험할 때 이 사례를 인용했고, 자신이 저지른 크로노스와 우라노스 간의 혼동을 자기보다 나이가 훨씬 많은 배다른 형이 자신에게 한 논평과 연관시켰다. "네가 잊지 말아야 할 한 가지는 생활 처신에 관한 한, 아버지를 염두에 둘 때 넌 두 번째 세대가 아니라 세 번째 세대에 속한 다는 것이다."(1975, 279) 프로이트는 신화의 연속에 대해 자신이 보여준 억압본능은 자신이 아버지의 아들보다는 오히려 배다른 형의 아들뻘로 어리게 여겨지는 것에 대한 거부감의 표시였다는 걸 암시하고 있다. 다시금 살인적인 아버지에 관한 신화는 발생학적 시간에 관한 교훈을 반복하고 있는 것이다. 프로이트는 아들의 부친 살해적 의도를 주장하여 원시 유목집단(Primal Horde)의 처분대로 아버지의 취약성을 강조하기 위해 아버지의 적의—예를 들어 아브라함과 이삭, 하나님 아버지와 그리스도, 아버지에 의해 비밀이 노출된 오이디푸스 신화의 토대—를 지워버리고 있다. 아들들에게 살해당하고 패배한 포괄적인 아버지를 구현하는 도깨비의 이미지는 신화와 동화 속 이야기 중 일부와 일치한다. 하지만 이런 이미지는 특히 이 이미지의 국내적, 심리학적 의미가 사회적, 정치적 의미를 지배한 19세기에 두드러지게 강조되었다. 제리 썰립스가 심포지엄 토론에서 지적했던 것처럼 프로이트의 오이디푸스 주제는 그 자체가 우리 시대의 지배적인 설화가 되었다.

5

잠재적인 희생자들에게 압제자에 대한 승리의 이미지가 주어질 때, 즉 아이들이 거인과 도깨비로부터의 해방이 약속될 때 나타나는 형세역전은 오로지 카타르시스적인 의미만을 갖는 것일까? 아니면 이때의 위협이 적과 희생자 사이에 긴장을 유지하는 것은 아닐까? 도깨비의 힘은 동화 속에서처럼 기억과 판타지 속에서 흔적을 남기는 것은 아닐까? 패배하긴 했지만 도깨비들은 이야기를 듣는 이들로 하여금 쉽게 처리할 수 없는 장애와 위험, 폭력의 실존을 회상하게 만드는 것은 아닐까?

18세기 후반과 19세기에 도깨비와 괴물 신랑은 변신을 겪는다. 더 이상 이야기 속에 푸른 수염으로 남는 사나이의 마지막 아내처럼 중심적인, 공감하는 인물들에게 단순한 위협이 아니다. 남자 혹은 때로는 여자로서 이들에게는 훈육상의 역할, 즉 어린아이에게 겁을 주기 위해 떠올리는 요괴의 역할이 주어진다. 단테의 작품에서처럼 중세의 지옥의 악마는 죄인을 벌주는 창조자의 일을 수행하고, 그것의 아류 탐욕스런 도깨비는 죄악에 대한 처벌로서 죽음을 부여한다. 어린이 살해범과 카니발리즘의 이중적인 난폭함은 인간사회의 공유된 모든 규범을 조롱한다. 이런 행동은 죄악에 찬 지하세계의 특징을 이룬다. 이것이 동화 속에서 관습을 거스르는 모티브가 살아남게 되는 불행한 하나의 이유다. 이 모티브는 상상할 수 있는 지옥 불 속에서의 처벌과 연계되고, 이런 가학적 즐거움을 갖는 처벌적 측면이 나중에 탁아소에서 번안되어 이용되는 것이다. 예를 들어 푸른 수염으로 남은 남자 이야기는 '혹은 호기심의 결과'라는 부제를 달고 있다. 남편에게 순종하지 않는 아내의 행실은 비난받고, 여성에게 전형적인, 아내의 비난받아 마땅한 호기심이 강조된다. 그래서 월터 크레인 같은 그림 작가는 자신의 그림책에서 이 아내의 파멸적인 여자 조상 격인 이브 및 판도라와의 친족성을 암시하고 있다. 남편을 살해한 아내들은 본분에 어긋나게 독립한, 사악한 죄를 저질렀다는 혐의를 뒤집어쓰고 비천한 신분으로 몰락한다. 또한 도깨비는 벙어리 거인이 아니라 사악하고 귀여운 늙은 바보로서 희극적으로 처리된다.

동화를 이런 목적 하에 사용함으로써 그것을 듣는 아이들로 하여금 따르도록 독려하고 훈련하는 데서 거인과 괴물들은 또한 교육적 특성을 부여받게 된다. 얼 킹(Erl King) 요괴는 한 중세 원고의 끄트머리에 훔쳐 온 아이들이 가득 든 바구니를 들고 등장한다. 스위스 베른에는 16세기에서 온 천연

색 도깨비가 아이들을 허리춤, 주머니 속, 등과 팔 아래 매달고 서 있는 '어린아이 대식가(The Child-Guzzler)'라는 샘(아이 잡아먹는 도깨비 샘)이 있다. 이들은 모두 잠귀신인, 위 윌리 윈키(Wee Willie Winkie)의 조상들이며, 변덕스럽고 사려 깊지 못한 다른 유모들, 그리고 어머니와 아버지는 아이들을 순종하고 얌전히 있으라고 위협하고, 어르고, 겁주는 데 익숙해왔다. 1750년의 페로의 〈잠자는 숲 속의 미녀〉에 대한 한 영국 속요 번역에서 작가는 괴물이라는 단어의 여성성을 설명하기 위해 다음과 같은 주해를 붙이고 있다. "사람 잡아먹는 도깨비(Orgee)〔원문대로 인용함〕는 긴 이빨과 발톱, 피부가 벗겨진 머리와 유혈 낭자한 뼈를 갖고 있는 거인으로 못된 소년 소녀들을 훔쳐가서 모조리 먹어버린다." 여기서 우리는 식인종 거인이 무시무시한 프랑스 전통의 크로케미텐(Croquemitaine)의 친척으로, 19세기 미국의 교훈적인 만화에서 재현된, 못된 소년 소녀를 삼켜버리는 아버지 플록과 플록 부인이라는 청부인의 이름을 빌어 탁아소의 요괴로 변신되어 있다는 걸 알 수 있다. 따라서 이런 이야기들에서 도깨비는 그 이야기를 해주는 사람이 대신할 수 있게 된다. 보모와 부모 혹은 유모가 끔찍한 가능성의 중심에 서게 되는 것이다. 프랑스에서 '늙은이 티를 내다(faire barbo)'라는 표현은 도깨비를 흉내 냄으로써 아이들을 두려움에 떨게 하는 바로 이런 장치를 말하는 것이다.

하지만 이런 동화들의 해석이 갖는 의미는 성인들이 어린이들의 공포를 조작한다는 데 그치는 것으로는 충분하지 않다. 세계에서 가장 오래된 아동용 연극 중 몇몇은 그리스 항아리와 로마의 천골상식(薦骨常食, sacrophagi)에서 볼 수 있는 주먹 하나가 들어갈 만큼 커서 사람 넷 정도는 문제없이 잡아먹을 수 있겠다고 생각할 만큼 엄청나게 큰 입을 가진 괴물 마스크를 착용하고 도깨비 흉내를 내 네 명의 상대역을 놀라 자빠지게 하는 것으로 구성되어 있다. 이 비유는 르네상스 시기에 만테냐* 유파(流派)의 드로잉에서 보이는 것처럼 고대의 영향을 받은 채 재등장한다. 이런 연극적 파격은 아이들이 끔찍한 부분을 연기하면서 상상적인 힘에 대해 즐거워하는 훈련을 쌓게 된다는 데서, 두려움을 피하기 위해 공격해오는 적을 자기 것으로 흡수하는 방어적 대응의 예를 보여준다. 도깨비, 그리고 유사한 모방들은 아이들에게 여전히 식인종 이야기를 만들어 내고 전달하도록 하는 보편적인 메타포의 하나를 설명해준다. 최근에 프랑스에서 작업한 한 인류학자는 재미있으면서도 공포감을 느끼게 하는 몇 가지 사례들을 수집했다. 이 사례들은 동화가 아니라 실제라고 주장하는 일화들이어서 때로는 자전적이라고 밝히는 것도 있다. 그 중 하나의 부류는 현대를 배경으로 거세와 부성(父性)이라는 카니발리즘 주제의 변종을 보여주고 있다.

> 갑자기 잭이 나타났다. 그는 푸주한의 집으로 갔다. 거기엔 다락방이 있었다. 그 안에 들어간 잭은 구멍을 발견하고 "제길, 이게 뭐야?"라고 말하고는 자신의 남근을 잡아 그 구멍에 밀어 넣었다. 그때 갑자기 한 여자가 나타나 "남은 소시지가 없네요" 하고 말하자 그(푸주한)는 "없지"라고 대꾸했다. 그때 여자가 "아냐, 있어, 하나 있었네요" 하고 말했다. 그러자 푸주한은 "아마 마지막일 거야" 하고 말하면서 그걸 잡아들고 싹둑 잘라 여자에게 주었고, 여자는 그걸 먹었다. 다음 날 다시 온 여자가 "당신 소시지 정말 맛이 좋았는데, 다른 건 없나 봐요?" 하고 말하자 잭은 구멍에 대고 이렇게 대답했다. "그게 원래 크기로 자라면요."(Gaignebet 1974, 186-7)[4]

게네베의 모음집에 나오는 이 이야기의 다른 변종에는 잘린 것은 아버지의

---

* 만테냐(Andrea Mantegna, 1431(?)~1506). 이탈리아의 파도 바파(派) 화가. 베네치아 파의 채부법(彩賦法)을 섭취하여 당초의 강한 조각적 성격을 누그러뜨리면서도 엄격한 북방적 사실주의를 견지하여 북이탈리아 화파(畵派)의 르네상스 양식을 수립하였다.

〈사진 9〉 어린아이들이 잠을 자지 않으려 하거나 나쁜 행동을 하면 화가 난 유모나 어머니들이 아이들을 겁주기 위해 써먹던 '요람을 들고 가는 부기맨(아이를 납치해가는 요괴)'의 모습이다. 여러 명의 아이들을 들쳐 메고서 한 아이의 머리를 씹어 먹고 있다.
* '어린아이 탐식가' 스위스 베른의 거리에 서 있는 16세기 채색 조각.

남근이다. 그 역시 "그게 원래 크기로 자라면요."라는 말로 끝을 맺고 있다.

게네베 자신은 이 이야기의 끝이 무지막지한 아이러니는 아니라고 생각한다. 그처럼 어리석은 불쌍한 주인공은 페니스가 원래 크기로 자라지 않는다는 사실을 모른다. 게네베는 아이들이 이 이야기를 냉소하지 않고 전하는 것을 듣고, 아이들의 희극적 낙관주의 정신, 그들 유머의 강인한 활력을 찬양한다. 이 이야기는 소시지 대신 아이들의 남근이 먹히는 첫 번째 변형으로 크로노스 신화의 메시지를 포착하고 있다. 소년들은 연장자들의 침략에 고통을 겪지만 반드시 이 늙은 사람들을 이길 것이라는 사실에 위안을 삼을 수 있는 것이다. 하지만 두 번째 변형은 반복의 위협을 포함한다. 갈등은 계속된다. 게네베는 또 이 이야기들이 소년들에 의해 전해지고, 스스로를 처음엔 희생자로, 그 다음엔 영웅으로 바라보는 소년들의 이야기라는 점을 지적한다.

6

유아들을 먹는 도깨비들은 신화 속에서 자손들이 자신의 자리를 빼앗을 것이라는 걱정에 대한 끔찍하고 파격적인 아버지의 반응을 계속해서 보여준다. 도깨비는 또 젊은 사람이 번성하고 성장하도록 허용되어야 한다는 사회적, 인간적 명제를 드러낼 수도 있다. 어린이 살해는 가장 극악한 범죄이고, 이것은 악마의 본질로, 그리고 지옥에서의 특히 순환적인 영원한 고통의 정체상태로 귀속된다. 하지만 어린이 방 도깨비의 영아 잡아먹기는 중세와 근세 초기 설화에서도 임신에 의해 야기된 어머니와 아이 모두의 죽음이라는 망령을 반영하고 있다. 이것은 계속해서 발전해 현대에 들어서도 여성들이 성적인 공포를 분명하게 탐구하게 되었다.

빅토리아 시대 어린이 방과 현대 연극무대에서 도깨비는 중세와 고대 때 이미 즐겼던 요괴의 모습을 띠고 귀환했다. 도깨비는 훈육에 힘쓰는 보호자에 의해 의식적으로 번성한, 그리고 아이들이 듣거나 읽은 많은 무시무시한 이야기 속에서 무의식적으로 일깨워진 하나의 위협으로서 살아남는다.

동화의 식인행위에서 나타나는 몸의 합병은 더 작고 더 어린 인물들을 제거하는 데 거의 성공한다. 이것은 우리가 본 대로 크로노스가 잔인하게 자기 아이들을 잡아먹음으로써 자신의 자리를 빼앗을 가능성이 있는 자식들을 제거하는 데 거의 성공하는 것과 똑같은 방식이다. 유아 잡아먹기는 그런 설화들 속에서 되살아나 다른 여러 사항들과 뒤섞인 채 출산에 대한 사회적 명령을 확인한다. 새로운 세대는 살아남아야 하는 것이다. 그것을 집어삼키려고 시도하는 세력들, 나이와 시간을 정지시키려고 시도하는 세력들은 야만적이고, 어리석으며, 궁극적으로 무기력한 것으로 나타난다. 이 장면에서 동화는 시간과 체념의 알레고리들을 제공하고 있다. 미래는 젊은 거인 살해자, 즉 젊은 왕자와 공주에게 속하는 것이다. 그리고 이 이야기들은 이 젊은이들의 자율과 행복에의 요구를 강요하고, 나이든 사람들에게, 거대한 보스들에게, 그리고 이제 물러날 때가 된 권위자들에게 경고하는 것이다. 동화는 잔인한 고대의 신화를 가족의 기능장애와 사회적 무질서에 관한 설화로 변형시킨다. 하지만 남녀를 불문하고 도깨비들에게 요괴의 배역을 맡겨 두려움과 공포로 청중을 즐겁게 함으로써, 이 도깨비들이 구체화하고 현실화한 바로 그 실제 위협을 무력화시켜버린다. 아이들은 그런 소재들을 수용하는 데 있어 수동적으로 머물지 않고 도깨비를 재 발명하여, 도깨비에게 역습을 가하고, 그의 권력욕을 무력화시키는 스스로의 방식을 발견했다.

9.
자본주의로서 카니발리즘 :
마르크스, 콘래드, 셰익스피어, 말로의 책에 나타난
축적의 은유들

제리 필립스(Jerry Phillips)

(그들은 버릇처럼 사람들을 단지 다른 사람의 소유물로 칭한다.) 그들은 우리들 중에는 모든 종류의 상품을 완벽하게 소유한 사람들이 있으며, 배고픔에 굶주리고 결핍과 가난에 노출되어 그들의 문 앞에서 구걸하는 다른 사람들도 있었다는 걸 알았다. 그리고 이렇게 가난한 이들이 그런 부당함을 감내할 수 있었다는 것과 그들이 다른 사람들의 목을 조르지 않고, 자신들의 집을 불태우지 않았다는 걸 이상하게 생각했다.

(Michel de Montaigne, 〈On Cannibals〉〔1928, I, 229〕)

좋은 수단을 이용해 정직하게 쌓은 부는 속도가 느리다…. 부가 악마를 통해 (강탈과 협박, 부당한 수단을 사용해) 쌓이게 되면 속도가 빠르다. 부자가 되는 길은 많고, 그 대부분은 부정하다.

(Francis Bacon, 〈Of Riches〉〔1942, 147〕)

(다수의 희생을 기반으로 소수에 의한) 부의 축적은 도덕적 저항의 은유들을 불러일으켜왔다. 카니발리즘의 비유는 부의 축적에 대한 도덕적, 은유적 설명의 가장 좋은 사례다. 이 논문은 카니발리즘의 비유, 자본주의의 경제학 그리고 문학 텍스트의 시학들 간의 복합적인 관계를 탐구한다. 자본주의하에서 부의 축적은 맹목적인 상품 페티시즘과 소수와 이해관계를 다투는 다

수의 이데올로기적 타락 양자를 포함한다. 문학적 비유로서 카니발리즘을 고찰할 때 나는 상품 페티시즘을 마르크스의 '원시적 축적'의 개념을 통해, 그리고 이데올로기적 타락을 '중층결정 (Overdetermination)'*이라는 심리분석적 개념을 통해 접근할 것이다.

축적에 대한 은유들은 자본주의적 도덕 세계에 종족주의와 반유대주의가 중심에 위치하고 있음을, 다시 말해 오스카 핸들린(Oscar Handlin)의 말을 빌자면 어떻게 "백인", 즉 기독교 패권주의가 하나의 "관념체(a body of ideas)"로부터 "절실한 욕구"로 변하게 되었는지를 밝혀준다. 이 논문에서 인종주의는 제국주의, 즉 자국의 경계를 넘어선 축적의 필수적인 측면으로 간주된다. 반면 반유대주의는 타락한 세계의 존재들로서 상업자본주의와 금융자본주의에 대한 도덕적 비판의 관문으로 간주된다. 카니발리즘이란 주제는 유대인이나 식민지 원주민들을 사지절단, 식인, 거세, 동물적인 식욕의 수단 같은 '보편적인' 주제에 제공된 이국적인 위험들의 신화학 속에 가두는 것이다. 이 경우 자본주의적 축적에 대한 은유들은 도덕적인 사람과 비도덕적인 사람, 문명인과 미개인, 인간과 유인(類人) 간의 인식된 차이로 변한다. 사실상 '식인'에 대한 비난은 자본이 의도적으로 만들어진 사회적 차이의 정치학과 철학, 심리학에 근거하고 있다는 것을 드러내는 하나의 '관념체(Ideologem)'로 기능한다. 이것은 원한(ressentiment)의 영토화라고 부

---

* 중층결정은 지그문트 프로이트가 도입한 인과관계의 개념이다. 프로이트는 한 가지 징후 혹은 꿈은 두 가지 이상의 결정 요인의 산물일 수 있다고 설명했다. 그렇지만 현대 비평에서 그러한 중층결정 개념의 정신분석적 기원은 사회과학, 특히 루이 알튀세르의 마르크스주의에서 그 개념이 사용됨으로써 가려졌다. 알튀세르에게 역사의 변화는 보다 전통적인 마르크스주의자들이 종종 주장한 바와 같이 상부구조에 기계적으로 반영되는 경제적 토대에서의 발전의 산물인 것은 아니다. 역사의 어느 순간은 오히려 꿈처럼 많은 힘들이 모인 장소이고 그중의 경제적인 힘은 오직 '최종 심급에서(in the last instance)' 결정할 뿐이다. 경제적인 것은 정치적인 것과 이데올로기적인 것이 작동하는 범위를 한정하지만 이 모든 층위들은 상대적 자율성을 가지고 있다. 그러므로 대규모의 변화는 오직 역사상의 많은 힘들이 중복되는 작용을 통해서만 일어난다.

를 수 있을 것이다.[1] 나는 축적에 대한 은유들을 두 개의 광범위한 목표를 염두에 두고 탐구하고 있다. 즉 식민적 상상에 대한 도덕적 논쟁들을 밝히고 특정한 반자본주의 담론의 정치적 함의를 부각시키는 것을 목표로 하고 있다. 식민지 세계에서 카니발리즘이라는 주제는 칼 마르크스와 조셉 콘래드의 텍스트 분석을 통해 접근할 것이다. 유대인을 물릴 줄 모르는 축적에 의해 만들어진 '공동체' 타락의 희생양으로 만든 반유대주의, 반자본주의적 정치학으로서 카니발리즘의 열대지방은 드라마를 매체로 크리스토퍼 말로*와 윌리엄 셰익스피어가 수행하는 문학적 시학을 분석함으로써 접근할 것이다. 마르크스와 콘래드와 함께 시작해보자.

자연의 한계를 초월하는 하나의 기획으로서 궁극적인 문명국가의 달성을 목표로 하는 현대성이라는 개념은 오랫동안 카니발리즘의 도덕성(과 실재)를 결정하는 데 도움을 주는 맥락을 제공해왔다. 예를 들어 마르크스는 인도에서의 영국의 지배에 대한 분석을 공산주의로 나아가는 계급투쟁 혹은 유토피아에 의해 부정되는 역사에 대한 인상적인 이미지와 함께 결론짓고 있다. 그의 주장에 따르면, "위대한 사회적 혁명이 부르주아 시대의 결과, 즉 세계 시장과 근대적 생산력을 장악하고, 가장 진보한 사람들이 이들을 공동으로 통제할 때, 그리고 그렇게 될 경우에만 인류의 진보는 살해된 자의 두개골에서 나온 것이 아니면 감로주를 마시려고 하지 않는 섬뜩한 이교도 우상을 더 이상 회상하지 않을 것이다."(Marx 1977, 336) 인류의 모험('진보')은 여기에서 제의적 희생, 즉 살인의 신학에서 힘을 얻는 야만적인 신으로 상상되고 있다. 마르크스에 있어 "부르주아 시대"는 가장 발전된 형태의 착취에 대한 증인을 낳는데, 이것의 적절한 도덕적 비유는 식인행위를 하는

---

* Christopher Marlowe(1564-93). 영국의 극작가·시인

'이교도' 우상숭배이다. 간단히 말해 자본주의는 역사의 '야만성'—계급투쟁의 폭력—에 대한 최종진술이라는 것이다.

마르크스의 자본에 대한 시각은 급진 사상에 도덕적 역설이라는 부담을 안겨주었다. 반면 자본주의는 '진보'의 동인(動因)으로 간주되는데, 그 이유는 자본주의가 유토피아로 향해 가는 역사적 항해의 필연성을 강하게 드러내고 있기 때문이다. 하지만 다른 한편, 자본주의는 또한 인간의 동물적인 탐욕과 이기주의, 무자비함과 정글, 즉 절멸 전쟁의 약탈의 미덕을 기반으로 하는 모든 것을 후원하는 살벌하고 야만스러운 체제로 간주된다. 야만국가가 최후의 문명국가를 선명하게 부각시켜주는 것처럼 '천국'을 밝혀주는 '지옥'으로서의 자본주의 개념은 역사에 대한 모순어법적인 모델로 이끈다. 나는 이것을 진보의 원시주의라고 부르고자 한다. 마르크스는 두 가지 목적을 가지고 자본주의를 카니발리즘이라고 생각했다. 하나는 인간 행위의 척도로서 이윤 동기의 지독한 야수성을 강조하기 위해서였고, 또 하나는 탐식 자체를 강요할 수밖에 없는 한 체제의 근본적인 비합리성을 강조하기 위해서였다. 마르크스에 따르면 자본주의는 혁명을 생산하게 되는데, 그 이유는 인류는 천성적으로 사유를 위해 투쟁해야 하는 운명을 띠고 태어났기 때문이다. 이상향을 향한 역사적 항해는 그런 이유에서다.

만일 남자나 여자나 천성적으로 자유를 사랑하는 존재라면 자유의 체계적인 부정으로 이해되는 자본주의는 항상 순응적이고 소외된 노동에 대해 진정한 대안은 전혀 제공하지 않음으로써 개개인들에게 폭력을 행사할 것이다. 자본주의는 일상의 인간 세계를 비인간화하는 경향을 결코 철폐할 수 없다. 마르크스는 무시무시한 혹은 전통적인 식인 이미지들을 통해 반복해서 이 점을 강조한다. 예를 들어 '평생의 상품화'에 관해서 그는 자본을 "흡혈귀처럼 오로지 살아 있는 노동자를 빨아먹고, 많이 빨아먹으면 먹을수록 더 오래 사는 죽은 노동자"(Marx 1990, 342)로 규정했다. "잉여노동에 대한 맹목과 무절제, 채워지지 않는 식욕 속에서 자본은 도덕뿐만 아니라 심지어 노동일의 단순히 육체적인 한계까지도 한도를 넘어선다."(375) 이때 또다시 마르크스는 (1848년 프랑스 혁명에서 중요한 배경 요인이 된) 소작농들에 대한 부르주아의 자기 방어를 다음과 같은 표현으로 특징짓고 있다. "금세기 초 새롭게 봉기한 소작농들을 국가를 내세워 잘 막아낸 부르주아 질서는 농민들의 피와 뇌를 빨아먹고, 그들을 자본이라는 큰 솥단지 안에 집어넣는 흡혈귀가 되었다."(1977, 320) "큰 솥단지" 속에 집어넣은 "피와 뇌"라는 이미지 속에 들어 있는 식인 요리 냄비에 대한 잦은 암시를 주목해보라. (우리는 아래에서 흡혈귀가 반자본주의에 대한 정치적 악마 연구〔demonology〕에서 식인종과 친족 관계에 있음을 보게 될 것이다. 파시즘이 희구하는 공동체에 대한 원형 설화에서 하나의 관념체로서 흡혈귀의 비유는 기독교인과 유대인 간의 대량학살을 야기하는 사회적 거리를 만들어내는 데 일조했다.) 마르크스에 있어 흡혈귀는 그야말로 자본의 진실이다. 하나의 추상적 은유적 가치로서 살아 있는 사람의 피를 희구하는 죽은 사람의 개념은 마르크스가 영국 제국주의 비판에서 제기했던 수사학적 질문에 대한 답을 제공한다. "부르주아들이 피와 오물을 통해서, 가난과 타락을 통해서 개인과 사람들을 유인하지 않고 진보를 이룬 적이 있었던가?"(Marx 1977, 335) 물론 답은 그런 적이 없었다는 것이다. 자본주의는 결코 무혈의 진보, 혹은 평화로운 진보를 안 적이 없었다.

이때 진보의 원시주의는 자본주의의 잔인한, 흡혈귀적인 혹은 식인종적인 성격에 주목한다. 만일 우리가 현대성이란 사실상 일종의 "야만"이라는 점을 확인하고자 한다면, "부르주아 문명"이 "그럴듯한 형태들"을 취하고 있는 "고향"을 볼 것이 아니라, 식민지 이야기에 나오는 전형적인 '미개인'들처럼 "부르주아 문명이 벌거벗고 돌아다니는 식민지들"(335)을 관찰해야 한다. 자본주의는 인간의 자유에 대한 부정으로서 식민지 세계에서 자신의 세계로 들어왔다. 마르크스는 "공공연한 약탈과 노예화, 살인을 수단으로 유럽의 외부에서 획득된 보물이 다시 모국으로 흘러 들어와 거기에서 자본으로 변했다"(Marx 1990, 918)는 걸 간파했다. 이것은 그가 "원시적 축적"—지구의 무정부적인 남획과 외국인에 대한 착취, 그리고 도덕적 법의 철저한 무시—이라고 부르는 하나의 과정이다.[2] 식민지 자본가들, 즉 제국주의자들은 빈손으로 돈을 벌었다. 막대한 재산이 "도깨비 방망이를 휘두른 듯이"(919) 버섯처럼 증식됐다. 식민지 자본가들은 "그럴듯한 형태들"의 힘을 빌어 "고향"을 지배하는 "지식인" 엘리트들에게 생명을 불어넣은 "흡혈귀"였다. 마르크스가 표현하듯이 "유럽의 임금 노동자들에 대한 은폐된 노예제도는 그 토대로서 신세계의 불법적인 노예제도를 필요로 했다…. 만약 돈이… '볼 한 쪽에 선천적인 핏자국을 가지고 있는 세계로' 오게 되면 자본은 머리부터 발끝까지 털구멍마다 피와 오물을 뚝뚝 흘리면서"(925-6) 온다. 내 생각에 자본을 송장 먹는 귀신이나 야만스런 동물로 비유한 이런 섬뜩한 이미지는, 거의 노동을 하지 않으며 명백히 실제로 지속되는 관심으로서의 도덕이 없이 "급속도로" 확대되는 부의 비자연적이고 심지어 악마적인 측면을 견지하려는 의도에서 사용된 것으로 보인다. 만일 자본주의가 역사의 야만성의 신격화라면, 원시적 축적은 자본주의의 원초적 본능, 자본주의의 혼으로 해석될 수 있을 것이다. 고전적 마르크스 이론에서 원시적 축적은 일차적인 자본 형성과 결부된다. 하지만 내가 보기에 공격적인 제국주의 형식 속에서 원시적 축적은 자본주의의 항구적인 운명으로 간주되어야 할 것 같다. 단지 대도시의 임금 노동자를 강화하기 위한 "근거"로 이해되는 식민지 개념에 시간이 흐르면서 역사의 동력, 계급투쟁의 실제 영토로서의 "발전된 산업 생산"이란 개념이 보완되었다. 수동적인 객체와 목적 지향적인 주체라는 이런 모델 속에 형성되어 있는 대도시적 편견은 "실제 역사"는 오로지 서구에서만 일어난다고 주장하는 식민지 담론의 유럽 중심적 주장과 쉽게 구별되지 않는다. 만약 우리가 계급투쟁을 타락한 인간 역사의 두드러진 테마로

9. 자본주의로서 카니발리즘 269

유지하고자 한다면 블로트(J. M. Blaut)가 지적한 것처럼 "노예적 플랜테이션을 기반으로 한 생산은 버밍햄 바늘 공장에서의 생산과 다를 바 없다"(1993, 205)는 사실을 인정하는 것이 필요하다고 본다. 따라서 이 글에서 "원시적"이라는 형용사는 축적 과정에 대한 단계적 혹은 진화론적 잣대로 선택한 것이 아니다. 이 말은 오히려 식민지 노동력으로부터 정말로 잔인하게 잉여 가치를 뽑아낸 것을 가리키는 것이다.

몇몇 저자들은 원시적 축적을 1901년 출판된 고전적인 소설 《어둠의 심장》을 쓴 조셉 콘래드의 상상력을 동원해 묘사했다. 《과거와 현재 Past und Present》에서 토머스 칼라일(Thomas Carlyle)은 19세기는 "'돈을 벌지 못하는 것'을 의미하는 지옥을 동반한 새로운 신학"에 투신하고 있었다고 지적했다(Sandison 1967, 3에서 재인용). 마르크스가 살인자의 신학으로 이해한 비즈니스 신학, 즉 불가피하게 (하나의 매혹적인 이상으로서) '급속도로 증가하는 부'라는 악마를 환대하는 돈벌기의 극악스러움, 인간 세계의 뿌리 깊은 소외와 (제유(提喩)적으로 카니발리즘이라고 할 수 있는) 유혈이 낭자한 '진보'의 천박함 등이 콘래드 소설의 주요 테마들이다.

어떤 면에서 《어둠의 심장》은 호모 에코노미쿠스, 즉 경제적 인간의 인류학적 존재에 대한, 특히 부조리에 근접한 상태에 관한 하나의 우화다. 아담 스미스에 따르면 "하나의 물건을 다른 것과 교역하고, 물물 거래하고, 교환하는 (인간의) 성향"은 숨쉬는 것처럼 자연스럽다(1968, 117). 스미스는 "사회의 총 거래"(109)에서 사람들은 이기주의에 관한 합리적 계산법을 근거로 일용품을 교환한다고 주장한다. 스미스가 적고 있는 것처럼, "우리가 우리의 만찬을 기대하는 것은 푸주한이나 양조인 혹은 제과업자의 자비가 아니라, 그들의 이해관계에 대한 관심에서 나온다. 우리는 그들의 인간애가 아니라 자기애를 불러내고, 그들에게 우리의 필요가 아니라 그들의 이득에 대해서 말한다."(119) 하지만 그럼에도 불구하고 이기주의의 승화, 즉 시장은

('보이지 않는 손'에 의지해) 노동을 분리하고, 제각각의 전문적 기술을 적절하게 보상함으로써 공동선을 성취하며 '인간애'의 가치를 보호한다. 따라서 본질적인 경제적 거래는 항상 상호의존성 — "내가 원하는 것을 달라, 그러면 네가 원하는 이것을 갖게 될 것이다"(118) — 을 생생하게 보여준다. 이때 고전적 정치경제학의 영웅, 호모 에코노미쿠스는 이기주의와 합리주의의 합성물로, 주장하는 바대로 말하자면 '인간'의 진정한 본성으로 상상된다. 알렉산더 팝(Alexander Pope)이 《인간에 관한 에세이》에서 표명한 것처럼, "인간 본성에는 두 가지 원칙이 자리하고 있다. 자기애를 자극하고 이성을 억제하는 것이 그것이다." '자기애'와 극기, 무감각한 욕구와 합리적인 억제 간의 갈등은 《어둠의 심장》의 중심 이야기다. 콘래드의 원시적 축적에 대한 예리한 시각은 전통적으로 규정된 '선악을 넘어선' 냉소적 이성의 담론을 허용한다. 《어둠의 심장》에서 자본주의적 인류학(호모 에코노미쿠스의 조장)은 필연적으로 자본주의 식인행위의 음탕함(소모해도 좋은 일용품으로서 탐식되는 남자와 여자)에 연결되는 것으로 나타난다. "진보의 유쾌한 선구자들"(Conrad 1967, 218) — "무역으로 끝없이 돈을 벌려고" 하는 "제국에 건너간" 사람들 — 은 광범위하게 타락한 시장의 이기주의적 쾌락의 상징, 엄청난 탐욕에 사로잡힌 사람들을 구현하는 식인종들이 된다.

콘래드는 세계를 호모 에코노미쿠스의 한계로 축소시키려는 자본주의의 시도에 관해서 교환 가치는 (식민주의로 불리는) 자본주의적 팽창주의 연극이 끝나는 이상적인 단계라는 것을 보여준다. 이 책의 등장인물 말로(Marlow)는 무역회사들은 산호를 교환하면서 아프리카 민족들로 하여금 "단지 바라보기만 해도 전율이 느껴지는 엄청나게 반들거리는 옥양목, 1페니 값어치도 안 되는 유리구슬, 터무니없이 더럽혀진 손수건" 같은 "거래 상품"을 손에 넣게 만든다고 말한다(238). 이런 엄청나게 불평등한 교환, 즉 소량의 '거래 상품'을 지속적으로 유입함으로서 '보상되는' 가치 있는 자원들의 남획은 식민지 자본주의에 근본적으로 유지되고 있으며, 이제는 남부의 가난한 국가들을 상대로 북부의 부유한 나라들이 빼내가는 거래에서 그보다 더 많이 이루어지고 있다. 마르크스와 마찬가지로 콘래드는 자본가와 그의 '타자' 간에 이루어지는 상상의 '시장 관계'는 본질적으로 강탈의 현실, 즉 급속히 증가하는 부의 철저한 범죄적 특성을 기만하는 잔인한 익살에 지나지 않는 것으로 본다. "그 땅의 내장에서 귀중품을 우격다짐으로 잡아채가는 것이 그들의 소망이었다. 그 배후에는 사회 안전을 해치는 강도들이 갖고 있는 것 이상의 도덕적 목적도 없었다."(240) 여기에서 (모험과 무역업자의 형태를 띤) 자본은 지구라는 몸을 찢어놓는 잔인한 야만인으로 상상되었다. '귀중품'이 '그 땅의 내장'에 들어 있다는 걸 주목해보자. 따라서 심리 분석적 의미에서 금전욕과 식인은 시장 우주 속의 호모 에코노미쿠스를 생생하게 보여주는 유아기의 시나리오—'쌓여 있는' 배설물에 대한 만족, 배설물의 축적—와 연결된다. 이것은 원시적 축적이 자본주의적 욕망의 중층결정과 연계되는 감정이다. 한편으로 무역을 통한 '귀중품'의 소유는 '진보'의 동력, 인류 모험의 흔적이지만, 다른 한편으로 이런 귀중품의 소유가 사회적으로 정체(停滯)에 대한 항문적, 자기중심적 환상, 즉 축적의 유혹을 진정시켜주는 한, '돈'이라는 물신은 실제의 퇴행을 조장한다.

  콘래드는 "다른 사람들 전부가 모은 양에 버금가는 많은 산호를 내놓는" 미스터 커츠라는 인물을 통해 이 문제를 탐구한다(227). 커츠는 "연민과 과학 그리고 진보의 사자(使者)"(235)로서, "〔제국의〕 이타적 사고"(215)의 살아 있는 구현자로 콩고에 들어간다. 이것은 '문명화의 사명', 키플링(Kipling)이 《백인의 무거운 짐 The White Man's Burden》에서 '반 악마, 반 어린아이'로 묘사한 '음침하고', '퇴보된 종족들'을 '향상'시키는 일이었다. 하지만 커츠는 '야수성'을 깨닫고 유아기 때처럼 거래의 신화에 광적으로 집착한다. 말로는 커츠가 어떻게 "입에 담기 힘든 제의와 함께 끝나는 특정한 어느 날 밤의 춤"(262)을 주재하는지를 이야기한다. '야만적인' 카니발리즘은 '진보'의 시간적, 도덕적 전도(轉倒)인 퇴보의 척도가 된다. 고전적 정치경제학의 철학적 맥락에서 커츠는 이기주의에 가득 찬, '자기애'의 경향을 갖고 있지만 '이성', 공공의 의무감은 전혀 갖지 않은 호모 에코노미쿠스가 된다. 커츠는 "다른 모든 대리인들이 모은 것보다 많은 산호를 수집하고, 물물교환하고 사취"했다(268). 글자 그대로 "그는 그 나라를 습격"(268)해 다른 무역업자들을 위해 "그 지역을 황폐화시켰다."(270) 말로는 커츠를 착취 지역 내의 모든 것을 통합시키려는 명백히 비도덕적인 욕망의 유형적 상징인, 비합리적인 '식인적' 식민지 팽창주의 원칙으로 보게 된다. "나는 그의 입이 쩍 벌어져 있는 걸 보았다. 그 때문에 그는 끔찍스러울 만큼 탐욕스런 모습으로 보였다. 마치 공기 전부를, 땅 전체를, 그리고 그 앞에 있는 인간 모두를 삼켜버리고 싶어 하는 듯했다."(272) 자본주의적 욕망의 확연한 광기는 커츠의 담론을 특징짓는 전체주의적 환상 속에서 분명하게 표현되고 있다. 말로는 애원한다. "당신은 그가 '내 산호, 내 약혼녀, 내 산호, 내 정거장, 내 강, 내 ㅡ' 라고 말하는 걸 들었어야 했습니다. 모든 것이 그의 소유였어요."(260) 전체적인 통합이라는 환상은 절대적인 소유라는 환상과 결합된다. 그래서 '구강적' 가치와 '항문적' 가치가 자본주의적 이상향의 평원에서 만나게 되는 것이다.

"커츠 씨는 아무 구속 없이 다양한 자신의 쾌락을 만족시켰습니다."(270) 커츠는 자신의 외적 욕망의 비인간적인 대상과 전적으로 동일시됨으로써 '인간성'(애덤 스미스의 의미에서 '자비'의 능력)을 상실한다. 그 모습에 '반한' 말로는 커츠의 "산호 얼굴"(283)에 주목한다. 이런 점에서 (즉 배설물을 축적하는 행위의 대리 행위로서 돈을 쌓아두는, 욕망하는 주체의 정신 분석적 모델이란 의미에서) 커츠는 돈이 되고, 돈은 자본이 되고, 자본은 배설물이 된다. 이것은 윤리적 정언 명제를 훨씬 넘어선 '괴기물', 총체적 나르시시즘으로의 퇴행이라는 '괴기물'인 것이다.

커츠의 몰락을 진보의 원시주의에 관한 하나의 우화로서 읽게 한 콘래드의 의도는 식민지 공간의 철저한 반도덕성(amorality), 즉 쉽게 야만적인 거래 행위를 거드는 방식을 강조할 때 밝혀진다. "커츠가 웃으면서 죽여달라고 한 사람을 죽이지 못하게 [커츠를] 막을 수 있는 것은 지구상에 아무것도 없었어요"(269), "이 지역에서는 어떤 일도 다 가능합니다"(243)라고 사람들이 말하는 걸 듣는다. 식민지 자본주의는 이 나라와 이 나라의 원주민들을 도덕적으로 타락시킬 뿐만 아니라, 또한 공동체의 목적(인류의 복지와 지구의 운명)을 희생하고 부당하게 자본의 목적(권력과 이윤)을 강조함으로써 부의 축적의 도덕성을 앗아간다. 자신의 욕망의 경계 내에 전 세계를 통합하려는 커츠의 환상은 자연히 살인자의 신학이 갖고 있는 예언적 국면들을 포함하고 있다. 커츠는 '짐승들을 모조리 죽여 없애라', 즉 축적을 방해하는 모든 '미개한' 사람들을 제거하라고 쓴다. 어떤 측면에서 인종 근절(genocide)은 유아기 이기주의의 총체화에 따른 논리적 귀결이다. 콘래드의 치명적인 명령은 세계는 단지 제국주의적 자아의 실현을 위한 장식품에 지나지 않는다는 사실을 확인해준다.

《어둠의 심장》은 식민정책의 기본적인 신화—'백인의 무거운 부담'—를 내부로부터 해체하고 있다. 인류 발달에 관한 인종주의적 진화 모델의 영향 하에서 식민지 개척자들은 곧잘 그들 자신을 지상에서 하나님의 일을 수행하는 것으로 표현해왔다. 냉소적 이성의 철학자인 말로는 그 자신을 "빛의 사자 같은 어떤 것, 하급 사도 같은 어떤 것"(221)으로 묘사함으로서 문명화 사명의 작위성을 패러디하고 있다. 하지만 식민지 주체는 오직 다른 인간을 모독함으로써만 그 자신을 높일 수 있었다. 이때 이 다른 인간들은 단순히 '다른 것'이 된다. 검은 원주민들은 '반 악마이고 반 어린아이'라는 키플링의 주장에서 명백히 드러나는 것처럼 모독은 종종 유아화, 악마화 그리고 동물화의 길로 나아간다. 패트릭 호건(Patrick Hogan)은 "누군가를 유아적 상투형을 통해 이해하는 것은 그 혹은 그녀를 다루는 특정한 방식, 즉 짐승적인 상투형에 수반되는 행동과는 다른 방식을 내포한다."(출판연도 불명, 6) 하지만 모독을 위한 이 세 가지 길 모두, 즉 '자연의 아이', '악마의 꼬마 도깨비' 그리고 '미개한 동물' 모두 좀 더 확장되어 생각 없는 식인종이라는 인종주의적 상투형에 도달할 수 있다. '다른 것'으로 상상된 사람들에 대한 인종학적 언급에서 식민지 주체는 동시에 이 세 루트 모두를 따라 여행하는 것일지도 모른다.

그래서 19세기 태평양 무역업자 존 모레스비 선장은 "영아 살해와 자기 신체 훼손, 인간 제물과 식인행위" 같은 '관습들'을 행하는 한, "인류 가족"에서 버림받은 뉴기니 사람들에 대한 "우리의 의무"를 열광적으로 써댔다(1876, 300). 모레스비는 독자들에게 다음과 같이 묻는다. "이 사람들이 짐승의 수준 이상으로까지 올라갈 수 있을 까, 그 이상 더는 올라갈 수 없을까?"(300) (이것은 야수적 상투형을 사용하는 것이다.) 그는 하나님과 자연 법은 우리가 "우리의 영향력 안에 직접적으로 놓여 있는 그런 종족들의 유년 시대의 가정교사가 되어야 하며, 그들을 도덕적 지적 인간으로까지 〔이끌어야 한다고〕" 명하고 있다고 주장한다(301). (이것은 유아적 상투형을 사용하는 것이다.) 또한 모레스비는 천성적으로 악마처럼 보이는 "검고 위험한 멜라네시아 〔유형들〕"(82)이라고 쓸 수 있는 것이다. (이것은 악마적 상투형을 사용하는 것이다.) 우리는 모레스비가 책을 출판한 일차적인 동기가 "이교도들"의 도덕적 고양이라는 인간적인 대의를 신장하려는 것이 아니라, 그의 독자들을 "뉴기니와 몇몇 제도에서 우리를 기다리고 있는 일용품들의 가치와 성장하는 다양한 농작물을 위한 토양의 능력"에 대해 알리는 데 있었음을 주목해야 한다(304). 그렇게 볼 경우 미개인들을 가르치자는 제안은 과거에는 꿈에나 생각할 법할 이윤을 거둬들일 육체노동자에 대한 적나라한 욕망에 비추어 고찰되어야 한다.

모레스비 선장에게 있어 멜라네시아인들은 식민지가 되기 전의 상태에서는 '인류 가족'으로부터의 망명생활이다. 모레스비의 이런 방정식은 식민지 권위주의의 '도덕적' 토대를 형성했던 과장된 가부장적 이상—유아적인 원주민들에게 인간적인 가치라는 메시지를 베풀어준 아버지 같은 식민지 지배자들—을 밝혀준다. '인간화'라는 교육학(이 글의 논지에서는 억압자의 교육학)은 노동과 억제, 복종과 책임의 관념을 담고 있다.[3] 식민 지배라는 교실에서 아래 것들은 자신의 욕망을 발설해서는 안 된다. 그리고 식민지 아버지는 무엇이 최선인지 알고 있다.

콘래드는 원주민의 유아화는 궁극적으로 인종주의의 체계, 즉 '백(white)'이라는 지고지순한 이름으로 (유럽인과 아프리카인 간의) 실존적 일치를 거부하는 데 근거하고 있다고 본다. 호건이 주장하는 것처럼 인종주의는 "집단간의 이해와 공감의 토대를 침식하고, 그것을 통해 억압적인 경제적, 정치적 구조를 확장하거나 혹은 항구화되도록 조종한다."(1) 《어둠의 심장》에서 말로는 반복해서 인종주의적 감수성이라는 윤리학을 깊이 생각한다. 예를 들어 증기선이 축제를 벌이고 있는 아프리카 마을 한 곳을 지나칠 때 그는 "이런 외설적이고 열정적인 소동을 벌이는 이들이 당신의 먼 친척이라는 바로 그 생각이 얼마나 당신을 전율케 하는지" 깨닫는다(246). 콘래드는 인종주의는 "욕망과 증오의 기이한 뒤섞임"(285)이며, 이런 관점에서 그것은 정신병학에 확고하게 뿌리박고 있다고 이해했다. 식민지 자본주의는 인종주의를 땅 속에 들어 있는 귀중품에 대한 주체의 꿈을 충족시키지 못한 식민지 주체들에게 산업화 이전 문화 형태들에 명확한 '도덕적' 잣대를 제공함으로써 그들의 구미에 맞을 뿐 아니라 심지어 필수적인 것으로 만들었다. 데이비드 뢰디거(David Roediger)가 미국 노동자 계급의 형성과 관련해 '인종'에 대해 말했던 것이 식민주의적(인종적) 상상을 이해하는 데 직접적인 연관성을 갖는다.

> 아메리카가 식민지 지배를 받고 있던 동안 앵글로 아메리카 부르주아들 사이에서 인종주의가 그처럼 강하게 성장한 이유는, 검다는 것이 자본을 축적하는 자본가들이 포기했지만 여전히 갈망하고 있는 것을 상징해주었기 때문이다. 휴일을 줄이고, 자연과의 접촉을 경멸하고, 시간낭비를 줄이고, 성을 속박하고, 노동을 삶의 다른 것들로부터 분리시키고, 욕구의 만족을 유예시킨 도덕적 기풍(ethos)을 점증적으로 받아들인 영국인과 미국인들은 흑인들을 자신의 이전(以前) 자아로서 투사한다. 인종주의는… 노예제도를 정당화하는 데 봉사하지만 또한 그 이상의 기능을 한다. 인종주의자들은 여전히 과거의 방식을 갈망하며, 심지어 죄책감을 느끼면서까지 옛 생활 스타일을 실행하고 있다. 자본주의적 가치를 받아들인 백인들에 의해 최근에야 폐기된 모든 옛 습관들이 흑인들에게 투사되었다…. 그러므로 검다는 것과 희다는 것은 함께 창조되었던 것이다.(Roediger 1991, 95)

인종주의('욕망과 증오의 기이한 뒤섞임') 정신병학이 보여주는 것처럼 검다는 것과 희다는 것의 개념은 샴의 쌍둥이*같이 세상에 함께 나온 것이다. 이와 유사하게 예의와 카니발리즘은 전자가 후자의 절대적인 도덕적 반(反)명제인 한, 식민지적 상상 속에서 함께 태어났다. 예를 들어 콜럼버스의 두 번째 인도 항해(실제로는 침입)에서 카리브 해 '미개인들'을 날조할 때 카니발리즘이 상당한 기여를 했다. 분명 이것은 원주민을 근절 또는 노예화함으로써 '그 땅의 내장에서 귀중품을 우격다짐을 잡아채내려는' 침략군의 진정 야만적인 의도를 호도하는 정책이다.[4] 뉴 스페인의 정복이라 칭하는 것을

---

* 허리가 붙었음. 1811~74.

회상하면서 베르날 디아즈(Bernal Diaz)가 전하는 바에 따르면, 탐험대의 리더 헤르난도 코르테스(Hernando Cortsé)는 자신이 원주민들에게 "우상을 숭배하거나 인간을 제물로 바치고, 그 살을 먹거나 수간과 같은 짐승 같은 짓을 범하지 말 것을 명령하고 경고하기 위해" 하나님이 보낸 사람이라고 전하고 싶어 했다고 한다(Diaz 1963, 190). '백인의 무거운 부담'이라는 초기의 신조어의 다른 측면은 "타협하지 않으면 부락민 전체를 죽이겠다"는 코르테스의 습관적인 최후통첩이다(150). 식민지 담론이 주로 야만적인 카니발리즘의 광경에 집중된 것은 마르크스가 지적하듯이, 인간간의 극심한 차이를 타협적으로 해결하는 문화적 윤리학인 '예의'가—파괴자이자 살인자의 '도덕성'임이 드러나긴 했지만—'적나라하게' 식민지에 입성할 의무가 있었기 때문이었다. 그것이 인간의 하나로 뭉치는 성향에 대해 특정한 도덕적 폭력을 조장하는 한, 즉 사람들을 종족, 국가 그리고 유형으로 계층적인 구분을 조장하는 한, 예의에 관한 담론은 야만적인 거래 행위를 허락한다. 일단 '인간'이 '짐승'을 발견하면 원시적 축적은 거리낌 없이 진행될 수 있고, 사실상 그랬다. 우리는 '백인의 무거운 부담' 이 아래 것들을 '해뜰 때부터 해질 때까지' 농장과 지하 광산에서 노동하는 부담스런 짐승으로 만들었다는 걸 알고 있다.

 앞의 인용문에서 뢰디거는 인종주의가 "노예제도를 정당화하는 데 봉사하지만 또한 그 이상의 기능을" 한다고 주장하고 있다. 그의 시각에서 인종주의는 (비록 상상일 뿐이지만) 축제와 자연적인 공동생활, 구속되지 않는 성과 소외되지 않은 노동이 있는 산업화 이전 시기의 세계에 대한 갈망과 경멸에 이바지했다. 자본의 훈육 기구들은 이런 이상들을 가장 경멸스런 의미에서의 '유아적 쾌락'과 연관시켜 도덕적 지하조직으로 몰아갔다. 여기에 인종주의의 사회적 유용성, 즉 '흑인'이 '자본을 축적하는 자본가들이 포기한 것을 상징' 하게 된 의미가 놓여 있다. (의례적인 인종주의자들의 비유인) '검둥

이들'의 상상의 방탕과 게으름, 부도덕성과 유치함은 '백인' 무산 계급의 주체에게—욕망과 자치적인 생활 방식 그리고 놀이의 영역에서—자신들의 체념이 진정 가치 있고 도덕적으로 옳다고 확신시켜주었다. 간단히 말해 무산층 백인 우월주의는 산업적 훈육의 호된 이데올로기적 시련을 겪으면서 결합된 욕망과 증오, 시기와 적대감, 향수와 소외감이란 천연 자원으로 형성된 (거짓) 우상인 것이다.

뢰디거의 주장에 의거해 나는 식민지 자본주의 세계라는 도덕극에서 카니발리즘은 다양한 형태의 왜곡된 쾌락 혹은 유아적인 쾌락으로 나타난다고 말하고 싶다. 식인종 축제 광경은 산업화 이전 세계에 대한 주체의 갈망을 윤리적으로 불가능한 어떤 것으로 만드는데, 그 이유는 '자연'은 전적으로 비인간적 미개성 혹은 '짐승과 똑같은 것'과 동일시되기 때문이다. 자연의 짐승 같은 조건으로서의 국가는 전형적으로—현대성의 기획으로서—정치경제학이 부정하라고 주장하는 것이다. 이런 점에서 짐승 같음은 '도덕적 진보'로서의 자본주의적 훈육의 '원시적' 진실이다. 혹은 달리 표현하자면 '자연을 초월하기 위해 노동하는 인간'의 진실이다.

세속적인, 물질주의적 의미에서 자본은 자연을 지구상의 모든 사람의 이익을 위해 초월되는 '다른 것'이 아니라, 잠재적으로든 명시적으로든 이윤을 위해 착취될 수도 있는 평범한 일용품의 이상향으로 본다는 걸 생각해보자. 사실상 순수하게 윤리적 수준에서 보았을 때, 카니발리즘의 야만성에 관한 극적인 이야기들은 종종 원시적 축적을 특징짓는 해악의 진부함을 기만하는 데 이용된다. 달리 말해 인육을 섭취하는 내장의 분명한 감각으로 이해되는 식인은 도덕적인 함양을 촉진하는 비유로서의—모호한—식인이 될 수 있다는 것이다. 실제 세계에서 이 비유로서의 식인은 식민지 지배자들이 '짐승'으로 상상된 사람들을 절멸시킨 것에 해당된다.

콘래드와 마르크스 같은 저자들은 원시적 축적에 대한 비판을 전개해 카니발리즘의 비유를 그것의 인종주의적 발전으로부터 해방시키려고 시도한다.[5] 마르크스와 콘래드 두 사람 모두 어떻게 내장기관의 식인이 정치적, 은유적 식인과 비교될 수 없는지를 보여준다. 잔인한 야만적 행위들, 반인간적인 가치들을 놓고 보았을 때, 은유적, 정치적 식인은 실제의 식인을 훨씬 능가한다. 나는 이제 스스로의 근본적인 야만성을 인정하는, 반(反)자본주의에 대한 하나의 비유로서의 카니발리즘을 살펴보려고 한다.

마르크스에 따르면 "세계 무역과 세계 시장은 16세기부터 시작되었고, 그때부터 자본의 근대사는 전개되기 시작한다."(Marx 1990, 247) 그는 "중세는 [근세 초기에] 두 가지 다른 형식의 자본… 고리대금업자의 자본과 상인의 자본을 넘겨주었다."(914) 16세기 초에 고리대금업자의 자본은 사회적 영향력은 문화적 관습과 애덤 스미스가 "모든 이해관계를 금했던 종교적 열정"(191)이라고 부른 것에서 나온 도덕적 불문율에 의해 제한되었다. 상인 자본은 한정된 무역의 기회라는 정치적 현실, 즉 유럽 상인들이 중요한 세계의 다른 지역에 접근할 수 없었기 때문에—상상의 동양이 가장 악명 높았다—제한되었다. 1492년은 자본 축적의 실질적 (역사적) 한계를 끝장냈다. 아메리카라는 (환상적이며 자원의 보고이며 잠재적 노예가 풍부한) 새로운 황금의 땅에서 '콜럼버스의 자손들'은 부의 신과 연관해 다시 상상하게 된 파라다이스에의 열정을 누를 수 없었다. 그리하여 원시적 축적은 공동생활을 지지하는 가치들(유대와 영성(靈性), 그리고 휴양에 대한 의식)에 대해 자본이 이데올로기적으로 승리할 수 있는 계기가 되었다. 세계의 실제 존재로서—식민지 팽창주의 속에 깊이 연관된 세력들로서('벤처'라는 용어의 여운을 생각해 보라)—금융 및 상업 자본은 공동체적 이상들을 '지배적'이거나 '긴급한' 것으로보다는 '잉여적'인 것으로 만들었다.[6]

공동체 생활에 대해 자본이 승리했다는 것을 알 수 있는 핵심적인 척도는 사적인 행위자(이기주의에 얽매인 주체)로서든 아니면 사회적 존재(다른 사람들에게 얽매인 주체)로서든 개인의 자기의식이다. 전자는 궁극적으로 부르주아 정치경제학의 도덕 세계를 나타내며, 후자는 반 물질주의적 혹은 반 엘리트주의적 체제들(예를 들어 기독교 정신 혹은 공산주의)의 이상적인 세계다. (자본주의가 고수하는) 에고와 공동체 정신 간의 분리는 도덕적인 진정한 생활과 도덕적으로 위선적인 생활 간의 실존적인 구분을 가능하게 만든다. 이 구분은 '식인' 정치경제로서의 자본주의 비판에서 근본적인 역할을 담당한다.

마르크스에 있어 자본하에서 주체의 실존적 곤경—즉 기만적인 생활의 생생한 경험에 대해 갖는 개인의 참된 관계—은 이제는 정치적 공동체와 경제 간에 놓인 극적인 긴장과 마찬가지로 너무나 명백하다. 마르크스는 〈유대인 문제에 대해〉에서 다음과 같이 적고 있다.

> 정치적 국가가 진정한 완성에 이르렀을 때 인간은 이중생활을 하게 된다… 그는 자신이 공동체적 존재로서 평가되는 정치적 공동체와 사적인 개인으로 활동하는 시민 사회 내에서 동시에 살아가면서 다른 사람들을 수단으로 취급하고, 자기 자신을 하나의 수단으로 전락시켜 외부적 힘들의 노리개가 된다. 정치적 국가는 정신적으로 천국이 지상에 대해 갖는 태도와 똑같은 태도를 시민 사회에 대해 갖고 있다.(Marx 1977, 46)

흥미롭게도 정치적 공동체는 그 정신이 자본의 결함사회(dystopia)에 의해 일상적으로 파괴되고 있을 때조차도—개인주의, 탐욕, 공격—공동체적 법률조항들을 보존한다. 마르크스는 함께 평화롭게 살기 위해서는 유대인과 기독교인 둘 다 그들의 종교적 정체성을 포기해야 한다고 주장했던 부르노 바우어(Bruno Bauer)에 대한 답변으로 〈유대인 문제에 대해서〉를 썼다. 바우어는 시민권('시민')과 국가의 틀 속에서 모든 이의 해방을 위한 작업에 의해 보장되는 세속적인 정체성을 인정하는 것이 더 낫다고 주장했다. 마르크스는 자신이 부르주아 자유주의의 윤리적 결함으로 여겼던 것, 특히 부르주아 자유주의의 지속적인 사회적 개혁에 대한 통계적 신념에 대해 전면적인 비판으로 나아가기 위해 바우어의 주장의 일부를 끌어들였다. 부르주아 국가는 형식상으로 '인간의 권리'라는 이데올로기에 토대를 두고 있다. 하지만 그들이 정치적 공동체의 추상적인 가치로 내세우는 모든 것들에도 불구하고 이 인간의 권리는 (계급으로 분리되어 있는) 시민 사회에 사는 남녀 모두의 구체적인 경험들을 결정하는 '외부적 힘들'(상품화, 물신숭배, 잉여 가치, 소외)의 감시를 받고 있다. 마르크스가 표현한 것처럼 "소위 인간의 권리들 중 어떤 것도 이기적 인간, 즉 시민 사회 속의 존재로서의 인간, 요컨대 공동체와 분리된 자신의 사적인 이해관계들과 변덕 뒤로 숨어 있는 개인을 넘어서지 못한다. 유(類)적 존재, 유적 삶 그 자체로서의 인간을 상정하는 인간의 권리와는 한참 떨어져, 사회는 개인 바깥에 존재하는 틀로서, 개인들의 근원적인 자족(自足)의 한계로서 나타난다."(54) 간단히 말해 '인간의 권리'는 이상적인 정치적 공동체를 결코 이룰 수가 없는데, 그 이유는 인간의 권리란 제대로 말하면 자본주의의 호모 에코노미쿠스, 즉 이기주의적이고, 재산을 소유하고, 돈을 축적하는 존재로서의 '인간'의 권리이기 때문이다.

정치적 공동체에서의 기만적 삶과 경제에서의 참된 삶 간의 변증법적 긴장은 사람들의 정신을 분열시켜, 공동체를 위해 그들의 욕망을 마치 그것이 환상적인 꿈에 지나지 않은 것처럼, 즉 지상에서는 실현될 수 없는 것처럼 쫓도록 강요한다. 그리하여 공동체적 주체(부르주아 어법으로는 시민)는 '추상적인 가공의 인간'이 된다. '현실적으로 존재하는 인간', 즉 '이기주의적 개인'은 역사를 유토피아의 부정으로 변질시킨다. 이런 맥락에서 마르크스는 다음과 같이 확언한다. "현실에 살고 있는 개별적인 인간은 추상적인 의미의 시민에서 자기 자신으로 되돌아와야 하고, 자신의 경험적 삶과 개별적인 노동, 개별적인 관계들 속에 놓여 있는 개별적인 한 인간으로서 유적 존재가 되어야만 한다…. 오직 이것이 이루어질 때만 인류의 해방은 완성될 것이다."(57) 독일 유대인은 국가라는 추상적인 정의를 믿음으로써만 자유를 찾을 수 있을 것이라고 주장하는 바우어와 대조적으로 마르크스는 유대인들은 남녀 모두가 국가 자체로부터 자유로워지기 전에는 결코 자유로울 수가 없다고 주장한다. 시민의 죽음은 공동체적 존재로서의 '인간'의 역사적 부활을 가능하게 한다는 것이다.

마르크스의 바우어 비판 속에서 유대인은 물리지 않은 자본의 출현에 의해 세계에 생겨난 도덕적 타락의 예증이 된다. 마르크스는 부르주아 시장의 '유아적' 가치들—객관적 세계를 자신들의 재산으로 축소하는 구강적 쾌락과 축적을 확립하는 항문적 쾌락에의 매력—은 유대주의의 세속적 실재('상업') 속에서 완벽하게 실현되고 있다고 말하고 있다. 그리하여, "시민 사회는 지속적으로 스스로의 내장으로부터 유대주의를 낳는다."(60) 〈유대인 문제에 대해〉를 읽다 보면 우리는 알지 못하는 사이에 마르크스가 펼치는 아이러니의 세계로 점점 더 깊이 빠지게 된다. 마르크스가 '유대인'이란 말에서 의미하는 것이 인간의 특성에 대한 비유가 아니라 추상적인 자본주의의 비인간화에 관한 추상적인(대중적인) 비유라는 사실이 곧바로 밝혀진다.[7] 반유대주의 담론은 "돈은 어떤 다른 신도 그 앞에 설 수 없는 이스라엘의 질투심 많은 신"이라고 단언한다(60). 유대주의는 자본의 주도적인 역할에 의해 야기된 도덕적 두려움을 견디기 위해 만들어진다는 사실을 보여줌으로써 마르크스는 반유대주의의 근거지를 무너뜨린다.[8] 자본주의 사회에서 "실용적 욕구와 이기주의의 신은 돈이다."(60) 그래서 마르크스가 사용하고 있는 복잡한 아이러니의 연관들 내에서 전적으로 자본주의의 호모 에코노미쿠스와 동일시되는, 땅의 내장에서 돈이라는 '신'을 찾는 그런 사람들은 '유대인'으로 서술될 수 있었을 것이다. 마르크스가 유대주의 혹은 기독교 정신을 그 자체로 다루는 데 관심을 두지 않았다는 사실을 주목해 보라. 사실상 마르크스는 이들을 종교적 체계라기보다는 사회학적 범주로, 신학으로보다는 오히려 메타포로 보고 있는 것이다. 그의 실제 공격 목표는 자본에 의해 결정되는 '실용적 욕구'의 '인간적 근거'이다. 스스로가 공동체 속에서 살고 있다고 생각하는 사람들은(즉 '기독교인') 자본주의적 시민 사회에서의 자신들의 실질적 실존(즉 '유대인')을 인정해야만 한다. 마르크스가 언급하는 것처럼 자본의 통제 하에서 "영혼에 관심을 가지는 기독교의 이기주의는 필연적으로 육체에 관심을 가지는 유대인 이기주의가 된다."(62) 유대인을 금융 및 상업 자본주의의 살아 있는 상징으로 만든 마르크스의 의도는 유대주의에 관해 말하는 것이 아니라, 오히려 추상적인 경제적 가치들의 소외를 가져오는(식인행위적) 힘을 공격하는 것이었다. 반유대주의, 자본주의 그리고 카니발리즘간의 역사적 연결은 크리스토퍼 말로의 《말타의 유대인 The Jew of Malta》(1966〔1591~92년 작〕, 이하 JM)과 윌리엄 셰익스피어의 《베니스의 상인 The Merchant of Venice》(1970〔1600년 작〕, 이하 MV)에 의해 유명해진 유대인 상인이라는 문학적 상투형(stereotype)에 의해 뚜렷하게 각인되었다.

말로와 셰익스피어 두 사람 모두에게 있어 공동체와 자본 간의 긴장, 정신적 공동체와 이윤 동기간의 긴장, 그리고 사회성과 개인주의간의 긴장은 기독교의 정직(righteousness)과 소위 유대인의 '탐욕(avariciousness)' 간의 윤리적 (그리고 실존적) 거리 속에서 극적으로 형상화되고 있다. 《말타의 유대인》과 《베니스의 상인》의 극적 이야기는 단일한 도덕적 요청― "부의 과도함은 탐욕의 원인이고, 탐욕, 그것은 무시무시한 죄악이다"(JM, I. ii. 125-6)―에서 정점에 달한다. 《말타의 유대인》에서 음험한 정치가 바라바스는 비록 유대인들이 "흩어진 민족"이지만 "신앙이 자랑하는 것보다 훨씬 더 많이 부를 긁어모았다"(JM, I. i. 123-5)고 냉소적으로 떠벌리면서 경건한 '가난한 기독교인'들을 쫓아낸다. 셰익스피어의 극에서 채권자가 된 고리대금업자 샤일록은 부분적으로 (채무자인) 안토니오가 "돈을 아무 담보 없이 빌려가서 여기 베니스에서 이자율을 떨어뜨렸"(MV, I. iii. 40-1)기 때문에 경멸한다. 또 선량한 기독교인 안토니오가 "사업(interest)"이라고 부르는 것을 "내 흔해 빠진 검소함"이라고 부른다(I. iii. 46-7). 마크 쉘(Marc Shell)은 근대 초기 드라마는 종종 "인간 본성에 어긋나는 것으로 가정된 (이재학(理財學)적) 상업 행위와 인간 본성에 맞는 것으로 가정된 (경제적) 자비 간에 놓인 갈등에 정통했다"는 걸 밝힌 바 있다(1978, 111). 이런 점에서 유대인 상인과 유대인 "수전노"(JM, I. ii. 54)라는 극적 상투형은 자본주의의 호모 에코노미쿠스의 반자본주의적 형태—감각적이고 유아적이며 교활한 존재, 공동체 삶에 대한 폭력적인 중상자, 식인종, 흡혈귀, 간단히 말해 셰익스피어의 살레리오가 표현한 것처럼 '인간의 형태'를 취하지만 '너무나 열렬하고 탐욕스럽게' 식인에 심취해 있는 인물—에 대한 역사적 예감으로 나타난다.[9]

《말타의 유대인》과 《베니스의 상인》에서 반 시민, 즉 정치적 공동체의 도덕적 경계를 넘어선 인간 이하의 존재라는 유대인에 대한 정치적 논리학은 억압적 비유로서의 동물화 및 악마화의 근저에 놓인 특징적인 태도에서 드러나 있다. 동물성의 담론을 통한 비인간화에 관해서 바라바스는 다음과 같이 말할 수밖에 없다. "우리 유대인들은 즐거울 때면 스패니얼 개처럼 알랑거릴 수 있다. / 그리고 우리가 이빨을 드러내면 문다. 하지만 우리의 시선은 / 양들의 시선처럼 순진하고 선량하다."(II. iii. 20-2) 그는 자기 안에 "비둘기보다는 오히려 뱀"을 가지고 있다는 걸 보여주겠노라고 약속한다(II. iii. 36-7). 샤일록에 대한 언어적 모독은 훨씬 더 크다. 샤일록은 "살인견"이며, "늑대", "속을 알 수 없는 불량배"이고, 안토니오에 대한 원한에 있어 극히 유아적인 그는, 돈 대신에 "복수를 살찌울" "썩은 고깃덩어리"를 원하는 '냉혹한 사람'이다(MV, III. i. 47). 샤일록은 유대인도 기독교인과 똑같은 인간적 천성을 가진 것이 아니냐고 묻는다. 이제 그 대답이 확실해질 때조차도 극 자체는 유대인과 기독교인 간의 실존적 근친관계에는 거의 관심을 보여주지 않는다. 그 대신에 그라티아노가 "인간을 살육하도록 저주받은… 한 마리 늑대"(Ⅳ. i. 133-4)라는 뜻을 염두에 둔 표현인 샤일록의 "호전적인 정신"이 그가 소유한 "유대인의 본심", 즉 야만인의 본심이라는 맥락에서 반복해서 해석된다. 샤일록은 "만일 대가로 추정될 수 있다면 그〔안토니오〕의 심장을 가지려고 할 것이다."(Ⅲ. i. 111-2) 전승된 지식("그런 것이 하느님과 인간을 증오하는 것이다"〔구약외전, 20: 15〕)에서 알게 된 바리새인 같은 고리대금업자는 미래의 약탈적인 금융가, 즉 "공정한 우월적 위치"를 지속적으로 소유하고, "늑대와 같이 잔인하고, 굶주림에 차 있고 게걸스러운" 욕망을 가진 존재가 된다(MV, Ⅳ.i. 137-8). 간단히 말해 고리대금업의 야만성(인육의 수확)은 자본 축적이 가져올 만개한 식인행위적 야만성(상인 '벤처들'의 형태 속에서 두 작품의 줄거리 전체를 지배하고 있는 역사적 과정)을 예견하고 있는 것이다. 바라바스가 보여주는 상인 무역업자로서의 유대인 옹호는 분명 주로 제국의 수사학, 알려진 세계의 팽창에 의해 야기된 비즈니스의 신학과 그 신학의 점증하는 응용성에 기대고 있다.

> 육지와 바다에서 우리의 행운이 낭송되고,
> 우리는 어디에서나 부자가 되었다.
> 이것이 유대인에게 약속된 축복이고,
> 여기에 늙은 아브라함의 행복이 있었다.
> 속세의 인간들 품에 풍부하게 들어오게 하고
> 그들을 위해 대지의 내부를 열어 보이고,
> 그들의 대양과 바람을 그들의 노예로 만들어
> 성공적인 일진광풍으로 재산을 모으도록 하는 것 외에

하늘이 그들에게 해줄 것이 더 이상 무엇이 있겠는가? (I. i. 105-13)

여기서 우리는《어둠의 심장》에서 정확히 제국주의 수사학이 비판되고 있다는 걸 알 수 있다.

윤리적 관점에서 보았을 때 바라바스와 샤일록 둘 다 규범적인 인간 사회로부터 버림받고 있다. 공작이 샤일록에 대해 말하고 있는 것은 마찬가지로 바라바스에게도 적용된다. "조금의 자비도 없이 / 공허하고 텅 비어 있고, 동정할 줄도 모르는 / 그런 종류의… / 비인간적인 불쌍한 자."(MV, III. v. 3-6) 말로와 셰익스피어는 둘 다 악마는 "유대인을 닮은 모습으로"(III. i. 19) 지상을 활보한다는 생각을 즐기고 있다. 이 생각은 두 사람의 존경스러운 드라마의 줄거리에 의해 확인되고 강조된다. 그럼에도 불구하고 유대인 상인/고리대금업자의 악마화는 (심지어 우리 시대에도) 반자본주의 수사학을 암암리에, 그리고 명백하게 보여주는─질병과 해로운 지식, 위선, 유혹과 공모에서 생생하게 드러나는─이미지들이 갖고 있는 하나의 문법을 제공하고 있다. 복수에 관해 말하면서 바라바스는 기독교도 어린이들에 대한 제의적 살인범이라는 유대인에 대한 역사적 기억을 듣는 사람의 마음에 이식시킨다. (그리하여 이 대중적이고, 잔인한 명예훼손으로 알려진 중세의 모티브는 이 극의 도덕적 줄거리의 척도를 제공한다.) "나는 이 저주받은 도시에 복수할 것이다… / 나는 그들의 아이와 아내를 학살할 것이다."(v. i. 62-4) 또한 바라바스의 잘못된 행동에 대한 보고에 대해 반응하면서 제이코모가 "그가 아이를 십자가에 못 박았나?"라고 곧바로 묻고 있는 걸 주목해보자(III. vi. 49). 잔인한 명예훼손의 신화를 명백하게 지시하고 있는 이 장면은 잔인한 식인종이라는 유대인에 대한 상투형을 적지 않게 염두에 두고 있다.

예를 들어 1475년의 트리엔트 제의 살인 재판에서 수많은 유대인들이 기독교인 어린아이에 대한 살인 혐의자로 고문을 받고 처형되었다. 공식적인 판결은 "도둑이자 식인범, 기독교인의 피를 마신 자, 독살자, 명예 훼손자, 반역자이자 그리스도와 하나님의 권위에 대한 적"에 대한 죽음이었다(Po-Chia-Hsia 1992, 104에서 재인용). 포챠샤는 재판 기록을 분석하면서 "인간의 피를 마시는 것은 교회가 이교도와 마법사들에게 가장 자주 부여했던 행위였다… 재판관들이 보기에 카니발리즘은 분명 유대인과 마법사들에게 특징적인 악마적인 영감이었다."(89) 카니발리즘이라는 죄가 전 세계의 피식민지 국민들에게 부과되었던 것과 다르지 않게, 잔인한 중상모략은 '유대인의 본심'이 반도덕적인 다양한 형태의 외고집 속에 빠져 있다고 공표했다.[10] 14세기의 신학자 하인리히 폰 랑엔슈타인(Heinrich von Langenstein)은 유대인들은 "외고집이기 때문에… 이성의 수단으로 설득시킬 수 없다"(Po-Chia-Hsia 1992, 12에서 재인용)고 주장했다. 전혀 합리적인 것과는 거리가 먼 이런 야만적인 유대인 개념은 호건이 "엄격한 규율과 융통성 없는 훈육, 그리고 권위주의에 의지하는 [반사회적 타자성의] 사춘기 모델"이라고 지칭한 것을 보여주고 있다(출판연도 불명, 9). 물론 《말타의 유대인》과 《베니스의 상인》 두 작품 모두의 이야기 구조가 전해주는 궁극적인 목적은 적절한 정치적 질서의 재확립이다. 사실상 두 극 중 어느 것도—극적 아이러니를 이용해—정신 분열적인 반유대주의의 이상을 훼손하는 짓은 전혀 하지 않는다. 두 극작품은 모두 주로 절대적 주체로서 생각하는 사회적 정체성을 단속하는 정치학, 즉 유대인 악행의 완벽한 폭로에 투자하고 있다. 그래서 이 드라마의 카타르시스적 효과는 기독교 공동체의 '유대인 자본'에 대한 승리와 일치한다.[11] 이런 (이상향적) 시나리오는 20세기에 적지 않게 매력적인 힘을 발휘했다.

트리엔트 제의 살인 재판과 관련해 유대인에 의해 도살되었다고 여겨졌던 어린 아이의 시체를 검토한 내과의 티베리노(Giovanni Mattia Tiberino)는 동료인 크리스티안스에게 보낸 공개편지에서 "우리의 주 예수 그리스도는 우리가 견뎌야 할 끔찍스런 범죄를 보고, 또 인간 종에 대한 동정심에서" 우리가 "요새의 탑을 창조"할 수 있도록, 그리고 "기독교인들의 행성에서 고대 유대인들의 출몰을 지워버리고, 그들에 대한 생생한 기억이 완전히 지상에서 사라질" 수 있도록 "우리의 가톨릭 신앙"을 강화하기를 원한다고 썼다(Po-Chia-Hsia 1992, 53에서 재인용). 반유대주의가 자행한 민족 절멸에의 갈망은 의심할 바 없이 모든 걸 먹어버리고는, 음험한 힘이라는 유대인에 대한 정신 분열적 환상에 주체를 투여한 결과다.[12] 달리 말해 반유대주의는 정확히 개개인이 완벽하게 통제된 유대인들을 상상하는 정도만큼 유대인의 완전한 소멸을 갈망하는 것이다. 식민지 지배 이데올로기와 똑같이 반유대주의 담론 역시 유용한 정보, 즉 증오스러운 혹은 두려운 '다른 것'에 대한 정치적 인류학의 관심으로부터 벗어나지 않는다.

현대에 들어 반유대주의에 대한 인류학적 차원에서의 고전적인 진술은 아돌프 히틀러의 《나의 투쟁》이다. 《나의 투쟁》에서 축적에 대한 특정한 은유의 반유대주의적 토대는 풍부하게 들어 있다. 유대인은 "상인으로 온다." (Hitler 1943, 308) "금융과 상업은 유대인이 완전히 독점한다."(309) "돈 문제에 관한 한 유대인은 악달 대상으로부터 능란하게, 혹은 그보다는 오히려 거리낌 없이 더 많은 돈을 짜낼 수 있다."(311) 유대인은 "영원한 거머리", "흡혈귀", "다른 사람 몸에 붙어사는 기생충"이다(310, 327, 304). 유대인들은 은행과 주식 거래소를 교묘하게 조작해 "착취적인 자본주의적 방법들을 조직화함으로써 자신들의 궁극적인 결과를 이끌어낸다."(318) 히틀러의 유대인에 대한 경멸은 거대한 축적이라는 '항문적' 이상의 고상한 표현인 자본주의적 축적에 대한 비판을 담고 있다. "만일 이 세상에 오직 유대인만 존재한다면 그들은 오물과 부스러기 고기 속에 질식할 것이다"(302)라고 히틀러는 주장한다. 돈과 배설물이 똑같은 것처럼 유대주의는 자본주의와 똑같다. 히틀러는 반유대주의 모티브들에 관한 잘 축적된 역사적 기록을 끌어낸다. 거기에서 가장 중요한 유대인 비난의 상투어는 반 시민이자 도덕적 공동체의 조난자라는 것이다. 중세와 르네상스 시기의 정치적 상상 속에서 교활한 상인과 탐욕스런 고리대금업자였던 유대인은 현대에 들어 탐욕스런 금융업자, 이윤에 굶주린 은행가, 간단히 말해 야만적인 식인종과 똑같은 자본가들이 된다.

반유대주의적 담론의 이질적인 도덕 세계에서 유대인은 사업을 하기 위해 존재한다. 다시 말해 유대인은 돈을 벌기 위해 산다. 그들은 살기 위해 돈을 벌지 않는다. 공동체적 시각에서 보았을 때 이와 같은 경제적 논리학의 역전 현상은 비합리적이고, 동시에 비도덕적이다. 왜냐하면 거기에서 추상적인 객체, 즉 돈의 소유가 구체적인 인간관계 위에 놓이기 때문이다. 하지만 이것이 자본주의 일반의 진실이라는 사실, 즉 이윤 동기는 결코 인류의 복지와 필연적인 연관을 갖지 않는다는 사실은 전형적으로 억압 구조보다는 오히려 경멸받는 집단을 목표로 삼는 히틀러의 후계자들로서는 받아들일 수가 없다. 반유대주의는 유대인을 '정직한 생산자들'을 부당하게 비참함과 결핍으로 타락시키는 '비생산적인 부'의 주인이라고 매도하면서 유대인의 절멸을 거론하지만, 은행의 폐지를 소리 높여 주장하지 않는다. 그러니까 여기에서 은행은 실제로 핑계에 불과할 뿐 자신들의 증오 행위를 야기한 이유가 될 수 없음을 보여준다. 조지 모스(George Mosse)는 기독교의 정신적 정직성을 훼손하기 위해 19세기에 전 세계에 퍼진 유대인 음모의 신화는 일반적으로는 현대성, 특수하게는 자본주의와 연관된 "불확실성과 두려움을 제공"했으며, 동시에 "고대의 반유대주의적 이야기와 극적으로 전환된 세계 속에 살고 있는 현대의 유대인 간의 간격을" 메워주었다는 사실에 주목한다(1978, 118). 오늘날에 와서는 자본 축적과 현대성의 힘들에 의해 야기된 불확실성과 불안정성이 사람들로 하여금 반유대주의에서 의미와 보호처를 찾도록 선동하고 있다.

독일 민족 사회주의는 어떤 점에서 (영국이나 프랑스 같은 나라들이 오랜 동안 앞서갔던) 인종주의적 제국주의적 문화와 권력 모델을 (유럽의 경계를 없애기보다는 오히려) 유럽의 경계 내에서 적용하려는 시도였다. 《어둠의 심장》에서 최초의 식민지 약탈자 미스터 커츠는 "세계적인 천재"로 묘사되며, "그는 과격파의 독재자가 되고자 했다."(Conrad 1967, 286-7) 커츠는 '짐승들'의 절멸을 상상한다. 히틀러는 소위 '유대인 문제'에 대한 '궁극적인 해결책(Final Solution)'을 주도했다. 민족 절멸이라는 비윤리적 윤리학은 카니발리즘이 비인간적 과정이라는 공동체적 혹은 '문명적인' 비판의 토대 위에 형성되었다. 식민지적 상상 속에서 식인종은 도덕적으로 퇴보한 실존 상태를 상징했다. 그것은 원시적 축적의 명백한 야만성을 보지 못하도록 하기 위한 전략이었다. 중층 결정된 반자본주의 담론의 정치적 상상에서 식인종(즉 금융가 혹은 은행가)은 비생산적인 부에 대한 대중적인 경멸을 이끌어낸다. 이것은 또한 너무나 쉽게 반유대주의로 나아가는 경멸이다. 이 두 가지―식민지적 및 반자본주의적―상상 속에서 카니발리즘은 (자원과 존경 그리고 권리를 위한) 제로섬 경쟁에 의해 정체된 사회적 공격을 이전하고 제거하는 이데올로기적 직업과 불가분의 관계에 있다. 우리 시대에 와서 인성(human personality)의 유아적 힘은 점점 더 많은 작동 공간을 얻고 있다. 이것은 인종주의에 내맡겨진 세계의 자연스런 결과다. 모스에 따르면 "홀로코스트는 지나갔다…. 하지만 인종주의 그 자체는 살아남았다…. 많은 사람들이 이전과 똑같이 인종적 범주들 속에서 생각한다."(235) 하지만 인종주의는 항상 실재에 대한 신화의 대체물을 포함한다. 모스가 표현한 것처럼 인종주의는 "태양을 여전히 떠 있게 하고, 그것이 변화의 여지를 〔없앤다〕"(xiii)―정말로 유아기적 시나리오가 아닐 수 없다.

"자본주의의 끝에 히틀러가 서 있다"고 세자르(Aimé Césaire)는 썼다(Césaire, 1972, 15). 만일 자본주의의 변할 수 없는 종말―히틀러―을 피하려면 우리는 순수한 공동체적 국가라는 역사의 종착지—유토피아—에 매진해야만 한다.

10.
소비만능주의 혹은 후기 카니발리즘의 문화 논리

크리스털 바톨로비치(Crystal Bartolovich)

우리가 맞을 새로운 세계(는)… 굉장한 발견의 세계입니다.
(George Bush, 〈The Possibility of a New World Order〉(1991, 452))

과거를 역사적으로 분명히 하는 것은 그것이 '실제 있었던 방식'을 인정한다는 것을 의미하는 것이 아니다. 그것은 위험한 순간에 섬광처럼 스치는 기억을 붙잡는 것을 의미한다.
(Walter Benjamin, 〈Theses on the Philosophy of History〉(1992, 247))

1. 명백한 카니발리즘

피터 그리너웨이가 1989년에 만든 영화 〈요리사, 도둑, 그의 아내와 그녀의 정부〉의 마지막 장면은 내용뿐만 아니라 이 장면이 갖는 관객과의 관계를 두고 볼 때도 주목할 만하다. 고상한 사촌이 있다는 것과 멋진 장신구를 뽐내는 저속한 강도인 타이틀 롤 격의 '도둑'은 대부분의 시간을 자기 주변 사람을 소화기관을 이용해 비참하게 만드는 데 낭비한다. 영화의 주무대인 멋진 프랑스 레스토랑 '르올랑데즈'에서 그는 다른 사람들이 예를 들어 개똥이나 셔츠 단추 혹은 썩은 고기를 강제로 집어삼키는 것을 보면서 장식용 음식을 먹는다. 이어 마지막 장면에서 그는 자신의 행동에 걸맞게 수많은 희생자들에 의해 '르올랑데즈'의 특별 식사에 초대받아 그가 섬뜩하게 (책장을 강제로 먹게 하여) 죽게 한, 불에 구워진 아내 애인의 유해 앞에 자리를 잡는다. 아내는 "당신이 그를 먹겠다고 맹세했지. 이제 그를 먹어"라고 말한다. 이때 카메라는 천천히 채소에 둘러싸여 증기가 피어오르는 (오렌지 소스로 윤이 나는) 몸을 가로지르며 상하 좌우로 움직이고, 이어서 아내는 명령을 반복하면서 자신의 명령을 강조하기 위해 도둑에게 총을 겨눈다. 그 순간 카메라는 아내를 극단적으로 클로즈업하고, 총열의 끝에 관객을 위치시켜 그녀의 경멸과 흥분의 모든 힘을 포착한다. 잠시 카메라는 도둑에게 되돌아가 토한 뒤 자신의 전(前) 라이벌을 조금씩 뜯어먹는 장면을 담는다. 그가 씹고 있을 때 총이 발사되고, 그는 바닥에 쓰러져 죽는다. 다음 샷에서 우리는 극단적으로 클로즈업된 아내를 보게 되고, 그녀는 "식인종"이라고 내뱉는다. 하지만 그녀가 총을 발사할 때 관객을 똑바로 쳐다보고 있기 때문에 실제로 이 총에 맞은 사람이 도둑인지 관객인지 모호해져버린다. 이 장면에서 우리는 식욕으로 가득 찬 한 영화에서 관객이 영화를 '소비'하는 것조차 —암시적으로 카니발리즘과 소비만능주의를 융합시킨다는 점에서— 문제시된다는 걸 명백히 알 수 있다.

우선 주목해야 할 것은 〈요리사…〉가 카니발리즘을 수단으로 비유적으로 소비만능주의(혹은 보다 일반적으로 자본주의)를 다루고 있는 유일한 최근 영화가 아니라는 점이다. 〈부자를 먹어라 Eat the Rich〉(1987), 〈소비 열정 Consuming Passions〉(1988)과 〈양친 Parents〉(1988)과 같은 영화들 역시 이런 주제를 다루고 있다.[1] 이들 영화에서 '카니발리즘'은 무척 복합적인 기호이며, 때로 (〈부자를 먹어라〉에서처럼) 자본주의에 대한 저항이나 자본주의 자체를 카니발리즘과 융합하는 다른 시대에 대한 저항을 의미하기도 한다. 이들 영화는 전부 자본주의나 카니발리즘이 갖는 영향에 대해 혐오감을 야기하는 데 기대고 있다. 하지만 그 점에 있어서는 〈요리사…〉보다 성공적인 영화는 없었다. 또한 이 영화는 관객을 경멸하는 데서도 다른 영화들을 압도하고 있다. 이 영화에 대한 그리너웨이 자신의 언급은 식인 장면의 중요성을 강조하고 있다. (그리고 아내가 비난하는 대상에 그녀의 남편과 함께 관객도 예외가 아닌 것으로 보이는 이유를 암시한다.)

> 이 영화의 터무니없는 착상은 세련된 서구 레스토랑에서의 카니발리즘이다. 우리는 소형 비행기가 아마존의 아직까지 남아 있는 밀림에 추락하면 카니발리즘과 만난다. 그리고 조종사가 승객들을 먹거나 혹은 그 반대의 상황이 벌어진다. 하지만 우리는 우리들의 세련된 삶 속에 존재한 것으로 묘사된 카니발리즘을 보는 데 익숙하지 않다…. 카니발리즘은 자코비언 시대*의 드라마가 흠뻑 심취했던 금기이다. 나는 카니발리즘을 글자 그대로의 사건으로뿐만 아니라 소비 사회에서 일단 우리가 세계 전부를 우리의 입 속에 집어 처넣으면 결국에는 우리 자신을 먹게 될 것이라는 은유적 의미에서 사용하고 싶었다. 이 영화는 글자 그대로의 사건으로서뿐 아니라 카니발리즘이 의미하는 것에 대한 비유적 가치를 보여주려고 만들었다.(Indiana 1990, 120)

그리너웨이는 여기에서 이 영화가 의도한 공격 목표는 '소비 사회'라고 주장한다. 소비사회란 (만일 그의 영화가 어떤 암시라면) 생각이나 판단력 혹은 기호가 없이 소비 그 자체를 위해 소비에 몰두하는 하나의 문화를 의미하는 것처럼 보인다. 나는 이 글의 말미에 이 점을—그리고 이 영화의 자본주의에 대한 잠재적인 비판을 전복하는 방식을—다시 언급할 것이다. 우선은 특히 '자코비언 드라마'의 감수성에 비해 영화 〈요리사…〉를 압도하고 있는 과도함과 위반에서 찾을 수 있는 그리너웨이의 '역사적' 연관성을 추적해

---

* 제임스 1세 시대. 1603~25.

보려고 한다.

물론 (대부분 미국의 예술 영화관 체인에 배급된) 이 영화를 선택할 것으로 여겨지는 대부분의 관객들은 이 영화가 모호하게나마 '근대 초기' 분위기가 남아 있다는 사실을 감지하는 데 그리너웨이의 도움을 필요로 하지 않을 것이다. '르올랑데즈'(이 영화의 주무대)에서의 저녁 식사는 프랑스 홀스(Frans Hals)의 '장교들의 만찬'(1616)을 벽 크기로 복제한 그림 아래서 요리를 먹는다. 그리너웨이 영화에 전형적으로 나타나듯이 〈요리사…〉의 많은 화면이—다른 많은 그림 중에서—이 그림을 되풀이하여 보여준다.[2] 예술사에 대한 백과사전적인 지식이 없는 관객에게조차 양식화된 복장, 그리고 고기와 과일의 활인화는 영화 속 인물들의 시대착오와 르네상스의 미학적 가치를 보여줄 것이다. 근세 초기의 인물화와 테마그림 외에 〈요리사〉는 또한 하나의 장르로서의 정물화(靜物畵)를 전반적으로, 그리고 반복해서 보여준다. '레올랑데즈'의 부엌과 홀에는 엄청난 양의 과일과 채소, 고기 더미가 테이블과 시렁, 선반을 덮고 있다. 이 모습은 풍부함을 말해주지만, 그것은 모호하게 불길한 풍부함으로, 식중독을 일으키는 음식물을 뒷돈을 받고 '묵인' 해주는 식당 주인들에게 배달하는 썩은 고기를 가득 실은 거대한 트럭이 보여주는 풍부함을 연상하게 한다. 이런 식으로 축적과 부패는 밀접하게 연관되게 된다. 심지어 '르올랑데즈'에서는 아직 손도 대지 않은 날짐승 더미조차 음식으로 보이기보다는 죽은 새처럼 보인다. 과일은 너무 완벽해서 먹을 수가 없을 것 같아 보인다. 음식 더미는 당황스러울 만큼 압도적으로 과도하다.

이와 유사하게 〈요리사…〉에서 과도하다는 의심을 주는 것은 (그리너웨이가 다소 과도하게 정밀한 '자코비안 드라마' 요소들을 보여줌으로써 알게 하는)—비록 체계적인 것은 아니지만—근세 초기 복수 비극의 요소들을 취하고 있는 영화의 플롯이다. 예를 들어 셰익스피어의 《타이터스 안드로니쿠스》는 우리에게 타이터스 스스로 준비한 ("나는 요리사 역을 할 것이다"[v.ii. 204])

특별초청 인육축제를 제공한다. 이 인육축제는 복수 살육을 위한 식전의 식욕촉진제의 역할을 하지만, 그리너웨이가 근세 초기 복수 드라마에 매력을 느낀 것은 줄거리의 개별적인 세세함보다는 오히려 상당부분 그가 과도함과 위반에 심취해 있었기 때문인 것 같다.[3] 근세 초기의 이런 극들의 내용 목록을 보면 당시 드라마의 '과도한' 특징과 부자가 되는 수단을 강탈하고 훔치고 위협해서 빼앗는 그리너웨이 영화의 '도둑'이 편안하게 느낄 법한 세계를 얼마나 잘 구성하고 있는지 알 수 있다. "비극의 문제는 오만과 방자, 야망, 자부심, 모욕, 분노, 시기, 증오, 모욕감, 싸움, 강탈, 살인, 근친상간, 유랑, 노략질, 침탈, 약탈, 강도 짓, 모반, 반역, 살해, 악행 등등, 그리고 모든 종류의 영웅적인 해악들이다."(Greene 1615, 55-6) 이 목록은 모두가 정물화 속에 재현된 대상들의 축적에 상응하는 언어적 등가물(linguistic equivalent)이다. (반면에 정물화 속의 축적은 복수 비극의 극적인 과도함에 대한 시각 예술적 등가물이다). 풍부함과 수집, 다중 살해는 모두 엘리자베스 시대와 제임스 2세 시대의 드라마를 채우고 있는 축적의 형태로서 그리너웨이의 관심을 끌고 있다.[4] 우리는 이런 역사적 인용의 정교한 그물망이 함축하는 의미를 추격할 수 있을 것이다.

〈요리사…〉의 특정한 과거 (근세 초기 '자코비언' 시기)와 현재(동시대 '소비 사회')의 연결고리는 우리로 하여금 벤야민의 "위험한 순간에 섬광처럼 스치는 기억을 붙잡"으라는 권고를 따르도록 이끈다. 일반화된 위선적인 '근세 초기' 분위기라는 맥락에서 〈요리사…〉에서 일깨워지는 충격적인 기억은 '식인종'—그리너웨이가 복수 비극과 르네상스 유화의 포괄적인 전통과 함께 끌어내는 초기의 식민지 유럽인들의 상상 속에 들어있는 공포의 형상—에 대한 기억이다. 이 〈요리사…〉와 연관된 특정한 '기억'을 이해하는 데 특히 다음의 두 가지 사항은 전혀 도움이 안 된다. 첫째 초기 식민지 유럽인들의 상상 속에 등장한 식인종들은 유럽인들이 '신세계'와 조우해 카리브 해의 (추측상) 사람을 먹는 '미개인들'에게 그 이름을 부여한 때에 출현한다. 그때 식인종이라는 이름은 피터 흄의 저작이 보여주듯이 (유럽인들에게) 카니발리즘의 보편적인 기호가 된다(1986, 1-87). 물론 그 이전에도 사람을 먹는 사람에 대한 다양한 종류의 이야기가 있었다. 하지만 식인종은 그 이야기 중에서도 식민주의 및 초기 자본주의와 연결된 매우 특별한 형상을 특징짓는다. 둘째로 '신세계' 상은 근세 서구에서 다양한 방식으로 증식하는 것으로, 그리너웨이의 식인종의 접목에 의해 활용되고 또 굴절된다. 이 글의 처음에 한 인용—벤야민의 말과 함께 제시한 조지 부시의 연설—을 통해 우리는 신세계에 대한 특정한 '기억'이 우리 시대를 얼마나 속박하고 있는지 떠올리게 된다. 그런 '발견' 이미지는 부분적으로 콜럼버스 500주년 기념식에 한정될 수도 있다. 하지만 단지 그것에 그치지 않는다.

우리는 이처럼 수렴되는 식인종의 존재를 어떻게 '변증법적으로' 읽을 수 있을까? 우리가 보게 될 식인종들은 식인종으로 가득 찬 사람들에게 이중으로 부담을 지우고 있다. 그들은 혐오와 욕망, 거부와 경이 양자를 불러일으킨다. 하지만 벤야민은 또 다른 변증법을 보여준다. 근세 초기의 식인종은 우리 시대의 식인종들과 섬광 속에서 충돌한다. 이런 강요된 조우 속에서, '일깨워지는 것', 즉 집단적 보상 인식이 가능하다. 마가렛 코헨(Magaret Cohen)은 벤야민의 역사적 전략에 대해 "만약 과거의 이미지들이 현재로 명료하게 나타난다면 그것은 과거의 이미지들이 현재의 관심사에 대해 이야기하기 때문이다"(1993, 11)라고 말한다. 그때 식인종의 이미지에 대해 질문하는 것은 우리에게 역사적으로—즉 생생한 실제 속에서—또 다른 기회를 제공한다. 근세 초기에 등장했을 때 식인종들은 파괴와 착취, 그리고 노예화에 대한 합리적 근거를 제공했다. 그들의 재등장은 재기억—그리고 대용물들에 대한 증거가 된다.

신세계와 신세계의 식인종에 대한 최근의 관심에 의해 수행된 문화적 산물을 이해하는 일은 생각 보다 끈질기고 강한 것 같다. 왜냐하면 식인종에 대한 심취는 문화적 영역에서뿐만 아니라 경제적 영역에서도 드러나고 있기 때문이다. 동시대 비즈니스 저널리즘에서 포화상태에 달한 시장 내에서의 경쟁을 기술하기 위해 도입된 가장 강력한 용어들 중 하나는 '먹어치우기(cannibalisation)'다.[5] 비즈니스 출판물에서 '잡아먹기(cannibal)'란 용어는 수많은 의미를 포함하고 있지만 일반적인 의미는 ('새로운 수요'를 창출하는 대신) 다른 상품의 판매를 잠식하는 상품을 내놓거나, 아니면 기존 영역을—예를 들어 패스트푸드 레스토랑이나 할인점 같은—특정한 판로와 함께 과잉 공급함으로써 자기 자신 혹은 경쟁자의 시장 점유를 (그리고 이윤을) '독식하는 것'인 것 같다. 1993년 티유아나(Tijuana)에서의 미국 슈퍼마켓 체인 팽창에 관한 기사에서 한 체인의 대변인은 그런 판로는 특히 '먹어치우기'에 취약하다는 것을 인정했다. 기사 안에서 '먹어치운다'라는 말의 의미는 그럴듯한 해석을 할 필요조차 없을 정도로 명확하다. 하지만 종종 이 비유는 보다 분명하게 드러나기도 하는데, 오하이오의 한 프랜차이즈 경영인은 "패스트푸드 상품은 식인 서커스로 변했다. 이들은 자기 자식들을 지금 당장 잡아먹고 있다"고 말하기도 한다. 기자는 "거대 패스트푸드 체인점들은 시장을 확대하는 상품을 개발하는 대신 다른 체인점들로부터 판매를 훔치는 데 몰두했다"고 설명한다. 각각의 경우에 물품들은 더 이상의 소비자의 욕구를 팽창시키는 것이 불가능해 보이는 한계가 다가오면 주문을 외어 '식인종들'을 불러온다. 이때 카니발리즘은 절대적인 포화, 그리고 울혈(鬱血)의 징표다. 이것은 오히려 어떤 한계도 모르는 것처럼 보이는 (음식이나, 잔인성, 지배 등등의) 욕구의 탐식을 특징짓는 〈요리사…〉 같은 영화에서의 카니발리즘의 사용과 명백히 대조된다.

영화 속에 묘사된 무한한 탐욕과 대조적으로 비즈니스 설명들은 제로섬 의미에서의 카니발리즘을 묘사하는 듯하다. 예를 들어보자. "각 회사들은 수백만 달러를 지출하면서 경쟁하는 건강 보호 조직들의 회원 명부를 먹어치우려 시도한다." 소규모 사업체들은 보다 큰 기업들의 주신제(酒神祭) 같은 먹어치우는 능력을 불평한다. "그들은 경쟁자들을 질식시키고 시장을 먹어치운다." 자기 시장을 다른 회사가 먹어치우기 전에 자기 회사 내부에서 그렇게 할 가능성도 농후하다. "심지어 약간의 〔자기〕먹어치우기가 있다 할지라도 만일 우리가 〔지하철이〕 거기로 〔이용 가능한 지역으로〕 가지 않는다면 소형 비행선 혹은 번개구름이 거기로 갈 것이다." 이 전략은 종종 '계획된 먹어치우기'로 인용된다. 하지만 계획된 것이든 그렇지 않든 이렇게 갑작스런 식인종의 출현은 일반적으로 하나의 위기로 간주된다. "그것은 코스트코(Costco, 도매상)가 성장하는 데 도움이 되는 길은 아니다. 하지만 산업이 포화상태에 이르면서 분석가들은… 먹어치우기가 향후 얼마 동안은 코스트코의 생활 방식이 될 것이라고 믿는다." 몇몇 보고서는 '경제가 식당 주식에 대한 식욕을 죽인다'와 같은 헤드라인으로 위기감을 강화시키면서 주식 시장은 그런 식인행위에 비우호적으로 반응한다는 것을 강조하기도 한다.

〈요리사…〉 같은 영화와 비즈니스 저널리즘에서 등장하는 식인종들을 대할 때, 어떻게 똑같은 용어가 '소비자 사회'를 비판하는 문화 텍스트와 소비자 식욕의 한계를 마비시키는 비즈니스 저널에서 동시에 사용되는 일이 벌어지는지 의문을 제기할 수 있을 것 같다. 이 물음에 궁극적으로 답을 하게 되겠지만 일단 '식인종'은 서로 다른 집단들이 현격히 다른 용어의 사용과 강조 속에서 만나는 갈등의 장소가 아닌가 하는 점을 관찰하는 데서부터 시작해보자.[6] 그리너웨이와 비즈니스 저널리스트들은 모두 식인종에 부정적인 죄를 씌우고 있지만, 실제로 이것은 양자의 유일한 일치점에 지나지 않는다. 최소한 두 개의 충돌하는 두려움에서 '식인종'은 동시대 기호로서 서식하고 있다. 하나는 소비의 확산과 과도함에 관련된 (그리너웨이의) 두려움이고, 다른 하나는 소비의 실패에 강박적으로 집착한 (기업가들의) 두려움이다.
 그리너웨이는 한편으로 우아한 무대 장치와 화려한 의복, 예술 인용들의 미술관용 카탈로그를 대접받으면서, 다른 한편으로 신체적인 절단과 폭력을 포함하는 혐오스런 광경의 공격을 받는 관객들의 식인 (즉 극단적인) 욕구를 만족시키고 굴욕감을 느끼게 한다. 만약 그리너웨이가 별 볼일 없는 엘리트주의자였다면 관객들이 그의 영화를 보고 자신들 내부에 들어 있는 '어두운 것'을 인정하도록—그리고 할 수 있는 한 최선을 다해서 자제하기로 맹세하도록—조장하는 일종의 '뉘우치기' 논리를 의심해볼 수 있을 것이다. 하지만 그리너웨이가 보여주는 소비는 오직 '나쁜' 사람들이 소비수단에 접근하는 (대량) 소비 사회의 문제로 보일 뿐이다. 그리너웨이의 식인종 도둑과 그의 무리들은 비록 호화로운 부자이긴 하지만 상투적으로 '천한' 것으로 분류되는 억양과 예절, 그리고 습관을 보여준다. 그들은 말할 때 단정하지 못하고 투박하며, 입을 벌린 채 트림을 하고 껌을 씹어댄다. 그들이 존재하는 공간을 모독하고 있음을 보여주기 위해 그리너웨이는 교회 건축과 복장의 인용에 의존한다. 도둑과 그의 추종자들은 상류 문화는 전반적인 소비가 제공되면 타락하기 쉽다는 것을 보여주기 위한 걸어 다니는 선전물이다. 반면에 아내와 요리사, 그리고 그녀의 애인은 감식력이 있는 사람들이다. 그들은 미묘한 향과 특이한 음식을 평가한다. 그들은 조용하고 세련됐고, 품위가 있다. 이 경우 이 영화에 대한 적절한 평가는 세련된 (반(反)식인적인) 취향에 대한 하나의 기호가 될 수도 있을 것이다. 하지만 마지막 카메라 샷의 배열을 보면 관객은 자신이 식인종인지 아닌지 판단이 서지 않는다. 거기에는 누군가로 하여금 자신이 실제로 미학적 선택에 속하는지 그렇지 않는지 판단하기 어렵게 만드는 운명 예정론적 저류(低流)가 흐른다. 사느냐 아니면 사지 않느냐—즉 어떤 것이 살 만한 가치가 있느냐—하는 것은 여전히 곤란한 질문이다.

이것은 카니발리즘을 훨씬 다른 의미로 사용하는 비즈니스 평론가들의 시각에서 열렬히 바라는 최상의 시나리오는 아니다. 지속적인 장사를 걱정하는 한 사업가에게 도둑과 그의 일당은 꿈—끝없는 욕구를 가진 소비자로 가득 찬 저장 탱크와 그들을 지원하는 돈—의 실현일지도 모른다. '도둑'은 이런 시각에서는 식인종이 아니다. 반대로 식인종들은 소비자에 대한 욕구가 없는 기업가들에게 출현한다. 그래서 식인 경쟁자들(상품과 서비스 제공자들) 사이의 경쟁은 제한된 소비자의 욕구 때문에 나타난다. 그리너웨이에게 식인종이 무한한 (그리고 제한되지 않는) 소비의 징표라면, 동시대 자본가들에게 있어 식인종은 정체된 (제한된) 시장 분점을 위협하는 경쟁자이다.

그런데 왜 식인종들인가? 이 문제에 답하기 위해서는 후기 자본주의 시대인 현재로부터 그리너웨이의 영화가 우리의 관심을 불러일으키는 바로 그 순간, 즉 자본이 된 부가 축적되었을 뿐 아니라 부의 주체, 그리고 부에 대한 욕구가 축적되었던 때인 원시적 축적의 순간으로 되돌아가 볼 필요가 있다.[7] 식인종에 관한 이야기들은 자본의 원시적 축적—자본화될 가능성의 확립—에서 핵심적인 이념적 역할을 수행했다. 자본주의에 관한 수많은 논의들은 유럽의 식인종 이야기들이 식민지 지배의 폭력과 노략질을 정당화하는 데 중요했다는 점을 시사하고 있다.[8] 하지만 유럽의 식인종 이야기들은 또한 상업적, 식민 지배적 형식들 속에서 자본의 논리가 요구하는 대로 무제한성으로 나아가는 경향을 지녔던 유럽의 원형 자본주의적 '욕구'의 사례—그리고 이 원형 자본주의적 '욕구'에 대한 한정된 텍스트—양자를 제공함으로써 상호 연관되기는 하지만 오히려 다른 방식으로 근세 초기 유럽의 상상에 영향을 미쳤다. 앞으로 보게 되겠지만, 간략하게 제시한 동시대 카니발리즘에 관한 이 두 개의 입장은 카니발리즘에 관한 근세 초기의 모체의 일부에만 초점을 맞추고 있다. 그리너웨이는 그가 식인종의 모습을 불러올 때 한계의 '넘어섬(위반)', 탐욕을 보고 있다. 반면 기업가들은 정체와 한계를 보고 있다. 식인종들은 특히 욕구에 있어서 발생하는 자본주의적 위기의 탈출처였고, 지금도 그렇다. 근세 초기에 식인종/자본이라는 이항 속에서 형상화된, 자본주의적인 욕구에 드러난 모순은 자본가들의 끝없는 노동력 소비에의 충동, 그리고 생산을 유지하기 위해 한계를 고수할 (즉 연료 재생산의) 필요성에의 충동이 동시에 존재하는 것을 말한다. 현재의 자본은 대량 상품 소비에 강조점을 둠으로써 식인종 속에 다른 문제들을 형상화하고 하고 있다. 하지만 이런 계기들 모두 욕구의 위기 때문에 식인종을 생각해내게 된 것이다.

이것은 자본주의 경제적 '토대'가 이미 근세 초기 시대의 정치, 문화적 생활에 압력을 가했다는 걸 암시하는 것이 아니다. 반대로 자본은 나중에 스스로 산출하지 않은 문화적, 정치적 힘들, 즉 사실상 스스로의 지배력을 장악한 사회적 구성의 요소들을 되찾을 수 있었다. 그람시의 사전을 빌자면 단지 '시기적(conjunctural)' 현상들은 장기적으로는 '유기적(organic)' 기능을 갖게 될 수도 있지만, 어떤 계기가 주어지면 많은 것이 가능하다.[9] 자본주의 이전 사회 질서 속에서 보상될 수 없는 욕망으로서의 '욕구'가 생산된 공간늘은 자본의 주체에 필수적인 욕구를 위한 훈련을 제공했다. 이런 욕구들은 ('자본주의적' 힘은 말할 것도 없고) 경제적 힘들과 유기적으로 연관되어 있을 필요가 전혀 없었다. 오히려 문화적, 정치적, 경제적 힘들은 위기의 순간에 서로 서로를 활용해 그때그때 특별한 결합을 이루었다. 그래서 식인종의 등장이 역사적으로 특정한 계기에 제각각의 역할을 수행하는 방식을 이해하는 것이 중요하다. 다음 장에서 식인 욕구는 '탐욕스런 굶주림'과 더욱이 '그런 형태를 띠고서' 등장하는 자본의 주체와 연관된 문제들을 기술하는 데 도움을 준다. 그 다음 세 번째 장에서는 어떻게 이 욕구가—자본주의적 축적에 필수적인—끝없는 생산적 축적을 상상할 수 있게 만드는 근세 초기 '보충 논리'의 형식에 기여하고, 그것과 갈등을 일으키는지 논의할 것이다. 마지막으로 이 글은 오늘날 식인종이 어느 정도 근세 초기의 식인종과 다르고 또 같은지를 보여주는 지금의 논의로 되돌아올 것이다.

2. '원시적' 소비와 '터무니없는 욕망'의 문제

헤클뤼트의 모음집에서 발췌한 근세 초기 영국인들의 여행기에서 가져온 식인 욕구에 대한 세 가지 전형적인 묘사를 인용함으로서 시작해보자.

> 이곳의 (세인트 빈센트) 담배는 양질이다. 하지만 식인종인 인디언들은 저장을 약속하고는 하루하루 미루면서 오직 우리를 속이고 빼앗고 먹을 기회만 노렸다. 아니나 다를까, 나중에 그들은 프랑스 배의 선원들을 모조리 먹어버렸다.(1965, X, 478)

> 야만인들 중에는 오늘날까지도 (1572년) 서로를 잡아먹는 자들이 있다. 나는 사람들이 오직 그 일에만 매달린 것처럼 깨끗하게 광을 낸 어떤 스페인 사람의 뼈를 본 적이 있다.(IX, 397)

> 그들은 땅을 어떻게 갈고 손질할지 알았을 뿐 아니라, 꼴사나운 복장을 정숙한 풍으로 바꾸고, 혼란스럽고 야단스런 모임과 회합을 잘 통제된 공공 재산으로 만들었다고 한다. 더욱이 체계적인 일과 예술, 다양한 과학을 교육받았고, 대부분 이런 것의 도움으로 압제적이고 흡혈귀 같은 이웃 부족, 즉 식인종들의 잔인성으로부터 스스로를 방어해 부족의 수많은 생명을 보존했다고 한다.(VIII, 120)

이제 《자본론》에 나오는 자본주의적 욕구에 대한 세 부분의 묘사를 더해 보겠다.

> 한밤중까지 노동일을 연장하는 것은 완화제의 기능밖에 할 수 없다. 그것은 노동자의 살아 있는 피에 대한 흡혈귀적인 갈증을 약간 덜어줄 뿐이다. 그 때문에 자본주의의 생산은 그 내적 본성에 따라 하루 24시간 내내 노동을 착취하도록 몰아댄다. 하지만 일정한 개인의 노동력을 지속적으로 착취하는 것은 물리적으로 불가능하기 때문에… 자본은 이런 물리적 장애를 극복하지 않으면 안 된다.(Marx 1990, 367)

> 우리는 (한 영국 부르주아 경제학자에 따르면) 아메리카 홍인종에 대한 스페인 사람들의 잔인성이 비할 바 없이 두드러진 한 지역에서, 노동일을 연장하려는 충동과 잉여 노동에 대한 인간늑대 같은 굶주림에 의해 자행된 자본의 괴물 같은 불법행위가 마침내 합법적인 규제의 사슬을 통해 통제되었다는 것을 고찰한 바 있다.(353)

> 물려받은, 전통적인 방식으로 자신들의 수공업과 농업을 경영하는 독립 생산자들과 함께 고리대금업자 내지는 고리대금업자의 자본을 소유하거나 기생충처럼 고리대금업자들에 기대 살아가는 상인 자본을 소유한 상인이 나타난다.(645)

위의 인용문에는 욕구라는 특정한 문제가 등장하고 있다. 첫 번째 인용문에서 식인적인 소비는 절대적이고 한계가 없는 것으로 묘사된다. 식인종들은 몸에서 생명체가 완전히 분리될 때까지 피를 빨아먹는다. 그들은 살이 한 점도 남아 있지 않을 때까지 뼈를 '깨끗하게 광을 낸다.' 또 '선원들 전부를' 먹어치운다. 그리고 이 절대적인 소비 때문에 식인종들은 지역 거주민들로 하여금 적절한 거래와 '일'을 못하게 한다. 단순히 땅과 노동력을 먹어치우는 영국인 거주민들은 비교적 바람직한 것으로 나타난다. 왜냐하면 그것이 '수많은 생명을 보존했기 때문'이다.

하지만 두 번째 인용문에서는 노동자의 '살아 있는 피'에 대한 자본 스스로의 '굶주림'과 '갈증'은 중단되기 힘들고, 그것이 중단되는 것은 오직 노동력이 재생산될 수 있는 최소한의 실존을 보존하기 위해서일 뿐이라는 사실을 암시하고 있다. 사실상 자본의 가장 열렬한 욕망은 첫 번째 인용문들이 보여주는 의미—절대적 소비에의 경향—에서 식인종들의 욕망과 같다. 하지만 그렇게까지 하는 것은 불가능하며 전체적인 체제를 유지한다. 자본은 지속적으로 소비에 대한 '물리적인 장애물'들에 맞서 노동력 담당계층을 완전히 죽이지 않은 채 더 많은 노동력을 소비하기 위한 교묘한 방법들을 고안해낸다. 따라서 자본은 소비에 있어 절대적이 되어서는 안 된다. 끊임없이 살아있는 노동자를 잡아먹으면서 살아가는 흡혈귀와 인간 늑대 혹은 기생충이 되어야 하는 것이다. 이것은 마르크스의 원전을 과장해서 번역한 것이 아니다. 마르크스가 자본가들의 욕구를 기술하기 위해 사용한 낱말들은—'흡혈귀 같은 갈증(Vampyrdurst)' '늑대 인간의 격렬한 굶주림(Werwolfsheiβhunger)' '기생충 같은(parasitenmäβig)'—영어와 같은 어원을 가진 말들이고 오해의 여지가 없다. 그리고 (만일 우리가 이 비판을 인정한다면) 이 비유어들은 자본가는 '식인종이 되다만 인간(a cannibal-manqué)'이란 걸 암시하고 있다. 이런 '자제'의 도덕적 토대에 대한 자본가들의 주장과 논쟁하는 대신 몽테뉴의 말을 통해서 그 이유를 잘 볼 수 있을 것 같다. "죽은 사람을 먹는 것보다는 살아 있는 사람을 먹는 것이 더 야만적인 행위라고 생각한다."(1928, 1, 223)

몽테뉴와 마르크스의 말은 분명 같은 것은 아니지만, 몽테뉴는 마르크스가 《자본론》에서 기술한 산업 자본주의를 가능하게 만든 조건들이 출현하기 시작한 시대에 살고 있다. 이런 조건들은 등장에 따른 갈등 속에서 근세 초기의 사회적 질서에 막대한 혼란을 가져왔고, 이념적인 재구성을 요청했다. 원시적 축적의 과정은 자본과 자본의 초기 재산의 관계 양자를 확립한다. 식인종들은 초기 재산 확보의 문제에서 신세계가 간직한 부를 도둑질한 구세계가 자신들의 행위를 정당화하는 좋은 구실이 되었고, 유럽에 자기 강화를 위한 타자를 제공했다. 하지만 식인종은 원시적 축적이라는 첫 번째 측면에서도 마찬가지로 역할을 담당했다. 식인종은 동시적인 긍정적/부정적 사례에 의해 자본과 노동 간의 특정한 욕구 관계를 확립하는 데 도움이 된다. 식인 욕구는 자본가들뿐만 아니라 유럽 문명의 자기 강화적 타자다. 식인종들이 무대에 등장한 이후 욕구나 문명의 위기에 직면할 때마다 식인종들을 불러내올 수 있는 것이다.

자본주의를 카니발리즘의 한 형태로 선언함으로써 자본주의를 비판하는 것은 특정한 부분에서는 매력적인 것으로 보일지도 모른다. 하지만 그렇게 하는 것은 핵심을 놓치는 것이다. 자본주의는 반드시 카니발리즘적이라고 하기보다는 오히려 기생적이며, 사실상 마르크스가 자본가들을 그 시대의 기생충으로 본 유일한 사람은 아니었다. 일련의 상이한 주제의식과 방법론을 가지고 있음에도 불구하고 헨리 메이휴(Henry Mayhew)는 다양한 색채의 다른 개혁가들과 같은 메타포에 도달했다. 그는 "모든 문명국가에는 수에 있어서 차이는 있지만 반드시 동시대인들을 자양분으로 삼아 살아가는 일정한 인간 기생충이 존재할 것"이라고 생각한다(1967, I, 3). 그는 "일하지 않으려는 사람들"(거지, 범죄자 그리고 마르크스가 룸펜 프롤레타리아라고 칭한 것에 속한 갖가지 다른 국외자들)에서부터 "일할 필요가 없는 사람들"(지주와 자본가들)에 이르기까지 모두 이 범주에 집어넣고 있다. 자본가들을 일할 필요가 없는 사람들의 범주에 포함시킴으로써 메이휴는 자본가들을 '부자들'

혹은 생산적인 노동자들 속에 집어넣은 존 스튜어트 밀 같은 인물들의 시도와 다소 차이를 보인다. 메이휴는 "그들[자본가들]은 분명 국가적 부의 축적에 직접적으로는 [즉, 그들의 노동에 의해] 조금도 보탬이 되지 않기 때문에 이들보다 더 게으른 것은 아무것도 없을 것"이라고 비웃었다(IV, 28, 강조는 메이휴가 한 것임). 또한 주목해야 할 것은 메이휴가 이들이 "공화국이 가장 멀리 떨어진 부족들보다 더 잘 모르고 있는" "숨겨진 빈자들의 나라"를 착취하는 동안 이 기생충들을 발견한 것이라는 점이다(I, 서문). '먼 부족들' 중에는 식인종이 들어 있고, 모국에는 기생충들이 있다. 이런 식인종/기생충 구분은 핵심적인 것으로, 문명인을 야만인과 구분시킬 뿐 아니라 자본가들을 원시인으로부터 구분시키고 있다. 기생, (비록 원형 자본가들이 그렇게 하지는 않았지만, 몽테뉴가 표현한 것처럼) '살아 있는 인간을 먹는 것'은 초기 (그리고 사실상 나중의) 식민지 지배에서 '죽은 그들을 먹는 것'에 대해 초기에 악마화한 것을 통해 정당화된다. 인간 노동력의 소비는 문명의 쪽에 놓이게 되고, 인육의 소비는 야만적인 쪽에 놓이게 된다. 자본가들의 필요성에 의해 하나의 미덕이 생산된 것이다. 이런 미덕의 생산을 추적하기 위해 우리는 근세 초기 욕구의 형상화로 되돌아가서 그들이 '유럽인'을 '미개'인들과 구분하는 다양한 방식을 연구해볼 필요가 있다.

그 초기의 형식에 있어 카니발리즘/자본주의의 구분은 두 가지 문제를 쉽게 동일하게 생각하게 만든다.[10] (유럽인의 환상이든 실제로 존재하는 행위이든 간에)[11] 식인종의 절대적인 소비는 자본가의 축적과 다르다. 사실상 그것은 관료주의적 잉여 소비에 더 가깝다. 그에 비해 초기 자본은 반대로 그 자체로 형성되었다. 사치스런 소비에 이용된 자원은 만일 자본이 지속적으로 등장하고 스스로 재생산하기 위해서는 투자로 (궁극적으로는 노동력의 소비로) 다시 이어져야 할 필요가 있었다. 따라서 근세 초기 지주들이 상업적, 식민 지배적, 초기 농업적 자본가들의 이해관계에 의해 떠맡은 것은 정확히 '잡아먹는(eating)' 영역이다.

예를 들어 페컴(Peckham)은 독자들을 다음과 같이 자극한다. "난 정말로 겸손하게 귀하고 부유한 의복을 사는 데 돈지갑을 걱정하지 않고, 놀이와 여가, 축제와 만찬을 여는 데 있어 자발적인 기부자를 걱정하지 않는 —과거의 잘못이 무엇이든 공적 이익 혹은 공적 상품에의 희망은 없다—그런 사람들을 희구한다. 이들은 금후로는 이런 훌륭한 목적을 가진 조치들['발견' 항해, 무역과 식민지 개척]을 촉진시키기 위해 자신들의 관대함을 사용하고 쏟아 부을 것이다."(Hekluyt 1965, 96) 사적 소비는 '공적 이익'의 이해관계 속에 이미 포함되어 있다. 혹은 다른 말로 하자면 카니발리즘은—('축제와 향연'때의) 철저한 소비—원형 자본가들의 축적의 이해관계 (주식회사 투자) 속에 이미 들어 있다. 헤클뤼트의 단어 선택은 자본주의와 카니발리즘간의 대조를 훨씬 더 명료하게 한다. 그의 주장에 따르면 노동 귀족들은 "그들이 이제는 자신의 시간과 재산을 너무 많이 소비(consume)해버린, 이윤을 내지 못하는 즐거움"대신 식민지 경영 활동에 참여하고 투자할 필요가 있다(Hakluyt 1907, 40-1, 강조는 필자가 한 것임) 근세 초기 시대에 비생산적인 소비는 좌파와 우파 모두에게서 공격을 받았다. 그래서 토머스 모어는 《유토피아》(1517)에서 다음과 같이 불평하고 있다. "한 명의 탐욕스럽고, 물릴 줄 모르는 대식가는… 간단히 울타리를 쳐 수천 에이커의 토지를 둘러싸아 버릴지도 모른다."(1992, 12) 모어에 따르면 이것은 1차 생산자들이 토지에서 쫓겨나 양떼들이 토지를 차지하게 되고, 그 결과 소수의 사람들은 "과도하게 화려한 옷에 빠지고 먹는 데 너무나 소비적으로 탐닉"할지도 모르기 때문에 비열한 짓이다(15). 모어의 비난은—구 경제 체제와 신 경제 체제 양자에서 발진하는 병을 단언함으로써—시골에서의 노동 자본가들의 관계들을 확립하는 데 도움을 주었던 '울타리 치기 운동'에 대한 선견지명적인 공격인 동시에, 과시적인 후기 봉건적 소비에 대한 비판을 축약하고 있다.

오직 반항적인 '봉건적' 주체들만이 완전한 소비의 경향을 지녔고, 초기 자본가들 중에는 절대적인 소비 경향이 없었다고 주장하는 것은 오해라고 할지라도, 자본의 식인적 합병과 (다음 장에서 자세히 설명될) 자본의 '보충논리(supplementary logic)'는 어울리지 않는다. 원형 자본가들이 완전한 소비에의 충동을 느끼면 느낄 수록 그것은 그들의 장기적인 관심에 반하는 것이었다. 그 점에서 욕구의 훈련이 무역과 발견, 그리고 생산에 대한 당시 비평가들의 관심사가 된 것은 놀라운 일이 아니다. 예를 들어 《가지각색의 항해들 Divers Voyages》(1582)에서 축적은 잠재적으로 무한정한 것으로 기술된다. 하지만 헤클뤼트 역시 적절한 식민 지배 구상 속에서 한계가 유지되어야 한다는 특히 영국의 인식을 근거로 경쟁자들(여기에 소위 식인종들이 포함되는 것은 당연하다)로부터 영국인을 어렵사리 차별화시키고 있다. 사실상 그의 관심사는 외국인들의 행동과 적절한 영국인들의 행동을 구별하는 것이었다. 과거에 잘못 시행된 것이 영국에 의해 바로잡히길 원했던 것이다. 근세 초기 영국 독자들에게 '가지각색'(따로/구별되는)이었던 것은 또한—《옥스퍼드 영어 사전》에 따르면— '고집스런(perverse)' 것일 수도 있었다. 비록 헤클뤼트가 자신의 첫 번째 모음집을 '고집스런' 항해들이라는 제목을 고려했다는 표시는 없지만, 분명 그가 책에서 언급한 여행가들과 식민지 경영자들 사이에서 외고집을 보았다는 표시는 있다.

《가지각색의 항해들》에는 최소한 두 가지 종류의 악이 묘사되어 있다. 여행하는 동안 여행객들이 만나게 된 그런 것들(카니발리즘, 폭력, 성적 비행)과 여행객들이 가져온 것들(탐욕, 노예 소유, 노략질, 폭력, 성적 비행)이 그것이다. 헤클뤼트가 (거의 전적으로 외국인에 의해 만들어진 혹은 기록된 여행에 대한 설명으로 구성되어 있는) 《가지각색의 항해들》 안에 모은 이야기들은 저자들의 신분이 '타자'로 규정되었기 때문에, 다시 말해 '이방인'의 노동의 산물이었기 때문에 구분해서 편집함으로써 여행객들 간의 차이를 보여주고, 영국인들을 위해 그들의 일을 하는 노동자들을 '좋은' 사람들 쪽에 집어넣을 수 있었을 것이다. 교회 장로였던 헤클뤼트가 설명한 것처럼 "미개인들"과 "문명인 왕자들" 둘 다 "우리가 뜻하는 무역을 방해"할 수 있었다(1966, H). 그 때문에 조심스럽게 구분할 필요가 있었고, 영국인은 자신의 위치를 군사적으로나 수사학적으로 강화해야만 했다. 그런 구분은 '욕망'의 영역에서, 특히 (《가지각색의 항해들》의 '헌사'에서) 헤클뤼트가 "어리석은 욕망" 혹은 "이득의… 희구"와 "신의 은총을… 희구하는 욕망"이라고 불렀던 것 간에 자주 이루어졌다. 이 두 가지 '욕망' 사이의 긴장은 '영국'과 영국의 식민지들 양자를 만드는 데 필수적인 폭력을 합리화하고 정당화하려는, 그리고 또 자본의 개발을 위한 적절한 욕구를 불러일으키려는 노력을 특징적으로 보여주고 있다.

헤클뤼트는 《가지각색의 항해들》에서 덧붙인 헌사의 첫 페이지에서 영국인의 항해는 다른 나라의 여행객들이 범한 악행들을 철저히 문제 삼기 위해 감행된 것이라고 주장한다.

> 하지만 내가 모든 이들을 위한 시대가 존재한다는 걸 생각하고, 포르투갈인들의 시대는 지나갔으며, 스페인인들의 적나라함과 그들의 세계를 속이려고 했던 오랫동안 감추어진 비밀들이 이제 마침내 드러났다는 것을 보고, 나는 우리 영국인들이 아메리카의 일부와 아직 발견되지 않은 다른 지역들에서 스페인인들과 포르투갈인들과 함께 나누고 공유할 수 있는 시간이 바로 지금 다가올 것이라는 거대한 소망을 품는다.

스페인인들을 묘사하기 위해 사용된 '적나라함'이란 단어는 이 말이 여행기 모음집안에서 '미개인들'을 묘사하기 위해 자주 사용되고 있는 것을 고려할 때, 스페인을 비문명인이라는 미개인의 범주 속에 넣고 있는 것이다.

《서구 플랜팅에 대한 담화 Discourse of the Western Planting》에서 헤클뤼트는 스페인인의 도덕적 과실을 좀 더 강조해서 비난하고 있다. 그는 "스페인인은 서인도 제도 전체에서 가장 두드러지고 터키인들보다 더한 잔인함을 저질렀다"고 쓰고 있다(Taylor 1935, 212). 그러므로 스페인인이 그들의 식민지에 도덕적인 파멸을 가져온 반면, 영국인은 구제와 '기독교 왕국의 건설과 왕국의 신성한 복음의 전파'를 가져올 것이라고 주장한다. 이런 구분은 한계를 지킨다는 의미, 즉 '도를 지나치지' 않는다(《옥스포드 영어사전》: '적절한 한계를 넘어서지 않는다')는 의미에서 사용된다. 식인종들은 이 장을 시작할 때 인용한 페컴의 글에서 '잔인'한 죄를 저지르는 것으로 묘사되고 있다. 이 말은 유사하게 '터키인들보다 더 잔인한 짓'을 저지르는 것으로 묘사되고 있는 스페인인들에게도 사용된 부가어이다. 이 두 집단은 적절한 한계를 넘어섰다는 죄 때문에 비난받고, 그리하여 그들의 욕망은 영국인의 적절한 욕망과 다른 것으로 나타난다.

미개인들의 '적나라함(nakedness)'은 그때그때 야만성의 표시로 간주되기도 했고, 매력적인 판매 기회의 징조로서 간주되기도 했다. 흥미롭게도 '적나라함'은 (위에 인용한) 헤클뤼트의 글에서 스페인인의 '적나라함'에 대해서도 유사하게 적용된다. 헤클뤼트가 보기에 이 적나라함은 경쟁자들이 '과도하'기도 하고 본보기가 되기도 한 것으로 볼 수 있는 가능성을 열어주었고, 그리하여 영국인이 자기 자리를 차지할 수 있도록—여전히 그 자리를 차지할 가치가 더 많은 것으로—만들고 있다. 그래서 이 책의 독자는 스페인인의 예에 의해 도발된—그리고 부분적으로 내재하고 있는 (혹은 다른 방향에 놓여 있는)—욕망을 갖도록 권유받는다. 무역 문제를 다루는 데서도, 그리고 취미와 욕구가—물론 오직 특정한 방향에서만—조장되어야 할 미개인을 다루는 데서도 이와 유사한 역동성을 머릿속에 그리고 있었다.

그러므로 헤클뤼트는 '보다 경건한 코스'가 상인들과 영국인들로 하여금 개발 탐험을 가능하게 한 다른 부유한 기부자들에게 반드시 매력적인 코스는 아니었다는 사실을 잘 이해하고 있었다.[12] 그는 잠재적인 투자자들의 욕망이 '하나님의 영광'보다는 '터무니없는 것'에 더 가깝다는 것을 공적인 항의에서 염두에 둔 것보다 더 상세하게 알고 있었다. 그래서 헤클뤼트의 공적인 입장이 일반적으로 원주민들을 개종하는 데 치중한 반면, 그의 사적인 서한에서는 다른 관심을 우선적으로 드러내고 있다. 1584년의 월싱햄(Walsingham)에 대한 보고에서 헤클뤼트는 월싱햄이 한 프랑스 상인의 이야기를 통해 들은 것처럼 북아메리카에서의 무역에서 돈을 벌어들였다고 기술한다. 그런 다음 약간 긴급하게 "현재의 [영국 식민지 개척의] 경험은 만일… 부지런히 이득을 챙길 모든 희망을 찾지 않으면 곧 식어버리고 실패할 것이다"고 적고 있다(Taylor 1935, 206. 강조는 필자가 한 것임.) 필요한 시기에는 정신적인 이윤이 물질적인 이윤을 조종해야만 하는 것이다. 그가 비난한 스페인인들에 대한 논의처럼 헤클뤼트 자신의 공적인 '신성한 말들'은 '위장'이다.

물론 그의 딜레마는 자신이 경쟁을 비난하면서 동시에 스페인인과 포르투갈인들이 사실상 '성공적인' 식민지 지배자들이었기 때문에 이들을 경쟁의 모델로서 제공해야 했다는 사실이다. 헤클뤼트는 자기가 쓴 책을 통해서 경쟁적인 욕망을 일깨울 필요가 있었는데, 그 이유는 만일 투자자들로 하여금 개발을 위해 필요한 배를 조달할 비용을 부담하도록 설득하지 못한다면 결국 개발이 이루어질 수 없을 것이기 때문이었다. 대규모의 여행 이야기 모음이 스페인이나 포르투갈에서는 출현할 수 없었던 것은 이 나라들에서는 왕권이 스스로 지원한 항해에 대한 정보를 통제했고, 자신들이 보유한 식민지에 대한 지식을 가능한 한 비밀로 유지하려고 했기 때문이라고 조나단 해이니스(1986)는 주장한다. 반대로 영국에서는 사적인 투자를 촉진하기 위해 항해에 대한 선전이 필요했는데, 그 이유는 왕권이 개발 계획의 주요 투자자가 아니었기 때문이다. 비록 당시 다른 문제들에서 검열이 보편적이었지만 실제로 정부가 앞장서 여행과 개발에 관한 정보를 배제하고 있었다. 헤클뤼트는 지식과 상인들의 지원뿐만 아니라 정부 관리들의 지원으로 책을 썼다. 그래서 이 책은 우선 개인 이야기꾼들의 이야기를 담은 뒤, 책의 뒷부분은 헤클뤼트가 '모험과 같은 것'으로 지칭한 개인적인 참여와 투자를 축구하기 위해 사용되고 있다. 여행의 끝에 발견된 상품의 목록과 황금의 존재에 대한 힌트, 그리고 기독교를 전파하고 영국에 봉사하라는 권고, 이들이 모두 개발에 투자한 대가로 가능한 것으로 제시되고 있다.

이야기 모음은 그들이 결코 예상할 수 없었던 '모험'에 대한 흥미를 불러일으킬 필요가 있었다.[13] 이를 위한 하나의 전략은 "경험상 자연스럽게 모든 왕자들이 영토와 왕국을 확대하고 확장하기를 바란다는 사실이 증명되고 있다"고 주장한 '런던의 상인' 로버트 손(Robert Thorne)이 한 것처럼 단순하게 이것을 '자연스런 경향'으로 선언하는 것이었다(Hacluyt 1966, B[1]). 하지만 팽창이 '자연스러운' 것이었다는 주장에도 불구하고 로버트 손의 텍스트는 여행의 욕망을 허용하는 것이라기보다는 오히려 이 텍스트가 바라는 바인 욕망을 자극하는 것에 대해 기술하고 있다. 설득을 위한 연습인 톤의 편지들은 심지어 왕들을 설득해 이 '자연스런' 모험을 하게끔 유도해야 될 필요가 있다는 걸 암시한다. 그는 영국 대사 레이(Ley)에게 이렇게 쓰고 있다. "나는 당신의 호의에 힘입어 지금까지 숨겨져온 이 비밀을 밝히는 것이 나의 기본적인 의무라는 걸 알고 있습니다. 그것은 몇 척의 배를 통해 거기에서 또 다른 새로운 땅과 왕국이 발견되었을지도 모른다는 것입니다." (Hakluyt 1966, B2) 그래서 그는 식민지 개척의 모험을 '자연스러운' 것일 뿐만 아니라 물려받은 병이라고 말한다. "나는 몇몇 질병은 유전적인 것이고, 아버지에게서 아들에게 대물림되는 것이라고 추측합니다. 그래서 이런 경향 혹은 이런 발견에의 욕망을 나는 내 아버지에게서 물려받은 것입니다."(D2) 이와 유사하게 여행기 작가들은 발견에의 욕망을 독자들에게 전해주려고 시도하여 욕망을 생산하도록 돕는 것이다.

구세계의 부와 신세계의 부를 비교하면서 손은 논의를 계속해간다. "주야평분에서 멀리 떨어져 있는 우리나라나 그 밖의 다른 나라에서 우리의 금속이 납이나 철, 주석이듯이 그렇게 거기에는 금과 은, 구리가 있습니다."(B4) 이 관찰을 통해 그는 유럽인에 비해 신세계의 사람들이 유럽인이 가치를 두는 상품들을 적절하게 평가하지 못하는 바보라고 일반적으로 가정하는 대신, 오히려 '욕구'에 영향을 미치는 생산품의 상대적인 접근가능성을 고려하게 된다. "그리고 나는 이런 것들의 가치는 우리와 우리가 욕구하는 것들 간에 존재하는 거리에 따라 측정된다는 것을 알고 있습니다. 왜냐하면 이런 소중한 항해를 통해 이런 나라들은 금을 결코 귀중하게 생각하지 않으며, 이런 다량의 황금보다는 오히려 한 자루 칼을 더 귀중하게 생각한다는 것이 밝혀졌기 때문입니다."(B4) 비즈니스의 합리적인 상대주의를 생각하면서 무역에 필수적인 것으로 인정하고, 그 때문에 열등함의 표시가 아닌 서로 다른 욕망들의 실존을 설명하기 위해 손은 희소성과 잉여의 시장 모델을 사용한다. 만일 모든 사람이 똑같은 물건을 동일하게 바란다면 결코 무역은 불가능할 것이다. 여행기들은 특히 원주민들에게 무역의 혜택을 받는 욕구를 반드시 불러일으키기를 바라고, 동시에 유럽인 자신의 경쟁과 무역, 증식과 투자에 대한 욕구를 자극한다. 이 여행기들이 우선순위에 두는 임무는 (유럽인들만큼이나) 신세계 거주민들의 욕구를 재교육할 필요성에 있다. 또한 유럽인들의 목적을 가장 극단적으로 위협하는 것으로 간주되는 식인종들에 대한 재교육이 요구된다. 그러니까 (다른 욕구가 아닌) 특정한 욕구의 생산이 자본가의 발달과 식민지 개척 모험에 핵심적이었다는 사실을 기억하는 것이 중요하다.

그 때문에 '필요'와 '욕망', 그리고 '욕구'는 이 여행 이야기들 및 다른 탐험 기록에 가장 빈번하게 등장하는 주제들이다. 영국 인너 템플 법학원의 법률가인 헤클뤼트의 조카가 쓴 에세이 〈따로 실제보다 더 내밀하게 쓰인 글들에 대한 주석〉은 '미개인들이 우리의 의복 및 다른 상품을 구입하게 할 수 있는 방법'이라는 제목을 단 부분이 있는데, 여기서 인디언들 사이에서 어떻게 양질의 매매 행동을 자극할 수 있는 가를 기술하고 있다. 이 부분은 다음과 같이 시작된다. "만일 당신이 어떤 섬이나 육지의 원주민을 발견하여, 그 사람들이 [벌거벗고 있기 때문에] 의복에 대한 필요성을 느끼지 못한다면, 그때 당신은 그들이 구입하지 않으면 안 되는 상품들을 고안해낼 수 있을 것이다."(Hakluyt 1966, H2) 이 부분은 인디언들에게 어떻게 영국인이 '필요로 하는' 상품을 생산할지 보여주어, 결과적으로 인디언들이 '필요로 하는' 아이템들을 주고 거래를 할 수 있도록 하는 방향으로 논의가 계속된다.

종종 '벌거벗은' 미개인들 사이에서는 영국 의복에 대한 수요가 '자연스럽다'는 환상적인 가정이 있다. 페컴에 따르면 "비록 쉽지는 않지만 남부나 북부의 미개인들 모두 문명을 약간이라도 맛본 후에는 곧바로 셔츠나, 푸른색, 붉은색, 녹색 면 성의(聖衣), 모자 같은 의복에 믿기 어려울 정도로 기쁨을 보일 것이며, 그런 하찮은 것들을 얻기 위해 엄청난 애를 쓸 것이라는 사실은 잘 알려져 있다."(Hakluyt 1965, VIII, 111) 그러니까 일단 그들의 '욕구'가 제대로 조장되기 시작하면 적절한 상품들을 소비할 것으로 기대할 수 있다. 더 나아가 페컴은 독자들에게 '그런 지역의 사람들은 복장이나 태도 둘 다에서 쉽게 문명화될 수 있다'는 확신을 심어준다. 그런 '욕구'로 전환됨으로써 얻게 되는 수혜는 (문명을 획득한) '미개인'이나 (이윤을 얻는) 상인뿐만 아니라 미개인들의 의복 소비를 통해 '원래의 부와 재산으로 복귀'하고 싶어 하는 영국 모국에 있는 실업자에게도 돌아온다. 페컴(혹은 어쩌면 편집인)은 그럴듯한 수혜자들의 긴 목록을 늘어놓고 있다. "의류업자, 양모 상인, 방직공, 직조공, 축융(縮絨)업자, 포목상, 모자 제조인, 모자 상인 등등과 많은 쇠퇴한 도시들이 복구된다." 여기서 중요한 것은 '미개인'에 관한 페컴의 보고의 정확성이 아니다. 내가 흥미 있는 것은 그가 미개인들을 묘사하기 위해, 그리고 그들과 유럽인들과의 관계를 기술하기 위해 끌어들인 상징체계다. 기행문에서 모국 노동자의 소비(사람들에게 일을 시키는 것)는 반복해서 해외에서의 욕구의 재교육에 연결되고 있다. 원형 자본가들(Proto-capitalist)은 모국에서의 노동력 소비를 촉진하려는 목적에 한 걸음 더 다가갈 수 있도록 하기 위해서 해외에서의 식인적(부적절한) 소비를 축소시킬 수 있어야 한다고 생각했던 것이다.

하지만 신세계의 사람들이 의복을 '필요로 할' 것이라는 헤클뤼트의 추정에도 불구하고 그들과 조우한 여행자들은 종종 그들이 의복에 대해 무관심하다는 사실을 알게 된다. 존 베라자누스(John Verazanus)가 '모룸베가(Morumbega)'로 가는 한 여행 이야기는 이 점에서 무척 중요하다. 유럽 상품을 접했을 때 원주민들의 선호를 기술하면서 그는 "그들은 금이나 실크로 된 옷을 원하지 않았고, 다른 옷감으로 된 옷은 더 원하지 않았다"는 것을 주목했다(Hakluyt 1966, B〔1〕). 헤클뤼트의 에세이들은 원주민들에게서 영국 상품에 대한 욕구를—만일 그들이 이런 욕구가 없을 경우에—불러일으키는 시도의 중요성을 강조한다. "만일 그 사람들이 벌거벗고 사는데 만족하고 필수적인 소수의 물품들에 만족한다면 거래는 존재하지 않는다. 그런 경우엔 이런 천성을 경쟁과 가능한 다른 수단들을 통해서 변화시키지 않는다면 우리의 항해는 헛된 것이라고 생각된다."(Hakluyt 1935, 332) 헤클뤼트의 사촌은 그런 '다른 수단들'에 대해서는 침묵하고 있긴 하지만, 그가 거기에서 무엇을 생각하고 있든 그가 가정하는 것은 욕망이 생산되어야 한다는 점이다.

헤클뤼트에 의해 촉진된 '천성'의 '변화'에 대한 미개한 사람들의 저항은 원주민들이 때로 유럽인의 상품보다 유럽인 자체를 먹어버릴지도 모르는 것으로 묘사되고 있는 여행 이야기들에서 묘사되고 있다. 헤클뤼트가 모음집에 담고 있는 제노 형제의 신비한 항해는 그들이 알고 있는 일군의 선원들이 "내륙으로 잡혀가 대부분 가장 맛있는 고기라고 판단하는 인육을 먹는 미개인들에게 잡아먹혔다"고 보고하고 있다(Hakluyt 1966, D[1]). 이와 같은 이야기를 읽은 이후의 항해인들은 원주민들, 특히 협조적이지 않은 원주민들에 대해 쉽게 의심을 갖게 되었다. 베라자누스는 이런 의혹과 이것이 어떻게 기호의 오독으로 나아가게 됐는지를 서술하고 있다. 북 아메리카 북부의 거주 지역에 들어간 그는 원주민들에게 몇 가지 '사소한 물품'을 제공하기 위해 한 사람을 보냈다. 파도와 싸우느라 지친 그 남자는 해안가에 도달해서 '인디언'들에 의해 포위되었다. 인디언들은 "그를 붙잡아 물 속에서 끄집어낸 다음 바다에서 좀 떨어진 곳으로 데려갔다…. 그리고 옷을 벗긴 다음 불을 지펴 몸을 따뜻하게 해주었다. 보트에 남아 있던 사람들은 인디언들이 그를 그 불에 구워서 먹어버릴지도 모른다고 크게 두려워하고 있었다." (Hakluyt 1966, A3) 하지만 인디언들은 친절한 사람들로 판명되고, 회생된 뒤에 그 남자는 풀려나 선원들의 놀라움을 자아냈다. 원주민들은 유럽인들이 남기고 떠난 '종이와 유리, 종과 같은 사소한 물품들'에 분명히 만족했다.

자신들이 거래를 조심스럽게 조절해 원주민들의 욕구를 재교육시키면 항상 인육보다 '사소한 물품들'을 더 선호하게 될 수 있을 거라는 것이 영국인들의 희망이 된다. 그래서 헤클뤼트의 충고는 다음과 같이 주장한다.

> 우리가 이 여행에서 가고자 했던 사람들, 즉 비기독교인들에게 다량의 상품이 항상 우리의 처분에 놓여 있고, 다른 사람들의 의지에 좌우되지 않는다는 건 좋았다. 그 때문에 우리가 스키티아 해의 몇몇 마지막 섬들을 찾는 것은 좋은 일이었다. 거기서 우리는 향료나 섬유 원료를 안전하게 재배하고, 그런 이교도 민족들은 우리 상품에 질리지 않고, 혹은 감히 동행한 사람들

모두를 자기 나라의 창자 속에 내맡기지 않고, (시간이 허락하는 만큼) 우리 상품을 맛볼 수 있었을지도 모른다.(Hakluyt 1966, H〔1〕)

'섭취하다', '질리다', '창자' 같은 비유적 표현은 만일 '그 사람들이' 적절한 소비를 하도록 유도되지 않으면 영국 상인들은 그 대신에—그들 자신을 포함해서— '동행한 사람들 모두'가 잡아먹히는 꼴을 보게 될지도 모른다는 두려움을 암시한다. 사실상 헤클뤼트는 일련의 다른 교육적 글에서 이런 위협을 심지어 더 확연하게 드러낸다. 다시 한 번 그는 항구적인 무역 거점의 확립이 중요하다고 주장한다. 하지만 거기에 더해 다음과 같이 덧붙이고 있다. "거기에는 농작물을 재배하면서 사는 사람들은 거래하지 않고 살거나, 아니면 거래를 하고 상인들과 무역을 하면서 살 수밖에 없다. 만일 그들이 해상 거래를 하지 않고 살아야 한다면 우선 직물과 면의 부족으로 인해 벌거벗게 된다. 그리고 무한한 결핍의 결과로 가난해진다. 그래서 그들은 어쩔 수 없이 그들 스스로 떠나게 될 것이다. 아니면 쉽게 스페인인이나 프랑스인, 혹은 그 나라의 자연 부락민들에게 잡아먹힐 것이다."(Taylor 1935, 117) 여행기 전반에 걸쳐 반복적으로 이와 같은 적절한 욕구와 위험한 욕구의 문제, 그리고 그 둘 사이를 구분하는 어려움을 찾아볼 수 있다.

유럽인들은 모국에서뿐 아니라 해외에서도 이런 '욕구'의 딜레마에 빠지게 된다. 유산층들 사이에서 투자에 대한 취향이 개발될 필요가 있었을 뿐만 아니라, 동시에 헤클뤼트가 영국에서의 노동력 부족에 대한 갈망이 '서로 간에 잡아먹을 태세가 되어'(Taylor 1935, 234) 있다는 걸 주목할 때, 먹는다는 비유는 식인종과 원형 노동계급을 연결시킬 뿐만 아니라, 이 두 그룹이 원형 자본가들의 마음속에서 조심스런 욕구의 통제가 필요한, 동일한 가치를 지니는 위협을 이루고 있었다는 점을 시사하고 있다. 원형 자본가들은 스스로의 노동에 대한 욕구를 만족시키기 위해 노동자 풀(pool)을 유지하면서 거기에 의지하고, 신세계에 사는 사람들에게 적절한 소비 행위를 조장함으로써 그러한 노동의 대가를 얻도록 시장을 조종하며, 모든 전통적인 욕구를 억제시킬 필요가 있는 것이다.

그러므로 비록 '비자연적인' 욕구들—인육에 대한 욕망과 유럽 상품에 대한 관심의 결여—이 이교주의를 연상하게 하여 유럽인의 시각에서 신세계 주민들을 명백히 몰수할 가치가 있게 만들었긴 하지만, 근세 초기 유럽인의 상상 속의 식인종이 수행했던 유일한 이념적 역할은 여기에 국한된 것은 아니었다. 식인종은 또한 긴급한 자본에 도움이 되고, 그 때문에 금지된 욕구를 구현했다. 만일 식인종이 남김 없는 소비를 대변한다면, 그때 자본은 카니발리즘에서 그 자신의 한계뿐만 아니라 스스로의 욕망의 형상을 만날 수밖에 없다. 스텔리브래스(Peter Stallybrass)와 화이트(Allon White)는 위반(transgression)에 대한 연구에서 "부르주아 주체는 '저열한 것'—더럽고 혐오스럽고, 시끄럽고 전염성이 있는 것으로 낙인찍은 것을 배제함으로써 지속적으로 스스로를 규정하고 재규정했다. 하지만 바로 이 배제의 행위는 부르주아의 정체성을 구성하고 있었다. 저열한 것은 부정과 혐오의 표시 아래 내면화된다… 하지만 혐오는 언제나 욕망의 흔적을 담고 있다."(1986, 191) 식인종들과 조우한 근세 초기 유럽인의 경우에 혐오/욕망의 연쇄는 자본주의뿐만 아니라 자본가들의—그들의 욕구에 지속적으로 연료가 보급되고 통제되어야 할—주체 속에 들어 있는 갈등 공간을 보여준다. 다음 장에서는 그런 주체를 돕는—그리고 한계의 의무를 요구하는— '보충 논리'에 관해 논할 것이다.

3. 원시적 축적 혹은 '여기에 주목할 만한 것이 많이 수집되어 있다'

앞의 식인종들에 대한 논의에서 식인종들의 근세 초기 등장 형태는 마르크스가 19세기 자본주의를 논하면서 사용한 메타포의 체계와 만나게 되었다. 이 장에서는 근세 초기가 갖는 후기 현대적 여운이라는 나의 이론화 작업에서 이와 같은 제삼의 역사적 계기가 들어서게 된 이유를 설명할 것이다. 식인종들은 핵심적 계기에서 《자본론》에 등장한다. 착취가 '자연적'이라는 정치경제학자들의 주장을 비웃으면서 마르크스는 다음과 같이 쓰고 있다. "우리는 잉여 가치가 자연적인 토대 속에 놓여 있다고 주장할지도 모른다. 하지만 그것은 오직 한 사람으로 하여금 자신의 실존을 유지하기 위해 필수적인 노동의 부담을 덜지 못하도록 막는, 그리고 그 부담을 다른 사람에 부과하지 못하도록 막는 자연적인 장애물은 없다는 일반적인 의미에서 가능한 주장이다. 그것은 한 사람이 다른 사람의 살덩어리를 먹는 것을 막는, 넘어설 수 없는 자연적인 장애물이 없는 것과 마찬가지다."(1990, 647) 그는 주석에서 "최근의 계산에 따르면 탐험되지 않은 지구상의 일부 지역에 여전히 최소한 400만의 식인종이 있다"고 덧붙이고 있다. 마르크스는 특정한 논점을 강조하기 위해 식인종을 필요로 하는 듯하다. 하지만 그 논점은 (자본에 대한 다른 비평가들이 경우에 따라 주장했던 것과는 달리) 자본가들과 식인종들이 은유적으로 같은 뜻이라는 것이 아니다. 그 대신 마르크스는 그런 비교를 할 기회를 놓치고 있다. 그의 핵심은 오히려 잉여 가치의 생산이 자연스럽다는 확신을 서구에서 종종 그리고 격렬하게 비자연적인 것이라고 주장했던 하나의 행위(카니발리즘)와 비교함으로써 흔들어놓는 것이다. 인육을 소비하는 것과 인간의 노동을 소비하는 것이 동등하다면, 양자는 오직 공포로서만 동등할 뿐이다. 왜 마르크스가 지구상의 그렇게 많은 수의 인구가 사실상 식인종이라고 믿고 싶어 했는지 하는 재미있는 문제를 떠나서 나는 그

대신 왜 마르크스가 자본주의와 카니발리즘을 동일한 것으로 보고자 하지 않는지 하는 문제에 관심을 둘 것이다.

　마르크스에게 있어 특히 '자본주의적 축적'은 필수적으로 생산 활동에의 투자, 혹은 단순하게 표현하자면 노동자가 자본화된 상품 생산의 조건들 하에서 대가를 지불 받지 못하는 노동인 잉여 가치의 추출이다. 다른 말로 하자면 자본주의적 축적은 저축하지 않는 이윤, 혹은 자본가가 스스로 소비하는 이윤이다. 오히려 자본주의적 축적은 잉여 가치의 생산에 있어서 지속적인 추출과 재배치(redeployment)를 요구한다. 그래서 잉여 가치에 대한 자본가의 (마르크스가 'Heiβhunger'라고 표현한) '탐욕스런 욕구'는 비록 그런 욕구들이 '사용'보다는 오히려 '교환'을 위한 생산의 발생과 함께 발생된다 해도 생산의 한 형태로서의 자본의 특징을 이룬다(1990, 739). 자본화된 생산과 '탐욕'의 일차적 (비정상적인) 현상을 구분하는 것은 잉여 추출이 (비노동 엘리트의 유지가 아니라) 생산 그 자체를 위해 필수적이라는 사실이다. "자본주의적 생산의 발전은 기존의 산업적 기업에 축적된 자본의 양을 지속적으로 증가시키는 것이 필수적이다. 그리고 경쟁은 외부적이고 강제적인 법으로써 모든 개별 자본가들을 자본주의적 생산의 내재적인 법칙에 종속시킨다. 이 법칙은 개별 자본가로 하여금 그것의 보존을 위해 자본을 확대하도록 하며, 자본가는 지속적인 축적을 수단으로 이 자본을 오직 확대할 수 있을 뿐이다."(348) 하지만 이런 확장은 다양한 부분에서 한계에 달하고, 그런 한계들 중 하나는 노동의 지속적인 조달을 보장하기 위해 필수적인 노동자의 생존의 수준이다.

　이런 한계에도 불구하고 경쟁에 의해 잉여 가치 추출을 위한 무한한 욕구를 갖게 된 초기 자본은 국가 통제에 의해 앞서 말한 노동력을 절대적으로 소비해 이윤을 창출하도록 훈련되어야만 했다. "공장 노동이 제한된 것은 영국 밭에 인조 질소 비료를 뿌리도록 강요된 것과 똑같은 필연성을 갖고 있었다. 한편에서 토지를 고갈시킨 맹목적인 이윤 추구의 욕망이 다른 한 편으로는 국가의 활력을 근본적으로 붙잡았다."(348) 태동하는 산업 자본은 노동에 대한 욕구를 증진시키는 교육을 분명히 배웠지만, 이런 욕구에 필수적인 한계들을 배우지는 못했다. 이 초기 단계에서 잉여 가치 추출을 위한 무한한 욕구는 노동자로 구현되는 자본의 필연적인 타자인 노동력의 완전한 체내화(incorporation)*로 이해되는—그래서 노동자 풀의 재생산뿐만 아니라 자본 자체를 위협하는—(자기 파괴적인) 카니발리즘으로 나아가는 경향으로 간주될 수 있을 것이다. 이런 식으로 이해되는 자본주의는 자본주의의 필연적인—하지만 불가능한—거식증(탐욕 Heiβhunger)을 대변한다.

자본주의가 한편으로 무리하게 노동력을 끝까지 먹어치우고, 다른 한편으로 만약 축적이 지속되기 위해서는 그렇게 하는 것이 절대적으로 금지된다는 것은 자본주의의 근본적인 모순의 하나를 보여주고 있다. 이때 자본의 원시적 축적과 함께 식인종들이 무대에 등장한다는 것은 놀라운 일이 아니다. 식인 욕구는 '야만적인'(즉, 무제한적인) 형식을 억누를 때조차도 일반적인 탐욕의 에너지로서 원형적인 탐욕을 보강하는 자본가/식민지 지배 세력에 본질적이다. 나는 이 장에서 근세 초기 영구에서 이런 '무한한', 그리고 '탐욕스런' 욕구가 촉진된 사례 몇 가지를 고찰해 보고 싶다. 그리고 전체의 완전성을 전혀 해치지 않고서도 이미 확립된 '전체'의 확장 혹은 그걸 넘어선 계속적인 확장이 항상 가능하다는 전제—나는 이것을 '보충 논리'라고 부르고자 한다—보다 한계를 더 엄격하게 교육할 수밖에 없었던 이유를 고찰해보고자 한다.[14]

자본주의에 대한 보충논리의 의미를 설명하는 데는 보다 '봉건적인' 세계관과 대조하는 것이 도움이 될 것이다. 페리 앤더슨(Perry Anderson)은 이런

---

* 정신분석학에서 대상을 자신의 내부로 받아들이는 것을 의미.

식의 '경쟁'에 대한 봉건적 이해와 자본주의적 이해를 다음과 같이 구분하고 있다.

> 자본주의 내에서 경쟁의 정상적인 매개체는 경제적이며, 그 구조는 전형적으로 부가적(additive)이다. 경쟁 상대는—비록 불평등하지만—단일한 대결을 통해 확장할 수도 있고 번영할 수도 있다. 왜냐하면 수공업 제품 생산은 원래부터 무제한적이기 때문이다. 봉건주의 내의 경쟁은 반대로 군사적이고, 그 구조는 항상 잠재적으로 전쟁터의 제로섬 대결이다. 거기서는 확정된 토지의 양이 획득되거나 상실된다. 그것은 무한히 확장될 수 없으며 단지 재분할될 수 있을 뿐이다.(1974, 31)[15]

알렉산더 코이어(Alexander Koyre)(1957)가 '폐쇄된 세계에서 무한한 우주'로의 이동이라고 묘사했던 것은 근세 초기에 천문학과는 다른 사회적 부분 형태 속에서 필연적 결과를 갖는다. 적절한 자본주의적인 축적을 위해 가능한 조건으로 요구된 하나의 전략은 스스로를 위한, 무한으로 나아가는 축적에 대한 개념화—그리고 찬양—였다. 이 축적은 그 후 축적에 특별한 (끝없는) 목적을 부여하는 확장 ('부가적') 논리에 따라 작동하는 자본주의적 모험으로 발전했다.

원시적—혹은 최초의—축적은 마르크스에게 있어 자본주의적 생산의 가장 큰 핵심 중의 하나였다. 자본주의적 축적은 내가 위에서 언급한 대로 (단순한 잉여 노동이 아니라) 자본주의적 생산 관계를 떠맡는 잉여 가치 추출을 요청한다. 그렇다면 시초의 자본은 어디에서 온 것인가? 마르크스는 이 문제에 답하면서 자본의 이전사(以前史)라고 기술한 것의 윤곽을 그리고 있다. 유럽에서 (잉글랜드가 그가 연구한 사례다) 원시적 축적은 일차 생산자들의 생산 수단으로부터의 분리를, 달리 말해 여전히 농업경제였던 근세 초기영국에서 농민들을 토지로부터 추방한 것을 포함하고 있다. 모든 토지가 소수의 손에 집중됨으로써 자본주의적 생산 관계가 가능한 조건이 확립되었다. 하지만 자본주의적 기업이 되기 위한 종자격의 '자본'은 마르크스에 따르면 대개는 국내공간에서 조달되지 않았다. "아메리카에서 금은의 발견, 이 대륙 원주민들의 광산 매몰, 노예화와 제거, 인도의 약탈과 정복의 시작, 아프리카에서 흑인들을 상업적으로 사냥하기 위한 금렵지로의 전환 등, 이 모든 것들이 자본주의적 생산이 시작된 시기의 특징을 이루고 있다. 이런 목가적인 진행과정이 원시적 축적의 주요 계기들이다."(1990, 915)[16] 이런 이중적 과정 속에서 유럽의 원형 프롤레타리아트와 신세계의 식인종들은 원형 자본가들의 '탐욕스러운 욕구'에 의해 연루되게 되었다. 이런 욕구는 자본주의적 생산 수단과 생산 관계를 따라 축적되어야만 했다.

욕구와 자본 그리고 식인종을 연결시켜 생각하는 데 도움이 되는 문화적 논리를 좀 더 잘 이해하기 위해서는 유럽에 있어 신세계는 비상식적인, 몽테뉴가 표현한 것처럼 "다른 세계"였다는 사실을 기억해야 한다(1928, 1, 216). 유럽인들에게 알려지지 않은 세계의 일부가 있었다는 사실이 발견됨으로써 신세계는 집작스럽게 '알려진 세계'로 전횐된 것 이상이 되었다. 신세계는 혼란스런, 그리고 무질서한 방식으로 이전의 통일적이고 '완전한' 세계가 (어쩌면 끝없이) 보충될 수도 있는 가능성을 열어주었던 것이다. 몽테뉴는 이렇게 말하고 있다. "나는 몇몇 다른 '세계'는 이 이후에도 발견되지 않는다고 스스로 정당화할 수 있을지 모르겠다. 그러므로 그처럼 많은 훌륭한 사람들이… 그리고 우리같이 더 많이 배운 사람들이 그처럼 오랜 세월동안 이 점을 잘못 보고 있었던 것이다."(216) 영국의 여행기 수집가 리처드 헤클뤼트는 비록 식민주의적 영향을 받긴 했지만 유사한 감정을 드러내며 다음과 같이 적고 있다. "나는 우리 영국인들이 아메리카의 일부와 아직 발견되지 않은 다른 지역들에서 스페인인들과 포르투갈인들과 함께 나누고 공유할 수 있는 시간이 바로 지금 다가올 것이라는 거대한 소망을 품는다."(1966, 〔1〕) 신세계의 충격은 이전의 정적인 총체성이라는 억측을 대체할 보충 논리를 촉진시켰다. 단순히 '하나의' 세계였던 곳에 이제는 축적, 즉 '아직도 발견되지 않은 지역'에 대한 감정이 끌어낸 보충되리라는 약속이 존재하게 되었다. 새로운 세계에 대한 잠재적인 공포는—'알려진 세계'에 새로운 곳을 더함으로써 새로운 세계를 동화시키는—세계에 대한 확장적 시각으로의 전환을 통해 극복되었다.

이런 '모험' 이야기를 판매용 책으로 묶는 것은 인쇄업자와 서점상에게 이윤을 가져다주었을 뿐만 아니라 그 이야기들이 묘사하고 있는 지정학적 (그리고 상품/주체/욕구의) 확장 과정을 강화하는 데 일조했다. 헤클뤼트의 행위는 지리학이 개인적인 여행과 특허증, 권고문, 정보가 되는 토막 기사, 지도 및 탐험, 무역 그리고 식민지 개척에 대한 충고를 연결해주는 배경이 된다는 점을 그가 이해하고 있다는 사실을 보여준다. 모음집의 서문에 나타나는 것처럼 어쩌면 헤클뤼트의 텍스트들이 수행한 가장 명백한 작업은 축적이다. 지리학자 헤클뤼트가 《가지각색의 항해들》에 담고 있는 지리학자들의 목록에서 이 모음집 출판의 모델로 삼은 이탈리아 여행기 편집자 라무시우스(John Baptista Ramusius)라는 이름에 이어 쓰인 설명은 "여기에 주목할 만한 것이 많이 수집되어 있다"는 느낌을 준다. 헤클뤼트의 책은 분명 '많은' 것들을 모으고 있다. 이 축적은 그 자체로 자본주의적이 아니라 그 이상의 분할, (헤클뤼트가 특히 배격한 중세의 지리적 서술 모델인) 종합보다는 오히려 확장을 기대하는 독서 주체를 생산하도록 돕는다.[17] 달리 말해서 그것은 위에 인용된 경쟁에 대한 봉건적 시각과 자본주의적 시각에 대한 앤더슨의 구분을 사용하자면 제로섬 문화가 '부가적인' 문화로 변한 것을 의미한다.

'다른'이란 말은 부가적 이데올로기의 생산을 촉진하고 있는 이 책을 묘사하기 위한 적절한 형용사다. 왜냐하면 이 말은 포함된 항목들의 수적 무한함과 불확정성을 함축하고 있기 때문이다. 16세기 후반에 영국에서 출판된 여행자들의 이야기 모음은 규정할 수 없다는 말로 설명할 만한 충분한 이유가 있다. 1582년에 식민지와 식민지에 관한 이야기의 수집은 여전히 영국인들에게는 미래에 놓여 있었다. 헤클뤼트의 《가지각색의 항해들》에 들어 있는 영국인 상인 로버트 손이 헨리 8세에게 보낸 편지에서는 다음과 같이 왕을 고무하고 있다. "적은 수의 배로도 가지각색의 새로운 땅들이 발견될 수 있을 것입니다."(1966, B2) 하지만 헤클뤼트가 이 편지를 출판한 1580년대에는 영국인의 탐험은 특히 스페인인과 포르투갈인들이 막대한 제국주의적 점유물에 행한 탐험과 비교할 때 극히 적었다. 무한한 수를 가리키는 단어인 '가지각색'이란 말은 영국의 부분적인 열등한 활동을 감출 수 있었다. 더욱이 잠재적인 식민지의 수는 확정할 수 없었고, 항해와 이야기의 수 역시 확정할 수 없었다. '가지각색'이란 말은 확장을, 그리고 땅과 여행 이야기 양자를 수집할 미래를 허락했다.

현대판으로 제본된 《가지각색의 항해들》은 단지 141쪽에 지나지 않고, 근세 초기 판은 심지어 그보다 양이 더 적다는 이유로 일견 너무 얇은 것 같다는 이의 제기가 꽤 있는 편이다.[18] 하지만 《가지각색의 항해들》은 그 책 하나로 끝나는 것이 아니라 헤클뤼트와 그의 계승자들이 지속적으로 확대시킨 이야기들이 모인 광대하고 점증적으로 부가되는 모음집으로 발전한다. 《중요한 항해들 Principal Navigations》(1598~1600)의 첫 판은 《가지각색의 항해들》을 왜소하게 만든다. 이 책의 2판에는 수많은 새로운 자료가 첨부되었고, 헤클뤼트는 그가 죽을 때까지 지속적으로 추가적인 이야기들을 구하고, 수집하고, 번역하고, 편집하고, 기획하고, 출판했다. 사무엘 퍼처스(Samuel Purchas)는 나중에 막대한 양의 유고 원고를 《헤클뤼트 유고집 Hakluytus Posthumus》(1625)이란 제목으로 출간했다. 이 유고집은 450만 자 이상의 단어를 담고 있고, 현대판으로 20권에 달한다. 리처드 에덴

(Richard Eden)의 《수십 년간 Decades》(1555)은 1577년 리처드 윌(Richard Will)에 의해 확대되었다. 이런 모음집의 일반적인 출판 관행은 근세 초기의 지리학이 보충 논리에 따라 실행되었음을 보여주고 있다.

여행 이야기들이 근세 초기 수집의 유일한 대상이었던 것은 아니다. 《중요한 항해들》의 자료를 수집하는 동안 헤클뤼트는 최소한 두 권의 '진기한 광물 표본 수집품' 혹은 진기한 물품 수집품을 검토했다. 그는 진기한 광물 표본 수집들에서 고찰한 대상과 조립 과정 중에 있던 이야기 수집품들 간의 관계를 서술하려고 시도하면서 하나의 목록을 만들어냈다. "이 이야기들을 읽다 보면 종종 많은 동물과 새, 어류와 파충류, 식물과 과일, 향신료와 뿌리, 의복, 갑옷과 투구, 보트와 다른 현명한 사람들이라면 무척 즐겁게 읽을 희귀하고 진기한 물건들이 언급된다."(Hakluyt 1907, 12) 그 책의 독자들은 마치 신세계의 부를 기술하기 위해서는 특정한 언어적 과장을 써야 한다고 믿어야 할 것 같은 일련의 구절을 만나게 된다. 하지만 헤클뤼트에 따르면 낱말들이 '현명한 사람들'에게 주는 '즐거움'에도 불구하고 서술 대상들 자체를 보게 되면 그 낱말들이 무력해진다. 헤클뤼트는 텍스트 속에 열거된 대상들은 "보는 것이 훨씬 더 많은 만족"을 준다고 주장하면서, 그 증거로 자신의 경험을 제시하고 있다. "이 안에서 나의 유일한 즐거움은 적지 않게 부지런하게 보존되고, 적지 않은 비용을 들여 모아진 토지 전부를 보존, 유지하는 데 황홀했던 것처럼, 리처드 거트… 그리고 윌리엄 콥… 의 멋진 광물들에 있었다." 진기한 광물을 접하고 그 경이를 탐험하는 '황홀한' 즐거움은 하지만 대상들 자체뿐만 아니라 수집품을 쌓는 데 소비되는 '비용'과 '부지런함'의 증거 때문인 것으로 보인다. 그것은 즐거움을 주는 하나의 수집품으로서의 대상, 즉 부의 축적과 그것을 확대하기 위해 요구되는 노력의 증거로서의 대상들이다. 헤클뤼트는 여기서 '문화를 예행연습' 할 뿐만 아니라, 내가 보기에, 축적하고자 하는 욕망의 원시적 축적을 찬양하고 있는 것처럼

보인다.[19]

우리가 광의의 문화적 견지에서 생각한다면 어떻게 헤클뤼트의 수집들이 원시적 축적과 연관되는지 쉽게 상상할 수 있다. 리처드 하펀(Richard Halpern)은 《원시적 축적의 시학 The Poetics of Primitive》에서 바로 이런 확대된 시각을 주장했다. "우리가 여기〔르네상스 시기의 영국〕에서 가지고 있는 것은 나중에 자본주의적 사회 형태에 기여하고 이 자본주의적 사회에 연결되는 정치적, 법적, 경제적, 문화적 요소들의 발생론이다."(1991, 13) 하펀은 원시적 축적을 일련의 역사적 사건들로서가 아니라 그 추이를 이론화하는 수단으로 보는 데 관심을 가지고 있다. 그가 특히 마르크스의 자본의 이전사에 대한 논의에서 흥미를 느끼는 것은 그 논의가 자본주의가 '아직은 아니지만' '앞으로' 지배적인 사회 형태의 요소가 될 것이라는 점을 논의하는 데 이론가에게 제공하는 수단이다. 이런 노선에 따르면 헤클뤼트의 다양한 컬렉션은 그 자체로 지배적인 자본주의적 논리에 의해 규정되지 않을 것이다. 헤클뤼트가 오히려 지역적, 시기적 관심사, 자기 시대의 정치적, 선전적 요구에 호응했기 때문에 우리는 지배적인 자본주의적 논리 대신에 그의 텍스트들이 가지고 있는, 자본의 문제에서 보다 일반적인 함의를 갖는 보충 논리를 촉진하는 효과를 발휘하는 방식에 초점을 맞춰야 한다.

이 보충 논리는 특히 《가지각색의 항해》에 포함된 마지막 기록, 헤클뤼트가 여행가들이 제공한 기록에서 축적한, 신세계에서 손에 넣을 수 있는 상품들의 목록에서 명백해진다. 이 목록에 이어 잠재적인 탐험가들과 식민지 개척자들에게 하는 헤클뤼트의 충고의 말이—"그대들은 현재의 구제를 가져올 물건들을 탐욕스럽게 사냥해야 한다"—뒤따르고 있다(1966 K3). 욕심 많은 수집가에게 헤클뤼트의 목록은 매력적이었을 것이다. 이 목록에는 생물 범주(어류, 과일)와 귀금속 같은 사치품이 포함되어 있다. 상품의 이름은 헤클뤼트가 읽었던 다양한 이야기들에서 발췌한 것이고, 이 이야기 중 일부는

《가지각색의 항해》에 들어 있지 않은 이야기들이었다. 언급된 상품들에 대해 그가 직접 알고 있지 않았기 때문에, 그는 조심스럽게 이 상품들의 원문 상태를 강조한다. 그는 그가 읽은 자료에서 발견한 '상품들의 **이름 (names)**'을 반복하며, 그가 본 항목들을 풍경을 조망한 것처럼 기록하지 않는다(강조는 필자가 한 것임).

이 목록은 명백히 (잠재적인 '탐욕스런 수집가들'을 사로잡도록) 끝이 열려 있다. 이 책의 제목은 부분성(partialness)을 드러내고 있다(그 때문에 보충을 약속한다). 그 책에서 헤클뤼트는 자신이 수집한 이야기의 여행가들이 "많은 다른 것들 중에서 이 물건들을 보았다"고 주장한다(1966, K4). 그리고 나서 다시 목록의 말미, '맨 마지막' 분류에 무수히 많다는 것이 강조되고 있다. "이미 알려진 상품들과 마찬가지로 그 밖에도 아직 알려지지 않는 많은 것들이 엄청나게 존재한다."(K4) 게다가 목록의 '마지막'에는 책의 '맨 뒤'에 이르러도 '끝(Finis)'이 없다. 반면 이 책의 다른 두 장은 '끝'이라는 말로 맺고 있는데, 이것이 본문의 마지막을 표시하는 것처럼 보이지만 두 장 모두 다 끝난 것이 아니라는 게 드러난다. 정확히 '끝'이 예견되는 곳에, 즉 목록이 수록되어 책의 끝이라고 생각되는 '마지막'에 '끝'은 나타나지 않는다. 목록은 끝맺기를 거부하며, 이 책의 끝을 열어놓아 더 많은 수집이 가능하게끔, 즉 헤클뤼트가 후속 책에서 제공하고, 다른 편집자들이 그의 사후에 지속적으로 추가할 수 있게 해놓고 있다. 《가지각색의 항해》는 목록들과 함께 시작하며 동시에 목록으로 끝난다. 그리고 이 목록들은 독자로 하여금 이 목록이 계속될 것이라는 상상을 불러일으킨다. 또한 이 책이 영국 외부의 세계가 그렇듯이 만들어져가는 과정 중에 있다고 생각하게 만든다.

물론 목록 자체는 (경제적) '투자'이다. 하지만 이것은 그보다는 오히려 문자적으로 독자 쪽에서 투자, 즉 욕망의 투자를 촉진하게 될 풍부함을 형상화하는 작용을 하는 일종의 언어학적 과장이다. 언어적 풍부함에 끌린 독자는 문자적으로 약속된 것, 즉 목록으로 제시된 상품의 끝없는 공급을 획득하기 위해 투자하고 축적하는 것을 배울 것이다. 이 축적의 일부는 다시금 확대로 이어질 수 있다. 사물의 축적을 형상화하는 기표의 축적을 강조함으로써, 이 목록들은 사용 가치의 잉여 속에서 나타나는 진행 과정으로서 계속적인 축적-투자-축적-투자 간의 핵심 고리를 만들어내는 데 도움을 준다.

상품 목록은 여행기와 식민지 개척기의 상식이다. 때로 그 이야기들은 헤리옷의 버지니아에 대한 서술처럼 본문과 따로 별개로 인쇄되기도 한다. 하지만 대개는 이야기 자체 속에 통합되어 있다. 예를 들어 상인 로버트 톤은 그가 신세계에 눈을 돌리는 곳마다 이윤을 얻을 잠재성으로 가득 찬 풍경을 본다. "섬에서는 정향(丁香)과 육두구, 육두구 향료, 계피가 많이 나고, 금과 루비, 다이아몬드와 대리석 외에 다른 돌들, 그리고 적도 근처와 적도 아래에 있는 다른 모든 섬들과 마찬가지로 진주가 풍부하다. 우리가 보는 걸로 미루어 자연은 뭔가를 주는 데 인색하지 않다."(1966, B3) 신세계의 자연이, 보유하고 있는 자원의 무한함을 대변하듯이 신세계를 탐험한 유럽인들은 자신들의 축적에 어떤 한계도 설정할 필요가 없는 것이다. 축적의 초기 시기에는 잠재적인 상품과 식민지의 한계에 아직 도달되지 않았다. 그래서 제로섬 대결보다는 무제한적인 축적으로 나아갈 것을 촉구했던 것이다.

보충 논리에 의해 자극된 무제한적인 축적은 지속될 수 없었다. 무한대로 소비할 수 없는 노동 풀과 저항하는 원주민들이 있는 실제 세계에서 보충논리는 그 한계에 부딪혔다. 이 한계를 극복하기 위해 절대적인 (식인적) 소비가 자제될 것이 요청되었다. 그때 식인종은 무한한 (자본주의적) 소비에의 욕망과 그것의 불가능성을 보여주는 욕구의 위기 속에 등장했다. 비록 식인종이 결코 실재하지 않았다 해도 (특히 윌리엄 아렌스가 주장하는 것처럼) 식인종은 고안될 필요가 있었을 것이다. 형성과정에 있던 영국과 기능을 분담한 이야기 모음집 《가지각색의 항해들》과 《중요한 항해들》은 세계를 조각으로 나누어서, 영국이 그러한 조각들로부터 전체로 나타날 수 있게 만들었다. 보충 논리는 뚜렷하게 구분되는 '전체'의 편리함을 보존하면서 무한한 확장의 의미를 가능하도록 한다. 그 전체는 하지만 주변 모두를 위협하는 불확실한 것이었다. 이런—과거의 그리고 현재의—위협에 부여된 명칭이 식인종인 것이다.

4. 소비와 신세계 질서

현대의 전 세계 무대에 대해 비평가들이 지속적으로 관찰한 것 중 하나는 우리가 살고 있는 세계는 전례 없을 만큼, 그리고 일찍이 알려지지 않은 방식으로 하나의 체계로서 작동한다는 것이다. 많은 이론가들은 이런 '새로운' 체계를 설명하고 서술하려고 시도해왔다. 예를 들어 이것이 자본주의의 새로운 단계인가(Jameson 1991), 축적의 새로운 체제인가(Harvey 1990), '국경 없는' 하나의 '세계'인가(Miyoshi 1993)와 같은 문제 제기에서 그 점을 볼 수 있다. 욕구와 욕구의 표현에 대한 갈등을 특징짓는, 역사적으로 그리고 공간적으로 변화된 하나의 기호로서의 식인종에 대한 내 글의 결론에서 우리는 이 기호가 전개되는 동시대 세계에 관해 (근세 초기 세계와 연관해) 무엇이 '새로운' 것인가 생각해봐야 할 것이다.

20세기가 진행되는 동안에 특히 인상적인 자본의 재구조화는 서구에서—그것을 지탱하는 임금구조와 소비자 이데올로기를 동반한—대량 시장의 발전이었다. 데이비드 하비(David Harvey)에 따르면 궁극적으로 테일러주의로부터 포드주의를 구분하는 것은 포드의 "대량 생산은 대량 소비를 의미한다는 사실에 대한 명백한 인정, 즉 노동력을 재생산하는 새로운 체계, 노동 통제와 경영의 새로운 정치학, 새로운 미학과 심리학, 간단히 말해 새로운 종류의 합리적, 포퓰리즘적 민주주의 사회를 인정"한 데 있다(1990, 126). 소비만능주의는 포드 시대 이전의 생계형 노동자들을 대량 소비자로 이행시키는 데 도움을 준 이데올로기이다. 마르크스주의는 이런 이행을 의심스럽게 보는 경향이 있었다. 일정한 자본주의적 질서 속에서 가능한 소비의 힘과 쾌락에 대해 모두 회의적이었다. 이런 금욕주의의 잔재는 스탠리 애로노비츠의 다음과 같은 고찰의 토대를 이루고 있다. "물건을 사고 또 먹는 것이 소외된 노동의 대가, 즉 인정받고자 하는 갈망, 즐거운 노동과 놀이, 그리고 감소하는 인간관계를 그럴듯하게 만족시키는 수단이 되었다."(1990, 247) 이런 관점에서 보았을 때, 소비는 혁명을 방해할 뿐 아니라 단지 '거짓' 음식만을 먹일 뿐이다. 필수적인 사회적 자양물이 있어야 하는 곳에서 소비 자본주의는 오직 '치토스'의 형이상학적 등가물만을 제공할 뿐이다.

하지만 최근 들어 구매자를 단지 선전의 봉으로만 보는 것은 노동자들을 단순히 지배 계층에 의해 부과된 허위의식의 담당자라고 가정하는 것과 마찬가지로 힘들게 되었다. 그람시와 함께 좌파 이론의 많은 부분을 선택한 이론가들은 사람들의 소비만능주의에 대한 '동의'를 진지하게 취급하지 않는, 그리고 이 문제를 복합적으로 이해하려고 하지 않는 입장은 거의 인정하지 않는다.[20] 오늘날의 소비 정책에 특히 조심스럽게 접근해야 하는 하나의 이유는 세계적으로, 그리고 개별 국가 내에서 최고 부유층과 극빈층 간의 틈이 확대되고 있다는 사실이다. 지구상의 대부분의 국가는 아직도 기본적인 생필품을 얻기 위해 분투하고 있다. 그들에게 대량 소비상품의 소비는 문제가 되지 않는다. 심지어 부유한 나라에서조차 소비 능력은 인구의 대다수에게서 서서히 잠식되고 있다. 리처드 버닛은 이 점을 강조하기 위해 다음의 통계를 열거하고 있다.

세계 358명의 억만장자들은 7,600억 달러에 달하는 연결망을 소유하고 있다. 이것은 세계 인구 가운데 하층 45퍼센트의 수입과 같다…. 미국의 평균적인 CEO는 현재 평균 공장 노동자 임금의 약 145배 정도를 집에 가져온다…. 최근에 대략 미국 정규 노동자의 18퍼센트는 최저 생계비 수준의 임금을 벌었다…. 미국 흑인의 절반가량은 최저 수준 이하로 사는 가족에서 태어났다…. 1973년 이래로 미국빈곤층 아동의 수는 50퍼센트로 증가했고, 현재 22퍼센트는 가난하게 성장했으며, 그 수는 지속적으로 증가하고 있다.(1994, 754)

버닛의 핵심은 회사들이 글로벌 전략을 짤 때 더 이상 미국에 최우선적인 관심을 두고 있다고 생각해서는 안 된다는 것이다. 포드식의 온정주의(Paternalism)는 지나갔다. 하지만 시민을 위한 공동 책임을 다시 발화시켜야 할 필요성에 대한 버닛의 입장을 채택하지 않아도 우리는 소비가 현대 세계에서 엄청난 결과를 가지는 정치, 문화, 경제적 이슈가 되었다는 사실을 알 수 있다.

이것이 우리를 식인종으로 되돌아가게 만든다. 이 글의 첫머리에서 나는 카니발리즘이 동시대 영화에서 지속적인 모티브로 나타났다는 사실을 지적했다. 그리고 그것이 특히 소비만능주의에 대한 비판으로 전개되었다는 점을 지적했다. 또한 카니발리즘은 시장 분점에 대한 동시대 체인 회사와 기업가들의 전쟁 행위로서 서로를 (그리고 때로 스스로를) 식인종이라고 비난하면서 동시적으로 나타났다는 사실을 지적했다. 이어서 '식인종'은 근세 초기 영국의 식인종과의 조우를 거쳐 그것이 출현했을 때, 근세 초기 원형 자본가들이—자본주의의 원시적 축적에 대한 필수적인 욕망들을 발전시킴으로써— '욕구' 생산에서의 위기를 대처하는 데 도움을 줄 이데올로기적 목적으로 봉사했다는 사실을 지적했다. 또한 가장 최근의 식인종의 출현 역시 '욕구'에 대한 하나의 위기를 보여주지만, 그때와 같은 위기는 아니다.

그람시는 '위기'란 "낡은 방식이 사멸하고 새로운 것이 아직 태어나지 않을 때" 발생한다고 말하고 있다(1971, 276). 그는 이전되는 순간에 '병적인 징후들'이 나타난다고 주장한다. 나는 식인종에 몰두하는 것은 위기에 처한 자본주의적 욕구의 병적인 징후들 중의 하나라고 주장했다. 왜 근세 초기 식인종들이 후기 자본주의 기업의 장면에 다시 나타났는지 이해하기 위해 우리는 두 가지 계기들 속에서 식인종이라는 기표의 전개과정에서 가장 뚜렷한 차이점들의 하나를 고려해야 한다. 근세 초기 '식인종'은 서구의 '타자'로서 재현되었다. 그들은 야만의 가장 극단적인 형태였고, 이들에 대해 유럽의 문명은 (우월한) 대조로서 위치하게 되었다. 역으로 우리 시대 식인종들은 서구의 주체에 의해 '다른' 세계 속에서보다는 오히려 우리들 자신 속에 자리 잡게 되었다.[21] 카니발리즘은 더 이상 타자에 대한 부가어가 아닐 뿐만 아니라, 변별적으로 악마화된다. 사실상 식인종 테마는 현재의 비즈니스 담론에서 통렬한 비난과 경고에서부터 체념을 거쳐 분노에 사로잡힌 숙명에까지 등장한다. 하지만 '타자성'의 부담이 사라진 대신 근세 초기와 현재의 식인종들은 모두 자본의 경쟁이자 한계다. 현재의 자본은 식인적 욕구가 스스로의 불가능한 욕망이라는 사실―원래 자본이 인정할 수 없었던 것―을 (그릇되게) 인정한다.

반면 그리너웨이의 영화 〈요리사, 도둑, 그의 아내와 그녀의 정부〉는 소비―여기에 대해 근세 초기의 식인종은 선전/경고이다―의 한계를 강조하는 과제를 맡고 있다. 영화와 비즈니스 담론 양자에서 표명된 두려움은 어쩌면 그 중요성에 있어 근세 초기의 생산으로의 이행에 버금가는 글로벌 소비로의 조직적인 이행을 암암리에 시사하고 있을지도 모른다. 16세기 후반 영국은 여전히 자본화된 사회, 경제적 관계들로 어렵게 이행해가는 산고를 겪고 있었다. 자본은 지배적이 아니었을 뿐만 아니라 겨우 발아 단계였다. 반면 오늘날 자본은 지배 권력일 뿐 아니라 실제로 (비록 어디에서나 똑같은 방식은 아니라 해도) 지구상의 구석구석에 스며들어 있다. 16세기 후반에 자본주의적 관계의 가능성을 위한 조건들이 영국에서 농부들이 토지로부터 이탈됨으로써, 그리고 최초의 원형 자본주의적 노동자들이 자신들의 노동력을 판매하도록 훈육 받게 됨으로써 확립되어가고 있었다. 이 순간에 출현한 식인종은 생산에 대한 위협으로 묘사된다. 그들은 무역을 방해하고, 식민지의 확립, 사람들에 대한 적절한 점유를 방해한다는 것이다.

자본과 노동의 관계는 16세기 이래 수없이 재조정되었다. 하지만 가장 큰 변화의 하나는 소비만능주의의 출현에서 특징적이다. 식인종에 대한 가장 최근의 비즈니스와 문화적 담론은 강조점을 자본주의적 생산에서 대량 소비로 위치 변동시켜, 일차적으로 사람들이 비록 햄버거를 정리하고 샴푸 통과 치약 튜브를 채우는 기계를 감독하긴 하지만, 그들을 패스트푸드 햄버거와 수세식 변소의 생산자가 아니라 구매자로 본다. 서구 노동 인구 비율이 '서비스' 분야로 대거 이동한 것과, 생산 자동화의 증가는 이런 변화의 핵심적인 역할을 담당했다. 하지만 세계를 생산의 견지에서 보느냐 아니면 소비의 견지에서 보느냐에 상관없이 산업 대표자들은 욕구가 한계에 달하는 곳에서 식인종들을 발견하는 듯하다. 근세 초기와 동시대 식인종들이 만나는 곳은 욕구의 촉진과 그것의 '한계' 사이에 놓인 갈등 지대이다. 유럽인들이 '깨끗이 발라진' 뼈를 맞닥뜨리고 느낀 경악은, 기업가들이 어깨를 움찔하면서 '네 몫의 점심을 먹지 않으면 다른 사람이 그것을 먹을 것이다'라고 선언하는 포화된 시장의 전조를 의미한다. 이 '한계'에 대한 병적 집착 속에서 우리는 자본가들에게 도사린 식인종에 대한 진정한 공포를 발견할 수 있다.

자본의 가장 심각한 위기 경향은 '과잉 축적'―구매자에 비해 과도한 상품, 혹은 투자의 잠재력에 비해 과도한 자본―의 영향이다. 근세 초기에 우리가 이미 본 것처럼 영국의 식민지 팽창의 관심사 중 하나는 의류 무역을 후원하거나 그 대안을 발견하는 것이었다. 하지만 지리적 팽창은 일시적인 상태만을 제공할 뿐이다. "만일 자본주의의 지속적인 지리적 팽창이 실제적 가능성이라면, 과잉 축적의 문제에 대한 상대적으로 항구적인 해결책이 존재할 수도 있었다. 하지만 자본주의의 발전적인 이식이 지구의 표면을 가로질러 과잉축적 문제가 발생할 수 있는 공간을 확대하는 한, 지리적 팽창은 기껏해야 과잉축적 문제에 대한 단기적 해결책에 지나지 않는다."(Harvey 1990, 183) 그러므로 우리는 어떻게 근세 초기에 유럽 식민지 지배 세력에 의한 확장에 저항하는 상징이었던 식인종들이, 자본이 성공적으로 전 세계에 침투한 후에 자본 자체의 확립된 영토들에서 나중에 재차 출현할 수 있었는지 알 수 있다. 하지만 식인종들은 최초의 출현에서 일차적으로 과잉소비를 묘사할 때 노동력과의 자본주의적 관계를 해결하기 위해 이용된 형상들이었다. 반면 현재의 식인종들은 인간의 상품에 대한 새로운, 그리고 불확실한 관계를 해결하기 위해 이용된 형상인 것 같다.

그런 상징적 세계에서 소비 사회를 자본주의와 동일시함으로써 비판하는 〈요리사…〉 같은 영화가 어떤 종류의 간섭을 통해 만들어지게 되었을까? 만일 도둑이 이런 대량 소비 사회의 과장된 대표 인물이라면 분명 그것은 그리너웨이의 영화 영역에서 다른 단점들을 벌충할 만한 장점이 될 수 없다. 도둑은 시끄럽고, 탐욕스러우며 잔인하다. 그리고 그의 억양은 명백히 하층 계급의 특징을 보여준다. 반면 그의 아내, 아내의 정부 그리고 요리사는 영화 속에서 가장 동정적으로 다루어지는 인물들로 기호에 있어 조용하고 세련되었고 (금욕주의적이지는 않고), 유럽 상류 (특히 프랑스) 문화에 매혹되어 있다. 사실상 이 영화는 상류와 하류 간의 구분—이것을 문제 삼는 것은 문화 연구의 작업이 되어왔다—을 재강화하려고 힘들게 노력한다. 그리너웨이에게 있어 소비자 사회에 대한 대안은 엘리트적 문화의 세련성과 미학적 세련성인 것처럼 보인다. 그러므로 아내는 남편과 청중 모두에게 직접 카니발리즘을 비난할 수 있다. 왜냐하면 이 영화의 관객들 몇몇(대부분?)은 그리너웨이의 '상류 테이블'에 앉아 있을 가치가 없을 것이기 때문이다. 이 영화는 그 자체로 지역적인 혹은 전 세계적인 불평등한 분배의 문제에 관심을 갖는 영화가 아니다. 오히려 그리너웨이는 대량 소비의 유령에 홀려, 자신의 식인종들을 거기에서 발견하고 있는 것처럼 보인다.

근세 초기의 식인종들과 20세기 식인종들을 상호 연관 지음으로써 우리가 배울 수 있는 것은 무엇일까? 나는 근세 초기 신세계 식인종들의 인용을 통해 수행된 작업은 '욕구'의 위기를 인정하고, 그 위기를 봉쇄하려는 시도라고 주장했다. 현재의 자본은 기업가나 소비자 양쪽 모두에게, 또 세계적으로 그리고 '개발도상국' 모두에게 만족시킬 수 있는 것 이상의 욕구를 불러일으킨다. 하지만 그것과 똑같이 중요한 것은 들리지 않는, 의미의 생산과 순환이 다양하지만 불평등한 것은 아닌 이런 논쟁에 끼어들 기회를 갖지 못한 욕망들 전부가 목소리를 내도록 하는 것이다. 식인종들이 거칠게 떠밀려 들어온 이런 시점에서 '위험'은 과거처럼 '해결책'이 욕구의 생산과 만족이 기괴하게 불평등한 영역에서 지속적으로 수행될 상징적 체계를 재강화시키고 항구화할 것이라는 점이다. 벤야민의 '섬광' 속에서 식인종의 작업을 인정하는 것(과거의 기억을 붙잡는 것)은 우리로 하여금 다른 방향을 모색하게 만든다.

11.
우리 시대의 카니발리즘의 기능

매기 킬고어(Maggie Kilgour)

우리는 어쩌면 카니발리즘보다는 근친상간 때문에 돌아버릴 지경인지도 모른다. 하지만 그것은 오로지 카니발리즘이 아직 그 분야의 프로이트 같은 연구자를 발견하지 못했고, 주요 현대 신화의 지위에 올라서지 못해서 그런 것일 뿐이다.

(Girard 1977, 276-7)

1

내 제목이 매튜 아놀드의 〈우리 시대의 비평의 기능〉이라는 글을 단순히 주제넘고 심술궂게 패러디한 것처럼 보일지 모르지만, '비평'과 내가 제시한 주요 메타포인 '카니발리즘'이란 제목을 별 뜻 없이 교차시키는 데에도 재미있는 구석이 있을 것 같다. 아놀드의 에세이는 그가 살던 당시 영국 대중에 대해 비평을 단순한 예술적 창조라는 몸체에 기생하는 것이 아니라, 지적 활동의 고도의 자율적인 형식으로 진지하게 받아들일 것을 요청한 것이다. 물론 쉽게 취할 수 있었던 이런 메타포를 그 자신이 명백히 사용하지는 않았다. 비평가는 종종 자신은 창작을 할 수 없어서 다른 사람들의 작품을 기반으로 먹고사는 식인, 기생충, 흡혈귀, 약탈성의 송장 먹는 귀신이라고 공공연히 비난받았다. 그래서 아놀드와 같은 시대에 고티에는 비평가가 "절대 하나의 작품을 생산하지 않으며 진짜 흡혈귀처럼 단지 다른 작품을 더럽히고 망쳐놓을 수 있을 뿐이다"라고 비난했다. 스위프트도 그의 책 《책들의 전쟁 The Battel of the Books》에서 이와 비슷하게 경멸조로 비평을 '악신(惡神)', 괴물처럼 스스로를 잡아먹어 버리는 (스펜서의 질투와 밀턴의 죄의 남은 일부로 만들어진) 인공물이라고 구체적으로 표현했다. 그 악신의

> 두 눈은 마치 자기 자신만을 보는 것처럼 안쪽으로 향하고 있다. 그의 음식물은 자기 쓸개즙에서 넘쳐 나온 것이며, 비장(脾臟)은 너무나 커서 일곱 개처럼 눈에 띄게 발기할 정도라 한 떼의 추한 괴물들이 게걸스럽게 빨아대는 젖꼭지 형태의 군살이 필요 없다. 더구나 비장의 크기가 빨아들여 감소되는 것보다 더 빨리 커지는 걸 상상하면 정말 놀랍기 짝이 없다.(1973, 386-7)

비평이라는 것에게 책은 '대충 읽은 셀 수 없이 많은 책'(386)에 둘러싸여 있을 때 글자 그대로 먹어치우는 유일한 것이다. 비평은 예술적 창조성을 부당하게 약탈하는, 또 말콤 브래드버리가 학자적 삶을 풍자하고 있는《사람을 먹는 것은 나쁜 짓이다 Eating People is Wrong》(1959)에서 시사한 것처럼 어쩌면 스스로를 약탈하는, 해롭고 죄 받을 힘이다.

물론 비평이 이렇게 불쾌한 식으로만 묘사되고 있는 것은 아니다. 카니발리즘은 전통적으로 사회 질서를 위협하는 것으로 간주되는 세력들을 공격하고 저주하기 위한 정치적 목적으로 사용되어온 상투적인 풍자의 진부한 표현이었다. 그 이유는 부분적으로 음식 일반이 가장 기초적인 인간의 욕구이자 개인적, 민족적 그리고 심지어는 성적인 차이를 규정하기 위해 사용되는 고도로 복합적인 상징체계이기 때문이다. '식생활이 곧 그 사람'이란 말이 있듯이 문화적 정체성은 무엇이 식용에 적합하고 무엇이 그렇지 않은지

를 규정하는 음식물에 관한 사회적 금기에 의해 구성된다. 외국인은 자주 어떻게, 그리고 특히 무엇을 먹느냐는 점에서 규정되고, 식탁 예절이 나쁘거나 아니면 혐오스런 것을 먹는다는 이유로 비난받는다. 프랑스인들은 (선지와 갖가지 장기(臟器)를 먹고 살이 오른) 고상한 영국인이라면 손에 대지도 않을 개구리 다리를 먹기 때문에 '개구리'로 규정되는 것이 그 예이다. 이렇게 식생활은 문화적 차이를 만들어내는 수단이 된다. 일반적으로 '부자연스런' 섭생(攝生) 형식으로 간주되며, 훨씬 더 논쟁의 여지가 많은 식생활 종류인 카니발리즘은, 두 집단 사이에 분명한 경계를 구성하기 위한 하나의 이미지를 제공한다. 즉 '우리'는 문명인이고 고상하게 먹는다. '그들'은 야만적이고 미개하게 먹는다. '우리'는 정상적으로 먹고, '그들'은 비정상적으로 먹는다는 이미지를 제공한다. 카니발리즘은 다른 것으로 간주되며, 그 때문에 비록 글자 그대로 적용되지는 않는다 해도 최소한 유사성을 통해 통합될 가치가 있는 정치적 통일체를 위협하는 그룹에 대한 공격을 정당화하기 위해 사용될 수 있다.

종족주의와 제국주의를 정당화하기 위한 이데올로기 수단으로 이용될 수 있는 카니발리즘의 명백한 유용성에 주목한 윌리엄 아렌스는 자신의 문제작 《식인 신화 The Man-Eating Myth》(1997b)에서 카니발리즘이 결코 제의의 형태로 굳어진 관습으로 존재한 것이 아니라, 한 종족이 다른 종족에 대한 자신들의 우월성을 확언하기 위해 사용한 하나의 신화라고 주장했다. 아렌스의 주장에 대해 다른 인류학자들은 확실한 기록을 제시해 식인행위에 대한 보고서들을 입증했다(Sahlins 1979, Abler 1980, Brady 1982, Forsyth 1985). 아렌스가 보기에 이런 반응은 인류학 스스로의 정체성에 대한 두려움의 산물이다. 아렌스의 책을 읽어보면 카니발리즘 자체가 인류학이 원시인들을 식인하는 도구가 되었다. 인류학(anthropology)은 카니발리즘(anthropophagy)의 반대 이미지를 통해서 분과학문으로서의 자신의 모습을 갖추고 있다(그리고 두 단어의 동음 이의어적 익살은 명백히 이 양자의 구조적 상호 의존성을 암시하기 위해 쓰인다). 아렌스의 주된 관심은 자신이 속해 있는 분과 학문에 대한 비판에 있다. (대영제국의 전성기와 제국의 몰락의 시작이 동시에 진행된) 19세기에 하나의 학문으로 등장한 인류학이란 분과 학문의 비판을 통해 그가 드러내고자 하는 숨은 뜻은, 이제 '식민지 담론(colonial discourse)'이라 불리는 것의 가장 중요한 예, 즉 제국주의가 자신의 소망을 배척된 '다른 사람들'에게 투사함으로써 그들을 흡수하기 위한 스스로의 소망을 정당화시키는 제 전략이다.

아렌스가 보여준 것처럼 카니발리즘은 전통적으로 차이를 확립하고, 문명화된 종족과 미개한 종족을 구별해주는 종족 간의 경계를 구성하기 위해 사용되어왔다. 이것은 이 행위 자체가 전적인 차이의 상실을 포함하고 있기 때문에 다소 역설적으로 보인다. 명백한 범주의 불확정성은 카니발리즘에 대한 혐오의 일부이다. 카니발리즘은 소망과 두려움, 애정과 공격성이 만나는 곳이며, 육체가 상징적으로 되고, 문자가 형상적으로 되며, 인간이 단순히 물질적인 것으로 퇴행하는 곳이다. 사실상 카니발리즘은 절대적인 차이, 즉 먹는 자와 먹는 행위의 대립을 확립하는 것일 뿐 아니라 그들을 동일시하는 통합의 행위를 통해 그런 차이를 소멸시키는 것, 이 두 가지를 다 포함하고 있으며, 하나로 통합시킨다(Kilgour 1990, 7). 사실 나로서는 전적으로 비과학적이고 허술하며 명백히 주관적이긴 하지만 카니발리즘이 실행되었다고 확신하고 있음을 고백하고 싶지만, 부분적으로는 반대 의견을 가진 이들과의 관계 때문에, 또 단순히 내가 증거를 평가할 만한 자격이 있다고 느끼지 않기 때문에 '그들이 그랬다거나 아니면 그렇지 않았다거나' 하는 사실 논쟁에 끼어들고 싶지 않다. 내가 그렇게 확신하게 된 것은 일부는 내 자신의 잔인한 성격에서 유추한 것이기도 하고, 또 어머니가 들려주신 식인종 유머와 내 누이의 옛 룸메이트가 누군가에게 '먹혔다'는 말을 전해 듣고는 카니발리즘의 존재에 어떤 의심도 갖지 않게 되었다. 하지만 여기에서 내 관심은 카니발리즘이 오늘날 우리의 상상 속에서 갖는 역할이다. 그것이 사라져가는 혹은 최소한 축소되어가는 시대에 실재로서의 카니발리즘은 하나의 상징으로서 비평과 대중문화 양쪽에서 힘을 얻고 있는 듯 하다. 비평에서 카니발리즘은 떳떳치 못한 제국주의 과거에 의해 사용된 억압의 수단과 연관되어 있으며, 대중문화에서는 현재에 대한 두려움을 암시하고 있는 것으로 보인다. 1972년 지라르는 카니발리즘이 프로이트가 다른 사회적 금기, 즉 근친상간에 쏟았던 관심을 아직 받고 있지 못하고 있음을 애석해 한 바 있지만, 1960년대 이래로 식인은 현대의 신화적 형상이 되었다. 그리고 이것은 로메로의 컬트영화 〈리빙 데드〉 시리즈로부터 〈소일렌트 그린〉, 〈텍사스 전기톱 살인사건〉, 〈라울 먹기〉, 〈부자를 먹어라〉, 〈대 육식가〉, 〈CHUD〉와 보다 최근의 예술 영화들, 그리너웨이의 〈요리사, 도둑, 그의 아내와 그녀의 정부〉, 〈델리카트슨〉, 〈크로노스〉에 이르는 영화에서 나타나고 있다. 심지어 어쩌면 더 확실하게 식인종에 아카데미상을 안겨준 〈프라이드 그린 토마토〉와 〈양들의 침묵〉을 통해 할리우드의 주류에 편입되었다.

이 글의 후반부에서 우리 시대 식인종 중에 가장 유명한 한니발 렉터를 다시 언급할 것이다. 우리는 그에게서 카니발리즘이 동시대 신화가 되기 위해 필요한 프로이트를 발견하게 되었음을 알게 될 것이다. 여기서는 일단 의심스러워 보일 수도 있는 보다 큰 문화적 강박 관념과 연관하여 렉터의 위치를 규정하는 것으로 시작해보고 싶다. 그러니까 이 잔인한 주제와 관련해 우리의 관심은 무엇인가. 현대적 취향의 완전한 퇴보를 보여주는 하나의 표시, 그리고 모든 잔혹 행위에 대한 진보적인 수용인가? 아니면 그 반대로 카니발리즘과 맞서는 것이 우리의 악마들을 드러내고 맞섬으로써 몰아낼 수 있다는 신념 속에서 최후의 금기의 장벽을 깨부수기 위해 카니발리즘 자신의 '어둠의 심장' 속으로 향해 가는 용감한 사회적 항해를 보여주는 표시인가.

이 문제를 다루고 있는 많은 곳에서 카니발리즘은 명백히 스스로의 욕구에 대해서는 불안해하고, 그와 같은 잔인한 이야기에 대한 갈망은 점점 커져가는 소비 사회의 악몽에 대한 하나의—오히려 단순하다고 해야 할지도 모르지만—완벽한 이미지를 제공한다. 그래서 예를 들어 로메로의 〈사자(死者)들의 새벽〉에서 식인 좀비들에게 쫓기는 사람들은 칸막이 양쪽으로 재력 과시용 낭비를 돕는 두 개의 반사경 거울이 각기 다르게 달려 있는 한 쇼핑몰에 숨는다. 카니발리즘이 전통적으로 한 사회 안에서 기식(寄食)하는 것으로 간주되는 구성원들, 즉 법률가(라블레의 탐욕스런 그리페미노나 디킨스의 흡혈귀 같은 미스터 홀스)나 관료들(탐욕에 대한 고전적인 우화들), 비평가는 물론이고 여성들('사내를 호리는 요부들')을 풍자하기 위해 쓰였던 반면, 생산과 소비를 축으로 회전하는 자본주의 사회에서 카니발리즘은 생산은 하지 않고 소비하는 것으로 간주되는 사람들을 공격하는 수단으로서 새로운 공명을 얻고 있다.

그래서 카니발리즘은 다시금 풍자의 수단, 우리 자신에 대한 이상화된 신화들을 더 많이 패러디하는 하나의 비유이다. 이제는 식인적 과거, 즉 미개한 원시시대가 아니라 제국주의와 제국주의의 '식인' 사회에 대한 추론에 대한 관심뿐만 아니라, 식인적 현재, 즉 탐욕스런 에고에 의해 작동되는 고립된 현대 소비 세계에 대한 관심도 어느 정도 존재한다. 이 책을 출간하는 계기가 되었던 심포지엄이 시사하는 바와 같이 카니발리즘은 문학과 사회에 대한 인류학적, 신역사주의적, 탈식민주의적, 페미니즘적 분석에 힘입어 현대 세계가 다른 세계의 피와 몸을 희생시키면서 스스로를 구축할 수 있게 한 토대를 제공한 신화들을 해체하는 데 관심을 갖는 현대 비평의 중요한 주제이다. 이런 자기도취가 비평가들이란 언제나 갓 잡은 사냥감을 뜯어먹고자 갈망하는 식인종이라는 걸 확인해주는 것처럼 보일지 모르겠지만, 내 생각에 카니발리즘이 오늘날 문화와 비평에서 갖는 기능은 문화 비평의 한 형식으로서 갖고 있는 유용성에 있다. 과거에 식인종 형상이 인종주의를 뒷받침하는 차이들을 구성하기 위해 사용됐다면, 이제는 그런 차이들을 해체하는 과제 속에서 나타나고 있다. 하지만 나는 또 아렌스가 자신의 학문이 자기 형성을 위해 식인종에 의지하고 있다는 점을 비판하는 데서 영감을 얻어, 식인종 형상이 우리 자신이 이런 비평의 기능을 재현하는 데서 다소간의 모순을 보여주고 있음을 어떤 식으로 폭로하는지 밝히고자 한다.

아렌스가 시사한 것처럼 식인종의 범주는 늘 문화적 혹은 민족적 차이의 구성에서 한 부분을 담당했다. 그것은 원형적인 '다름'이다. 최근까지 식인종은 시간적으로나 공간적으로 거리가 있는, 먼 인물로 간주되는 편이었다. 고대 세계에서는 문명의 변방에 살고 있는 다른 이들에 대한 소문이 항상 있었다. 그리고 그들의 반 야수 상태는 그들이 서로를 먹는다고 전해진다는 사실에 의해 표시되었다. 카니발리즘은 문명화 과정에 대한 강한 적대감에 대한 이미지, 즉 문화에 의해 이루어진 진보를 위협하는 거칠고 길들여지지 않은 천성이라는 이미지를 제공했다. 또한 그런 힘은 이제 막 벗어났고 다시 거기로 퇴보할까 두려워하는 미개 상태인 문화 자신의 과거에 투사될 수 있나. 그래서 인간을 믹는 인간이라는 형상은 자연 상태의 사람들에 비해 문명화된 사람들이 얼마나 우월한지를 보여줌으로써 진보와 발전의 서사들을 지지해줄 수 있는 것이다(Arens 1976b, 14-16).

카니발리즘에 대한 이런 상징적인 여운들은 일부 신역사주의 학자들이 근대 유럽 문화와 정신의 형성에 있어 중심적이라고 주장했던 신세계의 발견과 함께 점점 더 중요하게 되었다. 카니발리즘이라는 보편적 신화는 위험천만하게도 신세계 식인종의 형상에 투사되자 새로운 생명과 보다 특화된 기능을 획득하게 되었다. 피터 흄은 식인종의 역할을 특히 근대 서구 정체성의 구성에 있어 한계 규정의 수단으로 분석한다. 흄은 어떻게 새롭게 규정된 식인종이 (그 자체로 이것은 외국어의 남용을 통해 만들어진 '다름'의 오해다) 생성

중에 있는 근대적 주체를 부각시키는 대립물이자, 편리하게도 문화적 전유(appropriation)를 정당화하는 수단으로 이용되는지를 보여주고 있다(1986, 15-87). 데카르트 철학의 근대적 주체는 다른 것과 분명하게 차이 나는 독립적인 실재로서의 자기규정을 위해 차이의 경계를 허무는 '다른 사람들'이라는 이미지에 의존하고 있다(Garber 1985, vii-viii). 근대 서구의 자아가 생산과 진보, 그리고 개인적 자율성에 대한 신념에 기초하고 있다면, 반대로 식인종은 소비와 퇴보, 그리고 분명한 정체성의 소멸에 근거하고 있다. 식인종은 이렇게 유럽적 주체에 대한 거울 역할을 하면서, 글자 그대로의 의미에서, 동시에 문명화된 사람들을 최초의 야만 상태로 회귀시킬 수도 있는 '원주민과 같은 생활을 할' 위험을 재현함으로써 유럽적 주체를 집어삼키려고 위협했다(Kilgour 1990, 25-8. Greenblatt 1980, 174-92).

하지만 비평가들이 밝힌 것처럼 초기의 많은 근대 작가와 학자들은 제국주의의 필요성과 계획에 대해 모호한 태도를 취했다.[1] 식인종의 형상은 늘 공포와 갈망의 대상이었다. 고대의 황금시대에 살던 거주민들, 키클롭스와 그들의 지배자 새턴은 식인종들로 그려지고 있다. 몽테뉴에게 있어 식인종은 그야말로 사회로부터 오염되지 않은, 정말로 직접적인 자기 자신, '자연 그대로'에 대한 원시 낭만적인 독서다. 몽테뉴 역시 알았던 것처럼 만일 식인종이 한 사회의 소중한 가치들을 위협하는 힘을 보여준다면, 그건 또한 경멸할 만한 가치들을 공격하고 위선을 폭로하기 위해 풍자적으로 사용될 수도 있다. 몽테뉴에게 있어 문명화된 사람들이 훨씬 더 미개한 만큼, 원주민들의 카니발리즘은 그들을 몰살시킬 적절한 변명이 되지 않는다. 몽테뉴는 비꼬아서 이렇게 말하고 있다.

> 그들의 결점은 그렇게 낱낱이 들여다보면서도 자신의 결점에 대해서는 그처럼 아무것도 보지 못하는 그런 행동이 얼마나 끔찍한 일인지 보아야 한

다니 유감이 아니라 슬프다. 내 생각에는 죽어 있는 인간을 먹어치우는 것보다 살아 있는 사람을 먹는 것이 더 야만스러운 것 같다. 인간이 죽은 후에 구워서 먹는 것보다는… 오감이 생생하게 살아 있는 육체를 고통스럽게 비틀고, 토막내 굽고, 개, 돼지처럼 갈가리 찢어서 뜯어먹는 것이 더.(1928, I, 223-4)

그래서, "우리는 그들을 미개하다고 부를 수 있을지 모른다. 이성의 법칙을 고려해서 말이다. 하지만 모든 종류의 야만성에 있어서 그들을 능가하고 있는 우리들을 고려해서는 아니다."(224) 몽테뉴가 여전히 '우리'와 '그들' 사이에 하나의 절대적인 차이를 보고 있긴 하지만 몇몇 최근의 비평을 예상했는지 일변하여 자연적인 것이 인공적인 것보다 더 우수하다고, 문명인에 비해 미개인이 더 뛰어나다고 주장한다.[2] 특히 글자 그대로의 것이 비유적인 것보다 더 정직하고 직접적이라는 이유에서 문화적 카니발리즘을 자연적인 카니발리즘보다 더 타락한 것으로 보는 맥케널(MacCannell 1992)을 볼 것. 그는 몽테뉴의 논리를 확장하여 사회에서 발견되는 식욕에 대한 소위 승화와 우회를 기만의 기호로 보고, "카니발리즘은 그 자체로 은유적 카니발리즘으로 변환되었다는 사실은 긍정적인 발전으로 환영받아서는 안 된다"고 주장한다.[2] 인생을 고상하고 의미 있게 사는 사람이 자연 상태의 사람이다. 이 말은 곧 실제의 카니발리즘 행동은 상징적이며, 그 때문에 유럽인들의 아무런 의미도 없는 폭력행위와 다르게 어떤 목적과 기능을 가지고 있다는 의미다. 그래서 몽테뉴는 '우리'와 '그들' 간의 차이를 고수한다. 하지만 그러면서도 여전히 '그들'을 '우리'의 역 이미지로 전환시킨다. 식인종은 이제 유럽인들의 악마화된 대립물이라기보다는 오히려 그들의 자연적인 삶이 현대 사회의 인공성과 위선을 폭로하는, 이상화된 대립물이 되는 것이다. 실재 그것이 존재하는 것과는 상관없이 탐욕스러운 섭취(introjektion)*를 구현하는 탁월한 형상인 식인종은 근대의 꿈과 두려움의 객관적 형상(projection)으로 전용되었다. 두려움의 대상으로서 식인종은 여전히 스스로의 제국주의적 식욕을 두려워하던 지리학적, 과학적 팽창과 진보에 기초한 하나의 문화가 원하는 완벽한 악마다. 또한 식인종은 이런 문화적 꿈에 의해 생산된, 다른 것과의 분리와 구별이라는 뚜렷한 관념에 의지하면서 동시에 여전히 돛을 올리고 배를 출범시켜—어쩌면 제국주의적으로—자신의 경계를 팽창시키기를 원하는 근대의 편협한 자아의 완벽한 분신이다. 이와 같이 대립적인 충동, 즉 자율성을 원하는 갈망과 자아를 초월하려는 열망에 의해 생산된 내적 긴장은 나중에 프로이트에 의해 분명하게 밝혀졌다. 프로이트는 카니발리즘이 사회의 주변에 잠복해 있어서가 아니라 사회의 중심을 구성하기 때문에 자아의 발전을 위협한다고 보았다. 프로이트에게 있어 카니발리즘은 《토템과 터부》의 끔찍한 신화 속에서 볼 수 있듯이 부친 살해와 식인 속에서 시작된 문명의 토대다. 프로이트가 쓴 성적(性的) 발달에 관한 탐구소설에서 개인은 세계와 하나 된 상태에서, 즉 성적 발달의 구강 단계에서 삶을 시작한다. 그는 이 단계를 카니발리즘적 실존으로 규정한다. 이 단계에서 유아는 세계로부터 자신이 분리됐다는 느낌을 갖지 못한다. 의식되는 것은 오직 어머니의 젖가슴뿐이다. 그것은 분리된 대상이 아니라 그 자신의 일부로 보인다. 개인의 최초의 실존, 즉 유아의 황금기는 그 때문에 상징적인 하나 됨(oneness) 속에 결합되어 있는 자아와 세계 간의 유동적인 경계들에 대한 식인 경험으로 묘사된다.

하지만 프로이트에 따르면 자아의식은 정상적인 발전을 위해 반드시 분리될 필요가 있다. 구강 식인 단계는 극복되어야 한다. 왜냐하면 모든 병리학은 초기 단계에 병적으로 집착하거나 그 단계로 퇴행하는 데서 기인하기 때

---

* 심리학에서 대상의 속성을 자기 것으로 동화시키는 것을 의미.

문이다(1961c, 77, 101). 하지만 결코 발달이 과거와의 완전한 단절을 포함하는 것은 아니다. 오히려 발달은 누적적이다. "한 시기 후에 다른 시기는 그렇게 갑작스럽게 이어지는 것이 아니라 점진적으로 이어진다. 그리하여 그 이전의 유기적 구성들 중 일부는 항상 다음에 이어지는 것들과 나란히 지속된다. 그리고… 심지어 정상적인 발달에서조차 완전한 변형(transformation)은 불가능하다. 최종 구조는 종종 이전 시기에 병적으로 집착한 흔적들을 담고 있다."(1963, 247) 이것은 특히 구강 단계에 신빙성이 있다. 왜냐하면 육체를 섭취하는 행위는 그 이후 시기의 개인적 정체성을 형성하는 행동들, 즉 섭취(introjection)와 동일시(identification), 그리고 내화(internalisation)의 모델이 되기 때문이다. 개인의 발전은 그 때문에 실질적 체내화(體內化, incorporation)*에 이어 보다 높은 형식의 정신적 포용(subsumption)이 뒤따르는, 일종의 대체를 통한 승화(sublimation)로 규정된다. 자신이 육체적으로 소비할 수 없다는 사실을 인식할 때 개인은 상징적으로 그것을 향유하는 방법을 익힘으로써 반응한다. 그 때문에 개인의 발달은 자연 상태에서 문화로의 진보, 축자적(literal) 세계에서 상징적(figurative) 세계로의 역사적 진보라는 프로이트의 서사를 축약하고 있는 것이다.[3]

그래서 발달이란 점증적인 과정으로서, 자기화하고 승화시킨 이전 단계로부터의 욕망을 포함하고 있다. 하지만 발달은 또 과거에 대한 동경을 불러일으킨다. 성인이 되면 우리는 주변 세계에 대한 현재 관계가 단지 '자아와 그 주변 세계 사이에 보다 긴밀한 유대에 상응한—사실상 모든 것을 아우르는—훨씬 더 많은 느낌의 축소된 잔재'에 불과하다는 걸 깨닫게 된다 (Freud, 1961b, 15). 개인은 개인적 정체성을 얻는 대가로 보다 큰 육체적 동

---

* 정신분석에서 대상을 자신의 내부로 받아들이는 것을 의미.

질화, 즉 어머니와의 최초의 공생(共生)을 상실했다는 걸 의식하게 된다. 발달 단계 초기에 가졌던 완벽한 욕망의 만족, 즉 외부와 내부의 명백한 일치 상태는 이후의 만족의 모델에 영향을 미친다. 그래서 프로이트는 "아이가 배부르게 젖을 먹은 다음 젖가슴에서 떨어져 나와 뺨에 홍조를 띠고 행복한 미소를 지으며 잠에 떨어지는 광경을 본 사람은 그 누구도 이 광경이 그 아이의 이후의 인생에서 성적 만족 표현의 원형이라는 생각에서 벗어날 수가 없다."(1961c, 48) "어머니의 젖가슴을 빠는 아이가 모든 애정 관계의 원형이 된 것처럼"(88), 생식기 성욕은 구강적 근원의 흔적들을 간직하고 있다. 사랑의 언어는 '좋아하는 어떤 것, 감미로운 것을 먹는다', '게걸스럽게 먹어 치운다' 등의 표현에서 보듯이 먹는 것과 성교를 동일시하는 메타포로 가득 차 있다. 따라서 프로이트의 관점에서 우리는 우리를 발달시키는 자율에의 열망과 우리를 후퇴시키는 동일시에 대한 갈망 사이에 분열되어 있다. 자아의 독립을 향해 가는 행진은 동시에 최초의 경험으로 되돌아가고 싶어 하는 갈망을 야기한다. (프로이트에 있어 이것은 잠재된 충동에 해당된다.) 그 때문에 문명화에서 느끼는 불쾌감을 포기하고, 세계와의 통합과 '하나 됨'이라는 최초의 상태를 추구하는 것이 카니발리즘이라는 행위로 나타나는 것이다. 우리의 최초의 갈망들은 쉽게 포기되거나 억제되지 않는다. "억압된 본능은 끊임없이 일차적 만족 상태의 반복 속에 존재하는 완전한 만족을 추구한다. 어떤 식의 대체 혹은 반발 형태, 그리고 고상한 순화물도 억압된 본능의 지속적인 긴장을 완벽하게 제거할 수 없을 것이다." "결론에 이르는 과정을 보여주는 전망 혹은 목표에 도달할 전망이 없음에도 불구하고"(36) 우리가 어찌됐든 전진해 나가는 것은 되돌아가는 길이 막혀 있기 때문일 뿐이다. 욕망은 최초의 만족의 형태를 갈구하며, 나중에는 마지못해 상징적인 대체물을 용인하는 것일 뿐이다.

그 때문에 퇴행이—그 자체가 완전한 행복의 황금시대를 방해하고 있지 않나 의심하고 있는 개인주의 문화에서 여전히 유효한—분열된 정체성에 병리적이고 해로운 것으로서 두려움의 대상이 될 때 긴장이 발생한다. 그래서 자아가 퇴행을 세계로부터 분리시키려고 필사적으로 싸우는 반면, 사랑은 병리학적 상태처럼 그런 고립을 돌파하고, 세계와의 합일이라는 최초의 구강 상태로 돌아가려고 시도한다. 사랑은 "자아와 사랑에 빠진 대상을 하나로 만들려고, 즉 그들 사이를 가르는 모든 경계를 허물려고 노력한다." 그 결과 "지고지순한 사랑 속에서 자아와 대상 간의 경계가 사라져버리는 징후를 보인다. 자신의 오감이 전혀 그렇지 않다고 증명하는데도 불구하고 사랑에 빠진 사람은 '나'와 '너'는 하나라고 선언하고, 마치 그것이 사실인 것처럼 행동할 준비가 되어 있다."(15) 성애 욕망은 "탐욕스러운 이빨로" 키스하는 연인들에 대한 다음과 같은 묘사에서 로마의 시인이자 유물론 철학자 루크레티우스가 알고 있었던 것처럼 먹어 없애버리는 열정이다.

> 그네들 탐욕스럽게 껴안고, 입 맞추고, 빨아들이네,
> 서로의 영혼을. 그리고 물어뜯네, 뜨거운 욕망으로.
> 허나 부질없는 짓. 두 사람은 결코 사랑하는 그가 될 수 없느니,
> 완전히 그 사람에게 들어갈 수도, 그와 하나가 될 수도 없음이로다.
>
> (Sandys 1970, 207에서 재인용)

루크레티우스는 후에 프로이트가 그런 것처럼 사랑은 우리가 유아기에 경험했던 주체와 객체 사이의 절대적 친밀함을 갈구하지만 재창조하지 못하는 이성에 궁극적으로 만족하지 못한다는 것을 시사한다. 게다가 격렬한 욕망을 성취하지 못한 사랑은 공격성, 즉 하나가 되기 위해 다른 사람을 완전히 소비하려는 욕망과 구별하기 어려워진다. 카니발리즘 자체는 욕망과 증오의 혼합으로 간주되어왔다(Sagan 1974, 81). 볼테르의 《철학 사전》에는

'사랑(amour)'이란 표제어 바로 뒤에 '식인종(antropofages)'이란 표제어가 나온다. 볼테르는 여기서 '나는 사랑에 대해 얘기했다. 서로 키스하는 사람들로부터 다른 사람을 먹는 사람들로 이동하기가 쉽지 않다'(1962, 86)고 말함으로써, 그렇게 하는 것이 전적으로 어려운 것은 아니라는 걸 잘 알고 있다는 해석을 열어두고 있다.

이런 관점에서 카니발리즘은 보다 큰 공동의 정체성으로 다시 흡수됨으로써 분열된 개인적 정체성에서 해방되고자 하는 맹렬한 갈망, 모순적인 (ambivalent) 갈망을 나타내는 하나의 이미지가 될 수 있는 것이다. 근대적 자율성의 대가는 고독한 감금, 즉 감옥에 갇혀버린 자아의 고립이고, 그 반대로 카니발리즘은 보다 큰 공동의 사회적 정체성이라는 황금시대의 이상이다(또 Bahktin, 1968, 281쪽을 읽어볼 것). 그래서 카니발리즘은 최초의 합일 상태로 회귀하려는 욕망과 결합되어 있다. 하느님의 육체를 먹는 것이 인간과 신을 동일화하는 수단이 되는 기독교의 공동 제의는 이런 카니발리즘의 상징적 기능을 알고 있는 것이다. 또한 이 점은 고대의 신화와 자신의 아이들을 잡아먹는 새턴(크로노스) 신화를 정신이 그 근원으로 회귀하는 것을 상징하는 것으로 읽어내는 신플라톤주의 해석에서도 나타나고 있다 (Plotinus 1964, 99). 카니발리즘은 재합일의 제의가 된다. 따라서 인류학자들이 '족내 카니발리즘(endo-cannibalism)'이라 부르는 것, 즉 누군가의 혈족을 먹는 것은 개인이 공동체에 흡수되는 길이며, 사회적 총체성 (wholeness)을 복구하는 길이다.

그러므로 카니발리즘은 또한 향수(nostalgia)의 한 형식으로 간주될 수도 있다. 그런 점에서 식인을 하는 크로노스가 황금시대의 지배자이자 우울 (melancholy)의 신이라는 사실은 적절해 보인다. 따라서 오늘날 식인 문제에 관한 우리의 관심은 향수의 또 다른 형식들, 다시 말해 잃어버린 시대, 잃어버린 세계와 종족, 심지어 가까스로 숨겨진 욕망을 향한 갈망과 근대적인 개인화된 주관성이 출몰하기 이전의 시대를 복원하려는—비록 모순되기는 하지만 보다 심원한—욕망과 일치하는 것 같다. 아마도 오늘날 카니발리즘에 있어서 초점은 그것도 그들이 부분적으로는, 외부 세계에서 그리고 구성주의자(constructionist)들의 주장을 통해서 철학적 혹은 심리적 범주로서도 사라지고 있는 바로 이 시대에 자연인, 야수 같은 사람들, 미개인에 대한 생각이 자유롭게 활보하는 걸 원하지 않는 우리 자신의 문화적 거부감의 표시인 것이다. 하지만 오늘날 문화에서 카니발리즘은 잃어버린 몽테뉴적 이상을 불러일으키기보다는 오히려 종종 우리 자신의 탐욕스런 자아를 공격하고, 근대 세계가 우리에게 천형으로 물려준 고립에 대한 분노를 표현하는 데 익숙해져 있다. 신세계의 발견과 더불어 등장한 식인종의 형상이 진보와 개인주의, 자본주의와 제국주의를 향한 욕구를 재강화하는 데 익숙해져 있었다면, 오늘날의 카니발리즘은 그것을 공공연히 비난하기 위해 나타난다. 식인종은 더 이상 진보의 적이 아니라, 이제는 진보의 창조물, 유럽 정신의 산물로 간주되고 있다.[4] 오늘날 식인종의 형상은 식인종으로 악마화된 '다른 것'을 적대시하는 근대적 주체의 구조가 아이러니하게도 어떤 호텐톳족* 사람보다노 더 음험한 '식인 사아 (cannibal ego)'를 생산해낸다는 사실을 폭로하기 위해 사용된다(McCannell 1992, 25, 266, 68). 식인 신화는 여전히 우리와 함께 있다. 하지만 지금은 다른 사람들이 아니라 우리 자신에 관한 이야기가 되었다는 것이 명백히 드러나고 있다. 식인종은 우리 세계의 변경에서 바로 그 중심으로 이동한 것이다. 만일 신세계 식인종이 르네상스 자아에 대립되는 하나의 거울로서, 새로운 세계와 자아를 꾸미기 위한 끝없는 잠재력을 열어주는 일종의 우주와 같은 의미를 가지고 있었다면, 우리 시대의 식인종은, 항상 굶주려 있지만 또한 보다 간접적이고 세련된 만족의 형식을 찾

---

* 남아프리카의 니그릴로 인종에 속하는 소수부족. 부시맨(155cm)보다는 키가 크고(161cm) 두상이 같다.

는 자신들의 욕구의 결과를 식인종을 통해 확인하고 소스라치게 놀라는 근대적 소비사회 속의 자아를 말해준다. 결국 《양들의 침묵》에 등장하는 식인종 한니발 렉터는 '소비하는' 독자와 비평가의 모습에서 요약되고 있는 근대적 자아를 상징하는 하나의 이미지가 된다.

2

한 비평가가 말했듯이 《양들의 침묵》은 극단적으로 암시적인 작품으로, 지난 시대의 공포 이야기들을 잡아먹고(제 살 깎아 먹듯이 해체하고) 만들어졌다. 한니발 렉터는 괴기소설에 나오는 미친 과학자들, 프랑켄슈타인과 지킬 박사, 모로 박사같이 자연에 부당하게 간섭한, 도를 넘어선 실험가들의 변형이다. 또한 분석과 발견을 동일시하고, 부자연스러운 섭취형태들의 상호관계를 기반으로 한 각본이라는 점에서 《양들의 침묵》은, 정신 병원이라는 배경을 통해 간접적으로 반 헬싱과 드라큘라 사이의 관계가 의사와 환자의 관계임을 보여주고 있는 《드라큘라》를 회고하고 있다. 렉터의 범죄는 이자들보다 더 엄청나고 동시에 더 거칠다. 그는 악마적 천재, 즉 자신의 총명함 때문에 다른 사람들로부터 고립된 진정한 개인이다. 초인간이 되려함으로써, 다시 말해 분리와 객관성을 통해 자연적인 세계로부터 스스로를 소외시키려 함으로써 렉터는 그 어떤 미개한 짐승의 야만적인 행동보다 더 나쁜 기괴한 야만행위를 저지르는 초인간적인 괴물이 되어버린다. 그의 범죄, 즉 카니발리즘은 여러 가지 점에서 의미심장하다. 마치 한니발이라는 이름을 가진 누군가는 식인종(cannibal)이 될 수밖에 없을 것이라는 사실이 정교한 논리를 따라 중층적으로 결정되어 있는 듯하다. 또 이 예사롭지 않은 이름은 그에게 고대의 영웅상(한니발 장군)을 제공한다. 이것을 통해 렉터는 현대 세계로부터 스스로 거리를 두고,—비록 실패하긴 했지만—제국주의자들의 기획과 스스로를 일치시킨다. 프로이트 말대로 만일 모든 병리학이 우리 자신의 발달 단계로의 회귀라면 렉터는 구강기가 확대 과장되어 있는 것이다. 글자 그대로 식인종의 자아로서 렉터는 또 근대의 홉스적 개인, 즉 세계와 다른 인간을 오직 소비의 대상으로만 보고 그들로부터 유리된, 오직 의지와 욕구에만 지배되는 근대 홉스적 개인의 과장된 변형이다. 그에게는 발달과 퇴행이 동시에 간직되어 있다. 그 때문에 렉터는 대단한 문화와 세련미를 갖춘 사람이고 훌륭한 매너를 갖춘 신사며(그는 결코 숙녀를 먹지 않는다), 세련된 미학과 잔인한 미개인의 취미 모두를 갖고 있는 사람으로서 야만과 문명 사이의 닮은꼴을 폭로한다.

현대의 식인종 자아로서 렉터는 한층 더 흥미로운 여운을 갖고 있다. 렉터는, 지라르가 불평했듯이 정신분석이 일반적으로 근친상간의 금기에 초점을 맞춘 데 비해 프로이트는《토템과 터부》에서 문명의 기원 뒤에 어두운 비밀로서 자리 잡고 있는 카니발리즘에도 똑같은 관심을 보였다는 사실을 우리에게 상기시켜준다. 렉터를 통해 카니발리즘은 정신분석이 숨긴 무시무시한 진실이 된다. 프로이트에게 있어 정신분석학자는 무엇보다 억압된 것과 무의식적인 것의 어두운 대륙을 탐험하는 사람이다(1965a, 51. Day 1985, 177-90). 또한 이드, 즉 개인의 본능적 충동은 "우리의 개성의 어둡고 접근할 수 없는 부분", "적대적인 충동들이 나란히 존재하고"(Freud, 1965a, 65), "자아의 절멸을 위협하는"(1960, 47) 무질서하고 혼란스런 영토이다. 정신분석학자의 목표 중 일부는 우리가 무의식적인 것을 의식하도록 돕고, 스스로의 욕망으로부터 자유로워지게 하고, 야만적 충동의 영토를 식민지로 만드는 것이다. 그 결과 프로이트가 내적인 제국주의을 향한 자신의 꿈을 그렇게 표현했듯이 "이드가 있는 곳에 에고가 반드시 있게 된다. 문화의 작업이 바로 그것이며, 그것은 조이데르 해(海)*가 하는 일과 다르지 않

---

* 네덜란드 북쪽 해안의 얕은 만. 지금은 둑으로 바다와 차단되어 있다.

다."(1965a, 71) 《꿈의 분석》에서 프로이트는 자신의 어린 시절의 영웅이 한니발이었다고 털어놨다. 그는 한니발의 로마 제국에 대항한 전쟁을 로마 교회에 대항해 싸운 유대인의 투쟁에 대한 하나의 비유로 읽었다. 한니발은 그에게 "외래 종족에 속하는 것이 무엇을 의미하는지"(1965b, 229)를 이해하는 데 도움을 주었다. 정신분석학자로서 프로이트는 낯선 국외자가 제국주의자 정복자가 되듯이 한니발의 패배를 승리로 바꾸어놓는다. 식인종(Cannibal) 한니발(Hannibal)에서 프로이트의 꿈은 더욱 더 글자 그대로 드러난다. 정신분석이 육체보다는 오히려 정신을 정복함으로써 제국주의의 가장 자비롭고 문명화된 형태로 간주될 수 있는 반면, 해리스의 소설 《양들의 침묵》에는 고상함이라는 가면 뒤에 육체에 대한 비밀스럽고 점증하는 욕구가 감추어져 있다. 그래서 이 소설은 또한, 식인종을 문명화시키려는 식민주의적 충동이 실제―상징적인 것만은 아닌―카니발리즘이 되는 콘래드의 《어둠의 심장》을 그대로 받아들이고 있다. 《양들의 침묵》에서 이 정신적인 제국주의자는 실제 식인종으로 변한다.[5] 카니발리즘은 렉터가 완전히 치유하는 길, 최소한 끝없이 이어지는 정신분석을 끝내는 길이다. 그는 "치료가 어디에서도 진행되지 않을"(Harris, 1988, 54) 때 환자 한 사람을 죽여서 먹는다. 정신과 의사를 식인종으로 만듦으로써 이 소설은 한 비평가가 주장했던 것처럼 "정신을 까발리는 것은 육체를 까발리는 것에 못지않은 폭력이다"(Halberstam 1991, 48. Young 1991, 5-35)라는 점을 암시하고 있다. 다른 사람의 정신을 들여다보는 것은 폭력 행위, 즉 육체적 소비로 이끄는 정신적 제국주의 침략인 만큼, 정신분석과 카니발리즘은 종류의 다름이 아니라 단지 정도에 의해서만 서로 구별될 뿐인 하나의 연속체(a continuum)를 형성하고 있는 것이다.

다른 많은 중세 후기 작품들처럼 이 소설은 명백히 서로 다른 행위와 인물들 간의 유사성을 확보해주는 겹치기(doubling)의 패턴에 의존하고 있다.

그런 겹치기의 논리는 대립되는 것이 동일한 것으로 변할 것이라는 사실을 암시하고 있기 때문에, 심지어는 하나가 다른 하나를 파괴시키기 때문에, 그 자체로 일종의 카니발리즘적인 특질을 가지고 있다.[6] 해리스의 초기 소설 《레드 드래곤》에서 렉터와 구강기에 사로잡혀 있는 다른 정신병자인 '이빨 요정'은 남성이자 과학자, 탐정인 빌 그레이엄의 상대되는 짝을 이루고 있다. 이 소설은 고전적인 중세 후기의 문제, 일차적으로 닮은 추적자와 도망자, 탐정과 범죄자라는 문제를 제기한다. 렉터는 상대역에게 "우리는 정말 똑같다"(Harris 1982, 67)고 말하며, 그레이엄의 목표의 일부는 스스로와 다른 사람들 모두에게 그들이 둘이 아니라는 사실, 즉 둘을 따로 얘기하는 방식이 존재한다는 사실을 재확인시키는 것이다. 《양들의 침묵》에서 렉터의 상대역은 클래리스 스텔링이다. 그녀와 그의 결속은 두 사람이 처음 만났을 때 명백해진다. 그때 그녀는 "그는 작고 단정하다"는 걸 알아차린다. "그의 손과 팔에서 그녀는 자신과 같은 강인한 힘을 보았다."(16) 두 상대는 함께 일하고, 지식을 교환하며, 서로를 분석한다. 그리고 비밀을 교환함으로써, 누가 누구라고 말하기 힘들게 된다. 둘 다 형사이자 정신분석가이고, 또한 분석 중인 환자다. 둘 다 자신들이 갈망하는 비밀스런 앎을 위한 실마리를 찾으려고 서로가 서로를 읽는 해석자이다.

스텔링이 렉터를 만나는 동기는 사회적 감시를 위해 사회를 잡아먹는 징후를 보이는 정신적 감시를 이용하는 것, 즉 글자 그대로의 카니발리즘을 보다 사회적으로 용인된 봉쇄의 형식으로 전환시키는 데 있다. 렉터를 이용해 또 다른 범죄자 버팔로 빌과 싸우는 데 도움을 얻을 목적으로 스텔링은 자신의 비밀을 조금씩 털어놓음으로써 스스로를 미끼로 활용한다. 여기서 두 사람이 갖는 동기를 통해 이 두 상대의 구별이 가능해진다. 렉터가 자신을 위해 사회를 이용하는 반면, 클래리스는 사회에 봉사한다. 전형적인 중세의 이원론에서 이타주의는 이기심과 대립 항을 이루고, 공동체는 탐욕스러운 개인적 자아와 대립 항을 형성하고 있다. 게다가 렉터 혼자만 범죄자다. 제목의 의미를 밝혀줄 실마리이기도 한 클래리스의 비밀은 실제 죄의식이 아니다. 정통 프로이트주의자들이 우리에게 기대하게끔 하는 것과는 달리 여기에는 성적인 성격(가족 소설)이 없다. 일반적으로 이 이야기의 비밀은 심지어 버팔로 빌의 경우에도 성욕의 의미에서 해명되지 않는다. 클래리스의 괴기스런 과거는 몇몇 쇼킹한 경험들로 구성되어 있다. 아버지의 잔인한 죽음, 그 후 처음에는 친척에게, 그 다음엔 고아원으로 가야 했던 일, 특히 이모의 도살장에서 겪은 무시무시한 경험은 이 이야기의 제목을 설명해준다. 하지만 이런 경험은 공설 도살장 주변에서 성장한 그녀가 "어려서부터 도살 과정에 대해 원하는 것 이상으로 많이 알게 됨"(27)으로써 또한 그녀를 렉터와 연결시키고 있다.

제목에 나타난 양들은 텍스트 속에 변화와 거듭남, 그리고 부활이라는 중심적인 테마를 끌어들이는 종교적인 비유 패턴을 강화시킨다. 이런 패턴의 대부분은 악마적 세례를 시사하는 '뜨내기들'의 이미지나, 새 소녀를 입고 늙은 남자를 벗어버리고 싶어 하는 버팔로 빌의 섬뜩한 글자 그대로의 전환의 일부인 소녀의 매장과 3일째의 부활 같은 것에서 볼 수 있듯이 차용한 것이다. (드라큘라의 뱀피리즘과 같이) 카니발리즘 자체는 성찬식의 왜곡된 변형으로 나타나고, 렉터는 골고다와 십자가에 못 박힌 예수(예수의 몸 위에 그는 클래리스의 머리를 겹쳐 그려두었다)를 그린 자신의 그림뿐만 아니라, 미친 이웃 새미(드라큘라의 렌필드와 종교적 광신도들, 이 모두의 후예) 같은 뒤얽힌 아이콘들로 둘러싸여 있다. 클래리스의 이야기는 소설이 그녀의 성장과 쇼킹한 과거로부터의 해방을 그림으로써 렉터와는 대조적으로 잠재적인 변화와 발전의 규범을 시사하고 있다.

이 이야기의 플롯에서 클래리스의 역할은 렉터가 치료를 돕는 환자의 역할이다. 그녀의 이야기는 의사와 주체 사이의 완전한, 그리고 대개는 성적인 차이에 의지하고 있는 프로이트적 정신분석의 변형이다.[7] 남성 과학자는 숨겨져 있어서 늘 따라 다니는 묻혀 있던 과거를 노출시킴으로써 여성 환자를 치료한다. 이 소설의 마지막 단락은 이런 과거로부터의 단절에 초점을 맞춘다. "깊이, 달콤하게, 양들의 침묵 속에서"(367) 잠에 빠짐으로써, 심지어 잠재의식조차 과거의 악마들로부터 정화된다.

영화 역시 클래리스의 변신을 전면에 내세운다. 하지만 약간 다른 이야기 모델을 만들어내고 있다. 괴기스런 시나리오 자체는 정신분석적 관계 아래 잠복한다. 전통적인 괴기물에서도 여자 주인공은 성장하고 성인 여성의 정체성을 얻기 위해 늘 따라다니던 과거로부터 해방되어야만 한다. 영화는 스텔링이 숲을 달려가는 장면으로 시작된다. 우리는 이것을 일차적으로 괴기물에 나오는 추적 장면의 하나로 해석할지도 모른다. 하지만 곧 그녀가 FBI 트레이닝 코스를 밟고 있다는 걸 깨닫게 된다. 이 오프닝 신은 클래리스가 어떻게 괴기물의 여주인공 역할을 수행하는지를 은밀하게 보여준다. 자신의 과거 경험들을 통해 클래리스는 아버지를 살해한 사람을 연상하지만, 동시에 그것을 넘어 그녀의 선조들을 연상함으로써 몇 가지 점에서 원시 종족이라고 느껴지는, 그녀를 늘 따라 다니는 과거와 맞서고 타협할 수 있게 된다.[8] 현대 여성으로서 클래리스는 렉터가 "네 어머니처럼 되지 않으려고 필사적인"(22) 자신을 조롱할 때 인식했던 것처럼, 스스로를 이런 원시적 기원에서부터 분리시키려고 노력한다. 또한 한 여성으로서 클래리스는 만일 낡은 여성성의 늪에서 '진화'하지 않았더라면 자기 자신일 수도 있는, 자아의 이미지들인 희생자들과 동일시된다. 클래리스는 법 정신분석을 통해 이런 동일시로부터 스스로를 분리시킨다. 그렇게 함으로써 또 그녀는 대개 수동적이고, 육체적으로나 정서적으로 가족으로부터 분리될 능력이 없는 전통적인 괴기물의 여주인공 상으로부터 스스로를 분리시킨다. 그 이름에서 괴기물에 영향을 끼친 감성적인 리처드슨적 여성다움의 모델을 연상시키는 클래리스 스텔링은 새로운 여성 유형이고, 크리스티의 미스 머플과도 큰 차이를 지니는 최신 유행의 여성 탐정 유형이다. 영화와 소설이 진행되면서 우리는 그녀가 여성 살해범뿐만 아니라 아직도 체제 속에 남아 있는 봉건적 여성 차별에 대항해 싸우면서, 면전에서 그런 새로운 여성 유형으로 진화해가는 것을 보게 된다.

《양들의 침묵》에서 클래리스의 성적 정체성은 두 중심인물 사이에 하나의 명백한 차이를 제공해줄 것이다. 하지만 동시에 비평가들이 지적한 바와 같이 등장인물 모두가 성적으로 모호하다. 수사관이 된 후 클래리스는 FBI라는 남성의 세계에 들어선다. 그 때문에 렉터에게 약간의 여성적인 특징이 주어지는 반면에 그녀는 자웅동체적 인물로 나타난다. 렉터의 동성애는 비록 명시적이지 않지만 암시적으로 나타난다. 이 세계에서 카니발리즘은 분명하고 직접적이지만, 성 그리고 남성과 여성 사이의 차이는 흐리고 규정하기가 힘들다. 동시에 이야기는 동성애와 카니발리즘의 전통적인 결합에 간접적으로 의지하고 있다. 이 두 가지 모두 일반적으로 차이의 상실을 포함하는 것으로 우려되던 것이다(Crain 1994, 25-53). 차이의 표시를 의미하는 성징의 불안정성은 버팔로 빌의 형상에서 명백해진다. 더 나아가 빌은 클래리스와 렉터 간의 동일시를 강화시킨다. 빌은 렉터의 드라큘라 역에 대해 렌필드 역을 함으로써 애초의 도착(倒錯)에 대한 일종의 왜곡된 분신이 된다. 렉터의 지킬 박사 역에 대해 그는 (가명이기 때문에 이런 맥락에서 완전히 새로운 의미를 획득한 이름) '미스터 하이드'이다. 렉터가 빅토르 프랑켄슈타인의 후예라면, 빌은 "프랑켄슈타인과 괴물 양자를 결합한다. 그는 과학자, 창조자이고, 형성되고 조각되고 꿰매지고 조립되고 있는 육체다."(Halberstam 1991, 46) 렉터와 빌은 자기 내부와 외부에 자기와 타자간의 대립을 깨는 체내화(incorporation)라는 보충 수단을 가지고 있다.[9] 피부가 자기와 세계 사이의 경계이기 때문에 버팔로 빌이 다른 사람의 외피를 전유(專有)하는 것은 다른 사람을 만나는 보다 전통적인 방법들에 대한 후속 패러디 버전이다. 여자의 몸과 자신의 몸을 합체시킴으로써 빌은 남자와 여자가 상징적으로 하나의 육체가 되는 결혼 제의를 글자 그대로 해석하여 남성과 여성 사이의 경계를 불분명하게 만든다.[10] 빌의 범죄는 또 식민지 담론처럼 자기 자신을 '단장하고' 여자를 포획하기 위해 자신의 성적 '타자'를 대상화하게 만드는 소비자 심리에 대한 섬뜩한 패러디이기도 하다. 하지만 빌의 실제 목표는 남성을 여성으로 전환시켜 성적인 차이를 초월할 수 있게 함으로써 스스로에게 새로운 여성의 자아를 '만들어줄' 수 있는 완전한 해석자가 되는 것이다. 스스로를 변형시키려고 함으로써 빌은 클래리스의 굴절된 변형이 된다. 그녀가 전통적인 여성성의 한계를 벗어나는 것처럼, 그는 보다 직접적인 수단들을 통해 정통적인 남성성에서 벗어나는 길을 찾고 있는 것이다. 빌은 자신의 희생자들의 입 속에 들어 있는 나방의 존재가 암시하듯이, 스스로가 행하는 자기 초월 시도의 상징적인 성격을 이해하고 있다. 그것은 버팔로 빌의 범죄 동기가 '거듭남'과 '변화'라는 사실을 시사한다. 클래리스처럼 그는 성적 차이라는 관습적인 생각에 의해 제한된 과거의 자아로부터 스스로를 해방시키려고 시도하는 것이다.

빌과 클래리스의 발전과 자기 변형에 관한 이야기, 자연적인 성적으로 규정된 정체성이라는 제한된 경계를 초월하려는 시도에 관한 이야기는 다시 렉터의 이야기와 연관된다. 소설의 플롯에서 렉터의 역할은 소설이 보여주는 카니발리즘적 도착 형태를 적절하게 예증하는 것이다. 명백히 단지 악한 자들에 맞서 선한 사람들을 도와주기 위해 도입된, 논리적으로 순환적인 인물인 냉혹한 성격의 렉터는 이야기의 중심인물이 된다(그리고 앤소니 홉킨스는 이 점을 잘 알고 있었다). 유럽의 탐험가들이 두려워했던 것처럼 변방의 식인종 국외자들은 중앙을 식민화하고 정복한다. 우리는 렉터의 과거에 관해, 즉 무엇이 이 괴물을 탄생시켰는지에 대해서는 어떤 것도 알 수 없다. 보고자들이 나중에 밝혔듯이 빌이 "불행한 어린 시절"(357)로 소급될 수 있는 악마라면, 렉터는 동시대 사회가 창조하고, 또 부인하는 보다 큰 악마다. 클래리스가 상관인 잭 크로포드에게 렉터의 정체가 무엇이냐고 묻자 크로포드는 "나는 그가 괴물이라는 걸 안다. 그 이상은 누구도 확실하게 말할 수 없다"(6)고 대답한다. 이것은 그가 정상적인 언어로 규정할 수 없는 섬뜩한 존재라는 사실을 시사하고 있다. 그의 지적 능력은 "인간에게 알려진 어떤 수단으로도 측정할 수 없다."(199) 클래리스에게 "국세청 직원이 언젠가 나를 양으로 재려고 했다. 난 그의 간을 약간의 콩과 큰 아마로네와 함께 먹어버렸다"(24)라고 말한 것처럼 그는 문학적 정의(正義)에 대한 훌륭한 감각을 지니고 있다. 체제에 포함되는 대신 그는 체제를 먹어버린다. 그는 정말로 혁명적인 분자(分子)다. 이 정신분석학자는 자신을 (그것이 언어의 감옥이든 실제의 감옥이든 상관없이) 감옥체제 혹은 국세청 직원이 할 수 있는 것 이상으로는 포함시킬 수 없는 분석, 그 자신의 이론에 의하면 분류에 저항한다. 렉터의 행동의 동기조차 분명하게 규정되지 않는다. 그 중 일부는 복수이고, 일부는 일종의 도착적 쾌락이자 예술로서, 살인에 대한 미학적 음미(吟味)이다. 우리는 그를 과학적으로 분석해 그의 악의 원인이 무엇인가 말할 수 없다. 클래리스가 질문을 던져대자 렉터는 그녀를 조롱한다. "넌 나를 계량화하려고 해"(22), "이 따위 어리석은 하찮은 수단으로 나를 해부할 수 있다고 생각하나?… 넌 나를 변화시킬 수 없어. 넌 행동주의를 위해 선악을 포기했어. 스텔링 수사관. 나를 봐, 내가 악하다고 주장할 수 있나? 내가 악해, 스텔링 수사관?"(21) 렉터는 선과 악을 오직 사회적 조건의 견지에서 보는 상대주의적 세계관을 통해 속박에서 벗어난, 보다 심원한 도덕적 악이라는 사실을 시사한다. 그는 더 이상 확고한 절대적인 차이를 믿지 않는 사회에 의해 창조되고, 그 사회를 기반으로 먹고사는 괴물이다.

결국에는 클래리스처럼 렉터도 자유롭다. 그에게 있어 정체성은 처음, 탈출하기 위해 글자 그대로 새 얼굴을 가짐으로써 재창조될 수 있다. 이때 그는 성형수술을 변형의 한 방법으로 이용한다. 이를 통해 렉터는 또 스스로를 새로운 인간으로 재구성할 수 있는 프랑켄슈타인적인 힘을 얻게 된다. 소설에서 클래리스가 악마들을 폭로한 것은 사랑하는 사람의 팔 안에서 '조용히' 잠들 수 있는 액막이처럼 보인다. 악마적 과거의 추방을 통해 이성애적 사랑에 도달하는 것을 시사하는 행복하고 낭만적인 결말은 제목이 반복되는 마지막 행의 여운이 방해하고 있다. 게다가 만약 악마들이 추방되었다면, 그것은 그들이 성공적으로 봉쇄되었다는 것을 의미한다기보다는 단순히 그들이 식인종의 형태로 이제는 자유롭고 제어할 수 없게 되었다는 것을 의미한다. 영화는 렉터의 형상으로 끝난다. 그의 정체성의 단절과 재구성은 동시에 클래리스의 정체성에 대한 패러디적 반복이다. 더 나아가 이러한 반복에서 패러디는 규범의 위치를 강탈한다. 영화의 마지막 장면은 렉터가 그의 실제 모방이자 클래리스를 괴롭힌 기억이 있는 가증스럽고 음란한 칠튼 박사를 뒤쫓는 장면이다. 공동의 적에 대한 유대감을 재확인하면서 렉터는 클래리스에게 전화해 이렇게 말한다. "난 저녁으로 옛 친구를 먹고 있소." 그렇게 영화는 멋진 재담과 함께 끝을 맺는다. 한 나쁜 의사가 다른 의사를 먹음으로써 문학적 정의는 승리한다. 어떤 의미에서 결말은 열린 채 남아 있는 반면, 또 다른 의미에서 그것은 두 대립자의 계획된 합일을 통해 단호하게 닫혀 있다. 카니발리즘 자체는 결말을 위한 산뜻한 이미지—화날 정도로 재치 있기도 하고 파괴적이기도 한 천박하지만 빠른 해결—가 되며, 그에 더해 또 산뜻하고, 어떤 의미에서 행복한 결말을 바라는 독자의 욕망을 만족시킨다.

 영화의 끝은 더 나아가 이 두 사람 공동의 적에게 초점을 맞추는 걸 통해서뿐 아니라 두 사람의 존경할 만한 자유로움을 보여주는 장면들을 병렬함으로써 클래리스와 렉터 간의 존재하는 차이가 해소될 수 있는 가능성을 시사한다.[11] 마지막 직전 장면은 글자 그대로 '수사관(행위자 agent)'이 되어 자율과 독립을 획득하는, 긴 탐색의 대단원을 이루는 스텔링의 졸업에 초점을 맞춘다. 엘리자베스 영은 마지막 장면들 간의 관계는 클래리스의 발전이 이전의 자아로부터 멀어지게 할 수도 있겠지만, 다른 한 편으로는 앞으로 그녀를 렉터와 동일하게 만든다는 점을 드러내고 있다고 주장한다. 클래리스는 수사관이 되지만 그것은 국가의 수사관이며, 그래서 "이제 프로이트의 책이 우리에게 상기시켜주는 것처럼, 그녀가 심리분석 자체의 실행 방법들을 예시할 뿐만 아니라 글자 뜻대로 해석하는, 침범과 감시, 유도(誘導), 훈련과 처벌의 방법들을 통해 국가 권력을 강화시키도록 완전히 훈련되었음"(25)을 시사한다. 정신 분석학자의 세밀한 관찰은 FBI의 사회적인 세밀한 관찰을 가능하게 만든다. 따라서 영화는 선악의 차이를 말소하고, 탐정이 자신이 쫓던 범죄자로 변환되는 것을 시사하는 것으로 읽혀질 수도 있다. 진보라는 부르주아 신화(여기에서는 개인적인 발달과 진화)는 모든 변화가 단지 패러디이자 왜곡에 불과한 퇴행의 이야기가 되는 것이다.

탐정과 범인을 궁극적으로 동일시하는 데서 영화는 해리스의 원 소설의 주제를 취하고 있다. 《레드 드래곤》의 말미에 '좋은 놈'은 스스로의 파괴적 본성을 마주 대하게 되자 "자신이 살인을 저지르는 모든 요소들을 갖고 있다는 사실을 깊이 깨닫게 되고"(Harris 1982, 354), 사실상 범인과 어떤 차이도 없다는 데 놀란다. 그래서 해리스는 문명의 어두운 진실은 가장 고도로 문명화된 것이 가장 미개하게 카니발리즘적이라는 사실을 시사하고 있다. 이것은 스타일이나 정교함에서 좀 더 떨어지긴 하겠지만 기본적으로는 몽테뉴가 동의하고, 콘래드 역시 전하고 있는 하나의 메시지로, 동시대의 괴기물과 공포 영화들이 애호하는 주제다. 물론 이 영화들은 이 주제를 즐겁게, 게걸스럽게 취한다. 오프닝 에피소드를 반복하고 글자 그대로 보여주는 버팔로 빌의 최후의 클래리스 추적 장면은 괴기물의 추적에 대한 실질적인 이미지를 제공하고, 추적자의 시각에서 카메라를 돌림으로써 보는 사람은 이 추적자와 동일시됨을 느낀다. 또한 영화는 우리로 하여금 렉터와 한 편이 되게 하고, 그가 저녁을 차릴 때 그를 성원하게 함으로써, 우리 스스로가 우리의 괴기스런 분신이 되는 이 식인종과 동일시됨을 시사한다. 이것은 소설에서 독자의 독서가 비밀리에 거꾸로 독자들 자신을 비추는 방식을 보다 시각적으로 모사하고 있다. 독서는 또한 소비의 한 형태이다. 그래서 텍스트 내에서 렉터의 야망에 찬 분석은 텍스트 자체를 해석하는 행동과 유사하다. 이때 텍스트가 가르치는 도덕률은 '카베아트 렉토렘', 즉 '렉터를 조심하라'는 것이지만, 이것은 독자가 렉터를 조심하라는 것이 아니라, 독자 자신을 조심하라는 의미일 수도 있다. 비평가, 독자, 해석자 등 다른 사람이 생산한 것을 소비하는 자들은 결국은 식인종들인 것이다(Young 1991, 27-8을 참조할 것).

이건 어쩌면 내가 맨 처음 언급했던 스위프트같이 자신의 작품 수용을 악마로 만들면서 어쩌면 교묘하게 포섭하는 작가에겐 유용한 도덕일 것이다. 해리스는 텍스트 속에서 재현된—차이의 혼합에서 비롯된—범죄를 재생산하는 것으로 나타나는 독서를 하세끔 유혹하는 교묘한 덫을 설치해 두고 있다. 하지만 텍스트가 보수적으로 안정된 경계에의 욕구를 재확인하는 것처럼 보이는 것과는 달리, 그런 경계들이 더 이상 불가능하고, 차별을 위한 대안적인 수단들은 존재하지 않는다는 사실을 함축하고 있다. 식인행위와 마찬가지로 텍스트는 절대적인 대립들을 설정하지만, 이런 대립들이 같은 것이며 결국은 차이가 없다는 사실을 말해줄 뿐이다. 연쇄 살인범과 정신병리학자는 심정적으로는 둘 다 야만적인 미개인인 것이다.

하지만 엄격히 말해 렉터와 칠튼, 다중 살해자와 모자란 사람을 동일시하기는 어려울지도 모른다. 소설과 영화 둘 다 교묘하게 생략함으로써 우리는 식인종과 남성 쇼비니스트, 즉 사체 절단자와 독자 간에 놓인, 보다 덜 극단적이지만 실질적인 차이에 대해 생각하기 힘들게 된다. 종종 차이들에 대한 주장이 분극화된 오늘날에도 역시 이런 카니발리즘적 논리학이 널리 퍼져 있는 것 같다. 현대 비평에서 카니발리즘은 '차이'의 개념을 생각하는 데서, 그리고 차이와—그것이 개인적이든, 텍스트적인 것이든, 성적인 것이든, 민족적인 것이든 아니면 사회적인 것이든—정체성 규정과의 관계를 생각하는 데서 중요한 역할을 담당하고 있다. 식인종 형상의 정치적 활용을 분석하는 데서 일부 평론가들은 '우리'와 '그들', 자연인과 문화인, 야만인과 문명인 간에는 자연적인 차이가 전혀 없다고 주장한다.[12] 다시 말해 그런 경계들은 배타적이고, 인종주의적이며, 여성차별주의적이고,[13] 악의적인 이데올로기의 사주를 받은 것이라고 주장한다. 하지만 차이들이 즐겨 찬양되는 새로운 지방주의(territorialism) 시대에도 역시 이런 대립들의 해체가 일어나고 있고, 타자의 목소리와 정체성을 포함한 그들의 재산을 전유할 때 생길 수 있는 위험성을 경고하는 목소리들이 많다. 만약에 경계를 허무는 것이 옛 제국주의 이데올로기에 대한, 즉 타자에 대한 공격으로 나타난다면, 그건 단지 경계를 재생산하는 것일 뿐이다. 또한 동시대의 기획들의 일부로서 근대적 주체, 즉 부르주아 자본주의의 자율적 개인이 거침없이 해체되고, 재구성되고, 재편성되고 있고, 때로는 프랑켄슈타인 식으로 짜깁기되는 경우도 있다. 한때 데카르트와 프로이트의 용감한 신세계였던 초라하게 고립된 자아는 이제 그 해안가 전체에서 공격을 받고 있는 것이다. 후기구조주의자와 마르크스주의자들의 주장은 자아는 타자를 구축함으로써 타자를 통해, 그리고 일반적으로 외부의 힘들을 통해 자아의 참된 구성을 숨긴다는 걸 보여준다. 반면에 페미니스트들은 정체성에 대한 '상관적' 모델을 내세우며 분리된 주체라는 이상에 반대하고 있다. 이런 많은 비평들의 목적은 고립된 개인 속의 벽을 허물고, 먹는 자와 먹히는 자의 견고한 대립을 넘어 자아와 타자 간의 보다 쉽게 투과될 수 있는 유동적인 관계를 확립하려는 것이다. 지금은 (물론 많은 다른 시대들과 마찬가지로) 한계의 형성과 융해의 시대다. 최근에는 (문화인류학을 포함해 다른 학문 영역들의) 영토로 제국주의적으로 행진해 들어가 식민지로 만든 다음, 외부세계에 대한 관계와 스스로의 정체성을 재규정하도록 만들고 있는 비평의 영역에서조차 이것은 진실이다. 비평이 영토에 대한 스스로의 욕망, 또 진화의 바탕이 되었다고 주장할 수 있는 제국주의 과거의 토대 위에서 사람들을 구성하고 동시에 해체할 수 있는 힘을 갖고자 하는 욕망을 기획하는 것은 언제든지 가능하다. 하지만 진보와 계몽에 관한 다른 이야기들에 대해 불신하고 있는 우리로서는 그러한 과거와 우리들 사이에 차이가 별로 없다는 사실, 그리고 우리 자신의 이야기 속에 들어 있는 위험성을 떠올릴 수밖에 없을 것이다.

내가 카니발리즘을 자율성과 동일시, 경계의 전복과 경계의 재강화를 동시적으로 욕망하고 있는 우리의 비평의 궁지에 대한 어두운 분신으로 사용하는 것은 왜곡된 형태의 자기 소비로 보일 수도 있을 것이다. 비록 아렌스의 예를 좇아 나를 부양하는 손을 무는 것이 유혹적이긴 해도, 나로서는 비평이 식인종이라는 그럴듯한 비난에 기름을 붓고 싶지 않다. 그 반대도 많으니까. 비평과 식인종 사이에는 상징적 카니발리즘과 (만일 실재한다면) 축자적 카니발리즘 행위 전체 간에 존재하는 차이만큼이나 실질적인 차이가 있다는 건 분명하다. 문제는 주체 자체가, 부분적으로 차이가 너무나 극단적으로 보여서 그 차이가 사라져버리는 어두운 영역이라는 사실이다. 그렇다 하더라도 현대에 벌어진 실재 카니발리즘의 가장 유명한 사례로서 우리 자신의 비평 욕망에 대한 단테적 패러디로 읽을 수 있는 제프리 다머의 실화* 를 살펴보면서 이 글을 맺었으면 좋겠다. 다머의 실화는 카니발리즘이 현대의

---

* 제프리 다머의 식인 사건을 말한다. 초콜릿 공장 노동자였던 다머는 1978년부터 13년 동안 흑인 동성 연애자 등 17명을 죽인 후 인육을 먹고 사체와 성관계를 가졌다.

삶의 소외를 통한 커뮤니티의 붕괴와 그것을 재창조하려는 욕망을 동시에 의미한다는 사실을 시사해 준다. 이때 카니발리즘은 다머가 갖고 있는 우리 자신과의 차이 및 그런 차이를 초월하려는 다머의 시도 모두를 특징짓고 있다. 현대 자본주의 경제의 자율적 주체는 타자로부터 소외된, 자신의 성(城)인 집에서 성취한 사생활 속에서 대안적인, 동시에 전적으로 비인간적인 커뮤니티를 창조하는 완벽한 고독자가 된다. (미디어들의 기사를 통해 강조된 사실, 즉 이웃들이 그의 아파트에서 나는 낯선 냄새와 소리를 무시했고, 경찰은 그들이 들은 이야기에 개입하길 거부했다는 사실은 활발한 국내 논쟁이었다.) 한편으로 다머는 타자로부터의 독립과 초연함에 의해 규정되는 현대적 개인의 축소판이며, 다른 한편으로 그의 전율스런 제의는 거기서 오는 소외를 자기만의, 글자 그대로의 성찬식의 형식을 통해 치유하려는 그로테스크한 시도이다. 카니발리즘은 개인을 찢어 떼어놓으려는 사회가 발생시킨 힘들을 상징하는 이미지, 특히 우리를 고립된 소비자로 규정하고, 그렇게 하여 정치적 통일체(body politic)뿐만 아니라 그 구성원들이 만든 개인들의 통일체(individual body)를 해체하는 개인주의 이데올로기를 상징하는 이미지가 된다. 하지만 카니발리즘은 동시에 파편화와 고립에 대한 (명백히 축자적이고 무시무시한) 하나의 반응이기도 하다. 카니발리즘은 다머가 자신의 사적 주관성의 고립을 초월하여 차이들을 해체하려는, 즉 글자그대로 절단함으로써 다른 사람들과의 동일시를 재확립하려고 애쓰는 기괴할 정도로 비참한 시도였다. 우리 모두를 만족할 줄 모르는 소비자로 전락시키는 시장 정신에 토대를 둔 물질적 세계 속에서 카니발리즘은 물질적인 것을 상징적인 것으로 만들려는 왜곡된 시도이다. 이것은 이 소비자들을 구분해야 할 필요성을 차라리 잔인한 방법으로 상기시켜주는 것으로 보인다.

다머의 이야기는 다소간에 살풍경한 여담, 그러니까 내 비평이 가장 무의미하고 무서운 행위에 의미를 부여할 필요성이 있음을 웅변하는 것처럼 보일지도 모르겠다. 해석이란 항상 만약 그렇게 하지 않는다면 거의 아무런 의미도 없는 것처럼 보일지도 모르는 것에 의미를 부여하려는 욕망에서 시작된다. 우리 주변 세계나 스크린에서 우리의 공포가 어떻게 나타나는지 해석하고, 분석하고, 낱낱이 해부함으로써 우리는 스스로를 위한 안정과 몇 가지 안전 요소를 창조하고, 점차로 의미와 일관성이 부족한 것처럼 보이는 세계에 대한 통제력을 확고히 하는 것이다. 식을 줄 모르는 욕구들이 다 그렇듯이 의미에 대한 갈망 역시 도를 지나칠 수도 있지만, 그건 실질적인 갈망이다. 나는 다머가 실제로 인류에게 가한 행동을 현대의 삶을 보여주는 단순한 형상으로 전락시킴으로써 거기에 대한 공포를 사소하게 만들려고 의도한 것이 아니다. 그렇다 하더라도 나는 또한 그 행동 속에서 비록 개인적이고 잠정적인 것이라 하더라도 상징적인 의미를 찾아낼 필요가 있다. 다머는 고립된 자아가 다른 사람들로부터 소외되어 있는 현대 소비 사회의 산물이자 거기에 대한 반응이다. 이런 세계에 대한 우리의 비평의 반응이 보다 세련되고 지적인 형식을 취하는 한, 유사한 요소들에 의해 방해를 받을지도 모른다. 프로이트에 따르면 우리의 어두운 비밀들을 폭로하고, 그리하여 정복하길 희망하는 자기 탐구(self-scrutiny)의 시대에 우리가 하는 비평의 동기는 너무나 쉽게 의심의 대상이 된다. 물질적인 시대에 우리는 모든 충동을 물질적, 욕망적인 것으로 보고, 소비자 세계로 미루어버리는 경향이 있다.[14] 물론 프로이트 자신에게 모든 원초적 충동은 궁극적으로 성적인 것이었다. 해리스의 프로이트 해석에서는 성적인 충동 그 자체는 보다 일차적인 식인적 충동의 위장일 뿐이라는 것이 밝혀진다.《양들의 침묵》은 상징적 형식 혹은 심지어 성적 욕망으로 승화되는 것과는 무관하게 본래의 욕구들이 여전히 우리를 움직인다. 그리하여 우리는 소비라는 새로운 구강 단계에 차폐된 채 머물러 있는 것이다. 이 작품은 식인은 실재라는 사실을 암시하고 있다. 신화는 문명인 것이다. 어쩌면 이 작품의 대중성은 초월이라는 이상에 대한 광범위한 회의주의에서 왔을 것이다. 우리는 보다 저열한 욕망이 성공적으로 보다 높은 어떤 것으로 전환되는 '승화(sublimation)'의 모델과 프로이트가 가르쳐주었던 것처럼 사악하게 숨겨져 있는 갈망들을 파괴적으로 복귀시키기를 원하는 욕망들의 단순한 '억제(repression)' 간에 놓여 있는 차이를 의심하고 있다. 그 때문에 인류학자 페기 리브스 샌데이는 제의적 카니발리즘이 단지 물질적인 것에 지나지 않는 것을 상징적인 것으로 전환시키려는 시도이기 때문에 승화의 형식으로 보고 있지만, 우리가 보기에 카니발리즘은 역으로 탈신비화의 수단, 즉 우리의 이상 속에 숨어 있는 어두운 진실을 노출시키기 위해 문자화시킨 풍자적 무기이다. 아마도 카니발리즘의 이런 기능이 갖는 위험성은, 우리의 모든 욕망과 꿈, 초월에의 갈망이 동일한 카니발리즘적 행위로 환원될 수 있다면, 카니발리즘으로 말미암아 그 어떤 이상도 유지하기 힘들어진다는 점이 될 것이다.

| 삽화 출처 |

1. (a와 b) 가이듀섹(D. Carleton Gajdusek)의 〈비재래식 바이러스와 쿠루병의 근원과 소멸〉, Science, 197, no. 4, 307(1977). 956쪽 사진번호 14, 15. The Novel Foundation의 승인 하에 재수록.
2. (a와 b) 위 : 〈산돼지를 굽고 있는 사람들〉, 아래 : 〈막 익힌 고기로 잔치를 벌이고 있는 남자들과 어린아이들〉. 출처 : 빈센트 지가스 《Laughing Death》(The Humana Press 1990) 사진 2(150-151쪽 사이). Humana 출판사의 승인 하에 재수록.
3. 〈땅바닥 오븐을 준비하고 있는 남 포레족〉. 출처 : 로버터 글래스와 셜리 린덴바움의 〈와니타베의 쿠루병〉(R. W. Hornabrook 편 《Essays on Kuru》[Faringdon 1976]) 50쪽. 파푸아뉴기니 의학연구소의 승인 하에 재수록.
4. 도레(Gustave Doré)의 〈어린 소녀〉. 샤를 페로의 《옛날이야기 Contes du temps passé》에 대한 삽화. 파리 1862. 마리나 워너의 촬영.
5. 프라 안젤리코의 〈최후의 심판〉 중 지옥 장면(Florence, c.1431). Mansell/Time 사의 관대한 승인 하에 촬영.
6. 루벤스의 〈자기 아이들을 잡아먹는 새턴〉(Museo del Prado, Madrid, 1523). Mansell/Time 사의 관대한 승인 하에 촬영.
7. 고야의 〈자기 아이들을 잡아먹는 새턴〉(Museo del Prado, Madrid, c. 1821-3). Mansell/Time 사의 관대한 승인 하에 촬영.
8. 아논의 〈우라노스의 거세〉. 《Ovide moralisé》(Paris. Antoine Vérard, 1507). British Library(Shelfmark, c.20. d.21)의 승인 하에 촬영.
9. 아논의 〈어린아이 대식가〉. 16세기 다채색 조상. 스위스 베른. Warburg Institue의 관대한 승인 하에 촬영.

| 주석 |

1. 개론 : 식인 장면

1) 몽테뉴의 에세이에 관해 최근에 쓰인 사례로는 Lestringant 1994, 163-89, Quint 1995가 있다.
2) "나는 꽤 오랫동안 그들 중 하나와 대화를 했다. 하지만 그는 내 말을 이해하지 못했다. 그는 내 말의 의미를 너무 적대적으로 해석했고, 스스로의 어리석음으로 인해 내 상상을 잘 이해하지 못해서 그에게서 많은 것을 얻어낼 수가 없었다." (Montaigne 1928, I, 229)
3) 어떤 범주를 만들어내는 사람들이 범주의 타당성에 대해 의혹의 시선을 받을 때 사용하는 또 다른 관행으로는—세계의 다른 지역과 다른 계기들에서—토착 주민을 선인과 악인, 친구와 적, 귀족 야만인과 식인종으로 나눌 때 사용하는 지속성(persistence)이다. 남미 인디오의 아라와크족과 카리브 제도의 원주민에서부터 태평양의 폴리네시아인과 멜라네시아인에 이르기까지 원주민들을 기록한 사람들의 관행은 묘사의 객관성을 의심할 수밖에 없을 만큼 동일하게 움직인다. 이런 정언적 판단(categorical imperativ)은 몇 가지 교묘한 차별을 작동시킨다. 그래서 프랑스인들이 보는 곳마다 식인종을 발견했던 브라질에서 착한 식인종과 나쁜 식인종, 즉 투피남바족과 쿠에타카족 간에 차별은 피할 수 없는 것이었다. 전자는 복수를 위해 사람을 죽이고 먹었지만(고상한 식인종), 후자는 먹기 위해 사람을 죽여 흡혈귀로 간주되었고, 인육을 날것으로 먹었다(Léry 1990. Lestringent 1994, 125-6 참조). 심지어는 고상한 투피남바족 내에서조차 나이 든 여성들이 인육에 대단한 구미를 가졌기 때문에 구분이 필요했다.
4) 이 책의 아렌스 편을 볼 것.
5) 또한 클로드 로슨이 이 분야에 관해 쓴 1978-9, 1984, 1992년의 중요한 저작을 참

고할 것.

6) 샐린스 1979, 47. 샐린스의 이 인용 부분은 데보라 립스태트에 의해—홀로코스트 부인(否認) 같은 그런—"파격적이고 절대적으로 잘못된 생각"이 어떻게 학술적 장에서 획득될 수 있는지를 잘 보여주는 사례로서 인용되고 언급되고 있다(Lipstadt 1993, 27). 샐린스의 홀로코스트에 대한 언급은 Robert Faurisson의 홀로코스트 부정에 항의하여 (비달 나케와 폴리아코프[Léon Poliakov]가 조직한) 프랑스의 지도적인 역사가들이 발표한 최근의 성명(La politique hitlérienne d'extermination : Une déclaration d'historiens, 〈Le Monde〉, 1979년 2월 21일) 때문에 촉발되었다.

7) 같은 테마에 대한 다른 논문들이 그의 책 《Les assassins de la mémoire》(1987)에 실려 있다. 인용은 이책에서 한 것이다(이책의 영역본도 있다. Vidal-Naquet 1992).

8) 다른 사람들도 이 비유를 차용했다. "회고주의 홀로코스트 역사가들이 사용한 것들을 생각나게 하는 전술을 써서 아렌스는 식인잔치의 생존자가 어디에 있느냐고 묻는다."(Palencia-Roth 1993, 22)

9) 촘스키는 이렇게 간파한 바 있다. "만일 당신이 두 개의 역사적 사건을 취해서 거기에 유사성과 차이점이 있냐고 묻는다면 대답은 항상 긍정과 부정 둘 다가 될 것이다. 아주 세밀한 수준에서는 차이점들이 있을 것이며, 추상적인 수준에서는 유사성들이 있을 것이다." 핵심적인 문제는 "유사성들이 존재하는 그 수준이 사실상 의미 있는 것인가" 하는 점이다 ('Intervention in Vietnam and Central America : Parallels and Differences', James Peck ed. 《The Chomsky Reader》, New York 1987, p. 315) Stannard 1992, 153에서 재인용.

10) 팀 화이트에게 있어 "엄격한 과학적 증거"를 거부하는 아렌스의 태도는 "지구 평면설 옹호자가 지구가 둥글다는 것을 부인하는 것과 같은 것이다."(Osborne 1997, 38)

11) 유대인 홀로코스트와 아메리카 인디언 주민의 대량 학살의 유사성에 관한 난해한 문제에 대해서는 Stannard 1992, 149-54를 참조할 것.

12) 완전한 분석은 Hulme 1993을 참조할 것. 식인행위의 결과로 생긴 유골과 매장풍습의 결과로 생긴 유골 간의 구별의 어려움은 선사시대 카니발리즘의 존재 여부에 관한 현재의 고고학적 논쟁들에 끈질기게 따라다니고 있다(이 문제에 대한 요약은

Osborne 1997을 참조할 것).

13) 원래 피터 마르터의 책(D'Anghera 1587)에 들어 있다. 마르터의 묘사는 어쩌면 오비드의 《Metamorphoses》와 세네카의 《Thestes》에 나오는 식인 장면에 대한 고전적인 이야기에 근거하고 있을 것이다(Gillies 1994, 208을 참조할 것).

14) 베스푸치와 사이비 베스푸치에 관해서는 Formisano 1992를 볼 것. 그는 최근에 《신세계 Mundus Novus》를 기술하기 위해 '유사 베스푸치주의자(para-Vespuccian)'라는 용어를 제안하고 있다.

15) Pratt 1992, 1-11. 그 밖의 이 분야와 관련된 저작으로는 Ferguson/Ehitehead 1992, Hill 1996이 있다.

16) 쿡이 탄 '불굴호'와 동반한 배 '모험호'는 뉴질랜드의 사우스 아일랜드에서 마오리족에 의해 선원 10명이 살해당했을 때 '식인' 경험을 했다. 제임스 버니는 잔해를 발견했고, 이것을 마오리족이 요리를 해서 먹었다는 "가장 무시무시하고 부인할 수 없는 증거들"로 제시했다. 버니는 그가 보았던 것은 "말할 때마다, 생각할 때마다 공포에 사로잡힌다"고 썼다. 그의 아버지는 버니가 런던으로 돌아온 후 "그 얘기를 마치 반역이라도 도모하는 것처럼 항상 귓속말로 말했다"는 걸 목격했다(Guest 1992, 120에서 재인용).

17) Morgan 1975, 73을 볼 것. 《The Sea Voyage》(Fletcher 1995), 《The Tempest or The Enchanted Island》(Dryden 1970).

18) 식인 축제를 가장 강력하게 환기시켜주는 책은 호세 후안 사에르의 소설 《El entenado》(영역 《The Witness》 1990)이다.

19) 몸의 일체성에 대한 종교적 관심은 집에서 멀리 떨어진 곳에서 죽은 유럽 귀족들을 가족 납골당으로 가져가기 쉽게 삶아서 유골로 만들었던 십자군 운동 기간에 중요한 이슈가 되었다. 1299년 9월 27일 보니파티우스 8세는 그런 행위를 금지하는 칙령을 반포했다. 칙령에는 "신실한 자들은 더 이상 두려움에 떨지 않을 것이며, 인체는 더 이상 조각조각 찢기지 않을 것이다"라고 선언하고 있다(Brown 1981, 221에서 재인용).

20) Pierson 1993, 11-12. 19세기 카니발리즘의 이미지에 관해서는 H. L. Malchow의 훌륭한 연구를 볼 것(1996, 41-123).

21) 비록 이 소설이 카니발리즘과 동성애의 전통적인 연관성에 근거하고 있긴 해도 그 렇다(Crain 1994, Bergmann 1991 참조).

2. 카니발리즘을 재고하며

1) 인류학자들이 식민지배 당국과 선교단체가 원주민들을 진정시키고 그들 사이에 존 재하는 카니발리즘을 없앤 데 대해 칭송하는 정도를 보면 당혹스럽다. 이런 기록들에 대한 신뢰 역시 똑같이 당혹스럽고, 때로 이 세 기관(인류학, 식민지배 당국, 선교단체) 사이의 불행한 관계를 보여준다.
2) Leroux 1982에 들어 있는 마샬 샐린스와 필자와의 신문 인터뷰 〈The Professor Who Was Consumed By Canniblism〉을 참조할 것.
3) 샌데이가 발표한 예일 대학의 인류학 연구자료(주로 탐험가와 식민지 지배 기록 및 선교 기록에 의존하고 있는 Human Relations Area Files)에 대한 최근의 서평(1986) 은 이제는 '피그미족' 까지 포함해 틀림없는 식인종 떼를 폭로하고 있다.
4) 브라운과 투친(1983b)이 편집한 책은《식인 신화》의 출판에 대응해 이 딜레마를 해결하려고 시도했다. 이 논문들의 대부분은 이런 경우에 전형적으로 그렇듯이 추정상의 카니발리즘이 인류학자들이 도착하기 전 중단되고 난 뒤 재구성된 식인 사례들에 토대를 두고 있다. 여기에 대해 포터 풀은 분명히 예외에 속한다. 그에 따르면, "하지만 비민-쿠쿠스민(Bimin-Kukusmin)족 카니발리즘에 관한 *목격된*(observed) 사례는 모두 장례의식의 *관습적인*(customary) 측면들이다."(1983, 15, 강조는 저자가 한 것) 내가 알기로 이 상세한 묘사가 인류학 문헌에서 카니발리즘에 관해 유일하게 출판된 목격담이다. 그 후 이 문제에 대한 비공식적인 토론에서 풀은 내게 비록 거기에 참석한 사람들이 그 물체가 인육이었다고 말했지만 그것이 실제로 그 경우에 해당되는지는 알 수 없으며, '중요한 어떤 것이었을 것' 라고 넌지시 피력했다. (그는 내가 이 대화를 문서로 확인해달라고 부탁하면서 보낸 두 번의 편지에 답변하지 않았다.) 제의에는 또 희생의식과 뉴기니산 화식조(火食鳥)와 멧돼지의 여러 부위를 먹는 의식도 포함되었다(Poole 1983, 24). 포터 풀은 또 자신은 카니발리

즘이 실제로 일어났는지에 대한 논쟁에는 관심이 없으며, "카니발리즘의 *사상*(*ideas*)과 *개념*(*perceptions*)에 대한 문화적 해석에 관심이 있다"고 말했다(1983, 6-7, 강조는 내가 한 것). 결국 식인행위에 대한 이런 인종학적 이야기는 겉으로 보이는 것과 반드시 일치하지는 않는 것이다.

5) "카니발리즘의 논리를 묘사"하는 샌데이의 개념은 불분명하다. "나는 제의적 카니발리즘이 불완전한 심리학적 에너지가 동일시의 메커니즘을 통해 사회적 채널로 전환될 때 나타나는 사회적, 개인적 의식을 함축적으로 보여주는 상징체계의 일부라고 생각한다."(1986, xi) 뒤에 그녀는 "카니발리즘 제의는 존재론을 표현하고 요약하며, 개인화의 모델을 제공하고, 폭력적인 정서를 통제한다"고 주장함으로써 이 문제를 명백히 표현하고 있다(xii).

6) 한 동료가 쓴 부정적인 서평에 대한 유일한 반응으로 나는 그런 서평을 쓴 사람이 누구냐고 묻는 잡지 《Man》의 명예 편집자에게 《식인 신화》에 대한 책이 어떤 것이며, 그 책이 "위험스러운" 것이라고 비난하는 결론을 내리고 있음을 편지로 정확히 알려주었다(Rviére 1980, 205). 그녀는 나의 답변을 실을 수 없다고 거부했는데, 이런 식으로 그런 문제에 답하여 얻을 수 있는 소득이 뭐가 있겠냐고 해명했다(Strathern 1980).

7) BSE 전이 문제에 관심을 끌고, 연관된 쿠루병에 대한 언급에 대해서는 세간의 관심을 줄이려는 시도에 관해서는 Taylor(1989)를 볼 것. 최근에 이것과 관련 질병에 대한 문헌과 관련서적에 더해 영국에서의 소 스펀지 형태 뇌질환(Bovine Spongiform Encephalopathzy, BSE) 혹은 '광우병'과 인간에게 나타난—쿠루병의 변형인—크로이츠펠트 야콥병(CJD)에 대한 경고가 등장했다. 하지만 아무도 유럽주민들의 경우에 CJD 및 유사한 바이러스 질병이 카니발리즘에 의해 전이된다고 주장한 사람은 없다(Arens 1990을 볼 것). 하지만 가이듀섹이 후기에 쿠루병의 전이 수단으로 카니발리즘 자체를 강조한 것은 유럽의 변형 질병들에 대한 해석에 직접 영향을 미쳤다. 1994년 두 명의 임상미생물학자(Lacey/Dealler 1994)가 쓴 한 논문은 BSE가 감염된 고기에서 인간으로 전이되었을 가능성이 있으며, 그런 다음 다른 수단을 통해 인간을 포함한 같은 종의 일원들에게 전이된다고 경고했다. 이 주장은 다른 평자들에 의해 즉각 부인됐다. 국립보건연구소(National Institutes of Health : 가이듀섹의 연

구지)의 폴 브라운은 그들의 주장이 "터무니없는 짓"이라고 불렀다. 그가 내세운 이유는 가이듀섹이 증명한 것처럼 이 질병의 뉴기니 변형이 카니발리즘에 의해 전염되었으며, 따라서 쇠고기 섭취에 대한 두려움은 "잘못된 정보"였다는 것이다(Brown 1994, 1, 797). 다른 두 명의 과학자도 레이시와 딜러의 주장에 똑같은 전략으로 대응해 이들의 주장이 쇠고기를 소비하는 대중들 사이에 '심각한 고통'을 야기할 것이라고 주장하였다. 이들은 잘못된 정보를 알고 있는 동료들로 간주한 레이시와 딜러에게 "30년 이상에 걸친 쿠루병에 관한 정보 자산(Gajdusek 1990)을 두고 볼 때 이 병이 카니발리즘적 제의들 때문에 전염됐다는 사실을 알 수 있으"며, 이 사실은 "더 이상 의문의 여지가 없다"(Will/Wilesmith 1994, 1, 799)고 설교했다. 브라운은 또 증상이 나타날 때까지 무척 느리게 진행되는 이 병의 특성 때문에 이 문제에 대해 누가 옳든 승자가 분명하게 가려지려면 많은 시간이 지나야 할 것이라고 말하기도 했다. 하지만 1995년 인간의 CJD 질병은 감염된 쇠고기 소비가 원인이라는 점이 인정되어 브라운이 틀렸다는 걸 보여주었다. 그 직후 감염된 암소에 의해 후대로 유전된다는 사실이 밝혀졌다. 아직 똑같은 가능성이 인간에게도 적용될지에 대해서는 언급이 없지만, 유사한 시나리오는 배제될 수 없다.

8) 고원지대를 떠난 지 막 이틀이 지난 후 포트 모스비에 머물던 가이듀섹은 일지에 벌써 "내 쿠쿠들이 그리워졌다… 난 이 쿠쿠들을 사랑했다… 그들은 내 사람들이다"(1968, 153)라고 적었다. 이 문제에 관한 전문적인 문헌에 더해 가이듀섹의 연구와 여행에 관한 솔직한 일지들을 일부를 참조하고 있다. 여기에는 가이듀섹의 1963, 1968, 1970b, 1971, 1976, 1981의 일지가 해당된다. 이 기록 덕분에 가이듀섹은 아동 포르노그라피를 연구하게 되었고, 그가 뉴기니에서 메릴랜드의 집으로 데려온 56명의 소년들 중 한 소년에 대한 성적 학대를 고발하게 되었다. 이 문제에 대한 신문 기사들은 대게 가이듀섹이 쿠루병의 확산이 존경의 표시로 죽은 사람들의 뇌를 먹는 지역 관습에서 온 것임을 찾아냈다고 결론내리고 있다(Molotsky 1997).

9) 이 문헌은 원주민들 사이에 카니발리즘이 자행된다는 일반적으로 입증되지 않는 측면을 언급할 뿐 아니라 인종주의 냄새마저 풍긴다.

10) 쿠루병 조사와 문헌, 관련 사진자료들에 대한 인터뷰에서(Arens 1995) 린덴바움

은 이 문장이 지가스의 《Laughing Death》에 대한 〈뉴욕타임스〉 서평 편집자에 의해 삽입됐다고 내게 알려주었다. 그녀는 그것은 실수였고, 오해의 여지가 있다고 인정했다. 하지만 발표된 글에 이 결론이 포함되는 걸 반대하지 않았다.

11) 이 테마에 관하여 나는 이 병의 전염에 대한 또 다른 반대되는 의학적 가설을 제시하는 것이 필요하다고 생각하지 않는다(대안적인 가능성을 위해 포레족의 매장의식에 관해서는 Steadman/Marbs 1982를 볼 것). 하지만 인육과는 반대로 감염된 동물 고기의 섭취가 고려해볼 만한 합리적인 대안이라는 사실이 BSE 병에 대한 관심을 통해 밝혀지고 있다. 이런 병독 매개체의 가능성이 대두됨으로써 가이듀섹은 곧바로 치명적인 타격을 입게 되었다. 돼지고기는 "악명 높게도 설익혀"지기 때문이다. 그는 또한 종종—추측건대 어머니가 제공하여—어린아이들이 날고기를 먹기도 한다는 걸 목격했다(Gajdusek 1976, 312). 게다가 가축을 기르면서 같이 생활하는 여자들은 새끼 돼지와 어린아이들에게 똑같이 모유를 먹였다. 또 소문에 의하면 엄마들은 새끼 돼지와 어린아이에게서 똑같이 이를 잡아먹었다. 사람들이 목격했고, 사진으로 담아 둔 이런 행동들은(Sorenson 1976, 55-6을 볼 것) 연구기간 동안에 강력하게 주장되었던 카니발리즘과 함께 중단되었다. 40년 후 보다 적은 규모로 이 병이 지속적으로 발생했다는 것은 병원균의 전이에 대한 보다 실질적인 설명을 암시한다. 심지어 20년 전에 이미 이런 사실이 인정됨으로써 쿠루병이 "인정된 식인종" 환자들 사이에서 그 전에 생각했던 것보다 더 오랜 휴면기를 가진다고 가정하게 되었다(Prusiner/Gajdusek/Alpers 1982). 내가 아는 바에 따르면 그 지역에서의 제도화된 동성애나 동성 이상 성욕(Gajdusek 1963, 79-80, Herdt 1984를 볼 것) 그 어떤 것도 바이러스 전이 수단으로 조사되지 않았다.

3. 19세기 피지 제도의 식인 축제

1) 1991년 한 해 동안 폴리네시아와 멜라네시아의 카니발리즘에 대한 데이터를 수집할 조수 연구원을 지원해준 해리 프랭크 구겐하임 재단에 감사드리며, 연구원 사산카 페레라에게도 감사를 드린다. 또한 여러 동료들과 친구들로부터도 많은 도움을 받았

다. 피버디 에섹스 박물관의 도서관원 존 코자와 스티븐 필립스는 엔디코트의 일지에서 관련 부분을 사진으로 촬영해 보내주었고, 엔디콧 이야기 표지 원본을 제공해주었다. 하와이 대학교 언어학과의 알버트 슛츠는 이 책에 사용된 이야기에서 부분적으로 잘못 해석되어 있던 피지 용어들을 바로 잡아주었다. 프린스턴 대학 파이어스톤 도서관의 데보라 M. 코도니어는 막바지의 참고문헌 작업을 도와주었고, 조안 다얀, 자넷 매지오, 톰 존스턴 오닐, 제오프 화이트, 데이비드 핸론, 폴 리온스, 제임스 분, 라냐니 오베에시키어, 어네스틴 맥휴, 피터 흄 은 본 논문의 초고를 읽고 중요한 사항들을 조언해주었다.

2) 최근의 샐린스의 논문(1983)은 피지의 인간 제물에 대한 중요한 통찰을 담고 있다. 하지만 로스 보든과 마찬가지로 그의 논의는 잭슨이 쓴 것과 같은 가치가 의심스런 식인 이야기에 토대를 두고 있기 때문에 인육의 부적절한 소비, 즉 카니발리즘에 경도되어 있다(잭슨과 윌리엄 다이아피어, 윌리엄 엔디콧의 작품은 나중에 검토해볼 것이다).

3) 앨버트 슈츠에 따르면 어쩌면 이 말은 '잡아먹힌 썩은 내 나는 시체'를 뜻하는 'a bokola boi ca'가 와전된 것일 것이다.

4) 엔디콧은 "이 모든 의식(儀式)이 벌어지는 전면의 커다란 코코넛 나무뿌리" 위에 앉아 있었다(1923, 59). 그가 그의 자리에서 '도살'의 세부적인 사항을 중단 없이 그리고 자세히 볼 수 있는 시야를 확보했는지는 의심스럽다.

5) 이것은 헤이스 자신이 부인했다는 사실에도 불구하고 그의 카니발리즘 행위를 포함하고 있다. 그 일은 카니발 잭과 함께 했다. 헤이스와 카니발 잭과 같은 인물들은 선교에 관련되는 한 원주민들처럼 충분히 '야만적'이었다.

6) 작가가 고안해낸 이 책의 제목은 다음과 같다. "'식인종 잭'이란 별명을 가진 윌리엄 다이아피어의 자서전에서 가져온 몇 가지 이야기. 여기 가져온 이야기는 그의 마지막 해를 포함해 1843년에서 1847년에 이르는 기간의 이야기다." 첫 문장에서 식인종 잭은 자신이 어떻게 식인종 잭이라는 "불명예스럽게 들리는 별명"을 얻게 되었는지 말하고 있다. 그는 이런 제목이 판매부수를 올리는 데 도움이 됐으면 하는 바람에서 《잭, 식인종 살인자》이란 제목의 첫 권을 썼다. 불행히도 그 자신은 그 이름 때문에 곤경에 처했다. 그는 자신이 그처럼 오랜 기간 동안 식인종들 사이에서 살았다는 말을 들었을 때 사람들이 자기도 식인종이라고 결론을 내렸다는 사실을

덧붙였다. 이 짧은 서문 뒤에 그는 이 책이 식인종 잭이라는 별명을 가진 윌리엄 다이아피어의 자서전에서 "거의 아무렇게나" 발췌한 이야기들을 담고 있다고 말하고 있다. 91쪽에서는 자신이 "불명예스럽게 들리는 별명"을 얻게 됐음을 분명히 하고 있다. 서태평양 지역의 초기 여행 작가 줄리앙 토머스는 1880년 레부카에서 "'식인종 잭'이라 불리는" 한 백인 남자를 만났다고 말하고 있다(1886, 8).

잭슨은 자신이 50년 동안 빈둥빈둥 놀면서 돌아다니는 사람이었으며, 북으로는 캘리포니아와 일본, 중국, 인도, 남으로는 타스마니아, 뉴질랜드, 호주에 이르는 엄청난 거리에 달하는 대양 지역을 가보았다고 자랑스럽게 주장했다. 거기에는 남아메리카의 페루와 칠레, 파푸아 지역의 1천여 개의 섬이 포함되어 있고, 그는 그 중 거의 백여 개의 섬에 체류했다(6).

7) 식인종 잭은 여러 번 '독자'를 언급하는데, 여기서 '독자'는 그 책을 읽고 있는 독자를 명확히 지칭한다. '독자들은 이렇게 생각하고 싶겠지만'(1928, 79), '이 발췌문을 읽은 독자들이 느끼는 어려움'(90).

8) 식인종 잭은 원주민 반란과 살인자에게 총을 가져다주었다는 혐의로 뉴칼레도니아의 프랑스인들에 의해 수배를 당했다. 내 추측에는 이것이 그가 이름을 바꾼 이유인 것 같다. 더구나 이름을 바꿨는데도 불구하고 그의 초기 이름의 일부는 나중의 두 권에 '잭'으로 남아 있다. 이를 보면 '존 잭슨'이 본명이었다는 걸 강하게 암시한다. 더 중요한 것은 《식인종 잭》에서 그가 자신의 첫 번째 소설의 제목이 그래서 '식인종 잭'이라 불렸다고 말한 점이다(1928, 3). 만약 이것이 사실이라면 소실된 소설 《잭, 식인종 살인자》는 〈잭슨의 이야기〉 이후에 쓰여졌을 가능성이 농후하다. 왜냐하면 이 책은 그의 별명에 대해 아무런 언급도 없기 때문이다.

9) 〈잭슨의 이야기〉는 날짜를 정확하게 말하고 있다. 이 항해 모험은 1840년 사모아에서 시작되어 1841년과 1842년에 계속되었는데, 두 날짜 모두 언급되어 있다. 《식인종 잭》에서 이 항해모험은 그 전의 자료에 따르면 1841년에 시작된 보나베이도고 사건과 함께 1843년에 시작한다. 존 잭슨은 비록 핵심적인 보나베이도고 모험이 양자에 다 관련이 있지만 《식인종 잭》을 다른 자료들과 명백히 차이 나는 것으로 취급하는 것 같다. 한 날짜를 골라야 한다면 난 카니발 잭이 피지에 있었던 시기로 〈잭슨의 이야기〉가 더 그럴듯하다고 생각된다(그가 이 기간 동안 실제로 거기에 있었는

지 결코 정확히는 알 수 없을 것이다). 어쩌면 그는 일생 동안 피지 제도의 안, 밖에 있었을 것이다. 줄리앙 토머스는 1880년 그를 오발라우에서 보았는데, 그는 "네부타 해안 근처에서 어슬렁거리고" 있었다(1886, 8). 토머스는 그에 대해 험담조로 "술취한 건달이자 부랑자"라고 불렀다(16).

10) 이런 스타일에 대해 현대 남태평양 모험담 작가 드 베르 스택풀은《식인종 잭》에 대한 서문에서 이렇게 말하고 있다. "식인종 잭은 쓰는 것이 아니라 말을 한다. 당신 입을 잠가버리고, 얼굴에 마구 쏟아낸다. 말을 다 마쳤을 때, 그건 책이 끝난 것이 아니라 목소리가 중단된 것이다. 위스키 병이 바닥을 보이고, 탁자 위 접시가 담뱃재로 가득한 것이며, 열대의 새벽이 문 앞에 다가온 것이다."(Diapea 1928, x)

11) 이 부분을 포함해 발행인은 인용문 두 부분을 생략했다.

12) 베이실 톰슨(1908, 159-62)은 식인종 잭이 언급한 신부와 아주 닮은, 신성과 절대적인 예언을 소유한 피지인 신부에 대해 자세한 묘사를 하고 있다. 하지만 거기에는 머리를 때리는 행위에 대해서는 언급이 없다. 비록 내가 피지의 머리 때리기에 대해 들어본 바는 없지만 피지에서 코코넛이 예언 목적으로 사용된다. 그에 대한 사례로서 A. M. Hocart(1929, 203)의 책을 볼 것. 남아시아의 한 귀신에 홀린 신부가 자기 머리에 코코넛을 쳐대는 이야기에 대해서는 Gananath Obeysekere(1981, 142-59)의 책을 볼 것.

13) 작가는 'vasu'를 강력한 군주에 의존하고 있는 어떤 사람이라고 번역했지만, 일반적인 의미는 남자와 여자형제가 낳은 아들 사이의 친척관계를 지칭한다. 케이플의 사전에 따르면 'Vasu i taukei'는 "그가 자기 어머니의 집에서 태어났을 때"라는 의미이다. 선교사 토머스 윌리엄은 "이 단어는 조카나 질녀를 의미하지만 남자의 경우에 아저씨가 소유한 것 혹은 아저씨의 지배 하에 있는 사람들은 누구든 선택하기만 하면 전유할 수 있는 예외적인 특권을 가진 사람의 명칭이 된다"고 적고 있다(1870, 16).

14) 식인종 잭은 그의 "책이 단지 전체의 견본에 불과하며, 만일 이 책이 인정을 받아 팔 수 있게 되면 판매를 할 것이다"라고 말한다. "하지만 다른 사람들에게는 쓸모없는 걸로 거부되면 난 페루인들의 명예에 기대어 이걸 되돌려줄 것이다." 불행히 헤드필드는 훨씬 나중에까지 이 원고를 읽지 않았고, 식인종 잭은 돈을 받지 못했다.

15) 독자들에게 사랑스런 리티아와 그의 낭만적인 사랑 모험담을 예를 들어보겠다. 이 모험은 16권 말미에 시작해서 17권까지 이어지고 있으며, 다음과 같은 에피소드를 담고 있다. 난파와 잭의 기적 같은 탈출, 코모 섬에서의 리타에 의한 구조, 리타와의 결혼, 코모에서의 '식인 파티'와 기독교 '종교적 파티' 간의 갈등, 포카혼타스 스타일로 잭을 식인 파티의 지도자로부터 보호하는 리타, 식인 파티의 모든 참가자들의 살해와 아내들의 자발적인 자기희생, 종교적 파티의 궁극적인 승리와 코모 고유의 기독교 문명의 시작, 마지막으로 출산 중에 리타의 죽음. 이것이 주인공으로 하여금 다시 한 번 모험을 하고, 더 많은 책을 쓰게 하는 계기가 된다.
16) 그의 책에서 식인종 잭은 배에서 모은 책과 어느 작은 도서관에서 알아낸 사실들의 많은 부분을 이용하고 있다. 바이런의 시(199)에서부터 로크의 "노랗고 시든" 같은 구절(173), 블라이의 폭동 이야기에 이르기까지 언급하고 있다.
17) 그렉 데닝은 쓰기를, "갑판의 임시고용인인 존 콜터는… 파투이바와 히바오아에서 1833년에 몇 달간 체류했고, 그의 경험을 《태평양에서의 모험》(1845)에 적었다. 멜빌의 성공에 한 점 의혹을 갖지 않았던 윌리엄 토레이는 1848년에 《1835년, 1836년, 1837년에 25개월 동안 마키서스 섬의 식인종들에게 잡혀 있었던 윌리엄 토레이의 삶과 모험》이란 책을 출판했다. 데닝은 토레이가 식인종들에게 사로잡힌 이야기는 "실제라기보다는 오히려 그의 머리 혹은 어쩌면 출판업자의 머릿속에서 나온 것이다"라고 덧붙이고 있다(Dening 1989, 132).
18) 아서 고든 핌의 모험에 대한 포의 이야기가 날조이자 속임수, 그야말로 낭만적인 소설로 간주되느냐, 아니면 복합적으로 짜여진 상징적인 이야기로 간주되느냐 하는 문제는 최근의 중요한 논쟁 주제가 되었다. David Ketterer(1992, 233-74)를 볼 것.
19) 선원들은 훌륭한 잡문가는 아니었지만 많은 책을 읽곤 했다. 그래서 너새니얼 에임스는 《항해 기억》에서 이렇게 적고 있다. "선원들보다 더 책읽기를 좋아하는 계층은 없다."(1832, 46)
20) 폴 리용은 멜빌의 반제국주의에 상관없이 그가 어쩌면 타이피의 카니발리즘을 날조했을 것이라고 지적한다. 그의 아내 엘리자베스 멜빌은 1901년 메리 페리스가 쓴 기사에 대해 다음과 같이 대응했다. "멜빌 씨가 어떤 의혹을 가졌는지 모르겠지

만 결코 카니발리즘이 이 부족의 관습이라는 증거를 갖고 있지 않다고 말했을 때는 그이가 늙은 타이피 친구들을 '사람을 먹는' 걸로 부르고 싶어 하지 않았던 걸 거예요."(Leyda 1969, 137. Lyons 1996, 72) 멜빌의 카니발리즘을 지어낸 것이라는 시각을 좀 더 자세히 보려면 Herbert(1980, 160 이하)를 참조할 것.
21) 난 피지에 과부희생이 존재하지 않았다고 주장하는 것이 아니다. 다만 우리는 이런 관습에 대해 절대 식인종 잭의 텍스트 같은 것에서 배워서는 안 된다는 것이다.
22) 데게이 신은 피지 신화에서 뱀과 같은 형상을 하고 있고, 비록 유아를 먹는 뱀장어는 잭슨 자신이 고안해낸 것이겠지만 이 신화의 일부를 그의 이야기 속에 통합시킨 듯하다.

4. 브라질 카니발리즘의 부활

1) 달리 언급이 없는 한 번역은 모두 나 자신〔벨레이〕이 한 것이다.

5. 옆길로 샌 미적 가치관

1) 《마쿠나이마》의 교정쇄가 들어갔을 때 이모로소 리마에게 보낸 잘 알려진 편지(1928 5월)에서 마리오는 자신의 책의 출판과 〈오스왈드의 선언문〉 발표 사이에 안타까운 불일치가 있었던 걸 "후회한다." 그리고 비록 1926년 12월의 6일 간에 걸쳐 창작되어 "1927년 1월에 교정되고 수정되었다"고 할지라도 여전히 이 책은 "전적으로 카니발리즘적"일 것이다(Andrade, M. de 1978, 256-7). 《마쿠나이마》의 모든 인용은 이 판본에서 온 것이다. 달리 언급이 없는 한 번역은 모두 나 자신〔마두레이라〕이 한 것이다.
2) 어쩌면 1963년의 루이 게라가 이끈 'Os Cafajestes(The Hustler)' 운동을 촉발했다고 일컬어지는 이 영화는 가장 '악명 높은' 혁신들 중에서 브라질 영화사상 최초의 완전 전면 누드를 표현했다는 사실이 이런 맥락에서 연관이 있을지도 모른다. 그 결과 이 영화는 상영된 지 10일 만에 상영 금지되었다.

3) 이 영화의 배경이 되는 역사적 사건들이 1557년을 전후해 일어나기 때문에 이 장면들은 의심할 바 없이 의도적인 무정부주의다.
4) 이 텍스트에는 왕립 우주형상지 학자 앙드레 테베의 《Cosmographie universelle》 (1575), 위그노파 라이벌 장 드 레니의 《Histoire d'un voyage faict en Brésil》 (1578), 한스 스태이든의 이야기, (브라질의 신화적 건국의 아버지들인) 예수회 선교사 호세 데 안시에타와 안토니오 노브레가의 편지, 브라질의 세 번째 지배자 멤 데 사가 왕에 보낸 1560년의 편지 등이 포함된다.
5) 출처는 작가와의 개인적인 대화.

6. 유령 이야기, 유골피리 그리고 식인의 대응기억

1) 카리브 제도의 맥락에서 혼성에 관해서는 브래스웨이트 1974b와 글리산트 1989를 참조할 것. 특히 가이아나의 맥락에서는 해리스의 논문 〈History, Fable and Myth〉 (1970)을 참조할 것.
2) 잭슨의 책 《Fantasy : The Literature of Subversion》(1981) 서장에 언급된 공상의 사회적 의미에 관한 논의를 참조할 것.
3) 푸코는 니체의 《끝없는 명상들》을 느슨하게 따르면서 대응기억은 연속적인 과거라는 '전통적인' 역사관에 대한 대안을 제시한다고 말한다. 대응기억은 전체론적으로 (holistic) 역사를 복구하려는 시도에 반대한다. 그 대신 대응기억은 단절, 균열, 붕괴의 발생론을 추적한다. 대응기억―발생론적으로 유도된 역사―의 목적은 개인적/문화적 정체성을 회복하는 것이 아니다. 그것은 기억된 과거를 교차부화(crosshatch)시키는 단층선(斷層線)을 그리고, (사회적) 몸체(body)를 가로지르는 단절들을 기록하는 것이다. 대응기억은 파괴적이지만 카리브 제도에서 보는 것처럼 창조적 유용성을 갖는다. 거기에서 박탈의 역사를 시연하라는 요청은 중단될 수밖에 없는―그리고 중단 속에서 어떤 다른 미래를 드러내는―주문(呪文)이다.
4) 샌데이의 《Divine Hunger》(1986)의 서론, 맥케넬의 《Empty Meeting Grounds》 (1992)의 첫 번째 논문 (17-73)을 참조할 것. 맥케넬의 경제적 카니발리즘과 상징

적 카니발리즘 간의 구분은 근간 출간될 내 논문 《Eating Dis-orders》(Huggan, n.d.)에서 다루어지고 있다.

5) 기억 한계적 존재이자 불안하게 다가오는 '부재의 존재'로서 유령에 관해서는 프로이트의 논문 〈The "Uncanny"〉(1959)를 참조할 것. 또 토도로프(1975)와 잭슨(1981) 그리고 아브라함(1987)과 시수(1976)에 나오는 (프로이트적) 유령의 형상을 둘러싼 정신분석학적 논쟁들을 참조할 것. 아브라함은 (프로이트를 따라) 유령이 죽은 사람의 재현이 아니라 "다른 사람들의 비밀에 의해 우리들 내부에 남겨진 빈틈들"(287)에 대한 집합적 메타포라고 말하고 있다.

6) 놀랍게도 환상에 대한 일반적 입문에서 토도로프와 잭슨 그 누구도 인종이라는 주제에 대해 별 말이 없다. 인종에 기반한 트라우마이자 미망의 특권적인 위치로서 환상은 분명히 보다 견고한 (파농적인) 문화 분석에서 수혜를 볼 것이다.

7) 포의 종족적 편집증에 관해서는 Rowe 1992를 참조할 것.

8) 카리브 제도에서의 연구를 바탕으로 한 상호 인종적 노이로제에 대한 파농의 고전적인 연구인 《Black Skin, White Masks》에서 파농은 "식민지 환경에 의해 발전된 콤플렉스들의 탄약고"들 중 으뜸으로 "젖색화" 혹은 "백화(whitification)" 콤플렉스를 꼽는다(1967, 30) 파농에게 있어 젖색화 콤플렉스—하얀 피부를 갖고자 하는 흑인들의 욕망—는 결코 의존에 기울게 되는 집합적 정신의 투사는 아니다. 대신 그것은 식민주의적 세뇌의 산물, 즉 흑인들이 자기기대를 낮추고, 흑인들로 하여금 스스로를 백인들의 세계라는 왜곡 거울을 통해 보도록 강요하는 체계적인 시도의 산물이다(34).

9) 윌리엄스의 18세기 카리브 해 역사(1984, 10-14장)에 대한 설명을 볼 것. 여기서 윌리엄스는 카리브 해 무역을 둘러싼 유럽 제국주의 세력들의 갈등과 카리브 해 농장 노동자들의 유럽 '주인들'에 대한 점증하는 저항을 개괄하고 있다. 이것은 1763년 수리남에서 일어난 것을 포함해 노예 폭동의 후속 결과로 18세기 중반에 정점에 달했다.

10) 18세기 중반의 노예 폭동은 1791년 산 도밍고에서 일어난 혁명에서 정점에 달했다. 이 혁명은 궁극적으로 1804년 세계 최초의 흑인 공화국의 건설로 이끌었다 (Williams 1984, 15장을 볼 것. 또한 C.L.R. James의 아이티 혁명에 대한 연구(1963)

를 볼 것).
11) Huggan 1994를 참조할 것. 여기서 나는 카리브 제도에서 수정주의적 텍스트들이 과도한 이유 중의 하나가 그들의 유럽 지역 선조들에 역습을 가하려는 작가들의 집합적인 시도라고 주장하고 있다.
12) 융의 이론을 토대로 〈마술피리〉를 연금술적 상징들로 읽고 있는 것에 관해서는 Koenigsberger 1975를 참조할 것. 쾨니히스베르거는 모차르트의 오페라를 "자기 완성에 대한 탐구"로 본다. 이 오페라의 주요 등장인물들은 연금술적으로 "하나가 됨, 즉 하나의 영혼, 하나의 정신" 속에 융해된다(231). 물론 〈마술피리〉는 매력적인 모순적 해석으로 잘 알려져 있다. 피리 그 자체는 부어맨의 피리(그리고 그 전에 카리브인들의 유골피리)처럼 치명적인 유인장치이자 동시에 화해의 매개체로서 읽을 수 있다.
13) 엘도라도에 대한 나이파울과 해리스의 시각의 비교에 관해서는 나이파울의 책 《The Loss of Eldorado》(1984)와 해리스의 《Tradition, the Writer, and Society》(1967, 특히 35-6)을 볼 것. 양자를 비교한 평론으로는 McWatt 1985를 참조할 것.
14) 프로이트의 《토템과 터부》(1983), 특히 마지막 장을 참조할 것. 지라르가 지적한 것처럼 《토템과 터부》의 오이디푸스적 특징들이 이해될 수 없는 바는 아니나, 그럼에도 불구하고 프로이트는 카니발리즘을 부친 살해, 그리고 토템 축제의 대리희생 속에서 부친 살해의 실현과 결부시키고 있다.
15) 카리브 제도의 혼성 문화의 유산에 대한 긍정적인 평가에 대해서는 Harris 1970을 참조할 것.
16) 하워드의 1970년에 쓴 초기 비평 논문을 참조할 것. 또 Gilkes 1975, Drake 1986의 후기 연구를 참조할 것.

7. 〈크로노스〉와 뱀피리즘의 정치경제학

1) 사실상—1915년 마리아노 아주엘라의 《Los de abajo》(1974)와 함께 시작해 1963

년 카를로스 푸엔테스의 《The Death of Artemio Cruz》(1973)까지 이어지는 —멕시코 혁명을 성찰하는 문학의 관점에서 새로운 지배 계급과 '민중' 사이의 조약이란 냉소적인 수사법 이상은 결코 아니다. 룰포의 소설이—발터 벤야민의 말을 빌리자면—"만일 적이 승리한다면 심지어 죽은 사람마저도 이 적으로부터 안전할 수 없을 것"이라는 사실, 다시 말해 지배 계급은 역사를 자신의 이미지대로 만들며, 삶과 죽음을 사유(私有)한다는 사실을 말하고 있는 한, 민족적 상상들의 '적합성' 보다는 '스타일'을 선호하는 앤더슨의 접근은 그들이 갖고 있는 사회적 내용의 관점에서 재고되어야만 할 것이다(Benjamin 1992, 257 ; Anderson 1991).

2) '자본의 사회적 규칙'으로서 상품 페티시즘이란 개념은 윌리엄 피에츠에서 온 것이다(1993, 119-51). '시간 지체 (time-lag)'에 대해서는 Bhabha(1994, 243)를 볼 것. 수탈당하고 착취당해온 하나의 몸으로서의 라틴 아메리카 이미지는 에두아르도 할레아노가 그의 중요한 저서 《The open veins of Latin America》(1973)에서 체계적으로 시작했다. 마이클 토시(Michael Taussig)의 개척자적인 책(《The Devil and Commodity Fetishism in South America》(1980))이 여기 내 글의 사유에 영향을 미쳤다.

3) 이와 관련해 마르크스는 흥미로운 역사, 지리학적 비교를 하고 있다. "지금까지 우리는 자본의 괴물 같은 난폭함이 스페인인들의 미국 홍인종에 대한 잔인함을 능가하고, 결국은 그것을 합법적인 규제의 사슬에 의해 굳어지게 만드는 한 지역에서 작업일이 확장되는 추세와 잉여 노동에 대한 늑대인간 같은 굶주림을 관찰했다."(1990, 353) 언제나처럼 마르크스는 경제구조의 변화는 합법적인 형태의 새로운 종속을 수반한다고 주장한다.

4) "마르크스는 라 에스카피아가 자기 국민을 뱀파이어이자 괴물이라고 부르는 것을 들었던 최초의 백인이었다. 하지만 마르크스는 죄를 추궁하는 것을 멈추지 않았다. 마르크스는 대영제국의 피 묻은 손을 한 자본주의자들을 붙잡았다. 마르크스는 모든 주장에 증거, 즉 공장에서 어린아이들의 원기와 사지를 희생시키는 거대한 직물 기계에 관한 무시무시한 이야기들을 담은 검시관들의 보고를 제시했다. 마르크스는 거기서 멈추지 않고 일하다 죽은 어린아이들의 작은 시체들, 공장 기계 및 다른 비좁은 공간에 맞출 수 있도록 만들어져 불구가 된 아이들의 몸을 묘사한다."(Silko

1991, 312)

5) 일종의 나쁜 샤머니즘으로서의 뱀피리즘 개념에 대해서는 Augé 1972를 볼 것.

6) 데리다는 최근에 역사적으로 '인간'을 규정했던 희생구조, 즉 특히 인간이나 동물의 살을 먹는 것을 포함하는 구조의 문제에 관심을 갖게 되었다(1991). 다음의 관련된 구절을 참조할 것. "내가 다른 곳에서 보여주려고 했던 것처럼 육식적(carnivorous) 희생은 지향 주체의 성립을 말하기도 하는 주관성의 구조와 법 전체(the law)는 아니라 해도 최소한 권리(droit)의 성립에 핵심적이다. 여기에서 법 전체와 개별법률, 정의와 권리, 정의와 개별 법률의 차이는 심연 위에 열린 채로 남아 있다. 나는 이 문제들을 잠시 보류해두고, 우리의 문화와 법률의 토대로서 육식적 희생과, 상징적이든 아니든 보호, 사랑, 슬픔, 그리고 진실로 모든 상징적, 언어적 사용 속에서 간주관성을 구성하는 모든 카니발리즘 간의 밀접한 관계를 살펴볼 것이다…. 만일 우리가 불이나 폭력 혹은 우리가 여전히 혼란스럽게 동물들이라고 부르는 것에 대한 존중의 결여에 대해 말하고자 한다면—이 문제는 과거 보다 더 시사적이며, 그래서 나는 해체의 이름으로 그 문제 안에 일련의 남근이성중심주의에 대한 일련의 질문을 포함하고 있다—, 서구에서 올바른 것(just)과 올바르지 않은 것(unjust)에 대한 사고를 지배하는 형이상학적-인간 중심적 공리(axiomatic)를 총체적으로 재고해야 한다…. 바로 이 첫걸음에서부터 이미 우리는 첫 번째 필연적 후속 결과를 어렴풋이 짐작할 수 있다. 요컨대 정당과 부당의 척도로서 인간 주체가—여성이나 어린아이 혹은 동물이 아니라 가급적 그리고 규범적으로 성인 남성—설치한 경계에 대한 해체주의적 접근은 불의로 이끌지도 않고, 바른 것과 바르지 않은 것 간의 대립을 없애지도 않으며, 정의보다 더 탐욕스런 요구의 이름으로 역사와 문화가 지식의 확실성에 관한 그들의 학문을 규정할 수 있게 했던 경계들의 전체 기구를 재해석하게 만든다."(1992, 18-19)

8. 피.피.포.펌: 이야기의 사설(辭說)에 빠진 아이

1) 'Tiens, Ravagio, voici de la chair fraîche, bien grassette, bien douillette,

mais par mon chef tu n'en croquera que d'une dent; c'est une belle petite fille; je veux la nourrir, nous la marierons avec notre ogrelet, ils feront des ogrichons d'une figure extraordinaire; cela nous réjouira dans notre veillesse' (d'Aulnoy 1956: I, 145)

2) 《La Bible des poétes》(1485) 참조. 손으로 채색된 권두화. 다른 판본으로는 1507년 판으로 목판 권두화.

3) 〈예술가의 부모〉(1806), 함부르크 박물관 소장. 여기서는 로젠블룸 38호본(1988) 참고.

4) 'Un coup c'était Cafougnette, y ren'tre dans une boucherie, puis y avait un grenier, alors lui y ren'tre dans l'grenier puis y voit un trous, y dit merde, qu'est-ce que c'est. Alors y prend sa bitte puis il l'enfonce dans l'trou. Alors v'la une femme et puis elle dit: si, si y'en a une. Alors "peut-etre c'est la derniere" alors y prend, il l'coupe Zwitt. Alors y donne à la femme. La femme la mande et l'lendemain, elle revient et elle dit: -elle était bien bonne vot' saucisse, vou n'navez pas une autre et Cafougnette aprés y dit par l'trou, "quand er r' poussra' (Gaignebet 1974: 186-7).

9. 자본주의로서 카니발리즘

1) 나는 '관념체'란 말을 프레드릭 제임슨이 《The Political Unconscious》에서 규정한 의미에서 사용하고 있다. 제임슨에 따르면 "관념체는 이중 인격적 기능이다. 이것의 핵심적 구조적 특징은 의사개념(pseudoidea)—개념적 혹은 신념 체계, 추상적 가치, 의견 혹은 편견—을 드러내거나, 아니면 원형설화로서 반대되는 종류들인 '집단적 특성들'에 대한 일종의 궁극적인 환상을 드러낼 수 있는 가능성으로 기술될 수 있다. 이런 이원성은 개념체를 완전히 서술해야 한다는 기본적인 요구가 이미 미리 주어져 있다는 것을 의미한다. 즉 하나의 복합개념으로서 관념체는 개념적 기술과 설화적 언명 둘 다 가능하다. 물론 관념체는 이 두 방향 중 하나로 확장되어 최

종적으로 철학적 체계의 모습을 취하거나 문화적 텍스트의 모습을 취할 수 있다. 하지만 이런 최종적인 문화적 산물들에 대한 이데올로기적 분석은 관념체가 문제되는 천연 자원을 토대로 한 변환의 보충작업으로서 이들 각각을 논증할 것을 요구한다."(Jameson 1983, 87) 관념체가 '의사개념'이자 '원형설화'라는 제임슨의 주장은 '타자'에 대한 상상으로서 카니발리즘을 분석하는 데 중요한 가치를 지닌다. 식민주의적 픽션과 반유대주의적 담론에서 식인종은 항상 '개념 혹은 신념 체계, 추상적 가치, 의견 혹은 편견', 간략히 말해 정상적인 인간에 대한 '철학적 체계'와 연관되어 상상되어왔다. 허구와 담론 양자에서 카니발리즘에 대한 '개념적 기술'은 항상 이상적인 문화적 연대의 담화전략을 잘 표현해주고 있다. 식민지 세계에서 이것은 저열한 야만인 무리들이 접근하는 것을 막는 '백인' 식민지 지배의 방어진지가 된다. 금융 및 상업 자본이 공동체의 파괴자로서 두드러진 자본주의적 계급관계의 세계에서 그것은 '유대인', 신도들 내부의 '야만인'에 대항한 전쟁이라는 파시스트적 '계급환상'이 된다. 이때 관념체는 변함없이 '체계'와 '텍스트'에 이바지하는 자아와 타자의 정치학 속에서 탄생한다. 이런 관점에서 이 개념은 문학적, 이데올로기적 모티브로서 카니발리즘에 대한 자연스런 이론적 척도로 보인다. '복수'라는 용어의 이론적 수입에 관해서 보자면, 이것이—인종주의자들과 반유대주의자들이 종종 자신들이 '흑인들'과 '유대인'의 비밀스런 행동의 실질적인 희생자라고 (참된 실재에 반해) 주장하려한다는 의미의—'노예 도덕' 상상의 이상 징후를 말해주기 때문에 나로서는 유용한 개념인 것 같다. 니체 스스로 다음과 같이 말한 바 있다. "복수… 이 식물은 오늘날 무정부주의자와 반유대주의자들 사이에서 최고로 번성한다. 거기서 그것은 비록 다른 냄새를 풍기지만 제비꽃처럼 언제나 보이지 않은 곳에서 번성해왔다."(Nietzsche 1967, 73)

2) 《자본론 1권》에서 마르크스는 원시적 축적을 "자본주의적 축적"의 "출발점"이라고 적절하게 규정하고 있다. 사회적 의미에서 그것은 "생산자를 생산수단으로부터 분리하는 역사적 과정에 지나지 않는다."(1976, 875) 그 뒤를 소외와 착취, 상품의 페티시즘이 뒤따른다. 마르크스에 따르면 그것은 "사실상 상품으로 전환된 인간의 땀과 피를 헐값으로 만드는 것으로, 지속적인 시장 확대를 가능하게 했다. 이것은 특히 영국의 식민지 시장에 정확히 들어맞는 것이었다."(601) 따라서 식민지 지배자

들의 착취의 모습 속에서 원시적 축적은 "잉여 가치를 만드는 것이 인간다움의 유일한 목적이자 존재이유라는 것을 증명했다."(706) 《자본론》의 지속적인 테마는 "피를 빨아먹는 기관"(598)—요컨대 기계 공장과 수공업 공장에서 행해지는 어린이들에 대한 착취다. 사실상 이 시기—아동 노동과 영아 사망률로 드러난—"자본화된 어린이들의 피"(920)는 인간의 고통을 일상으로 먹고서 만들어내는 이윤 생산의 절대적인 부분을 이룬다.

3) 무역품으로 가득 찬 한 오두막이 우연히 일어난 화재에 먹혀버리는 《어둠의 심장》에 나온 에피소드를 생각해보라. 이 사건에 대한 말로의 요약은 특히 식민지 교육학의 문화적 논리에 관하여 이해하는 데 도움이 된다. "흑인 하나가 가까이에서 매를 맞고 있었다. 그들은 그가 어떻게 해서 불을 냈다고 말했다. 어쨌든 그 흑인은 끔찍한 소리로 비명을 지르고 있었다."(Conrad 1967, 253) 잘 알려진 바와 같이 프로이트는 "한 어린이가 매를 맞고 있었다"는 환상이 영아 주체 속에 문명화된 가치를 학습시키는 데 핵심이라는 사실을 관찰했다(Freud 1955). 프로이트에 따르면 이 환상은 오이디푸스 콤플렉스에 의해 유발되어 유아의 거세 공포를 불러일으키는 데 도움을 준다. 이제 식민지 교육학에서 '가족'이란 수사학은 "저개발 인종들"에 대한 정치적 권위를 합법화시키는 기능을 갖는다(Moresby 1876, 102). 식민지의 '오이디푸스적' 지배에 의해 규정된 거세 공포(다시 말해 절멸)는 성적 영역을 넘어 (백인 여성들은 전적인 터부다) 일반화되고, 노동과 복종, 품행과 예의바름의 문제에 수용된다. 그래서 식민지 교육학의 기초적인 '도덕' 시나리오는 "흑인 하나가 매를 맞고 있다"는 것이다. 전임자가 "원주민들과의 격투 끝에 살해당했"기 때문에 말로가 회사의 일자리를 얻게 되는 걸 주목해보라(217). 죽은 선장은 "암탉 몇 마리"에 대해 언쟁을 벌이다가 "늙은 흑인 하나를 무자비하게 때렸다"(217). 늙은 흑인의 아들은 아버지를 방어하는 과정에서 그 선장을 죽이고 만다. 어떤 점에서 콘래드의 이야기는 매 맞는 "흑인들"이라는 환상을 현실화시키는 것이 갖는 도덕적 중요성에 대한 성찰이다.

4) 피터 흄은 "야만인 담론"에서 황금은 "다른 사람들이 그 주위에 떼를 지어 모여드는 주축 단어"라고 본다(1986, 22). 흄은 침략의 수사학을 보여주기 위해, 다시 말해 카리브 제도를 잠재적 식민 공간으로 바라볼 수 있도록 "욕망과 두려움, 황금과 식

인종"(41)을 어떻게 교묘하게 결합시키는지 보여주기 위해 콜럼버스의 일지를 증후적으로 독해한다.

5) 하지만 이것은 꼭 지적해야겠는데, 카니발리즘을 인종주의의 중상으로 보는 견해에 대해서 말로는 앞뒤가 다른 태도를 취한다. 말로는 식인종들이 "그곳에서는 좋은 친구들이었다. 함께 일할 만한 사람들이었다"(245)라고 역설한다. 그런데 나중에는 이렇게 자문한다. "도대체 어떤 탐욕스런 악마가 들어 있길래… 억제하질 못하는가! 차라리 시체들이 널려 있는 전쟁터를 어슬렁거리는 하이에나가 억제하길 바라겠다"(252-3). 동물성의 수사(修辭)가 말로의 마음속에 자연스레 떠오르는 것은, 그의 이야기 속에 식민지적 담화가 숨어 있다는 자명한 증거이다.

6) '지배적', '잉여적', '긴급한' 이라는 분석 용어에 대한 납득할 만한 설명은 Williams (1977 : 121-8)를 참조하라.

7) 《자본론 1권》의 잘 알려진 부분에서 유대인을 은유적으로 사용한 적절한 예를 찾아볼 수 있다. "자본가는 모든 상품이, 낡아 보이든 아니면 좋지 않은 냄새가 나든 상관없이 진실로 돈이며, 본래 할례를 한 유대인이며, 더 나아가 돈에서 더 많은 돈을 만드는 놀라운 수단이란 걸 안다."(1976, 256) 여기서 마르크스는 한 쌍의 반유대주의적 모티브를 풍자하고 있다. 말하자면 유대인이 특히 공격적인 성향을 지니고 있다는 주장과 유대인들은 어디에나 있고, 할례 흔적으로만 알아볼 수 있다는 주장을 풍자한다. 마르크스는 교활하고 "야비한" 유대인이라는 상투어를 가져와 상품 형태의 특질, 상품이 야기하는 단순한 물질로부터 돈과 권력의 발생을 지적한다. 이 비유의 목적은 명백히 유대인에 대한 자본주의의 위선적인 투자를 명확히 하려는 것이다. 그것을 통해 기독교 세계는 돈의 포괄적인 힘을 저주하는 대신에 유대인 고리대금업자를 저주할 수 있었기 때문이다. 조지 모스가 쓴 것처럼 〔유대인 문제에 관한〕 마르크스의 주장은 "모든 종류의 인종주의와 상반된 것이다. 왜냐하면 그는 완전한 동화와 인간 사이의 갈등의 폐지를 옹호했기 때문이다."(Mosse 1978, 155) 마르크스의 유대인에 대한 복합적인 관계에 대한 잘 알려진 설명으로는 Gilman(1986 188-209)을 추천한다.

8) 사르트르의 관찰을 비교해보라. "유대인이 없다면 반유대주의자들은 그걸 만들어 낼 것이다."(Sartre 1973, 13)

9) 교훈적인 메타포로서 샤일록은 마르크스의 저작에 종종 등장한다. 실례로, 마르크스는 혁명의 노력을 현학적 태도로 짓밟는 사람들을 '식인종'이라고 비난하는 의미에서 샤일록이라고 부른다. 관련 구절은 다음과 같다. '과거의 비참함을 이야기하며 현재의 비참함을 정당화하는 이들이 있다. 태형(笞刑)은 오래되고 전통적인 것이기 때문에 태형을 당하는 농노들이 비명을 지르는 것은 반역과 마찬가지라고 주장하는 이들이 있다. 역사는 그들에게, 이스라엘의 신이 그의 종 모세에게 뒷모습만 보여주었던 것처럼 뒷모습만 보여줄 것이다. 이들, 법역사학파(Historical School of Law)는, 게르만(독일) 역사의 피조물이 아니었더라면 게르만 역사를 만들어낼 수도 있었을 것이다. 이들은 샤일록이다. 민중의 심장에서 베어낸 살 한 파운드 한 파운드마다 그 계약에 맹세하는, 역사적이고 기독교-게르만적인 계약에 맹세하는 노예 샤일록인 것이다.

10) 재판에 대한 마지막 분석에서 피고들에 대한 무시무시한 고문을 통해 세계는 반유대주의적 상상을 확인했다. 포차샤는 고문의 결과로 피고 중 한 명이 "〔살해당한 소년〕을 씹었음을 인정"했고, 다른 사람은 "웃으면서 발을 구르는 춤을 추면서 환호하는 장면을 설명했으며, 또 다른 사람은 성기와 엉덩이를 노출시키고 혀를 빼물면서 추잡하고 기괴한 몸짓을 했고, 모두가 그 기독교인 아이를 조소했다고 시인했다"고 적고 있다(88).

11) 이런 점에서 이 드라마의 경제 논리는 르네상스의 카니발 정책과 일치하는 부분이 있다. 카니발 시즌은 카니발 노래와 이형, 개별적인 유대인들에 대한 폭력적인 거리 모독 등의 형태로 반유대주의가 대중적인 표현을 획득하고 있던 시기였다. 프랑수아 라로크가 관찰한 바에 따르면, "거리를 행진하는 마분지 괴물들은 어쩌면 유대인들에 대한 그로테스크한 커리커쳐로 해석되었을 것이다. 이것은 어쩌면 그 당시 관례적인 즐거움을 가져다주었던 카니발과 식인종(cannibal)이란 말 사이의 음성적 근접성에 의해 촉진되었을 것이다."(Laroque 1983, 118) 이런 관점에서 보았을 때 근세 초기 드라마는 유대인에 대한 지배적인 문화적 태도를 시각적으로 형식화한 것에 지나지 않는다.

12) 신나치주의가 점점 더 전염성 반유대주의를 정상적으로 활성화시킬 수 있었던 분야는 낙태와 관련한 정치적 논쟁이다. 캘리포니아에 기반을 둔 백인 아리안 레지스탕스의 지도자 톰 메츠거는 "거의 모든 낙태 의사들은 유대인이다…. 유대인들

은 백인 아이들에게 가한 그와 같은 홀로코스트와 살해의 벌을 받아야만 한다"고 말한 것으로 기록되어 있다(Burghardt 1995, 27에서 재인용). 이런 수사법은 반낙태 조직, 휴먼 라이프 파운데이션의 설립자인 폴 막스 신부가 천명한 감상적 '실제' 낙태 논쟁에 비하면 단순히 '지엽적'인 것으로 무시해도 좋을 정도이다. 폴 막스는 "낙태주의자들… 그리고 낙태를 옹호하는 의대 교수들은… 유대인이다… 많든 적든 유대인 공동체의 〔한〕 부분이 전(全)시대의 가장 거대한 홀로코스트, 아직 태어나지 않은 아이들에 대한 전쟁을 선도했다"고 말하고 있다(Burchardt 1995, 30에서 재인용). 이렇게 주로 반유대주의에 근거한 반낙태 담론에서 유대인이 기독교 아이들에 대한 제의적 살해자라는 사악한 상투어는 다시 한 번 효력을 발휘했다.

10. 소비만능주의 혹은 후기 카니발리즘의 문화 논리

1) 내가 사는 지역 비디오 가게에 있는 필름 가이드 중 하나 (《비디오 하운즈 골든 비 리 트라이버 1995》)는 '카니발리즘'이라는 범주에 95개 이상의 아이템이 수록되어 있다. 이 목록들 중 대부분은 〈죽음의 아보카도 정글의 식인종 여자〉같은 제목의 저예산 컬트 공포영화였다. 흥미 있는 것은 이 목록에는—내가 보기엔 '개가 개를 먹는' 자본주의의 유사한 이슈들을 다루고 있는—뱀파이어나 〈울프〉 같은 늑대인간 영화는 포함되어 있지 않았다. 만일 그런 영화도 포함된다면 리스트는 훨씬 더 길어질 것이다.
2) 그리너웨이는 영화 제작을 하기 전에 화가 교육을 받았다. '회화적' 미학은 그의 영화 작업에 깊은 영향을 끼쳤다(Denham 1993, 24를 볼 것).
3) 비록 인육 축제가 고전 드라마에서 전례를 보여주고 있지만 그런 축제가 그리너웨이의 영화에서처럼 '카니발리즘적'이 된 것은 16세기와 그 이후의 시기에 지나지 않는다. (고전적인 전례는 Bower 1940, 45 및 다른 곳을 볼 것.) 복수 비극에서 근세 초기에 이루어진 혁신은 폭력을 스펙터클하게 만든 것이다. 고전적 전례는 보다 잔인한 행위(즉 고문, 강간 등)는 무대 밖에서 처리했을 것으로 추측되는 반면, 엘리자

베스 시대와 제임스 1세 시대의 극작가들은 주저 없이 잔인한 장면을 담았고, 거기에 대한 관심을 요청했다. (그리너웨이 역시 이 관습을 피하지 않았다.) 자코비언 시대 비극은 엘리자베스 시대 비극보다 더 '암울'하며, 그리너웨이는 자코비언 시대 비극에 마음이 끌려 그런 암울한 면을 취한 것으로 보인다.

4) 패트리셔 파커는 코피아(풍부함)와 부의 관계를 다음과 같이 논의하고 있다. "예를 들어 에라스무스는 《De Copia》―그 제목에서 수사학적 남용과 경제적 부 사이의 관계를 이미 제기하고 있는 책―에서 하나의 담화를 증폭하는 최선의 방법은 그것을 여러 부분으로 나누는 것"(1987, 128)이라고 설명하고, 곧바로 이런 수사법적 기획에 대해 판매 의도의 비유를 가져오고 있다.

5) 이 페이지와 이어지는 페이지에 관련된 식인종 모습의 예는 다음 자료에서 발췌한 것이다(이것도 많은, 너무나 많은 자료의 일부분일 뿐이다).

　Richard Acello, 'Smart and Final Seeks Jump Into Big Box Border Battle', San Diego Daily Transcript (December 1993), A1.

　Christopher Amatos, 'Applebee's Franchise Weighs Area Expansion', Columbus Dispatch (30 August 1993).

　Jessica Hall, 'Cannibalizing a Market', Warfield's Business Record, 9.45 (December 1993), sec. 1, p. 1.

　Tom Lowry, 'Local Biz Balks at Home Depot', New York Daily News (2 November 1993), sec. 1, p. 27.

　Travis Poling, 'The New Fast Food Fix', San Antonio Business Journal, 8.44 (December 1993).

　Greg Heberlen, 'Eagle Profit Plunges', Seattle Times (December 1993), sec. D, p. 1.

　Sylvia Wieland Nogaki, 'Wholesale Competition', The Seattle Times (12 October 1992), sec. E, p. 1.

　Tina Cassidy, Boston Business Journal, 12.32 (5 October 1992), sec. 1, p. 9.

6) 예를 들어 Volosinov(1986)를 볼 것. 하지만 카니발리즘에서 투쟁은 볼로시노프에 의해 이론화된 단순한 "계급 투쟁"(23)보다 더 복합적이다.

7) '소위 원시적 축적'에 대한 마르크스의 논의(1990, 873-940), 원시적 축적에 대한 마르크스의 논의에 대한 푸코의 보충(Discipline and Punish 1979, 221)을 볼 것. 푸코의 주장은 자본은 주관성으로의 변환, 즉 그가 '정치적' 과정이라 서술한 '인간의 축적'을 요구한다는 것이다. 또 원시적 축적의 '문화적' 측면을 연구하라는 리처드 하펀의 권고(《Poetics of Primitive Accumulation》[1991])를 참조할 것.

8) 이런 분석은 특히 토도로프(1984)가 지적했던 것처럼 근세 초기의 식민지화에 대한 주장에서 쉽게 찾아볼 수 있기 때문에 부분적으로는 상식이다. 커크패트릭 세일은 다음과 같이 말하고 있다. "카니발리즘에 대한 보고들은 야수로 간주해도 좋을 만큼 명백하게 신의 가호의 경계 밖에 서 있는 피조물들에 대한 착취와 노예화를 정당화하는 수단을 제공한다."(Kirkpatrick Sale 1990, 134)

9) 그람시를 볼 것. "어떤 구조를 연구하는 데 있어 '계기적'으로 불릴 수 있는 (그리고 기회적, 즉각적, 거의 우연적이라고 부를 수 있는) 운동들로부터 (상대적으로 지속적인) 유기적 운동들을 구분하는 것이 필수적이다."(1971, 177)

10) 예를 들어 딘 맥커넬의 관점에서 보면 자본가들은 모두 다 '은유적' 식인종이다(1992, 20). 그는 다음과 같이 주장한다. "식인종(혹은 자본가)은 이득을 얻기 위해, 하지만 또한 단일성이라는 불가능한 논리를 글자그대로 구현하고 복구하기 위해 다른 사람을 먹어 삼키려고 시도하는 사람이다."(8) 이어서 그는 "합법화된 살인과 착취, 세습을 통해 자본 이윤을 생산하는, 그리고 죽은 사람을 먹음으로써 이윤을 모으는 조야하지만 효과적인 방법" 중의 하나로서 자본가-식인종 상상을 지적한다(53). 하지만 맥커넬의 비유는 카니발리즘과 자본주의가 양립할 수 없는 방법들은 설명해주지 못하고 있다.

11) 윌리엄 아렌스의 작업에서 시작된 카니발리즘 논쟁에 대해서는 본서의 '개론'을 참고할 것.

12) 그러나 확실히 그것은 어떤 관심에 의한 것이었다. 에드먼드 브루드넬이 가지고 있던 《가지각색의 항해들》(1582) 한 부에는(이 책은 길버트 탐험대의 흥미를 끌고자 하는 의도가 다분했는데, 브루드넬은 길버트 탐험대의 후원인이었다) '경건함은 거대한 부' 전체에 밑줄이 그어져 있었다. 그러나 나의 요점은 에드워드 라이넘의 논점에 나도 동의한다는 것이다. 즉, 엘리자베스 시대의 항해에 대한 관심은 '그 성과에 비

추어봤을 때 터무니없을 정도로 미약했다. 그 성과는 헤클뤼트 덕분이었다'(1946, 18). 그리고 '헤클뤼트가 그 결과를 성취해내기 위해 온갖 수단을 다 사용하려 했다'는 것에도 동의한다.

13) 신생 합자 회사들에 대한 기존 상인조합의 반발은 로버트 브레너의 기념비적인 최근 저작 'Merchants and Revolution'(1993)에 잘 설명되어 있다. 거기에는 오래된 거래 관습의 변화에 대한 반발뿐만 아니라, 여행과 여행가들에 대한 일반적인 불신도 한 몫을 담당하고 있다. 데이빗 크레시는 국가가 (그리고 합자 회사가) 재정에 관련된 것들과 선취특권들을 지키기 위해 영국인들의 북아메리카 이주를 제어하려 한다고 주장한다. 그는 '[17세기에] 영국을 떠난다는 것은 단순히 결심을 하고 돈을 벌어 간다는 것 이상의 문제였다. 이주 예정자들은 [다른 여행가들처럼] 왕국을 떠난다는 허가를 받아야 했다'(1987, 130)라고 지적한다. 헤클뤼트의 책과 같은 책들이 투자자들의 욕망을 자극하여 새로운 곳으로 관심을 돌리게 하는 데에만 이용될게 아니라 이러한 전환이 일어나도록 공적인 인가를 얻는 데 이용되어야 한다는 것은 이러한 상황을 이야기하는 것이었다.

14) 데리다는 다음과 같이 표현하고 있다. "형이상학은 추가를 단순한 외존성, 즉 순수 부가물 혹은 순수 부재로 규정함으로써 비(非)현전(non-presence)을 배제하는 것으로 구성된다. 이 배제 작업은 보충성의 구조 내에서 활동한다. 역설적인 것은 우리는 그것을 순수한 부가로 생각함으로써 추가를 소멸시킨다는 것이다. 더해지는 것은 아무것도 없다. 왜냐하면 그것은 스스로가 배제된 완전한 현재에 부가되기 때문이다."(1976, 197)

15) 앤더슨의 주장의 양 측면은 과장되어 있지만 봉건적 및 자본주의적 방향 설정은 중요하고 유용하다.

16) 마르크스의 이러한 주장은 다음과 같은 페캄의 관찰에 의해 지지된다. '콜럼버스가 신대륙을 발견한 이후, 그곳의 설비, 소유, 거주 등을 통해, 유럽에 금과 은, 진주, 기타 귀한 돌들이 태초 이래 그때까지 유입됐던 양보다 훨씬 더 많은 양이 유입되었다는 것은 매우 잘 알려진 사실이다.'(Hakluyt 1965, VIII, 96).

17) '개인 여행기들, 그리고 이름만 대면 알 수 있는 사람들이 써놓은 제목만 거창하게 달아놓은 따분한 책들은 진실하지도 않고 유익하지도 않다는, 그리고 그런 책들은

정말이지 우리에게 세계에 대한 확실하고도 많은 발견의 정보를 주어야 한다는 프톨로미의 주장을 모르는 게 아니다'(Hakluyt 1907, 6).

18) 1582년판 《가지각색의 항해들》은 서명은 있지만 페이지가 매겨져 있지 않다. 제목 페이지의 끝부분(지리학자들 리스트가 적혀 있는)부터 페이지를 매겨보면, 이 판본은 인쇄된 부분만 113페이지로 되어 있다(공백 페이지는 제외).

19) Mullaney(1983)과 대조해보라.

20) 문화연구에 대한 그람시의 영향에 대해서는 Stuart Hall(1988)을 참조할 것. 마르크스주의에서 이런 추이를 보여주는 여러 관점들의 윤곽은 Hall/Jaques(1989)를 볼 것.

21) 이건 또 서구 내부에서 '타자'를 구분하기 위해 카니발리즘을 사용하는 조나단 스위프트의 '조심스런 제안'과 같은 경우와는 다르다.

11. 우리 시대의 카니발리즘의 기능

1) 예를 들어 16세기 증인 한 사람의 말을 보라. 그는 고향에서 있었던 무서운 사건(특히 성찬식의 의미를 둘러싸고 벌어진 혈전)을 독자들이 상상할 수 있게 함으로써 아메리카에서 벌어진 끔찍한 식인 관습에 관한 자신의 묘사에 자격을 부여한다.

> 적에 대해 보여주는 미개인들의 잔인성에 대한 다른 사례를 들 수도 있겠지만 내가 말한 것이 공포로 머리끝이 쭈뼛 서기에 충분하리라 생각한다. 하지만 독자들이 우리 자신에게 벌어졌던 것을 기억하는 것이 그런 야만적인 행위들에 대해 읽을 때 도움이 될 것이다… 여기, 이탈리아와 또 다른 나라에서 적의 간과 심장을 먹지 않고서는 만족하지 못했던 기독교인들을 만나지 않는가…? 그 때문에 식인 미개인들의 잔인성에 대해서 너무 극단적으로 싫어해서는 안 된다. 우리들 중에는 복수를 위해 적대 부족만을 덮치는 그들(즉 인디언)보다 더 잔인하지는 않다 해도, 더 혐오스럽고 더러운 자들이 존재한다. 그런 극악무도한 것들을 보려고 아메리카로 가거나 우리 (자신의) 나라를 떠날 필요가 없다.(Jean de Léry, Forysth 1985, 30에서 인용)

레리와 몽테뉴 둘 다 주장한 것처럼 카니발리즘은 고국에서 시작된다. 또한 16세기 학자들이 원주민들이 과연 고상한 미개인들인지, 아니면 단순히 인간 이하의 야수들인지 결정하기 위해 그들의 천성에 대해 논쟁했다고 말하는 아렌스(1979b, 78)를 볼 것. 인디언의 운명에 대한 글자 그대로 '학문적' 이었던 학자적인 논쟁이 "식민지 지배의 성격에 인도주의적 경계선을 부과하려는" 결정에서 기인했다는 그의 지적은, 한계를 부과하고 차이를 만들어내는 비판적 해석자의 제한된 능력을 기억하게 한다.

2) 특히 글자 그대로의 것이 비유적인 것보다 더 정직하고 직접적이라는 이유에서 문화적 카니발리즘을 자연적인 카니발리즘보다 더 타락한 것으로 보는 맥케널(MacCannell, 1992)을 볼 것. 그는 몽테뉴의 논리를 확장하여 사회에서 발견되는 식욕에 대한 이른바 승화와 우회를 기만의 기호로 보고, "카니발리즘은 그 자체로 은유적 카니발리즘으로 변환되었다는 사실은 긍정적인 발전으로 환영받아서는 안된다"고 주장한다. 왜냐하면 "그 자신의 무서운 과도함을 인정하지 않도록 보호해주고, 원래의 카니발리즘 형식이 상상할 수 없는 방식의 권력을 가져다주는 것이 정확히 이런 변환의 은유적 특성이기 때문이다. 절대적인 지배와 통제에 대한 동일한 욕망에 이끌리고 있고, 이제는 고도의 기술을 장착한 은유적 혹은 성찰적 카니발리즘은 더 이상 희생자의 얼굴을 바라볼 필요가 없다. 아니면 그럴 기회가 있다 해도 결코 본 것을 인정할 필요가 없다."(21) 또한 은유들은 미개인들보다 더 많은 것을 내포하고 있다는 그의 주장을 볼 것. "이 진술[비유적 표현]에 조용히 잠복해 있는 잔인성과 악마에 대한 암시의 크기는 늙은 전사들이 공공연히 떠벌리는 그 어떤 표현보다도 크다."(4-7) 맥케널이 보기에 모든 체내화에 관한 은유들은 음흉하며 우리가 갖고 있는 현대의 '식인종 의식' 을 폭로한다.

3) 카니발리즘은 종종 저차원에서 고차원으로, 자연에서 문화로, 축어적 카니발리즘에서 상징적 카니발리즘으로 진보와 진화의 신화 속에서 역할을 담당한다. 이것은 실제 카니발리즘을 실행하는 문화들과—기독교 성찬 봉령 같은—상징적 대체물들을 개발한 문화들 간의 차이를 논의하는 방법을 제공한다. 성체성사에서 그리스도 몸의 실제 현전의 의미에 대한 살벌한 전쟁들이 보여주는 것처럼 심지어 이런 상징적 행위에서조차도 상징적 카니발리즘과 축어적 카니발리즘의 관계는 불분명하다

(더 자세한 것은 Kilgour 1990, 15-16, 79-85). 페기 샌데이는 제의적 카니발리즘 자체의 기능을 승화와 유사한 형식을 포함하는 것으로, 즉 그것이 순수 물리적인 것을 상징적인 것으로 전환시키는 것으로 해석한다(1986, 15-101). 반대로 엘리 세이건은 카니발리즘을 은유적 사고 능력을 획득하는 데 실패한 것으로 본다. "미개발된 식인종들의 상상은 은유적 관습을 적절하게 다루지 못한다. 식인종은 어쩔 수 없이 글자 그대로 구강적 체내화의 강한 충동을 느낀다."(Eli Sagan 1974, 81)

4) 오비스커를 참조할 것. 그는 동화를 통해 부양되었으며, 난파 후의 생존을 위한 카니발리즘의 관습을 믿었던 영국인의 카니발리즘에 대한 강박관념은 원주민의 관습을 부활시키고 재 강화했다고 주장한다. 그래서 그는 영국인은 어떤 의미에서 폴리네시아 식인종들을 창조했다고 말하고 있다(1992b, 특히 643-4, 650, 652-4).

5) 밥 발라반(Bob Balaban)의 영화 〈부모(Parents)〉 역시 이와 유사한, 프로이트의 성적 발달 이론을 들쑤시는 상징적이고 문자 그대로의 카니발리즘의 붕괴 위를 부유한다. 어린아이 시점의 샷을 통해, 영화는 어른들의 세계에 대한, 그리고 카니발리즘으로서의 섹스에 대한 소년의 혼란스러운 인식을 보여준다. 소년은 부모가 사랑을 나누는 광경을 보면서, 어머니의 번진 립스틱 자국을 피로 오인한다. 소년의 관점에서 부모는 싸이클롭스 같은 기괴한 짐승으로 보인다. 부모가 자신마저 그들과 같은 괴물이 되게 할 것 같아 속이 메스껍다. 이상한 고기 조각들이 이 꿈의 1950년대 가족 속으로 들어가는 성장 의례가 될 것이다. 침울해지고 핼쑥해져서, 소년은 귀신처럼 괴물처럼 보인다. 우리는 이 모든 것이 문자 그대로 식인주의적이고 근친상간적인 어른 세계의 어두운 패밀리 로맨스라고 믿는 것에서부터 시작하게 된다. 그러나 종국에는, 영화가 극적으로 어두운 반환점을 돌고 나면, 그의 판타지들은 현실이 된다. 카니발리즘은 여기서 더 이상 메타포가 아니라, 이 가족의 근간에 대한 글자 그대로의 진실, 낯선이들의 살을 먹음으로써 자신들을 정당화시키는 진실이 된다.

6) 예를 들어 우리가 적대자를 규정하기 위해 쓰는 방법과 대상을 사용하는 《드라큘라》를 볼 것. 좋은 사람들은 정상적으로 먹고, 반면 드라큘라는 비상식적으로 양분을 취한다.

7) 의사와 환자 사이의 관계에 대한 프로이트의 설명은 복합적인 것이다. 환자를 치료하기 위해 의사는 그녀로부터 초연하게 머물러야 하며, 두 사람을 완전히 분리된 채

유지시켜 줄 수 있는—프로이트가 보통 과학적 객관성이라고 말한 것—위치에서 관찰해야 한다. 하지만 동시에 의사는 환자를 이해하기 위해 그녀에게 공감할 수 있어야 한다. 또한 이런 미묘하게 균형을 이룬 객관성 및 동일시 행위를 형사와 범죄자 간의 그것과 비교한 데이를 볼 것(Day 1985, 186).

8) 스스로를 차별화할 필요가 있는 뒤떨어진 시골 출신의 우둔한 혈통인 자신의 조상에 대한 클래리스의 명상에 대해서는 해리스(1988, 290, 325)를 볼 것. 그 이전 빌이 죽인 희생자 한 사람과 처음으로 조우했을 때, 클래리스는 출신 배경 때문에 서부 버지니아 경찰에 대해 특권적인 신분을 갖게 된다. 경찰은 그녀를 "나이 든 할머니들, 그러니까 지혜로운 여성들과 허브 상인, 항상 필요한 것을 해주고, 경비를 서고, 경비가 끝나면 시골의 죽은 사람 염을 하고 옷을 입혀준 독실한 시골 여성들의 후계자"로 인정한다(82). 여기서 자신의 과거를 착취하고 희생자에 대한 '특별한 관계'를 갖게 됨으로써 클래리스는 막 벗어난 남성적 영역으로 들어갈 수 있게 된다. 다른 여성들과 자신을 동일시하는 것을 이용해 그녀는 그들로부터 거리를 취한다.

9) 로라 킬리언이 이 비유의 정확한 성격을 지적해주었다. 차이는 다시금 동일시를 의미한다.

10) 종교적 성사, 특히 성체봉령과 혼인의 도착(perversion)을 통해 알 수 있는 《드라큘라》의 숨은 의미가 여기서 분명해진다.

11) 소설은 클래리스와 명백히 순진무구한 잔이라는 라스트 신과 렉터가 그녀에게 편지를 쓰는 장면을 나란히 위치시킴으로써 유사한 효과를 만들어낸다. 렉터의 장면이 두 사람의 지리적 분리—우리는 렉터가 지금은 어디에 있는지 모른다—를 드러내는 반면, 렉터가 클래리스와 계약을 제안하는 것—"난 당신에게 전화할 계획이 없소, 클래리스. 세계는 그 안에 사는 당신이 있음으로써 더 흥미로울 것이오. 내게도 똑같은 호의를 베풀어줄 수 있게 해주시오."(366)—그리고 비록 두 사람이 다른 장소에 있지만 "우리 별 일부는 같은 것"이라고 마지막으로 말하는 데서 두 사람의 지속적인 커뮤니케이션과 공감을 함축적으로 보여준다.

12) 아렌스는 카니발리즘 관념은 인류학에 스스로를 위해 확립할 필요가 있는 것, 즉 자연적인 것과 문화적인 것 사이의 차이를 표시하는 전통적인 방식을 제공한다고 주장한다. 어떤 사회가 카니발리즘을 포기하면, 그 사회는 거대한 진보의 사슬로

한 걸음 더 나아간 것이다. 아렌스가 주장하는 것처럼—인육을 먹는 터부는 문화와 함께 받아들여진 어떤 것이라기보다는 오히려 인간에 본질적이라는 사실을 함축하는—만일 하나의 제의로서 카니발리즘이 과거에 행해졌다는 명백한 증거가 없다면, 자연과 문화 간의 차이는 사라진다. 우리는 자연적이면서 동시에 문명화된 것이다.

13) 성차별주의(sexism)와 카니발리즘은 동반되는데, 여성이 다양한 방식으로 '소비자' 및 '흡혈귀'로 규정되었던 문화에서만 그런 것은 아니다. 여성이 식인종이라는 전통적인 소문에 대해서는 아렌스(1979b, 26-7, 109-10)를 볼 것. 아렌스가 카니발리즘을 여성혐오증(misogyny)의 표시로 보는 반면, 샌데이는 카니발리즘은 성차별이 가장 극단적이고 완고한 여성혐오 문화에서 실행되었다고 주장하고 있다.

14) 식인종 논쟁에서 그런 사례 중 하나는 카니발리즘의 동기를 상징적이라기보다는 오히려 경제적인 것으로 읽고, 아스테크 카니발리즘을 단백질 결핍에서 온 반응으로 축소시키는 마빈 해리스의 '문화적 유물론'의 입장이다(1977, 97-110). 37

| 참고문헌 |

Alber, Thomas S. (1980), 'Iroquois Cannibalism: Fact Not Fiction', *Ethnohistory*, 27(4); 309-16

Abraham, Nicolas (1087), 'Notes on the Phantom: A Complement to Freud's Meta-psychology', *Critical Inquiry*, 13(Winter): 287-92.

Adorno, Theodor and Max Horkheimer (1979), *Dialectic of the Enlightenment* [1944], trans. J. Cummings, London; Verso.

Alpers, Michael (1966), 'Epidemiological Changes in Kuru, 1957 to 1963', in D. Carleton Gajdusek, Clarence J. Gibbs, and Michael Alpers, eds., *Slow, Latent, and Temperate Virus Infections*, Washington, DC: U.S Government Printing Office, pp. 65-82.

Alpers, Michael and D. Carleton Gajdusek (1965), 'Changing Patterns of Kuru: Epidemiological Changes in the Period of Increasing Contact of the Fore People with Western Civilization', *American Journal of Tropical Medicine and Hygiene*, 14; 852-79.

Ames, Nathaniel (1832), *Nautical Reminiscences*, Providence: William Marshall.

Anderson, Benedict (1991), *Imagined Communities: Reflections on the Origins and Spread of Nationalism*, revised edn., London: Verso.

Anderson, Perry (1974), *Lineages of the Absolutist State*, London: New Left Books.
 Andrade, Ana Luiza and Graham Huggan, eds. (forthcoming), *Eating disorders: Cannibalism in Contemporary Latin American Culture*.

Andrade, Joaquim Pedro de (1988a), 'Cannibalism and Self-Cannibalism', in Johnson and Stam, eds., *Brazilian Cinema*, pp.81-3. \
 (1988b), 'Criticism and Self-Criticism', in Johnson and Stam, eds., *Brazilian Cinema*, pp.72-5.

Andrade, Mário de (1978), *Macunaíma: o herói sem nenhum caráter*, ed.

TelêPorto Ancona Lopez, Rio de Janeiro: Livros Técnicos e Cientìficos Editora.

Andrade, Oswald de (1972), 'Manifesto Antropófago', *Obras Completas*, vol. 6, ed. Benedito Nunes, Rio de Janeiro: Civilização Brasileira, pp. 11-19.

(1991a), *Estética e Politica*, ed. Maria Eugenia Boaventura, São Paulo: Editora Globo.

(1991b), 'Cannibalist Manifesto' [1928], trans. Leslie Bary, *Latin American Literary Review*, 19, no. 38: 38-47.

Anon (1994), 'Cannibalism', *Encarta*, Redmond, WA: Microsoft Corp.

Ansión, Juan (1989), ed. Pishtacos: de verdugos a sacaojos, Lima: Tarea.

Anzieu, Didier (1989), *The Skin Ego: A Psychoanalytic Approach to the Self*, New Haven: Yale University Press.

Apuleius, Lucius (1988), *The Golden Ass*, trans. Robert Graves [1950], Harmondsworth: Penguin.

Arens, William (1977), Personal Communication. Correspondence with D. C. Gajdusek.

(1979a), 'Cannibalism: An Exchange', *New York Review of Books*, 26, no. 4, 22 March: 45-6.

(1979b), *The Man-Eating Myth: Anthropology and Anthropophagy*, New York: Oxford University Press.

(1990), '*Kuru* and Cannibalism: Practice or Preconception?', in Sir Burton G. Burton-Bradley, ed., *A History of Medicine in Papua New Guinea*, Kingsgrove, NSW: Australian Medical Publishing Co., pp. 151-64.

(1991), Personal communication. Correspondence with F. J. P. Poole.

(1995), Personal communication. Interview with Shirley Lindenbaum.

Aronowitz, Stanley (1990), *The Crisis in Historical Materialism*, 2nd edn., Minneapolis: University of Minnesota Press.

Atwood, Margaret (1987), *Bluebeard's Egg and Other Stories*, London: Jonathan Cape.

Augé, Marc (1972), 'Les métamorphoses du vampire d'un societé de consommation à l'autre', *Destins du cannibalisme: Nouvelle Revue de Psychanalyse*, no. 6: 129-48.

Aulnoy, Marie-Catherine d' (1892), The Famous Tales of Madame d'Aulnoy, trans. Anne Thackeray Ritchie, London: Lawrence and Bullen.

(1956), Les Contes de Fées, vol. 1, Paris: Mercure de France.

Baal, J. Van (1984), 'The Dialectics of Sex in Marind-anim Culture', in Gilbert Herdt, ed. *Ritualized Homosexuality in Melanesia*, Berkeley: University of California Press, pp. 128-66.

Bacon, Francis (1942), 'Of Riches', in his *Essays and New Atlantis*, Roslyn, NJ: Walter J. Black, pp. 146-51.

Bakhtin, Mikhail (1968), *Rabelais and His World*, trans. Helene Iswolosky, Cambridge, MA: MIT Press.

Balibar, Etienne (1995), *The Philosophy of Marx*, trans. Chris Turner, London: Verso.

Barker, Francis, Peter Hulme, and Margaret Iversen (1990), eds. *Uses of History: Marxism, Postmodernism, and the Renaissance*, Manchester: Manchester University Press.

(1992), eds. *Postmodernism and the Re-reading of Modernity*, Manchester: Manchester University Press.

(1994), eds. *Colonial Discourse / Postcolonial Theory*, Manchester: Manchester University Press.

Barnet, Richard J. (1994), 'Lords of the Global Economy', *The Nation* (December 19), 754-7.

Baudet, Henri (1988), *Paradise on Earth: Some Thoughts on European Images of Non-European Man*, Wesleyan, CT: Wesleyan University Press.

Beaver, Harold (1986), Introduction to Edgar Allan Poe, *The Narrative of Arthur Gordon Pym of Nantucket*, ed. Harold Beaver, London: Penguin.

Beer, Gillian (1978), 'Ghosts', *Essays in Criticism*, 28(3): 259-64.

Benjamin, Walter (1992), *Illuminations*, trans. Harry Zohn, London: Fontana/Collins.

Bergman, David (1991), 'Cannibals and Queers: Man-Eating', in his *Gaiety Transfigured: Gay Self-Representation in American Literature*, Madison: University of Wisconsin Press, pp. 139-62.

Bernardet, Jean-Claude (1978), *Trajectória crítica*, São Paulo: Polis.

Besson, Paul B. et al., (1979), eds. *Cecil Textbook of Medicine*, 15th edn., Philadelphia: W. B. Saunders Company.

Bhabha, Homi K. (1994), *The Location of Culture*, London: Routledge.

Blaine, James G. et al. (1892), *Columbus and Columbia: A Pictorial History of the Man and the Nation*, Richmond, VA: B.F. Johnson & Co.

Blakeslee, Sandra (1991), 'Heretical Theory on Brain Diseases Gains New Ground', *The New York Times*, October 8, pp. C1, C12.

Blaut, J. M. (1993), *The Colonizer's Model of the World: Geographical Diffusionism and Eurocentric History*, New York: The Guilford Press.

Bloom, Harold (1973), *The Anxiety of Influence: A Theory of Poetry*, New York: Oxford University Press.

Bober, P. P. and R. O. Rubinstein (1986), Renaissance Artists and Antique Sculpture: A Handbook of Sources, London and Oxford: Harvey Miller and Oxford University Press.

Bopp, Raul (1966), *Movimentos Modernistas no Brasil*, 1992-1928, Rio de Janeiro: Livraria São José.

Borges, Jorge Luis (1933), *Ficciones*, New York: Everyman Library.

Bosi, Alfredo (1979), *Hisória Concisa da Literatura Brasileira*, São Paulo: Cultrix.

Boswell, James (1963), *Boswell: The Ominous Years, 1774-1776*, ed. Charles Ryskamp and frederick A. Pottle, London: William Heinemann.

Bowden, Ross (1984), 'Maori Cannibalism: An Interpretation', *Oceania*, 55: 81-99.

Bowers, Fredson (1940), *Elizabethan Revenge Tragedy*, Princeton: Princeton University Press.

Bradbury, Malcolm (1959), *Eating People is Wrong*, Harmondsworth: Penguin.

Brady, Ivan (1982), 'The Myth-Eating Man', *American Anthropologist*, 84: 595-611.

Brathwaite, Kamau (1974a), 'Timehri', in Orde Coombs, ed. *Is Massa Day Dead?* New York: Anchor, pp.29-46.

Brathwaite, Kamau (1974b), *The Development of Creole Society in Jamaica 1770-1820*, Oxford: Clarendon Press.

Brathwaite, Kamau (1984), *History of the Voice*, London: New Beacon.

Brenner, Robert (1993), *Merchants and Revolution: Commercial Change, Political Conflict, and London's Overseas Traders, 1550-1653*, Princeton: Princeton University Press.

Brooks, Peter (1994), *Psychoanalysis and Storytelling*, Oxford: Blackwell.

Brown, Elizabeth A. R. (1981), 'Death and the Human Body in the Later Middle Ages: The Legislation of Boniface VIII on the Division of the Corpse', *Viator*, 12: 221-70.

Brown, Paul (1994), 'Vertical Transmission of Prion Disease', *Human Reproduction*, 9: 1,796-97.

Brown, Paula and Donald Tuzin (1983a), 'Editor's Preface', in Paula Brown and Donald Tuzin, eds., (1983), pp. 1-5.

―― (1983b), eds. *The Ethnography of Cannibalism*, Washington, DC: Society for Psychological Anthropology.

Bucher, Bernadette (1979), 'Les fantasmes du conquérant', in Raymond Bellour, ed., *Claude Lévi-Strauss / textes de et sur Claude Lévi-Strauss reunis pour Raymond Bellour et Cathérine Clément*, Paris: Gallimard, pp. 321-59.

―― (1981), *Icon and Conquest: A Structural Analysis of the Illustrations of de Bry's 'Great Voyages'*, Chicago: Chicago University Press.

Burghardt, Tom (1995), 'Neo-Nazis Salute Anti-Abortion Zealots', *Covert Action Quarterly*, 52:26-33.

Burroughs, Edgar Rice (1990), *Tarzan of the Apes* [1914], London: Penguin Books.

Bush, George (1991), 'The Possibility of a New World Order', *Vital Speeches of the Day*, 62(15):450-2.

Campbell, Mary (1988), *The Witness and the Other World: Exotic European Travel Writing, 400-1600*, Ithaca: Cornell University Press.

Campos, Augusto de (1978), *Poesia, Antipoesia, Antropofagia*, São Paulo: Globo.

Campos, Haroldo de (1992), *Metalinguagem & Outras Metas*, São Paulo: Perspectiva.

Candido, Antonio (1966), ed. Presenca da Literatura Brasileira, 3 vols., São Paulo: Difusão Européia do Livro.

(1977), *Vários Escritos*, São Paulo: Duas Cidades.

Carter, Angela (1975), The Bloody Chamber, Harmondsworth: Penguin.

Cavalcanti, Waldemar (1929), *Leite Criôlo*, xv, 22/09/1929.

Cave, Terence (1979), *The Cornucopian Text: Problems of Writing in the French Renaissance*, New York: Oxford University Press.

Césaire, Aimé (1972), Discourse on Colonialism, trans. Joan Pinkham, New York: Monthly Review Press.

Cixous, Héléne (1976), 'Fiction and its Phantoms: A Reading of Freud's "Das Unheimliche"', *New Literary History*, 7(3):525-47.

Clarke, Ben and Clifton Ross (1994), eds. *Voice of Fire: Communiqués and Interviews from the Zapatista National Liberation Army*, Berkeley: New Earth Publications.

Clunie, Fergus (1977), *Fiji Weapons and Warfare*, Suva, Fiji: Bulletin of the Fiji Museum.

Cohen, Margaret (1993), *Profane Illumination: Walter Benjamin and the Paris of Surrealist Revolution*, Berkeley: University of California Press.

Cohn, Norman (1975), *Europe's Inner Demons*, London: Paladin.

Cominas, E. D. et al. (1989), 'Kuru, AIDS and Unfamiliar Social Behavior-Biocultural Consideration in the Current Epidemic', *Journal of the Royal Society of Medicine*, 82:95-8.

Conklin, Beth (1995), 'Thus are our Bodies, Thus was our Custom', *American Ethnologist*, 22:75-101.

Connor, Steven (1989), *Postmodernist Culture: An Introduction to Theories of the Contemporary*, Oxford: Basil Blackwell.

Conrad, Joseph (1967), *Heart of Darkness*, in *Great Short Works of Joseph Conrad*, New York: Harper & Row.

Cook, Captain James (1961), *The Voyage of the Resolution and Adventure 1772-1775*, ed. J.C. Beaglehole, Cambridge: Cambridge University Press.

Craft, Christopher (1984), '"Kiss Me with Those Red Lips": Gender and Inversion in Bram Stoker's *Dracula*', *Representations*, 8: 107-33.

Crain, Caleb (1994), 'Lovers of Human Flesh: Homosexuality and Cannibalism in

Melville's Novels', *American Literature*, 66(1):25-53.

Cressy, David (1987), *Coming Over: Migration and Communication between England and New England in the Seventeenth Century*, New York: Cambridge University Press.

Cunningham, Hilrary and Stephen Scharper (1996), 'The Human Genome Project', *Indigenous Affairs*, 1/96: 54-6.

D'Anghera, Peter Martyr (1587), *De Orbe Novo*, ed. Richard Hakluyt, Paris: G. Auray.

Dante Alighieri (1958), *The Divine Comedy*, trans. John D. Sinclair, 3 vols., London: Bodley Head.

Day, William Patrick (1985), *In the Circles of Fear and Desire: A Study of Gothic Fantasy*, Chicago: University of Chicago Press.

De Certeau, Michel (1986), *Heterologies: Discourse on the Other*, trans. Brian Massumi, Minneapolis: University of Minnesota Press.

Defoe, Daniel (1975), *Robinson Crusoe* [1719], ed. Michael Shinagel, New York: W. W. Norton.

Deleuze, Gilles and Félix Guattari (1977), *Anti-Oedipus: Capitalism and Schizophrenia*, trans. Robert Hurley, Mark Seem, and Helen R. Lane, New York: Viking Press.

Delumeau, Jean (1989), *El miedo en occidente*, Madrid: Taurus.

Denham, Laura (1993), *The Films of Peter Greenaway*, London: Minerva.

Dening, Greg (1980), *Islands and Beaches: Discourse on a Silent Land*, Hawaii: University of Hawaii Press.

Derrida, Jacques (1976), Of *Grammatology*, trans. Gayatri Chakravorty Spivak, Baltimore: Johns Hopkins University Press.

Derrida, Jacques (1991), 'Eating Well…', in E. Cadava, P. Connor, J-L. Nancy, eds., *Who Comes After the Subject*, London: Routledge, pp. 96-119.

Derrida, Jacques (1992), 'Force of Law: The "Mystical Foundation of Authority"', in D. Cornell, M. Rosenfeld, D. G. Carlson, eds., *Deconstruction and the Possibility of Justice*, New York: Routledge, pp. 3-67.

(1994), *Specters of Marx: The State of the Debt, the Work of Mourning, and the*

New International, trans. Peggy Kamuf, London: Routledge.

Diapea, William (alias John Jackson) (1928), *Cannibal Jack: The True Autobiography of a White Man in the South Seas*, ed. James Hadfield, London: Faber and Faber.

Diaz, Bernal (1963), *The Conquest of New Spain*, trans. J. M. Cohen, Harmondsworth: Penguin.

Donald, James (1989), 'The Fantastic, the Sublime and the Popular, Or, What is at Stake in Vampire Films', in James Donald, ed., *Fantasy and the Cinema*, London: British Film Institute, pp. 233-51.

Douglas, Mary (1989), 'Distinguished Lecture: The Hotel Kwilu-A Model of Models', *American Anthropologist*, 91:855-65.

Drake, Sandra (1986), *Wilson Harris and the Modern Tradition: A New Architecture of the World*, New York: Greenwood Press.

Dryden, John (1970), 'The Tempest, or The Enchanted Island' [1670], in *The Works of John Dryden*, vol. x, ed. Maximilian E. Novak and George Robert Guffey, Berkeley: University of California Press, pp. 1-103

D'Souza, Dinesh (1995), *The End of Racism: Principles for a Multicultural Society*, New York: Free Press.

Eagleton, Terry (1995), *Heathcliff and the Great Hunger*, London: Verso.

Edgerton, Robert (1992), *Sick Societies: Challenging the Myth of Primitive Harmony*, New York: Free Press.

Edmond, Rod (1997), *Representing the South Pacific: Colonial Discourse from Cook to Gauguin*, Cambridge: Cambridge University Press.

Ellroy, James (1995), *American Tabloid*, London: Century.

Endicott, William (1923), *Wrecked Among Cannibals in the Fijis: A Narrative of Shipwreck and Adventure in the South Seas*, Salem, MA: Marine Research Society.

Erskine, John Elphinstone (1967), *Journal of a Cruise Among the Islands of the Western Pacific...* [1853], London: Dawson.

Escalante, Evodio (1992), 'Texto histórico y texto social en la obra de Rulfo', in Juan Rulfo, *Toda la obra*, Madrid: Collección Archivos, pp. 561-81.

Fanon, Frantz (1967), *Black Skin, White Masks*, trans. Charles Markmann, New York: Grove Weidenfeld.

Farquhar, Judith and D. Carleton Gajdusek (1981), eds. *Kuru: Early Letters and Field-Notes from the Collection of D. Carleton Gajdusek*, New York: Raven Press.

Felix Bolaños, Alvaro (1994), *Barbarie y canibalismo en la retórica colonial: los indios pijaos de Fray Pedro Simón*, Bogotá: CEREC.

Ferguson R. B. and Whitehead N. L. (1992), eds. *War in the Tribal Zone: Expanding States and Indigenous Warfare*, Santa Fe: SAR Press.

Fletcher, John (1995), 'The Sea Voyage' [1622], in Anthony Parr, ed., *Three Renaissance Travel Plays*, Manchester: Manchester University Press, pp. 135-216.

Forbes, Jack D. (1992), *Columbus and Other Cannibals: The Wetiko Disease of Exploitation, Imperialism, and Terrorism*, New York: Automedia/Semiotexts.

Formisano, Luciano (1992), 'Introduction', to *Letters from a New World: Amerigo Vespucci's Discovery of America*, ed. Luciano Formisano, trans. David Jacobson, New York: Marsilio, pp. xix-xl.

Forsyth, Donald W. (1985), 'Three Cheers for Hans Staden: The Case for Brazilian Cannibalism', *Ethnohistory*, 32.1: 17-36.

Foucault, Michel (1979), *Discipline and Punish*, trans. Alan Sheridan, New York: Vintage.

(1984), 'Nietzsche, Genealogy, History', in *The Foucault Reader*, ed. Paul Rabinow, New York: Pantheon, pp. 76-100.

Freud, Sigmund (1955), '"A Child is Being Beaten": A Contribution to the Study of the Origin of Sexual Perversions', in *The Standard Edition of the Complete Psychological Works* of Sigmund Freud: Volume XVII(1917-1919) On Infantile Neurosis and Other Works, ed. James Strachey, London: Hogarth Press, pp.179-202.

(1959), 'The "Uncanny"' in his *Collected Papers*, ed. Ernest Jones, New York: Basic Books, pp. 368-407.

(1960), *The Ego and the Id*, trans. Joan Riviere, New York: Norton.

(1961a), *Beyond the Pleasure Principle*, trans. James Strachey, New York: Norton.

(1961b), *Civilization and Its Discontents*, trans. James Strachey, New York: Norton.

(1961c), *Three Essays on Sexuality*, trans. James Strachey, New York: Basic Books.

(1963), 'Analysis Terminable and Interminable,' in his *Therapy and Technique*, trans. James Strachey, New York: Collier, pp. 233-71.

(1965a), *New Introductory Lectures on Psychoanalysis*, trans. James Strachey, New York: Norton.

(1965b), *The Interpretation of Dreams*, trans. James Strachey, New York: Avon Books.

(1975), *The Psychopathology of Everyday Life*, trans. Alan Tyson, Harmondsworth: Penguin.

(1983), *Totem and Taboo*, London: Ark Paperbacks.

Friedlander, Saul (1992), ed. *Probing the Limits of Representation: Nazism and the "Final Solution"*, Cambridge, MA: Harvard University Press.

Gaignebet, Claude (1974), *Le Folklore obscène des enfants*, Paris: Maisonneuve et Larose.

Gajdusek, D. Carleton (1963), *Kuru Epidemiological Patrols from the New Guinea Highlands to Papua 1957*, Bethesda: National Institute of Health.

(1968), *New Guinea Journal October 2, 1961 to August 4, 1962. Part Two*, Bethesda: National Institute of Health.

(1970a), Physiological and Psychological Characteristics of Stone Age Man', *Engineering and Science*, 33: 2b-33, 56-62.

(1970b), *New Guinea Journal June 10, 1959 to August 15, 1959*, Bethesda: National Institute of Health.

(1971), *Journal of Expeditions to the Soviet Union, the Islands of Madagascar, La Reunion and Mauritius, Indonesia, and to East and West New Guinea, Australia and Guam to study Kuru and other Neurological Diseases, Epidemic Unfluenza, Endemic Goitrous Cretinism, and Child Growth and Development* with *Explorations on the Great Papuan Plateau and on the Lake Plain and Inland Southern Lowlands of West New Guinea*, Bethesda: National Institutes of Health.

(1976), *Correspondence on the Discovery and Original Investigations on Kuru: Smadel-Gajdusek Correspondence, 1955-1958*, Bethesda: National Institutes of Health.

(1977a), 'Unconventional Viruses and the Origin and Disappearance of Kuru: Nobel Lecture, December 13, 1976', in W. Odelberg, ed. *Les Prix Nobel en 1976*, Stockholm: The Nobel Foundation, pp. 160-216.

(1977b), 'Unconventional Viruses and the Origin and Disappearance of Kuru', *Sicence*, 197: 943-60.

(1977c), Personal Communication. Correspondence with William Arens.

(1978), Personal Communication. Correspondence with William Arens.

(1979), 'Observations on the Early History of Kuru Investigation', in S. Prusiner and W. Hadlow, eds. *Slow Transmissible Diseases of the Nervous System*, vol. 1., New York: Academic Press, pp. 7-35.

(1981), *New Guinea, Philippine and Indonesia Journal, September 25, 1980 to December 20, 1980*, unpublished manuscript.

(1990), 'Subacute Spongiform Encephalopthies'. In B. N. Fields and D. M. Knipe, eds. *Field's Virology*, 2nd edn., New York: Raven Press, pp. 2,289-324.

Gajdusek, D. Carleton and V. Zigas (1957a), 'Degenerative Disease of the Central Nervous System in New Guinea', *The New England Journal of Medicine*, 257: 974-8.

(1957b), 'Kuru', *The Medical Journal of Australia*, pp. 745-54.

Galeano, Eduardo (1973), *The Open Veins of Latin America*, trans. Cedric Belfrage, New York: Monthly Review Press.

Garber, Marjorie (1985), ed. *Cannibals, Witches, and Divorce: Estranging the Renaissance. Selected Papers from the English Institute*, 1985, Baltimore: Johns Hopkins University Press.

Gautier, Theophile (n.d.), *Mademoiselle de Maupin*. New York: n.p.

Gelder, Ken (1994), *Reading the Vampire*, London: Routledge.

Gibbs, Clarence J. and D. Carleton Gajdusek (1965), 'Attempts to Demonstrate a Transmissible Agent in Kuru, Amyothropic Lateral Sclerosis, and other Subacute and Chronic Progressive Nervous System Degenerations of Man', in D. Carletion Gajdusek, Clarence Gibbs and Michael Alpers, eds. *Slow, Latent and Temperate Virus Infections*, Washington, DC: U.S. Government Printing Office, pp. 39-48.

Gil, Juan and Consuelo Varela (1984), eds. Cartas de particulares a Colon y relaciones coetaneas, Madrid: Alianza.

Gilkes, Michael (1975), *Wilson Harris and the Caribbean Novel*, London: Longman.

Gillies, John (1994), *Shakespeare and the Geography of Difference*, Cambridge: Cambridge University Press.

Gilman, Sander (1986), *Jewish Self-Hatred: Anti-Semitism and the Hidden Language of Jews*, Baltimore: Johns Hopkins University Press.

Girard, René (1977), Violence and the Sacred, trans. Patrick Gregory, Baltimore: Johns Hopkins University Press.

Glasse, Robert (1967), 'Cannibalism in the Kuru Region of New Guinea', *Transactions of the Hew York Academy of Sciences*, 29: 748-54.

Glasse, R. M. and Shirley Lindenbaum (1976), 'Kuru at Wanitabe', in R. W. Homabrook, ed. *Essays on Kuru*, Faringdon, Berks: E. W. Classey Ltd., pp. 38-52.

Glissant, Edouard (1989), *Caribbean Discourse: Selected Essays*, ed. Michael Dash, Charlottesville: University Press of Virginia.

González, Eduardo (n.d.), 'flesh-Eating and Ghost Text in Saer's *El entenado*', unpublished manuscript.

Cordon-Grube, Karen (1988), 'Anthropophagy in Post-Renaissance Europe', *American Anthropologist*, 90: 405-9.

Gramsci, Antonio (1971), Selections from the Prison Notebooks, trans. Quintin Hoare and Geoffrey Nowell Smith, New York: International.

Green, André (1972), 'Cannibalisme: réalité ou fantasme agi?', *Destins du cannibalisme: Nouvelle Revue do Psychanalyse*, no 6: 27-52.

Greenblatt, Stephen (1980), Renaissance Self-Fashioning.' From More to Shakespeare, Chicago: Chicago University Press.

(1991), *Marvelous Possessions: The Wonder of the New World*, Chicago: University of Chicago Press.

Greene,J. (1615),A Refutation of the Apology for Actors, [by Thomas Heywood], London: W. White.

Griffin,J. A. (1971), 'Is a Cannibal a Criminal?', *Melanesian Law Journal*, 1: 79-81.

Grimm, Brothers (1975), *The Complete Grimm's Fairy Tales*, trans. Anon, London: Macmillan.

Guerra, Ruy (1988), 'Popular Cinema and the State', in Johnson and Stam, eds., Brazilian Cinema, pp. 101-3.

Guest, Harriet (1992), 'Curiously Marked: Tattooing, Masculinity, and Nationality in Eighteenth-Century British Perceptions of the South Pacific', in John Barrell, ed., *Painting and the Politics of Culture: New Essays on British Art, 1700 - 1850*, Oxford: Oxford University Press, PP. 101-34.

Hadfield, Rev. James (1928), 'Introduction', in Diapea (1928), pp.xi-xix.

[Hakluyt, Richard] (1966), *Divers Voyages*, Ann Arbor: University Micro-films.

Hakluyt, Richard (1907), Voyages,8 vols., New York: Dutton.

(1965), Principal Navigations, 12 vols., New York: AMS.

Halberstam, Judith (1991), 'Skinflik: Posthuman Gender in Jonathan Demme's *The Silence of the Lambs*', *Camera-Obscura: A Journal of Feminism and Film Theory*, 27: 37-52.

(1993),'Technologies of Monstrosity: Bram Stoker's *Dracula*', *Victorian Studies*, 36(3): 323-52.

Hall, Stuart (1988),' A Toad in the Garden,' in Cary Nelson and Lawrence Grossberg, eds., *Marxism and the Intepretation of Culture*, Urbana: University of Illinois Press, pp.35-74.

Hall, Stuart and Martin Jacques (1989), eds. *New Times: the Changing Face of politics in the 90s*, London: Lawrence and Wishart.

Halpern, Richard (1991), *Poetics of Primitive Accumulation*, Ithaca: Cornell University Press.

Handlin, Oscar (1957), *Race andNationality in American Life*, Garden City, NY: Doubleday.

Hannabus, Stuart (1989), 'Ballantyne's Message of Empire', in Jeffrey Richards, ed., *Imperialism and Juvenile Literature*, Manchester: Manchester University Press, pp. 53-71.

Harner, Michael (1977), 'The Ecological Basis for Aztec Sacrifice', *American Ethnologist*, 4: 117-35.

Harris, Marvin (1977), *Cannibals and Kings: The Origins of Culture*, New York: Random House.

(1995), *Cultural Anthropology*, New York: Harper & Row.

Harris, Thomas (1982), *Red Dragon*, New York: Bantam.

(1988), *The Silence of the Lambs*, New York: St. Martin's Press.

Harris, Wilson (1967), *Tradition, the Writer, and Society*, London: New Beacon.

(1970), 'History, Fable and Myth in the Caribbean and Guianas', *Caribbean Quarterly*, 16:1-32.

(1983), *The Womb of Space: The Cross-Cultural Imagination*, Westport, CT: Greenwood Press.

(1985), *The Guyana Quartet* [1960], London: Faber and Faber.

Harvey, David (1990), The Condition of Postmodernity, Cambridge, MA: Blackwell.

Haynes, Jonathan (1986), *The Humanist as Traveler*, London: Associated University Press.

Helena, Lúcia (1994), 'Sobre a História da Semana de 22', in *História e Literatura: Ensaios, Campinas*, SP: Ed. da UNICAMP, pp. 101-28.

Herbert, T. Walter (1980), *Marquesan Encounters: Melville and the Meaning of Civilization*, Cambridge: Harvard University Press.

Herdt, Gilbert (1984), 'Ritual Homosexual Behavior in the Male Cults of Melanesia, 1862-1983', in Gilbert Herdt, ed. *Ritualized Homosexuality in Melanesia*, Berkeley: University of California Press, pp. 1-81.

Hesiod (1982), *Theogony*, trans. Dorothea Wender, Harmondsworth: Penguin.

Hides, J. G. (1936), *Papuan Wonderland*, London: Blackie and Son, Ltd.

Hill, Jonathan (1996), ed. *History, Power, and Identity: Ethnogenesis in the Americas, 1492-1992*, Iowa City: University of Iowa Press.

Hitler, Adolf (1943), *Mein Kampf*, trans. Ralph Manheim, Boston: Houghton Mifflin Co.

Hocart, A. M. (1929), 'Lau Islands, Fiji, Honolulu', *The Bernice P. Bishop Museum Bulletin*, 62: 203.

Hogan, Patrick (n.d.), 'Thinking Oppression: Cognitive Models for Race, Sex, and Other Status Categories', unpublished manuscript.

Holderness, Graham, Bryan Loughrey, and Andrew Murphy (1995), "What's the Matter?": Shakespeare and Textual Theory', *Textual Practice*, 9:93-119.

Hornabrook, R. W. (1976), ed. *Essays on Kuru*, Faringdon, Berks: E. W. Classey Ltd.

Howard, W.J. (1970), 'Wilson Harris's "Guiana Quartet": From Personal Myth to National Identity', *Ariel* 1(1): 46-60.

Huggan, Graham (1994), 'A Tale of Two Parrots: Walcott, Rhys, and the Uses of Colonial Mimicry', *Contemporary Literature*, 35(4): 643-60.

(n.d.),' Cannibal Rights: Intertextuality and Postcolonial Discourse in the Caribbean Region', in Andrade and Huggan, eds. (forth-coming).

Hulme, Peter (1986), *Colonial Encounters: Europe and the Native Caribbean 1492-1797*, London: Methuen.

(1993), 'Making Sense of the Native Caribbean', *New West Indian Guide*, 67: 189-220.

(1994), 'Making No Bones: A Response to Myra Jehlen', *Critical Inquiry*, 20: 179-86.

Hulme, Peter and Neil L. Whitehead (1992), eds. *Wild Majesty: Encounters with Caribs from Columbus to the Present Day*, Oxford: Clarendon Press.

Indiana, Gary (1990), 'Peter Greenaway', *Interview*, 20.3: l20-1.

Jackson, John (1967), 'Jackson's Narrative' [1853], Appendix A in Erskine (1967), pp · 412-77.

Jackson, Rosemary (1981), *Fantasy: The Literature of Subversion*, London: Methuen.

James, C. L. R. (1963), *The Black Jacobins: Toussaint L'Ouverture and the San*

Domingo Revolution, New York: Vintage.

James, M. R. (1915), *Ghost-Stories of an Antiquary*, London: Edward Arnold.

Jameson, Fredric (1983), *The Political Unconscious: Narrative as a Socially Symbolic Act*, London: Methuen.

(1991), Postmodernism or, the Cultural Logic of Late Capitalism, Durham: Duke University Press.

Janzen, Karen (1980), 'Meat of Life', *Science Digest*, Nov /Dec: 78-81,121.

Jehlen, Myra (1993), 'History before the fact; or, Captain John Smith's Unfinished Symphony', *Critical Inquiry*, 19: 677-92.

Jodelle, Étienne (1965), Oeuvres complètes, vol 1. Paris: Gallimard.

Johnson, Randall (1984), *Cinema Novo x 5: Masters of Contemporary Brazilian Film*, Austin: University of Texas.

(1987), 'Tupy or not Tupy: Cannibalism and Nationalism in Contem-porary Brazilian Literature and Culture', in John King, ed., *Modern Latin American Fiction: A Survey* London: Faber, pp. 41-59.

Johnson, Randall and Robert Stam (1988), eds. *Brazilian Cinema*, Austin: University of Texas.

Julius, Charles (1981), 'Sorcery Among the South Fore, with Special Reference to Kuru' [1956], in Farquhar and Gajdusek (1981), eds. pp. 281-8.

Jung, C. C. (1970), *Mysterium Coniunctionis: An Inquiry into the Separation and Synthesis of Psychic Opposites in Alchemy*, Princeton: Princeton University Press.

Kant, Immanuel (1993), *Critique of Practical Reason*, ed. Lewis White Beck, trans. Lewis White Beck et at., New York: Macmillan Publishing Company.

Keesing, Roger (1981), *Cultural Anthropology*, New York: Holt, Rinehart and Winston.

Ketterer, David (1992), 'Tracing Shadows: Pym Criticism, 1980-1990', in Richard Kopley, ed., *Poe's Pym: Critical Explorations*, Durham: Duke University Press, pp. 233-74.

Kilgour, Maggie (1990), *From Communion to Cannibalism: An Anatomy of Metaphors of Incorporation*, Princeton: Princeton University Press.

Klibansky, R., Fritz Saxl, and Irwin Panofsky (1964), *Saturn and Melancholy: Studies in the History of Natural Philosophy, Religion and Art*, London: Thomas Nelson.

Klitzman, R. L., M. P. Alpers and D. C. Gajdusek (1984), 'The Natural Incubation Period of Kuru and the Episodes of Transmission in Three Clusters of Patients', *Neuroepidemiology*, 3:3-20.

Koenigsberger, Dorothy (1975), 'A New Metaphor for Mozart's Magic Flute', *European Studies Review*, 5:229-75.

Kolata, Gina (1986), 'Anthropologists Suggest Cannibalism Is a Myth', *Science*, 232:1,497-500.

―― (1994), 'Viruses or Prions', *New York Times*, October 4, pp. C1; C12.

Koyre, Alexandre (1957), *From the Closed World to the Infinite Universe*, Baltimore: Johns Hopkins University Press.

Krabacher, Thomas (1980), Review of *The Man-Eating Myth*, *Human Ecology*, 8:407-9.

La Bible des poètes. Metamorphoses (c. 1485), Paris: Antoine Verard.

La Bible des poètes. Metamorphoses (c. 1507), Paris: Antoine Verard.

Lacan, Jacques (1977), 'The Mirror Stage', in his *Ecrits: A Selection*, trans. Alan Sheridan, New York: W. W. Norton.

Lacey, R. W. and S. F. Dealler (1994), 'The Transmission of Prion Disease', *Human Reproduction*, 9:1,792-6.

Laroque, Francois (1983), 'An Analogue and Possible Secondary Source to the Pound-of-Flesh Story in *The Merchant of Venice*', *Notes and Queries*, April, pp. 117-18.

Leach, Edmund (1966), *Rethinking Anthropology*, London: Athlone Press.

―― (1979), 'Long Pig, Tall Story: Review of *The Man-Eating Myth*', *New Society*, August 30:467.

―― (1982), *Social Anthopology*, New York: Oxford University Press.

―― (1989), 'Writing Anthropology', *American Ethnologist*, 16:137-41.

Leroux, Charles (1982), 'The Professor who was Consumed by Cannibalism', *Chicago Tribune*, April 13, Section 2, pp. 1, 4.

Lery, Jean de (1990), *History of a Voyage to the Land of Brazil*, trans. Janet Whatley, Berkeley: University of California Press.

Lestringant, Frank (1982), 'Catholiques et cannibales. Le théme du cannibalisme dans le discours protestant au temps des guerres de religion', in Jean-Claude Margolin and Robert Sauzet, eds., *Pratiques et discours alimentaires à la Renaissance*, Paris: G.-P. Maisonneuve et Larose, pp. 233-45.

(1994), *Le cannibale: grandeur et décadence*, Paris: Perrin.

Lévi-Strauss, Claude (1981), *The Naked Man*, trans. J. and D. Weightman, London: Harper and Row.

(1992), *Tristes Tropiques*, trans. John and Doreen Weightman, Harmondsworth: Penguin Books.

Leyda, Jay (1969), *The Melville Log: A Documentary Life of Herman Melville, 1819-1891*, New York: Gordian Press.

L'Héritier, Marie-Jeanne (1718), *Les Caprices du destin, or Recueil d'Histoires singulières et amusantes*, Paris: p. M. Huart.

Lindenbaum, Shirley (1979), *Kuru Sorcery: Disease and Danger in the New Guinea Highlands*, Palo Alto: Mayfield Publishing Co.

(1982), Review of *The Man-Eating Myth*, *Ethnohistory*,29: 58-60.

(1990), 'Science, Sorcery and the Tropics: Review of Vincent Zigas, *Laughing Death*', *New York Times Review*, July 1, p.12.

(1992), 'Knowledge and Action in the Shadow of Aids', in Gilbert Herdt and Shirley Lindenbaum, eds. *The Time of Aids*, Newbury Park, CA: Sage Publications.

Lipstadt, Deborah E. (1993), *Denying the Holocaust: The Growing Assault on Truth and Memory*, London: The Free Press.

Locke, John (1965), *Two Treatises on Government* [1689], ed. Peter Laslett, New York: New American Library.

Lukács, Georg (1971), 'Reification and the Consciousness of the proletariat', in his *History and Class Consciousness*, trans. Rodney Livingstone, London: Merlin Press, pp. 83-222.

Lynam, Edward (1946), Richard Hakluyt and his Succesors, London: The Hakluyt

Society.

Lyons, Paul (1996), 'From Man-Eaters to Spam-Eaters: Literary Tourism and the Discourse of Cannibalism from Herman Melville to Paul Theroux', in John Rieder and Larry E. Smith, eds., *Multiculturalism and Representation: Selected Essays*, Honolulu: College of Languages Linguistics and Literature, University of Hawaii and the East-West Center, vol. 10, pp. 67-85.

Lyotard, Jean-François (1977), *Rudiments Païens*, Paris: Points.

Maccannell, Dean (1992), *Empty Meeting Grounds: The Tourist Papers*, London: Routledge.

Malchow, H. L. (1996), *Gothic Images of Race in Nineteenth-Century Britain*, Stanford: Stanford University Press.

Marlowe, Christopher (1966), *The Jew of Malta*, New York: Hill & Wang.

Marx, Karl (1977), *Selected Writings*, ed. David McLellan, Oxford: Oxford University Press.

(1990), *Capital Vol. One*, trans. Ben Fowkes, Harmondsworth: Penguin.

Mascie-Taylor, C. (1993), *The Anthropology of Disease*, Oxford: Oxford University Press.

Mason, Peter (1990), *Deconstructing America: Representations of the Other*, London: Routledge.

Matthews, John, Robert Glasse, and Shirley Lindenbaum (1968), 'Kuru and Cannibalism', *The Lancet*, August 24, 2: 449-52.

Mayhew, Henry (1967), *London Labor and the London Poor*, 4 vols., New York: Augustus Kelley.

Mayne, Judith (1987), '*King Kong* and the Ideology of Spectacle', *Quarterly Review of Film Studies*, 1 (4): 373-87.

McElroy, Ann and Patricia Townsend (1989), *Medical Anthropology in Perspective*, Boulder: Westview Press.

Mc-Watt, Mark (1985), 'The Two Faces of Eldorado: Contrasting Attitudes Toward History and Identity in West Indian Literature', in M. McWatt, ed., *West Indian Literature in its Social Context*, Barbados: UWI, pp. 33-47.

Melville, Herman (1972), *Typee* [1846], Harmondsworth: Penguin Books.

Mittelholzer, Edgar (1955), *My Bones and My Flute*, London: Longman.

Miyoshi, M. (1993), 'A Borderless World? From Colonialism to Transnationalism and the Decline of the Nation-State', *Critical Inquiry*, 19: 726-51.

Molotsky, Irwin (1997), 'Nobel Scientist Pleads Guilty to Abusing Boy', *New York Times*, 19 February 1997, p. 710.

Montaigne, Michel de (1928), *The Essayes of Michael Lord of Montaigne*, trans. John Florio, 3 vols., ed. Pierre Villey, Paris: Quadrige/Presses Universitaires de France.

—— (1998), *Les Essais*, 3 vols., ed. Pierre Villey, Paris: Quadrige/Presses Universitaires de France.

Moore, Richard (1972), *Caribs, Cannibals, and Human Relaions*, Patchogue, NY: Pathway Publications.

More, Thomas (1992), *Utopia*, 2nd edn., trans. Robert Adams, New York: Norton.

Moresby, John (1876), *New Guinea and Polynesia: Discoveries and Surveys in New Guinea and the D'Entrecasteaux Islands, a Cruise in Polynesia and Visits to the Pearl-Shelling Stations in Torres Straits of HMS 'Basilisk'*, London: John Murray.

Moretti, Franco (1982), 'The Dialectic of Fear', *New Left Review*, 136: 67-85.

Morse, Richard M. (1995), 'The Multiverse of Latin American Identity, c.1920-c.1970', in *The Cambridge History of Latin America: Volume x: Latin America Since 1930: Ideas, Culture and Society*, ed. Leslie Bethell, Cambridge: Cambridge University Press, pp. 1-128.

Mosse, George (1978), *Toward the Final Solution: A History of European Racism*, London: J. M. Dent.

Mullaney, Steven (1983), 'Strange Things, Gross Terms, Curious Customs: The Rehearsal of Cultures in the Late Renaissance', *Representations*, 3:40-67.

Naipaul, V. S. (1984), *The Loss of El Dorado* [1969], New York: Vintage.

Needham, Rodney (1980), 'Chewing on the Cannibals' [review of Arens' *The Man-Eating Myth*], *Times Literary Supplement*, January 25:75-6.

Nietzsche, Freidrich (1967), *On the Genealogy of Morals and Ecce Homo*, New York: Vintage.

(1968), *The Will to Power*, trans. Walter Kaufmann and R. J. Hollingdale, ed. Walter Kaufmann, New York: Penguin Books.

(1990), *Beyond Good and Evil: Prelude to a Philosophy of the Future*, trans. R. J. Hollingdale, New York: Penguin Books.

Norris, Chris (1992), *Uncritical Theory: Postmodernism, Intellectuals and the Gulf War*, London: Lawrence and Wishart.

Nunes, Benedito (1979), *Oswald Canibal*, São Paulo: Perspectiva.

(1990), ed. *A Utopia Antropológica*, São Paulo: Globo.

Obeyesekere, Gananath (1981), *Medusa's Hair: An Essay on Personal Symbols and Religious Experience*, Chicago: University of Chicago Press.

(1992a), *The Apotheosis of Captain Cook: European Mythmaking in the Pacific*, Princeton: Princeton University Press.

(1992b), '"British Cannibals": Contemplation of an Event in the Death and Resurrection of James Cook, Explorer', *Critical Inquiry*, 18: 630-54.

Opie, Iona and Peter Opie (1974), ed. *The Classic Fairy Tales*, Oxford: Oxford University Press.

Ortiz De Montellano, Bernard (1983), 'Counting Skulls', *American Anthropologist*, 85: 403-6.

Osborne, Lawrence (1997), 'Does Man Eat Man?: Inside the Great Cannibalism Controversy', *Lingua franca*, 7(4): 28-39.

Pagden, Anthony (1993), *European Encounters with the New World*, New Haven: Yale University Press.

Palencia-Roth, Michael (1993), 'The Cannibal Law of 1503', in Jerry M. Williams and Robert E. Lewis, eds., *Early images of the Americas: Transfer and Invention*, Tucson: University of Arizona Press, PP. 21-64.

Parker, Patricia (1987), *Literary Fat Ladies*, London: Methuen.

Paz, Octavio (1959), *El laberinto de la soledad*, Mexico: fondo de Cultura Económica.

(1981), *Los hijos del limo*, Barcelona: Editorial Seix-Barral.

Peck, James (1987), ed. *The Chomsky Reader*, New York: Pantheon Books.

Perrault, Charles (c. 1750), *The Famous History of Tom Thumb Wherein is* declared His Marvellous Acts of Manhood Fulle of Wonder & Merriment, London: Printed and sold in Aldermary Churchyard.

(1967), Contes, ed.Gilbert Rouger, Paris: Garnier.

(1977), *The Fairy Tales of Charles Perrault*, trans. Angela Carter, New York: Avon.

Piersen, William D. (1993), 'Why God's Black Children Suffer', in his *Black Legacy: America's Hidden Heritage*, Amherst: University of Massachusetts Press pp.3-34.

Pietz, p. W. (1985), 'The Problem of the Fetish,I', Res,9: 5-17.

(1993), 'Fetishism and Materialism', in E. Apter and W. Pietz, eds., *Fetishism as Cultural Discourse*, Ithaca: Cornell University Press, PP. 119-51.

Plotinus (1964), *Enneads in The Essential Plotinus*, trans. Elmer O'Brien, Indianapolis: Hackett.

Po-Chia-Hsia, R. (1992), *Trent 1475: Stories of A Ritual Murder Trial*, New Haven: Yale University Press.

Poe, Edgar Allan (1971), *Tales of Mystery and Imagination*, New York: Dutton.

(1986), *The Narrative of Arthur Gordon Pym of Nantucket*, ed. Harold Beaver, London: Penguin.

Poole, Fitz John Porter (1983), 'Cannibals, Tricksters, and Witches', in Brown and Tuzin, eds., (1983b), pp. 6-32.

Portocarrero Maisch, Félix et at. (1991), eds. *Sacaojos: crisis social y fantasmas coloniales*, Lima: Tarea.

Pratt, Mary Louise (1992), *Imperial Eyes: Travel Writing and Transculturation*, London: Routledge.

(1994), 'Transculturation and Autoethnography: Peru 1615/1980', in Francis Barker, Peter Hulme, and Margaret Iversen (1994), eds. pp.24-46.

Prusiner, Stanley (1982), 'Novel Proteinaceous Infections Particles Cause Scrapie', *Science*, 216: 136-44.

Prusiner, Stanley, D. Carleton Gajdusek, and Michael Alpers (1982), 'Kuru with Incubation Periods Exceeding Two Decades', *Annals of Neurology*,12: 1-9.

Quint David (1995) 'A Reconsideration of Montaigne's *Des Cannibales*', in Karen

Ordahl Kupperman, ed., *America in European Consciousness, 1493-1750*, Chapel Hill: University of North Carolina Press, pp.166-91.

Rama, Angel (1982), *Transculturación narrativa en América Latina*, Mexico City: Siglo xxi Editores.

Ramos, José Marió Ortiz(1983), *Cinema, Estado e lutas culturais (Anos 50/60/70)*, Rio de Janeiro: Paz e Terra.

Rawson, Claude (1978-9), 'Cannibalism and fiction', *Genre* 10: 667-711, and 11: 227-313.

―― (1984), 'Narrative and the Proscribed Act: Homer, Euripides and the Literature of Cannibalism', in Joseph p. Strelka, ed. *Literary Theory and Criticism: Festschrift Presented to René Wellek in Honor of his Eightieth Birthday*, Bern: Peter Lang, II: 1,159-87.

―― (1992), '"Indians" and Irish: Montaigne, Swift, and the Cannibal Question', *Modern Language Quarterly*, 53: 299-63.

Rennie, Neil (1996), *Far-Fetched Facts: The Literature of Travel and the Idea of the South Seas*, Oxford: Oxford University Press.

Revista de Antropofagia (1975), complete facsimile edition, São Paulo: Abril.

Rigby, Nigel (1992), 'Sober Cannibals and Drunken Christians: Colonial Encounters of the Cannibal Kind', Journal of Commonwealth Literature, 27(1): 171-82.

Riley, Thomas (1986), 'Existence of Cannibalism', Science,232: 926.

Rivière, Peter (1980), Review of *The Man-Eating Myth*, Man,15: 203-5.

Rocha, Glauber (1963), *Revisão crítica do cinema brasileiro*, Rio de Janeiro: Civilização brasileira.

Roediger, David (1991), *The Wages of Whiteness: Race and the Making of the American Working Class*, New York: Verso.

Root, Deborah (1996), *Cannibal Culture: Art, Appropriation, and the Commodification of Difference*, Boulder: Westview Press.

Rose, Gillian (1978), *The Melancholy Science: An Introduction to the Thought of Theodor W. Adorno*, London: Macmillan Press.

Rosenblum, Robert (1988), *The Romantic Child From Runge to Sendak*, London:

Thames & Hudson.

Rowe, John Carlos (1992), 'Poe, Antebellum Slavery, and Modern Criticism', in R. Kopley, ed., *Poe's Pym: Critical Explorations*, Durham: Duke University Press, pp. 117-40.

Rulfo, Juan (1955), *Pedro Paramo*, Mexico City: Fondo de Cultura Económica.

Rushdie, Salman (1992), *Midnight's Children*, New York: Avon Books.

Saer, José Juan (1990), *The Witness* [1983], trans. Margaret Jull Costa, London: Serpent's Tail.

Sagan, Eli (1974), *Cannibalism: Human Aggression and Cultural Form*, New York: Harper Torchbooks.

Sahlins, Marshall (1978), 'Culture as Protein and Profit', New York Review of Books,25, no.18,23 November: 45-53.

   (1979), 'Cannibalism: An Exchange', *New York Review of Books*,26, no. 4,22 March: 46-7.

   (1983), 'Raw Women, Cooked Men and other "Great Things" of the Fiji Islands', in Brown and Tuzin (1983), eds. pp. 72-93.

   (1985), *Islands of History*, Chicago: University of Chicago Press.

   (1995), *How "Natives" Think: About Captain Cook, For Example*, Chicago: University of Chicago Press.

Sale, Kirkpatrick (1990), *The Conquest of Paradise*, New York: Knopf.

Sanday, Peggy Reeves (1986), *Divine Hunger: Cannibalism as a Cultural System*, Cambridge: Cambridge University Press.

Sandison, Alan (1967), *The Wheel of Empire: A Study of the Imperial Idea in Some Late Nineteenth and Early Twentieth-Century Fiction*, New York: St Martin's Press.

Sandys, George (1970), *Ovid's Metamorphoses Englished, Mythologized and Represented in Figures*, ed. Karl K. Hully and Stanley T. Vandersall, Lincoln: University of Nebraska Press.

Sartre, Jean-Paul (1973), Anti-Semite and Jew, trans. George Becker, New York: Schocken.

Savigny, J.-B. Henry and Alexander Correard (1986), Narrative of a Voyage to

Senegal in 1816 [1818], Marlboro, VT: The Marlboro Press.

Schwarz, Roberto (1987), *Que Horas São?* São Paulo: Cia de Letras.

(1992), Misplaced Ideas: Essays on Brazilian Culture, ed. John Gledson, London: verso.

(1994), 'Fim de Século', in Folha de Sao Paulo,4 de dezembro: 'Mais!', p. 9.

Seale, R. (1987), 'Kuru, AIDS and Aberrant Social Behavior', *Journal of the Royal Society of Medicine*, 80: 200-2.

(1989), 'Kuru, AIDS and Unfamiliar Social Behavior', *Journal of the Royal Society of Medicine*, 82: 571.

Shakespeare, William (1970), *The Merchant of Venice*, Harmondsworth: Penguin.

Shell, Marc (1978), The Economy of Literature, Baltimore: Johns Hopkins University Press.

Sherman, Cindy (1992), *Fitcher's Bird*, New York: Rizzoli.

Silko, Leslie Marmon (1991), *Almanac of the Dead*, New York: Penguin.

Simpson, A. W. Brian (1986), *Cannibalism and the Common Law: The Story of the Tragic Last Voyage of 'Mignonette' and the Strange Legal Proceedings to Which It Gave Rise*, Harmondsworth: Penguin.

Smith, Adam (1986), *The Wealth of Nations: Books I-III*, Harmondsworth: Penguin.

Snead, James (1991), 'Spectatorship and Capture in *King Kong*: The Guilty Look', *Critical Inquiry*, 33 (1): 53-69.

Sorenson, E. Richard (1976), *The Edge of the Forest: Land, Childhood, and Change in a New Guinea Protoagricultural Society*, Washington, DC: Smithsonian Institution Press.

Staden, Hans (1929), *The True History of His Captivity*, 1557, trans. and ed. Malcom Letts, London: George Routledge & Sons.

(1963), *Zwei Reisen nach Brasilien, 1548-1555*, ed. Karl Fouquet, Marburg an der Lahn: Trautvetter & Fisher.

Stallybrass, Peter and Allon White (1986), *Politics and Poetics of Transgression*, Ithaca: Cornell University Press.

Stannard, David E. (1992), *American Holocaust: Columbus and the Conques of the*

New World, New York: Oxford University Press.

Steadman, L. B. and C. E. Merbs (1982), 'Kuru and Cannibalism?', *American Anthropologist*, 84: 611-27.

Strathern, Andrew (1993), *Landmarks: Reflections on Anthropology*, Kent, OH: Kent University Press.

Strathern, Marilyn (1980), Personal Communication. Correspondence with William Arens.

Sued Badillo, Jalil (1984), 'Los conquistadores canibales', *Homines*, 8(2): 69-80.

―― (1992), 'Christopher Columbus and the Enslavement of Amerindians in the Caribbean' :, *Monthly Review*, 44 (3): 71-102.

Swift, Jonathan (1973), The Battel of the Books in *The Writings of Jonathan Swift*, ed. Robert A. Greenberg and William B. Pyper, New York: Norton, PP · 373-96.

Taussig, Michael (1980), *The Devil and Commodity Fetishism in South America*, Chapel Hill: University of North Carolina Press.

Taylor, D. M. (1989), 'Bovine Spongiform Encephalopathy and Human Health', Veterinary Record, l25: 413-15.

Taylor, E. G. R. (1935), ed. *The Original Writings and the Correspondence of the Two Richard Hakluyts*, 2 vols., London: The Hakluyt Society.

Tharp, Julie (1991), 'The Transvestite as Monster: Gender Horror in *The Silence of the Lambs*', *Journal of Popular Film and Television*, 19(3): 109-13.

The Mighty Sparrow (1988), 'Congo Man', on *The Mighty Sparrow: Party Classics*, vol.2, no. SCR 3247, Barbados: West Indies Records.

Thevet André (1953) *Les Français on Amérique pendant la deuxième moitié du XVIe siècle. Le Brésil et les Brésiliens*, ed. Suzanne Lussagnet, Paris: Presses Universitaires de France.

Thomas, Julian (1886), *Cannibals and Convicts: Notes of Personal Experiences in the Western Pacific*, London: Cassell and Company.

Thomas, Keith (1971), *Religion and the Decline of Magic*, London: Weidenfield and Nicolson.

Thomas, Nicholas (1991), *Entangled Objects: Exchange, Material Culture: and Colonialism in the Pacific*, Cambridge, MA: Harvard University Press.

Thompson, Basil (1908), *The Fijians: A Study of the Decay of Custom*, London: Heinemann.

Tiffin, Helen (1987), 'Post-colonial Literatures and Counter-Discourse', *Kunapipi*, 9(3): 17-34.

Todorov, Tzvetan (1975), *The Fantastic: A Structural Approach to a Literary Genre*, trans. Richard Howard, Cornell: Cornell University Press.

─── (1984), *The Conquest of America*, trans. Richard Howard, New York: Harper Collins.

Turner, Patricia (1993), I Heard it Through the Grapevine: Rumor in African American Culture, Berkeley: University of California Press.

Vaz de Caminha, Pêro (1940), 'Carta do Achamento do Brasil' [1500], in *Os Sete Únicos Documentos de 1500, Conservados em lisboa, referentes à viagem de Pedro Álvares Cabral*, ed. António Fountoura da Costa and António Baião, Lisbon: Agência Geral das Cólonias, pp. 61-92.

Verne, Jules (1964), *Among the Cannibals* [1868], ed. I.O. Evans, London: Arco.

Vidal-Naquet, Pierre (1987), *Les assassins de la mémoire: 'Un Eichmann de papier' et autres essais sur le révisionnisme*, Paris: Editions de la Découverte.

─── (1992) *Assassins of Memory: Essays on the Denial of the Holocaust*, trans. Jeffrey Mehlman, New York: Columbia University Press.

Volosinov, V. N. (1986), *Marxism and Philosophy of Language*, trans. Ladislaw Matejka and I. R. Titunik, Cambridge, MA: Harvard University Press.

Voltaire (1962), *Philosophical Dictionary*, trans. Peter Gay, New York: Harcourt.

Wachtel, Nathan (1994), *Gods and Vampires: Return to Chipaya*, Chicago: University of Chicago Press.

Walcott, Derek (1974), 'The Caribbean: Culture or Mimicry?', *Journal of Interamerican Studies*, 16: 3-13.

Warner, Marina (1994a), 'Cannibal Tales', in her Managing Monsters: Six Myths of Our Time, London: Vintage.

─── (1994b), *From the Beast to the Blonde: On Fairy Tales and their Tellers*, London: Chatto and Windus.

─── (1994c), ed. *Wonder Tales*, London: Chatto and Windus.

(1995), 'Cannibals and Kings (On "King Kong, Eighth Wonder of the World")', in *Ape, Man, Apeman: Changing Views since 1600*, ed. Raymond Corbey and Bert Theunissen, Leiden: Department of Prehistory, Leiden University, pp. 354-63.

Wasserman, Renata (1984), 'Reinventing the New World: Cooper and Alencar', Comparative Literature, 36: 130-45.

Webb, Barbara (1992), *Myth and History in Caribbean Fiction*, Amherst: University of Massachusetts Press.

Weiner, James (1987), 'Cannibalism, Why Not', *Australian Natural History*, 22: 172-3.

Wey-Gómez, Nicolás (1992), 'Cannibalism as Defacement: Columbus's Account of the Fourth Voyage', *Journal of Hispanic Philology*, 16: 195-208.

White, Tim (1992), *Prehistoric Cannibalism at Mancos*. SMTUMR. 2346, Princeton: Princeton University Press.

Whitehead, Neil (1990), 'The Snake Warriors - Sons of the Tiger's Teeth', in Jonathan Haas, ed. *The Anthropology of War*, Cambridge: Cambridge University Press, pp.146-70.

Whitehead, Neil L. (1997), 'Monstrosity and Marvel: Symbolic Convergence and Mimetic Elaboration in Trans-cultural Representation. An Anthropological Reading of Ralegh's *Discoverie* ···', *Studies in Travel Writing*, 1: 72-95.

Will, R. G. and J. W. Wilesmith (1994), Response to the article 'Vertical Transfer(sic.) of Prion Disease', *Human Reproduction*, 9: 1,797-800.

Williams, Eric (1984), *From Columbus to Castro: The History of the Caribbean* [1970], New York: Vintage.

Williams, Raymond (1977), *Marxism and Literature*, Oxford: Oxford University Press.

Williams, Thomas (1870), *Fiji and the Fijians*, London: Hodder and Stoughton.

Xavier, Ismail (1993), *Alegorias do subdesenvolvimento: Cinema novo, tropicalismo, cinema marginal*, São Paulo: Editora Brasiliense.

Young, Elizabeth (1991), 'The Silence of the Lambs and the Flaying of Feminist Theory', *Camera Obscura: A Journal of Feminism and Film Theory*, 27: 5-35.

Youngs, Tim (1994), Travellers in Africa: British Travellers, 1850-1900, Manchester: Manchester University Press.

Zigas, Vincent (1990), *Laughing Death: the Untold Story of Kuru*, Clifton, NJ: Humana Press.

Zigas, Vincent and D. Carleton Gajdusek (1957), 'Kuru: Clinical Study of a New Syndrome Resembling Paralysis Agitans in Natives of the Eastern Highlands of Australian New Guinea', *The Medical Journal of Australia*, 11: 745-54.